新坐标管理系列精品教材

Business Negotiation

商务谈判

（第2版）

编著

清华大学出版社

北京

内容简介

本书全面系统地阐述了商务谈判的理论、策略与方法。其理论阐述前沿，框架结构新颖，内容全面，语言平实，案例丰富，可读性、实用性强。全书共分为商务谈判基础、商务谈判过程、商务谈判策略和商务谈判实务四篇，在系统地阐述商务谈判基本理论的基础上，重点分析了商务谈判活动的组织与管理、如何运用各种不同的商务谈判策略与技巧，并对常见具体业务谈判的开展进行了详尽的论述。

本书是市场营销、国际贸易、工商管理及其他经济管理类专业学生、MBA 市场营销研究方向学生、营销部经理、商务部经理、企业管理人士及对商务谈判有兴趣的有识之士的理想读物，也是广大工商界人士、企业营销人员、业务人员和中高层管理人员的学习蓝本和操练要典。

图书在版编目(CIP)数据

商务谈判 / 杨晶编著. —2 版. —北京：清华大学出版社，2016(2022.1重印)
(新坐标管理系列精品教材)
ISBN 978-7-302-44609-5

Ⅰ. ①商… Ⅱ. ①杨… Ⅲ. ①商务谈判—高等学校—教材 Ⅳ. ①F715.4

中国版本图书馆 CIP 数据核字(2016)第 175390 号

责任编辑：王 青
封面设计：汉风唐韵
责任校对：宋玉莲
责任印制：曹婉颖

出版发行：清华大学出版社
网 址：http://www.tup.com.cn，http://www.wqbook.com
地 址：北京清华大学学研大厦 A 座 **邮 编**：100084
社 总 机：010-62770175 **邮 购**：010-62786544
投稿与读者服务：010-62776969，c-service@tup.tsinghua.edu.cn
质量反馈：010-62772015，zhiliang@tup.tsinghua.edu.cn
课件下载：http://www.tup.com.cn，010-62770175 转 4506
印 装 者：三河市铭诚印务有限公司
经 销：全国新华书店
开 本：185mm×260mm **印 张**：24.5 **字 数**：563 千字
版 次：2005 年 2 月第 1 版 2016 年 8 月第 2 版 **印 次**：2022 年 1 月第 5 次印刷
定 价：65.00 元

产品编号：066803-02

第2版前言 FOREWORD

本书自2005年出版以来受到理论界和企业界的很大关注，已经连续加印近20次，感谢同行们的支持和有关部门的肯定，以后将会定期及时更新版次，以满足广大教师和读者之需。笔者一直从事商务谈判方面的教学与研究，试图建立适合商科类院校和企业实际培训之需的商务谈判教材的框架体系，希望能对商务谈判研究体系的建立与教材的建设做出一点贡献。

商务谈判是研究有关商务活动的谈判规律及策略的学科，实用性很强，全国开设商务谈判课程的高校也越来越多。国内高校一般将商务谈判列为商科类专业学生的必修课程，还有很多非商科类专业列为选修课程。商务谈判理论和实践的发展为我们提供了一些新的素材，一些高校同行和企业谈判专家针对本书的建设提出了一些很好的建议，结合理论界的最新研究成果和商务谈判实践的新发展，得益于同行们的支持，第2版的修订终于完成了。

商务谈判已成为现代社会经济生活中一个不可缺少的重要组成部分。国家与国家之间、企业与企业之间、个人与个人之间，由于存在经济利益的协调，都需要进行商务谈判。

我们都渴望成为一名成功的商务谈判者。然而谈判理论的精通、谈判策略的掌握，并非一朝一夕之功，它需要谈判者切切实实的知识积累和千辛万苦的努力磨炼。

商务谈判是一门科学，也是一门艺术。商务谈判不是简单的握手、签字和酒宴，它需要知识、智慧与谋略。一项成功的谈判可以使陷入困境的企业绝处逢生，而一项失败的谈判则可能断送企业的青春。事实证明，谁掌握了谈判艺术、成为谈判高手，谁才能在商战中占据有利地位。在几千年的谈判历史中，人类积累了许多宝贵的谈判经验，其中许多谈判的原则、策略与技巧被人们继承、发展和完善。这些为我们研究商务谈判学提供了丰富的营养。

第2版沿袭了第1版的基本框架思路，对篇章结构进行了调整，使得体系结构更加合理，更好理解。全面更新了商务谈判的案例，每一章增加了引例和案例讨论，去掉了原来单独的案例篇，使理论与案例结合得更加紧密。对有关章节的内容进行适当调整，对第1版中陈旧的内容予以删除，增加了一些新的内容，调整了部分思考题，总体篇幅适当压缩。

全书共分四篇，即商务谈判基础、商务谈判过程、商务谈判策略和商务谈判实务。基础篇主要对商务谈判的基本知识和技能进行了总结和概括，包括商务谈判概论、商务谈判心理、商务谈判思维、谈判礼仪与谈判风格共四章内容。过程篇主要就商务谈判的准备及谈判各阶段应注意的问题进行阐述，包括商务谈判准备、开局与报价、磋商与成交、驾驭谈判进程共四章内容。策略篇阐述了各种谈判策略与技巧，针对不同的谈判阶段、不同的谈判场景、不同的谈判对手介绍了不同的谈判应对技法，包括打破谈判僵局、回避商务风险、商务谈判要诀、商务谈判策略与技巧纵览共四章内容。实务篇主要对各种常见具体业务谈判的运作及应采取的对策进行了详细论述，包括合同签订及纠纷谈判、货物买卖谈判、合资合作谈判、商务代理谈判共四章内容。

本书力求全面系统、结合实际、简洁明快、语言平实。本书内容既不是空洞的理论说教，也不是简单的案例罗列，而是理论与实践的融合，希望给读者一个新的整体的思路，从总体上把握商务谈判学，使读者仿佛置身谈判桌旁来研修此书。

本书是市场营销、国际贸易、工商管理及其他经济管理类专业学生、MBA营销研究方向学生、营销部经理、商务部经理、企业管理人士以及对商务谈判有兴趣的有识之士的理想读物，也可以满足企业营销人员、中高层管理人员的专业培训之需。本书由中国人民大学杨晶负责全书修订的框架设计和总纂定稿。参加第二版修订的主要有：中国人民大学杨晶、李先国，北京工商大学罗朝能，广东财经大学彭雷清，湖南大学胡志勇，广东外语外贸大学王卫红，中华女子学院任锡源，广东金融学院刘志梅。杨亮、张乐、李沐阳、宋明蕊、李双丰、江红红、何新宇、赵咏涛、王忠华、蔺媛媛、凤陶、赵建峰、张海涛、温慧生、张茜、汪昆、李妍嫣、许华伟、黎学深、蔡玉元、雷达、乔迪、段祥昆、肖文戈、刘雪敬、张倩、王小洋、杜江、王超、佟香影、韩迪、陈宁颉、张新圣、于潇宇、刘婷婷、郑琛誉、樊亚凤、周笑、郑一妹、李双武、刘刚、杨安怀参与了增补案例、修订个别章节的工作。本书的修订参考了大量国内外有关商务谈判的著作和资料，得到了国内同行、专家和清华大学出版社编辑的大力支持和帮助，他们提出了很多宝贵意见，在此一并表示衷心感谢。书中不当之处敬请大家批评指正，以便我们今后更好地修订此书。

本书配有教学课件，以备教师教学之需。欢迎各界人士共同探讨这一重要课题(E-mail：rdyj6215@126.com)。

杨　晶
于中国人民大学

目录

CONTENTS

第1篇　商务谈判基础

第2篇 商务谈判过程

第3篇 商务谈判策略

第 1 篇

商务谈判基础

第 1 章　商务谈判概论
第 2 章　商务谈判心理
第 3 章　商务谈判思维
第 4 章　谈判礼仪与谈判风格

第1章 CHAPTER 1

商务谈判概论

本章要点

- □ 谈判的含义与特点
- □ 谈判的构成要素
- □ 商务谈判的含义与特征
- □ 商务谈判的内容与种类
- □ 商务谈判的基本原则
- □ 商务谈判的成功模式

引例

沉默是金

某企业要改进内部管理系统，A 咨询公司率先得到了这个消息，几番较量下来，在竞争中脱颖而出，对方要求报价。A 公司分析后认为，对方既然迫切希望项目上马，而且对我方的方案非常认可，资金又雄厚，于是总体报价 200 万元，就算对方“砍价”，也有足够的价格空间。

然而一周过去了，对方没有任何反应。侧面了解，对方并没有与其他咨询公司接洽。又两周过去了，对方还是老样子。A 公司着急了，有人提出：看来是价格报高了，对方肯定觉得这个价格离谱，都懒得理我们……其实销售经理在报价时心里就在打鼓，早就准备好一旦这次“搏”不进马上降价。于是他们迅速报了第二次价格——150 万元，并解释上次是打印错误。

没想到对方还是没消息。于是他们又报价 120 万元、100 万元……等报出 80 万元的时候，销售经理已经非常沮丧。这时对方回应了：请马上过来签约！

项目的进展很顺利。接近尾声时大家聚餐，销售经理称赞对方的总经理是他所见过的最会谈判的人。然而，对方的一番话让 A 公司的精英们郁闷了好长的时间。

"其实你们最初报价的时候,我确实感到有些高,我们的预算是150万元。不过你们的方案确实不错。经过讨论,我们决定将成交价定在150万~180万元。但这时我们内部出现了反对管理改革的呼声,尤其部分董事也有所顾虑。所以我们就花了将近一个月的时间做内部解释协调工作,在争取到他们的支持后,计划马上找你们谈。没想到你们的第二份报价到了,是150万元。这大出我们的意料,而且你们重新报价的理由居然是'打印错误'。这让我们感到你们的报价还有下降的空间,而且你们显得很急迫。于是我们静观其变,结果大家都知道了:80万元成交。非常感谢大家卓有成效的工作。从这个项目完成的质量和效果来看,80万元确实是非常超值的。我一定会在其他企业面前替你们好好宣传,当然这次的价格我会保密的。"

资料来源:程烈.销售谈判之讨价还价篇[EB/OL].第一营销网,http://www.cmmo.cn/article-105526-5.html,2012-08-10.

商务谈判是商务活动中的重要环节,很多情况下交易的达成都需要双方进行紧张而激烈的谈判。在了解和研究商务谈判理论之前,必须对商务谈判的基本知识有所认识。首先,要了解的是商务谈判的含义及特征。何谓谈判?作为一项有意识的社会活动,商务谈判具有何种特征?其次,需要熟悉商务谈判的内容和种类,以此指导实践工作,在实际工作中做到辨别情况,有的放矢。最后,必须理解和掌握商务谈判的基本原则以及商务谈判的成功模式,以便在谈判活动中有章可循,找到一条能够顺利到达成功彼岸的道路。

1.1 谈判与商务谈判的含义及特征

1.1.1 何谓谈判

"谈判"一词听起来似乎有些神秘、玄妙,有时甚至令人生畏。其实,我们每个人每天都会接触到有关谈判的内容,只是我们没有明确地意识到而已。比如我们上街购物,会很自然地与货主讨价还价。如果说谈判真的有什么玄妙之处的话,那么它的玄妙之处就在于:它是一项既充满智慧、勇气,又充满艺术和技巧的人类活动。在当今经济发展的世界,谈判活动已成为企业对外交往的重要手段,直接影响着各种人际关系。谈判不仅包括一切正式场合的谈判活动,也包括一切个人间、企业间和政府间的关系。如今,谈判已发展成了一门新的学科,即谈判学。谈判不再是欺诈或其他敌对关系的同义语;相反,它已被视为能够深刻影响各种人际关系和产生持久利益的过程。作为一门学科,它使任何谈判人员都能受到启迪,得到有益的借鉴,并获得圆满的成功。

那么,什么是谈判呢?

谈判就是指人们为了协调彼此之间的关系,满足各自的需求,通过协商而争取达到意见一致的行为和过程。简言之,谈判是一种人们为了改变相互关系而交换意见,为了取得一致而相互磋商的行为和过程。

为了很好地理解和把握谈判的内涵,我们可以从多个角度来消化吸收它。

1. 谈判的内在动力

谈判的直接原因是谈判双方都有自己的需求,是基于一定的需求而进行的人类活动。

谈判的内在动力是需求，而且，满足一方的需求会涉及或影响另一方需求的满足，任何一方都不能无视他方需求的满足。也就是说，客观上谈判各方之间各自的需求是既统一又矛盾的关系。例如，中外双方经过磋商谈判在中国境内建立一个合资企业，合资企业所需先进技术由外方提供。对外商而言，举办这种合资企业，其目的和需求应该是利用技术上的优势，通过合资这种形式，绕过直接贸易的障碍，利用中国政府给予中外合资企业的许多便利，开拓和占领中国广阔的市场，并获取长期丰厚的利润。而对中方来讲，其目的和需求则是利用外商的先进技术，并积极消化和吸收这种技术的精华，提高我国在该项产品生产上的技术水平。同时，还可向外商学习其对先进技术的管理，在使产品满足国内市场的同时，积极争取出口创汇。显而易见，中外双方的目的和需求是既统一又矛盾的。其统一的一面体现在：中外双方要想实现各自的愿望和需求，就必须通过双方努力，建立合资企业才能实现。通过合资，一方面，中方能够引进外商的先进技术；另一方面，外商能够绕过直接贸易的种种限制和不便，直接接近和开拓中国市场。诚然，这里所指的先进技术，是技术的拥有者所不愿出售的。其不愿出售的原因不外乎是出售技术所获取的利润没有通过使用技术、生产出产品加以出售丰厚；也可能是将技术转让给他人会反过来危及原技术拥有者的产品市场，结果会出现失大于得的“飞镖效应”。因此，双方都会认为合资是统一各自需求的最佳途径。其矛盾的一面体现在：外商提供先进技术的目的是要开拓和占领中国的广阔市场，并获取高额利润，而不是真正地从中国国情出发，来帮助中国提高技术水平；中方举办合资企业的目的是要吸收国外先进技术和先进的管理经验，提高国内现有技术水平，最终实现产品国产化，并积极发展出口，多创外汇，而绝对不是真正地敞开大门，把国内市场拱手相让给外商。可见，对中方来讲，是以市场换技术，而外商则是以技术换市场。没有市场，就无法引进外商的先进技术；没有先进技术，就难以打入中国市场。这就充分体现了中外双方之间既统一又矛盾的利益关系。

2. 谈判各方的联系

参与谈判的各方必须有一定关系。不管是直接联系还是间接联系，总之，他们之间必须有一定关系或联系，否则，他们就不会走到一起来谈判。很显然，彼此毫无关系的各方肯定不会进行谈判，只有当他们之间存在一定的联系或关系时，才有可能进行谈判。

3. 谈判中的信息交流

谈判各方之间在需求上的既统一又矛盾的关系，使得各方必须通过信息交流、磋商来解决，通过协商来求得一致意见，满足各自的需求。谈判不可能是单方面的，也不可能不通过信息传递这种方式来交换意见。即使是发生在哑人之间的谈判，也会借助手势或文字来传递信息、交流意见，最终达成一致。

4. 知识与手段

谈判是人们为了确立、变更、发展或消除其相互关系而进行的一种积极的行为。这种行为和活动要涉及有关人的许多方面和领域. 作为一个合格的谈判人员，不仅要精通谈判内容所涉及的专业知识，还要很好地认识和了解有关人文方面的知识。既然谈判不可能是单方面所完成的行为，那么，一方就要通过谈判与他方进一步发生关系。这种关系在各方谈判人员的努力下,或是得到加强,或是变更,或是消除。例如,房屋租赁关系,可以通过谈判变更为买卖关系。人们可以借助谈判的手段来有意识地、积极地改变他们各方间的相互关系,是一种有效解决矛盾的积极行为和活动。

5. 谈判过程

谈判是一个过程。谈判不只是指各方达成协议的一时一刻,还包括人们为谈判所作的调研及一切准备工作,以及双方达成协议后的贯彻和实施过程。因此,谈判是需要时间的,也是要耗费一定谈判成本的,复杂的谈判更是这样。

通过以上五点,我们已对谈判的内涵有所了解。另外,从谈判的外延上分析,谈判包括广义的谈判和狭义的谈判两种。广义的谈判是泛指一切为寻求意见协调而进行的思想、意愿交流磋商的全过程。比如说,公司为分发红利而召集的讨论会,父母为给儿子购买小汽车而进行的协商,等等,都是一种广义的谈判。日常生活中的每个角落都充斥着这类谈判;生活中的每个人都是广义谈判的谈判者。因此说,生活中只要我们稍加留意就会发现:谈判,是现代社会无时不在、无时不有的现象,整个世界就像一张偌大的谈判桌。狭义的谈判是指有准备、有步骤地,为寻求意见协调,并用书面形式予以反映的磋商过程。狭义的谈判具有阶段性、程序性、正规性和法律效应性等特征。

1.1.2 谈判的特点

作为人类一种有意识的社会活动,谈判具有以下几个特点。

1. 谈判是一个通过不断调整各自需求,最终使谈判各方的需求相互得以调和,互相接近,从而达成一致意见的过程

比如,在裤子交易市场内,买主正在为批发裤子交易与卖主谈判。卖主根据货物买卖的常规做法是,首先开价 160 元,买主又一次仔细地看看裤子的做工,并指着一处有些粗糙的地方说:"能否将价格压低?"卖主再次要价 150 元,并且强调已是合理价,买主见机报了自己的价为 130 元。卖主再一次将价格降到 145 元,买主又还了一个价为 135 元,最后双方以 140 元成交。可见,在这场谈判中,买卖双方都是通过不断调整各自的报价而使价格相互接近,最后在 140 元这一价格点上达成利益的平衡。需要指出的是,利益上的平衡不等于利益上的平均,而是双方各自在内心所能承受的平衡。任何单方面的"让"或"取"都不能被看成是谈判。

2. 谈判具有"合作"与"冲突"的二重性,是"合作"与"冲突"的对立统一

谈判的合作性表现在,通过谈判而达成的协议对双方都有利,各方利益的获得是互为前提的。而谈判的冲突性则表现在,谈判各方希望自己在谈判中获得尽可能多的利益,为此要进行积极的讨价还价。为了很好地解决谈判中的这对矛盾,首先必须对此有深刻的认识。其次在制定谈判的战略方针、选择与运用谈判策略和战术时,必须注意既要不损害双方的合作关系,又要尽可能为本方谋取最大的利益,即在这二者之间找到一个平衡点。

在实际谈判过程中,这个平衡点不是所有参与谈判的人员都能找到的。实践中我们常常会看到有些谈判人员只注意谈判存在的合作性的一面,而忽视谈判的冲突性,十分害怕与对方发生冲突,当谈判因存在冲突而陷入僵局时便茫然不知所措。因而,为了避

免冲突而对对方提出的意见和要求，只是退让和承诺，不敢据理评价和反驳，不敢积极地争取自己的正当利益。如果遇到那些善于制造冲突、乐于通过战而取胜的强势谈判对手，则常常会吃亏受损。与此相反，有的谈判人员只注意谈判冲突性的一面，而忽视合作性的一面，视谈判为一场你死我活的战斗，只讲究一味地进攻，甚至最终将对手逼出谈判场外，回过头来看自己也是劳而无获。对于谈判人员来讲，应该提倡在合作前提下达到利益最大化，即在使对方通过谈判有所收获的同时，使自己获得更多的收获。此所谓“合作的利己主义”做法。

3. 对谈判的任何一方来讲，谈判都有一定的利益界限

对此，美国谈判学会会长杰勒德·I.尼尔伦伯格有这样一段精彩的论述：谈判人员的目光不能只盯着“再多要一些”，当接近临界点的时候，必须清醒警觉，毅然决断，当止即止。参与谈判的每一方都是有某些需要应该得到满足的，如果把其中任何一方置于死地，那么最终大家都将一无所得。这段话意在告诉人们，参与谈判的人员应该注意把握彼此的利益关系，明确利益界限。有关这一特征我们可十分形象地用图 1-1 来表示。

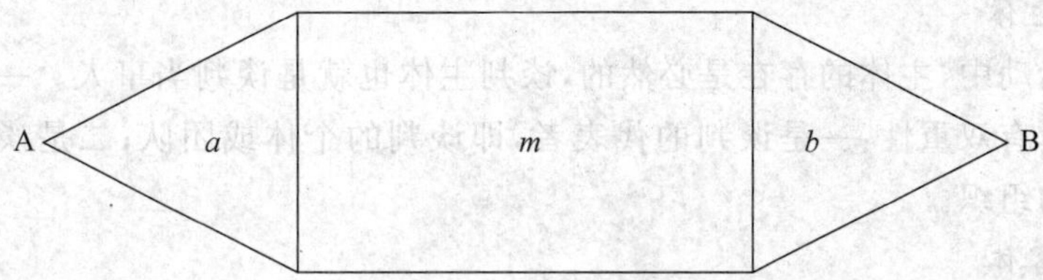

图 1-1　谈判双方利益关系

在这里，我们形象地称谈判的双方为 A、B，整个图形内区域即 $a+m+b$ 代表谈判的总利益。a 代表 A 方谈判者必须在此次谈判中得到的最低利益，b 代表 B 方谈判者必须在此次谈判中得到的最低利益，m 代表 A、B 双方经过磋商、积极争取得到的利益。对 A 方来说，很显然，其利益界限是 $a \leqslant A \leqslant a+m$，如果谈判的结果不在此范围内成交（如 $A<a$），则 A 方必然难以承受，只好退出谈判而使谈判破裂；若 $A>a+m$，这时 B 方又会感到不利而退出谈判。同样，对 B 方来讲，他在谈判中的利益界限应是 $b \leqslant B \leqslant b+m$，如果谈判的结果不在此范围内达成协议，比如 $B<b$ 或 $B>b+m$，都会使 B 方或 A 方退出谈判而使谈判破裂。因此，了解和把握谈判的利益界限问题是非常重要的。在谈判中必须满足谈判各方的最低需求，不能一味地要对方让步，否则最终会因对方退出而使自己可能到手的利益丧失掉。当然，自己也不能无止境地退步，这就是人们常说的在谈判中要把握住进攻的“度”。把握住成交的时机是非常关键的，对“度”的恰当把握，是衡量谈判者在谈判中作用大小的重要指标。

诚然，具体谈判各方所得利益的确定，完全取决于谈判各方的实力以及谈判艺术与技巧的运用。谈判前人们是无法准确预计谈判的结果的，无法根据某些规则具体计算出彼此之间最后所得的利益。最终如何划分谈判的总利益，完全取决于双方的谈判实力对比，以及谈判的艺术与技巧的发挥。

4. 谈判既是一门科学，又是一门艺术，是科学与艺术的有机整体

首先，谈判是人们协调彼此之间的利益关系、满足各自的需求并达成一致意见的一

种行为和过程,谈判人员必须以理性的思维对所涉及的问题进行系统的分析和研究,根据一定的规律、规则来制订方案和对策,这就充分地体现了谈判的科学性的一面。其次,谈判是人们的一种直接交流活动,谈判人员的素质、能力、经验、心理状态以及思维的运用,都会直接影响谈判的结果,具有难以预测性。同样的谈判内容、条件和环境,不同的人去谈判,其最终结果往往会不同。这就是谈判的艺术性的体现。

对于一个谈判者来讲,在谈判中既要讲究科学,又要讲究艺术。也就是说,在涉及对谈判双方实力的认定、对谈判环境因素的分析、对谈判方案的制订以及对交易条件的确定等问题时,更多地体现出谈判科学性的一面,而在具体的谈判策略与战术的运用上,则比较多地体现了谈判的艺术性的一面。"科学"告诉我们在谈判中如何做,而"艺术"则帮助我们把谈判做得更佳。

1.1.3 谈判的构成要素

一项完整的谈判活动须具备以下要素,否则,谈判活动就无法进行。

1. 谈判主体

在谈判活动中,主体的存在是必然的,谈判主体也就是谈判当事人。一般来说,谈判当事人常常具有双重性:一是谈判的代表者,即谈判的个体或团队;二是谈判组织,即谈判者所代表的组织。

2. 谈判客体

谈判活动要有谈判的标的和议题,即谈判客体。所谓谈判标的是指谈判的事物,如贸易型谈判的标的是买卖的货物,服务型谈判的标的是服务的内容等;所谓谈判的议题是指谈判的具体内容或交易条件,如价格、数量、质量、付款方式等。

3. 谈判目的

谈判目的是构成谈判活动不可缺少的因素。只有谈判主体和客体,而没有谈判目的,就不能构成真正的谈判活动,而是闲谈。正因为谈判各方面鲜明的目的性,才会使得谈判活动具有较强的冲突性和竞争性,而闲谈则不涉及各方的利害关系,也不会导致双方的对立和竞争。

4. 谈判行为

谈判活动是通过谈判双方的谈判行为进行的。有谈判的主体、客体和目的,而没有谈判的行为,则只是谈判的构想,而不是谈判的现实。谈判行为是指谈判主体的言行举止或具体活动,是解决谈判结果的主要因素。

5. 谈判环境

谈判活动都是在特定的环境下进行的,受到环境的具体制约,脱离了具体的环境去谈论谈判就没有意义。这种环境既包括了外部的大环境,如政治、经济、文化、市场、竞争等,亦包括了谈判的小环境,如时间、地点、场所、交往空间等。

6. 谈判结果

一项完整的谈判活动必须有谈判结果。无论谈判成功与否,都需要有相应的结果。没有结果,则意味着谈判活动还没有结束。有些谈判旷日持久或相持不下,但只要没有明确的谈判结果,谈判就有继续的可能。谈判活动不了了之,只能成为"不完整的谈判",

应尽力避免。

以上因素既是谈判的构成要素，也是影响谈判活动具体进行的因素，更是分析和研究谈判的依据和来源。

1.1.4　商务谈判的含义

人类谈判的种类是多种多样的。有国与国之间的外交谈判，有政党与政党之间的政治谈判，还有敌对双方之间的军事谈判，以及艺术团体或个人之间的文化艺术谈判等。商务谈判是指经济组织在经济活动中，以经济利益为目的，因各种业务往来而进行的谈判，包括一切国内经济组织间的商务谈判以及国内经济组织与国外经济组织间的涉外商务谈判。不管是国内商务谈判还是国际商务谈判中的"商务"一词，都泛指经济组织或企业的经济事务，而不是指狭义上的商业活动事务，以区别于政治事务、军事事务和外交事务。

谈判是门艺术，商务谈判则更能具体体现出谈判的艺术魅力。在涉外商务谈判过程中，常常会涉及外贸、科技、法律、金融、哲学、文学、艺术、演讲等多种学科的知识，对这些知识的灵活运用，能够在涉外经济交往中，对业务的效率、经济效益等方面起到不可忽视的作用。这正是商务谈判所追求的艺术效果，也是商务谈判展示给每个经济组织或企业的机遇，谁能把握好这个机遇，谁就将在商务谈判中取胜，为企业或经济组织争得近期乃至长远利益。

1.1.5　商务谈判的特征

商务谈判除了具有谈判的共性特点外，还具有其个性特征。

1. 以经济利益为目的

人们之所以要坐下来进行谈判，就是因为各自有一定的需求要得到满足。参与谈判的各方，其目的或需求是不尽相同的。商务谈判的目的就是要获得经济上的利益。在具体的谈判中，有的谈判人员可能会调动和运用各种因素，运用各种战略及战术，有的甚至运用许多非经济的因素来影响谈判，但是不管怎样，其最终目的仍然受经济利益的驱使，目标仍然是经济利益。

2. 以价格作为谈判的核心

尽管商务谈判所涉及的因素不仅仅是价格，价格只是谈判的内容之一，而且谈判者的需求或利益也不唯一表现为价格，但价格却在几乎所有的商务谈判中扮演着核心内容的角色，这主要是因为双方经过谈判，最后经济利益的划分可直接通过价格表现出来。谈判各方在其他利益因素上的得与失，拥有的多与少，在多数情况下均能折算为一定的价格，通过价格的升与降得到体现。例如，质量因素。不同等级的产品，标志着产品质量上存在差别，其价格当然有所不同。又比如，数量因素。多买少算是人们习惯的做法。买一双袜子需要 3 元，两双则只要 5 元。这就是通过价格差将数量差折算了出来。

另外像付款时间因素、交易方式因素等，都可折算为价格因素。但是，这样的折算并非在任何时候都能行得通，也就是说，有些时候谈判人员并不一定愿意接受这种折算。

在谈判中，对于商务谈判人员来讲，了解价格是商务谈判的核心，价格在一定条件下可与其他利益因素相折算这一点很重要。因为我们一方面要以价格为中心,坚持自己的利益;另一方面又不要仅仅局限于价格,可以拓宽自己的思路,从其他利益因素上争取利益。有时,在其他利益因素上要求对方让步可能比从价格上争取对方让步更容易做到,并且可以隐蔽自己的行动,这是精明的谈判人员习惯的做法。

3. 讲求谈判的经济效益

商务谈判本身就是一项经济活动,而经济活动本身要求讲究经济效益。与其他政治、军事类谈判相比,商务谈判更重视这一点。在商务谈判中,谈判者必须时刻注意谈判的成本和效率如何,也就是必须考虑效益的问题。事实上,经济效益是评价一场商务谈判是否成功的主要指标,不讲求经济效益的商务谈判,本身就失去了价值和意义。

以上为商务谈判的个性特点。对于涉外经济业务来讲,其商务谈判除了具有以上特点外,由于涉外业务作为一种跨国界的活动,还具有一些特殊性,表现在适用的法律方面是以国际经济法为准则的,经济体制和社会文化背景、人们的价值观、思维方式、行为方式、语言及风俗习惯各不相同,从而使得影响谈判的因素大大增加。这些都关系到国际贸易、国际金融、国际保险、国际运输等一系列问题。显然,这些问题在国内企业之间的业务谈判中是不会涉及的。

1.2 商务谈判的内容与种类

1.2.1 商务谈判的内容

商务谈判是商业事务的谈判,包括商品买卖、劳务买卖、工程承包、咨询服务、中介服务、技术转让和合资合作等方面的谈判。但无论是哪一方面的商务谈判,一般都包括下述基本内容。

1.2.1.1 合同之外的商务谈判

合同之外的谈判,是指合同内容以外事项的谈判,它是谈判的一个重要组成部分,为谈判直接创造条件,影响着合同本身的谈判效果,因此要加以重视。它主要包括以下几个部分。

1. 谈判时间的谈判

它是关于谈判举行时间的谈判。谈判时间可能是一方决定的结果,也可能是双方协商的结果。谈判时间不同,对双方的影响是不同的,这是因为时间不同,双方的准备程度不同,外部环境的变化不同,双方的需求程度不同,进而谈判实力也不同。因此,谈判者要尽量争取于己方有利的时间。

2. 谈判地点的谈判

它是关于谈判举行地点的谈判。一般来说,主场谈判比客场谈判更有利。谈判到底在哪一方举行,往往由谈判实力强的一方决定,但也是可以通过谈判策略争取的。

3. 谈判议程的谈判

它是关于谈判的议题安排的谈判,先谈什么、后谈什么,该谈什么、不该谈什么,主要谈什么、次要谈什么等,对谈判结果的影响是显而易见的。谈判议程是谈判策略的重要组成部分，其确定往往是双方协商的结果。

4. 其他事宜的谈判

包括谈判参加人员的确定、谈判活动的相关规定、谈判场所的布置等，往往可以通过协商去争取于己方更有利的条件。

1.2.1.2　合同之内的商务谈判

1. 价格（金额）的谈判

商务谈判的价格是指谈判双方让渡的金额，而不只是指商品价格。价格是商务谈判的核心，也是谈判中最敏感、最艰难的部分，是商务谈判策略与技巧的集中体现。商务谈判的失败往往是价格谈判的失败。价格谈判包括价格术语、价格计量、单价与总价、相关费用等方面的内容。

2. 交易条件的谈判

交易条件的谈判是指围绕价格为中心的相关构成条件的谈判，它们与价格相辅相成、相互影响，并可以通过价格体现出它们的状况，是谈判者利益的重要组成部分。这些交易条件主要包括标的、数量与质量、付款方式、服务内容、交货方式和保险等。

3. 合同条款的谈判

合同条款是构成一份完整、有效的合同所必不可少的部分，是价格和交易条件的补充与完善，是履行合同的保证，主要包括双方的权责约定、违约责任、纠纷处理、合同期限、补充条件和合同附件等。

1.2.2　商务谈判的种类

按照不同的标准，可将商务谈判划分为各种不同的类型。

1.2.2.1　按照参加谈判的利益主体分类

在谈判中，根据谈判各方即利益主体构成状况的不同，形成了谈判的不同类型。根据谈判在几个主体之间进行，可以区分为双边谈判和多边谈判两种。双边谈判是指只有两个利益主体参加的谈判，多边谈判是指有两个以上利益主体参加的谈判。

双边和多边谈判的区别不仅仅是主体表面数量的不同，更重要的是谈判复杂程度在质上的区别。例如，在建立中外合资企业的谈判中，若是中方 A 公司和外方 B 公司之间进行谈判，可称为双边谈判，只需协调两公司的关系即可。若是中方 A、E 两家公司和外方 B、C 两家公司进行谈判，显然关系复杂多了。这种多边谈判，不仅要协调 A 与 E、B 与 C 之间的利益关系，而且要协调 A 与 B＋C、E 与 B＋C、A＋E 与 B、A＋E 与 C、A＋E 与 B＋C 等之间的利益关系。这种矛盾的点和面大大增加，关系自然复杂了。

1.2.2.2　按照参加谈判的人数规模分类

按照参加谈判的人数规模可以将谈判分为个体谈判和集体谈判。个体谈判是指双方各出一人参加的谈判，即一对一的谈判。集体谈判是指谈判各方都以多人参加的谈判。较为重要且关系复杂的谈判多选择集体谈判。

个体谈判和集体谈判由于人员规模上的差异，决定了谈判人员的选择、谈判的组织与管理等方面都有很大的不同，例如，若是一对一的个体谈判，就要选出具备较全面知识与经验的人选。因为这时要求这个人选能够独立应付全局,他必须灵活地运用自己已有的知识和经验,对谈判桌上出现的真真假假、虚虚实实做出分析、判断和决策。当然,个体谈判能够充分履行谈判者的设想和意愿,而不像集体谈判那样需要在内外部协调上耗费精力。

1.2.2.3 按照谈判进行的地点分类

根据谈判进行的地点来划分,可分为主场谈判、客场谈判和中立地谈判三种类型。主场谈判是指谈判在参与谈判的某一方所在地区或国家进行,这个参谈方即为东道主,对其而言就是主场谈判。相应地,对于其他参谈方来讲,是以宾客的身份参与谈判的,称为客场谈判。显然,中立地谈判就是指在谈判双方所在国家或地区以外的其他地点进行的谈判。谈判各方均无主宾之分。比如中方 A 公司与美方 B 公司在北京举行合资企业的谈判,对 A 公司来讲为主场谈判,对 B 公司来讲为客场谈判。若该谈判是在新加坡举行,则称为中立地谈判。

由于谈判地点的不同,谈判者的身份也有差别。谈判者往往会很自然地利用在此次谈判中的身份和条件,选择恰当的策略和技巧来影响谈判,争取主动,实现谈判目标。

1.2.2.4 按照谈判各方所采取的态度与方针分类

根据谈判者所采取的态度和方针可将谈判分为软型谈判、硬型谈判和价值型谈判三类。

1. 软型谈判

软型谈判也称为让步型谈判,即谈判者准备随时做出让步达成协议,回避一切可能发生的冲突,追求双方满意的结果。持这种态度参与谈判的人,更看重的是双方友好关系的建立与维持,而较看轻利益获取的多少。

在谈判双方关系较好,并有长期而稳定的业务关系的情况下,采取软型谈判可能会取得较为满意的谈判结果,也会节省谈判成本,提高谈判效率。但是若对方是利益型的人物,并且人生观及个性特点不同,则采用软型谈判方式可能会吃亏上当。因此,这种谈判方式在实际商务谈判中较少采用。

2. 硬型谈判

硬型谈判者认为,在谈判这种意志力的竞赛和搏斗中,态度越强硬,其最后的收获也就越多,即强硬的程度与收获成正比。

硬型谈判的双方如果都采取强硬的态度和方针,必然会导致双方关系紧张,增加谈判的时间和成本,降低谈判的效率。因为他们只注意维护自己的利益而否定对方利益,这显然忽视了谈判的真实意义,最终也不能解决问题。从谈判的价值评判标准来看,硬型谈判没有真正的胜利者,更无法谈论其成功与否了。

3. 价值型谈判

价值型谈判在注意与对方人际关系的同时,建议和要求谈判双方尊重对方的基本需求,寻求双方利益上的共同点,积极设想各种使双方都有所获的方案。当双方发生利益冲突时,坚持公平的原则来做评判,而不像硬型谈判那样,通过双方意志力的较量来决胜负。

价值型谈判者认为，在双方对立面的背后，存在共同性利益和冲突性利益。在实际谈判中，谈判者发现，共同性利益往往多于冲突性利益。如果双方都能认识并看重共同性利益，冲突性利益也就很好解决了。

价值型谈判强调通过谈判取得经济和人际关系的双重价值，是一种既理性又富有人情色彩的谈判，是目前商务谈判人员普遍追求的谈判形式。

不论是软型谈判、硬型谈判，还是价值型谈判，都是比较理论化的谈判方式，而实际运用时往往是比较复杂的，有时可能是几种方式的综合。何时采用何种方式可视具体情况来定：

(1) 看今后有无与对方维持业务关系的必要。如果本方已与对方有过良好的业务往来经历，而且还需保持这种关系，那么在选择谈判方式时，应采取价值型谈判与软型谈判相结合的方式。如果双方是一次性交易，或者本方认为没有必要再往来下去，则可以适当增加硬型谈判的比例，尽可能地为本方多争取些利益。

(2) 看该笔交易的重要程度。如果该笔交易对于本方来讲非常重要，可以采取价值型谈判与硬型谈判相结合的办法进行；反之则可视具体情况来定。

(3) 看双方谈判实力的对比情况。如果双方谈判实力相近，可选择价值型谈判法。如果本方谈判实力大于对方，则可适当考虑增加硬型谈判的成分。如果本方谈判实力小于对方，则应视具体情况来决定，先要查明本方实力弱在何处、本方希望达到什么样的结果、对方采取的态度等情况后，再想具体对策。

(4) 看谈判成本是否受限制。如果本方在谈判的人力、物力、财力和时间等方面花费较大，会导致本方难以承受的话，则应该考虑采取价值型谈判与软型谈判相结合的办法。

(5) 看双方的谈判艺术与技巧。一般来说，在某项业务的具体谈判过程中，很难做到只采用一种方式进行谈判，总是掺杂几种谈判方式。因此，如果谈判的某一方在艺术与技巧方面运用得体，就有可能结合多种谈判方式"击败"对手。

(6) 看谈判人员的个性特征与谈判风格。人的自然个性各有不同，这就决定了谈判人员的谈判风格各有千秋。尽管有人主张谈判过程中，谈判人员应掩饰自己自然个性的弱点，发挥自然个性的优点，即所谓自然个性与自在个性的结合，但在实际运用时却很难把握好这个"结合"的尺度，于是有些谈判人员就会表现出争强好斗的天性，这样，谈判中的竞争性就大为加强，在谈判的方式方法上也就比较多地偏向于采用硬型谈判方法。相反，有的谈判人员则表现出其个性中随和友善的一面，于是在谈判中就会比较多地偏向于软型谈判。

1.2.2.5　按照商务谈判的具体内容分类

企业经济活动的内容是多种多样的，因此商务谈判的内容也是丰富多彩的。从目前实际经济业务活动的主要情况来看，经常遇到的商务谈判主要有以下几种情况。

1. 合同条款的谈判

经济业务合同是一种经济法律行为，它一方面规定了当事人可以依法享有合同中的权利，另一方面也规定了当事人应该履行的义务和责任。一个对谈判各方都有利的经济合同，必须经过磋商，并在达成一致的协议后，采用书面形式订立下来。合同条款的谈判是经济业务谈判的最后一个关键环节，是极为重要的阶段。为此，商务谈判人员都十分重视合同条款的谈判工作。

为了搞好合同条款的谈判,必须统筹规划合同条文、精心处理合同文字、妥善安排定稿工作,最后要严格审查合同条款。

2. 货物买卖谈判

货物买卖谈判是指就一般商品的买卖进行的谈判。具体来讲是买卖双方就买卖商品本身的有关内容,如数量、质量、货物的运输方式、时间、买卖的价格条件、支付方式,以及交易过程中谈判各方的权利、义务和责任等问题所进行的谈判,包括国内货物买卖的谈判和国际货物进出口业务的谈判。

货物买卖谈判在整个业务谈判中所占的比重最大,是企业业务活动中较为重要的一部分。企业货物买卖谈判工作搞得好,就能为企业带来经济效益,体现企业的生机与活力。

3. 技术买卖谈判

技术买卖谈判是指技术的转让方与技术的接受方就转让技术的形式、内容、质量规定、使用范围、价格条件、支付方式,以及双方在转让中所承担的一些权利、责任和义务等问题所进行的谈判。

技术买卖不同于一般的商品买卖,在谈判中,要涉及技术产权的保护、技术风险以及限制与反限制等问题,远比货物买卖谈判复杂得多,这就要求业务谈判人员要具有很好的谈判修养和素质。

4. 劳务合作谈判

劳务合作作为经济合作的重要组成部分,已经得到了国内外的普遍关注和重视。劳务合作谈判是指劳务合作双方就劳务提供的形式、内容、时间、劳务的价格、计算方法、劳务费的支付方式,以及有关合作双方的权利、责任、义务关系等问题进行的谈判。

由于劳务本身不是具体的商品,而是一种通过人的特殊劳动,将某种生产资料改变其性质或形状,满足人们的一定需求的劳动过程。因此,劳务合作谈判与一般货物买卖谈判是有明显不同的。

5. "三来一补"谈判

"三来"是指从国外来料加工、来样加工和来件装配这三项业务。"三来"业务谈判的内容主要有来料、来件的时间及质量认定、加工标准、加工费的计算及支付方式等。

"一补"是指补偿贸易。补偿贸易(compensation trade)是一种买方全部或部分地以实物对进口货物作延期支付的贸易方式。补偿贸易谈判主要涉及技术设备作价、质量保证、补偿产品的选定及作价、补偿时间和支付方式等问题。目前,"三来一补"业务在我国许多企业,特别是广州、深圳等地的中小型企业中开展得非常活跃,在我国经济建设中发挥着重要作用。

6. 租赁业务谈判

租赁是指出租人按照协议将物件交付承租人临时占有或使用,并在租期内向承租人收取租金的一种商业行为。

从租赁业务的现状来看,按照租赁的性质可分为融资性租赁和服务性租赁两类,按照租赁的区域范围可分为国内租赁和国际租赁。不论哪种租赁,其租赁对象都是有形耐用物,即具有使用价值并可长期供人们使用的物品。在租赁期间,虽然出租人将物品交给承租人使用,但物品的所有权仍属于出租人。否则,出租就不可能进行,租赁关系就不能确立。所有权不仅仅是租赁的前提,而且是租赁的基础。

租赁业务谈判主要是指我国企业从国内或国外租用机器和设备而进行的谈判。它要涉及机器设备的选择、交货情况、维修保养、租期到期后的处理、租金的计算及支付方式,以及租赁期内租赁者与承租者双方的责任、权利、义务关系等问题。

除了以上六类业务之外,还有工程承包业务谈判、合资合作业务谈判、资金筹措业务谈判、外汇业务谈判、房地产业务谈判等。

CASE 案例　　不合情理的冲突

美国 Y 公司向中国石家庄工厂销售了一条彩色电视机玻壳生产线。经过安装后,调试的结果一直不理想,一晃时间到了圣诞节,美国专家都要回家过节,于是全线设备均要停下来,尤其是玻璃熔炉还要保温维护。美方人过节虽是法定的,但中方生产线停顿是有代价的,两者无法融合。

美方走后,中方专家自己研究技术,着手解决问题,经过一周的日夜奋战将问题最大的成型机调试好了,这也是全线配合的关键。该机可以生产合格的玻壳后,其他设备即可按其节奏运转。

等美方人员过完节,回到中方工厂已是 3 周后的事。一见工厂仓库的玻壳,他们十分惊讶。当中方工厂告诉美方,自己调通了生产线后,美方人员转而大怒,认为中方人员不应动设备,应该对此负责任,并对中方工厂的外贸代理公司做出严正交涉:“以后对工厂的生产设备将不承担责任,若影响其回收贷款还要索赔。”

中方对此据理力争。美方经过仔细思考后认为,虽然中方自己调设备具有一定的风险性,但是当有把握时,通过“等与行”的对比推演决定行动,是一个推理的正常结果,从本质意义上讲对中美双方均有积极效果。美方最后感谢中方为其减少负担,并继续履行未完成的合同义务。

案例来源:张仲豪. 商务谈判案例[J/OL]. 经理学刊,2006,10. http://www.vcmc.net/xuekan/read.php?id=8298.

1.3　商务谈判的基本原则

有人认为,谈判的成功与否完全取决于谈判者个人综合水平的发挥和技巧的运用,没有什么必须遵循的原则可言。也有人认为,只要谈判能够达到自己预想的目的,可以不择手段,更谈不上什么原则不原则的。这些看法显然是偏激的,在谈判已经发展到现代阶段的今天,自然是站不住脚的。

国内外从事谈判研究的学者一致认为:谈判是有原则可循的。美国学者赫本·柯恩、尼尔伦伯格和费雪·尤瑞等,都曾专门研究过谈判的原则问题,并发表了一些著作。事实上,谈判所应遵循的原则是从谈判实践中高度抽象出来的,是任何商务谈判都普遍适用的最高规范,也是谈判取得圆满成功的基本要求,具有普遍的指导意义。

结合我国具体商务谈判的实际情况,参考中西方学者的研究成果,将商务谈判应遵循的基本原则总结如下。

1.3.1 客观真诚的原则

有人认为"生意场上无父子",更谈不上"客观真诚"云云。其实不然,事实无数次地告诉人们,任何凭自己主观意志从事,乃至有欺诈做法的商人,均会得到相应的经济惩罚。这种惩罚,有的来自法律,有的来自社会。

同人类其他一切活动一样,谈判从本质上讲也是人们的信息传递活动,所不同的是,谈判的各方是处在相互对立的各边。这种对立关系就使得谈判者在既定的立场、自身利益和强烈感情的支配下,更容易陷入固执己见,甚至某些偏见的泥潭中。一旦陷入窘境,相伴而生的做法就是:不顾事实,远离客观真相,一意孤行,从而离谈判的目标越来越远。因此,谈判首先要遵循客观真诚的原则,也就是要服从事实讲道理。为了很好地做到客观真诚,应主要从以下几个方面入手。

1. 从事实出发,掌握第一手材料

俗话说:"事实胜于雄辩。"为了使谈判时本方有充足的根据,首先,应从客观情况着手,全面搜集信息和材料。本方在充分估计和评价自己谈判实力的基础上,要充分调查对手的情况,包括企业发展的历史、现状、企业实力和信誉、地域特点、文化习俗、谈判风格、谈判目标等,在此基础上,再评价对手的谈判实力。谈判中还要进一步核实自己掌握的情况与对手提供的情况,以便判断虚实、帮助决策。

其次,要结合本次谈判的实际,分析已有材料和信息,找到谈判时对自己较为有利的突破口。如果谈判时对方脱离实际,或者掩盖事实真相,就可利用自己已掌握的情况揭开这层"面纱",用事实说话,采取对策。

另外,还要掌握一些客观性标准,以备谈判时作为自己的有力"武器"。比如国际惯例、谈判的先例、科学的数据、法律规定和公认的计算方法等,都是需要掌握的客观性标准。

2. 信誉是商务谈判最终成功之本

凡事要讲信誉,商务谈判的信誉更是必须遵守的原则,这就需要谈判各方严格遵守谈判所达成的协议,信守诺言,真正做到"言必信,行必果"。其实,当我们真诚希望对手能守信誉时我们自己应首先做到这一点,并让对方悟到我们的信誉是至上的。人们愿意与信誉较好的企业做生意,因为其信守承诺,态度真诚。

1.3.2 平等互惠的原则

平等互惠是商务谈判活动中必须遵循的一条重要原则。遵循平等互惠的原则,有助于企业同外界建立良好的业务往来关系,是维持长期业务关系的保障。

1. 谈判的各方没有高低贵贱之分

参与谈判的团体、组织或个人,只要大家有能力、有诚意,并且带着共同合作的愿望走到一张谈判桌前,那么就都是平等的,没有高低贵贱之分。大企业尽管实力强,在与小企业或个人进行谈判时，双方的地位也是平等的，这是谈判的一个前提条件。任何凭借自己或他人的权势，在谈判桌上压对方的做法都是不可取的，除非你自己想赶走对方，否则一定要将自己的架子放下来，才有可能继续下去。

2. 谈判各方的需求都要得到满足

因为需求，才使谈判各方走到一起来，也正是因为彼此需求上的分歧，才使大家坐下来进行交流。因此，成功的谈判就是要在谈判结束后，各自的需求都有所满足，此所谓谈判的互惠原则。

谈判中不作任何让步是不可能的，因为互惠的原则告诉我们，谈判的某一方在某一问题上的让步，就是另一方在该问题上的需求；而接受让步的一方，也需要在其他问题上做出让步才能得到这次需求。此所谓互惠原则的本质。只有充分认识并作出让步才能换取自己的真正需求。

1.3.3　求同存异的原则

谈判作为一种谋求一致而进行的协商活动，参与谈判的各方一定蕴含着利益上的一致和分歧，因此，为了实现谈判目标，谈判者还应遵循求同存异的原则：对于一致之处，达成共同协议；对于一时不能弥合的分歧，不强求一致，允许保留意见，以后再谈。

为了很好地遵守这一原则，应从以下几个方面要求入手。

1. 正确对待分歧

要正确对待谈判各方的需求和利益上的分歧，不要“谈虎色变”，即谈及对方需求本方就不能面对，只想自己“狮口大开”。要记住，谈判的目的不是扩大矛盾，而是弥合分歧，使各方结成谋求共同利益、解决分歧的伙伴关系。

2. 探求各自利益

要把谈判的重点放在探求各自的利益上，而不是放在对立的立场观点上。事实无数次证实，任何从立场出发的硬性做法都是没有什么好结果的。比如，小杨和小李同在一个办公室工作。一天，他们为了一件小事而争吵起来。小杨觉得室内空气不太好，把窗子打开想透透气，小李不愿开窗，认为天气太冷，于是又把窗子关上。为此二人吵了起来。他们各自站在自己的立场上，因此很难取得一致。这时，对面办公室的小王闻声走了过来，问清小杨及小李的各自利益，然后将走廊的窗子打开，并将两间房门打开，形成对流，于是矛盾得以解决。通过这个例子说明，只有将谈判重点放在探求各自的利益上，通过利益的揭示，才能调和矛盾，达成协议。

3. 寻求契合利益

要在利益分歧中寻求互相补充的契合利益，达成能满足各方需求的协议。表面上看，参与谈判的各方，其价值观、需求、利益的不同会带来谈判的阻力，事实上并非如此，正是由于利益需求上存在分歧，才使得各方可能在利益需求上相互补充、相互满足，此所谓谈判各方的互补效应和契合利益。

1.3.4　公平竞争的原则

谈判主张合作，主张一致，但不是不讲竞争。公平竞争原则就是主张通过竞争达到一致,通过竞争形式的合作达到互利,通过竞争从对方承诺中获得自己尽可能多的利益。这种竞争是指公平的竞争、合法的竞争、道德的竞争。公平竞争原则有如下的要求。

1. 双方具有公平的提供和选择的机会

双方在谈判过程中,为了解决矛盾,一定会各自提出许多方案,那么双方在提供方案时,机会是均等的,不能说一方条件优越就由这一方提供方案,或者一方实力强就由这一方独揽,这是公平竞争原则所坚决反对的做法。另外,在具体选择方案时,双方具有平等的选择权利和机会。要尊重双方的选择权,选出最优的方案,最大限度地满足双方的需求。

2. 协议的达成与履行是公平的

公平竞争原则要求达成公平的协议。所谓公平协议,是指各方都感到本方的利益需求得到了最大限度的满足。

而且,在履行协议上,双方都具有公平的义务和责任,不是说某一方可以自行决定某些做法,比如更改协议,或不按协议履行等,都是不允许的。

除此之外,公平竞争原则还要求竞争者的地位一律平等、双方所采用的标准也必须公平,等等。

1.3.5 讲求效益的原则

讲求效益是谈判必须遵循的又一个原则。人们在谈判过程中,应当讲求效益,提高谈判的效率,降低谈判成本,这也是经济发展的客观要求。

如今科学技术的发展可谓日新月异,新产品从进入市场到退出市场的周期日益缩短。因此,企业往往在产品上市之前就开始进行广泛的供需谈判,想尽早打开市场,多赢得顾客,以取得较好的经济效益。这就从客观上要求商务谈判人员讲求谈判效益,提高谈判效率。

实践证明,对于从事新上市产品业务谈判的业务人员来说,如果能够准确地把握经济信息,了解市场动态,讲求谈判的效益,提高效率,就会拥有广阔的销售市场。

除了上述基本原则外,业务谈判还应遵循理智灵活的原则、最低目标的原则等。

1.4 商务谈判的成功模式

商务人员总是抱着成功的希望和信心去从事谈判工作,追求谈判的成功是每位谈判人员的心愿和目的。那么究竟什么样的谈判才算成功呢?或者说商务谈判的捷径在哪里?有没有一个成功的模式可供参考呢?答案是肯定的。

1.4.1 商务谈判的价值评判标准

现实中,虽然不少人常常耳闻或目睹谈判,有的还有可能是“久经沙场”,但问及他们何为成功的谈判时,回答则往往不正确。有的把谈判中自己获得利益的多少作为评判标准,认为获得利益越多则标志着谈判越成功;有的则认为,在谈判中本方气势越高,对方气势越低则谈判越成功……其实,这些看法与做法都是比较片面的,有时甚至是有害的。

美国谈判学会会长、著名律师杰勒德·I.尼尔伦伯格认为，谈判不是一场棋赛，不要求决出胜负；也不是一场战争，要将对方消灭或置于死地。恰恰相反，谈判是一项互利的合作事业。谈判中的合作是互利互惠的前提，只有合作才能谈及互利。因此，从谈判是一项互惠的合作事业和在谈判中要实行合作的利己主义观点出发，我们认为可把评价一场商务谈判是否成功的价值标准归纳为如下几点。

1. 要看商务谈判目标的实现程度

业务人员在参加谈判时总是事先规划一定的谈判目标，即将自己的利益需求目标化。当谈判结束时，我们就要看一下自己规划的谈判目标有没有实现、在多大程度上实现了预期谈判目标，这是人们评价业务谈判成功与否的首要标准。需要指出，不要简单地把谈判目标理解为利益目标，这里所指的谈判目标是具有普遍意义的综合目标。不同类型的商务谈判、不同的参谈者，其谈判目标均有所不同。比如，举办合资企业的谈判，对于中方来讲，其谈判目标有可能是尽快以最合理的控股权在某地合资生产某种产品。对于租赁业务谈判，其谈判目标则有可能是以最低租金租到功能较齐全的某种设备。因此，谈判目标在具体的谈判项目中才能具体化。

2. 要看谈判的效率如何

任何商务谈判都是要付出一定成本的。有人认为谈判成本是无法计算的，而且是没有必要计算的。这种看法是极为错误，甚至是可笑的。经济领域里的任何经济行为都是要讲效率的，即将付出与收益进行对比。商务谈判本身是经济活动的一部分，怎么能不讲成本呢？谈判成本可以从以下三个部分加以衡量计算：

第一部分成本是为了达成协议所做出的所有让步之和。其数值等于该次谈判预期谈判收益与实际谈判收益之差。

第二部分成本是指为谈判而耗费的各种资源之和。其数值等于为该次谈判所付出的人力、物力、财力和时间的经济折算值之和。

第三部分成本是指机会成本。由于企业将部分资源投入该次谈判中，即该次谈判占用和消耗人力、物力、财力和时间，于是这部分资源就失去了其他的获利机会，因而就损失了可望获得的价值。这部分成本可以用企业在正常生产经营情况下，这部分资源所创的价值的大小来衡量；也可以用事实上由于这些资源的被占用和耗费，某些获利机会的错过所造成损失的大小来计算。

以上三部分成本之和构成了该次谈判的总成本。通常情况下，人们通常认识到的成本只是第一部分，即对谈判桌上的得失较为敏感，而对第二种则常常比较轻视，对第三种成本考虑更少。要想准确考核谈判的效率，对谈判成本的准确计算就显得格外重要。

计算出谈判成本，就可看出谈判效率的情况了。所谓谈判效率，是指谈判所获收益与所耗费谈判成本之间的对比关系。如果谈判所费成本很低，而收益却较大，则本次谈判是成功的、高效率的。反之，如果谈判所费成本较高，收益很少，则本次谈判是低效率的、不经济的，甚至在某种程度上讲是失败的。

3. 要看谈判后的人际关系如何

商务谈判是两个组织或企业之间经济往来活动的重要组成部分，它不仅从形式上表现为业务人员之间的关系，而且更深层地代表着两个企业或经济组织之间的关系。因此在评价一场谈判成功与否时,不仅要看谈判各方市场份额的划分、出价的高低、资本及风险的分摊、利润的分配等经济指标,而且要看谈判后双方人际关系如何,即通过本次谈判,双方的关系是得以维持,还是得以促进和加强,抑或遭到破坏……商务谈判实践告诉我们,一个能够使本企业业务不断扩大的精明的谈判人员,往往将眼光放得很远,而从不计较某场谈判的得失,因为他知道,良好的信誉、融洽的关系是企业得以发展的重要因素,也是商务谈判成功的重要标志。任何只盯住眼前利益,并为自己某场谈判的所得大声喝彩者,这种喝彩也许是最后一次,至少有可能与本次谈判对手是最后一次,结果是"捡了眼前的芝麻,丢了长远的西瓜"。

综合以上三个评价指标,一场成功的或理想的谈判应该是:通过谈判,双方的需求都得到了满足,而且这种较为满意的结果是在高效率的节奏下完成的,同时双方的友好合作关系得以建立或进一步发展和加强。

CASE 案例　　矛盾的解决

一个家庭中有双胞胎姐妹俩。有一天她们为吃一块蛋糕而争吵起来,双方都急着想多吃一些,甚至都想自己独自拥有,而根本不想平均分着吃,为此姐妹俩争得不可开交。为了解决矛盾,她们的妈妈想出了一个好办法,向她们提议:由一个人先来切蛋糕,愿意怎样切就怎样切;另外一个则可以先来挑选自己最想吃的那一块。也就是说,一个孩子拥有分切蛋糕的权利,另外一个孩子有优先选择的权利。姐妹俩都觉得很公平,因此就接受了妈妈的建议并这样做了,姐妹俩很快就分割清楚,两人各拿一块,高高兴兴地吃着、玩着。这个矛盾的解决是成功的,因为它既满足了姐妹俩的需要,又维护了双方的关系,同时又没费多少精力和时间就将问题解决了,因而是高效率的,完全符合我们所说的三个价值评判标准,所以是成功的。

有了衡量商务谈判是否成功的价值评判标准,就有了目标,即追求成功的目标。于是就可以按照这个标准来计划、组织、安排每次业务谈判。怎样去追求?有没有一个成功的模式可以参考?答案是肯定的。

1.4.2 商务谈判的成功模式

中西方学者通过大量的理论和实践的研究,找到了一条能够顺利到达成功彼岸的道路,即商务谈判的成功模式。

1.4.2.1 "成功模式"的实施前提

"成功模式"的实施是有前提条件的,那就是必须树立正确的谈判意识。这种意识是"成功模式"的设计与实施的原则、指导思想和灵魂。这种谈判意识的内涵主要包括以下几点。

(1) 要将谈判看成各方之间的一种协商活动,而不是竞技体育项目的角逐。因为竞技体育项目的角逐与协商是相去甚远的两种事物。

从目标上看,协商的目标是要满足双方的利益需求,而且这种利益需求是通过双方磋商来调和的。竞技体育项目的角逐目标是通过双方的较量来决定的,这种较量是不能调和的较量,也就是说双方的利益需求是对立的。

从实现目标的方法上看，协商是在双方首先肯定各自需求的基础上，对利益需求上的分歧，通过双方共同创造，寻找一个能使双方都得到满足的方案来解决矛盾。竞技角逐的双方为了达到目的，会想方设法地运用各种可以施展的手段，压倒对方，从而自己获得全部利益。

从结果上看，协商的结果是使双方的利益需求都得到满足，双方都是胜利者。而竞技角逐的结果则只有一方是胜利者，另一方则要成为失败者，比如足球比赛等。

从双方的关系来看，双方在协商情况下的利益关系是一种互助合作的关系。竞技角逐时的关系则是没有互助成分的，是完全对立的关系。

通过以上分析不难看出，将谈判视为一种友好协商，就比较容易达到目的。如果将谈判视为一场竞技角逐就很难实现愿望。

(2) 谈判双方之间的利益关系是一种互助合作的关系，而不是“敌对”关系。

(3) 人际关系是双方实现利益关系的基础和保障，因而要处理好谈判中的人际关系。

(4) 谈判人员要有战略眼光，将眼前利益和长远利益结合起来，抓住现在，放眼未来。

(5) 谈判的重心应是避虚就实，要在实质问题上多下功夫，而不要在非实质性问题上大做文章，将精力集中在双方各自的需求上。

(6) 谈判的结果双方都是胜利者。谈判的最后协议要符合双方的利益需求。

上述谈判意识会直接影响和决定我们在谈判中所采取的方针和政策，从而决定着我们在谈判中的所有行为，这是很显然的。也只有树立了这种意识，才能使我们缩短理想与现实之间的距离，谈判的成功才会向我们走来。

1.4.2.2 “成功模式”的构成

“成功模式”主要由五个部分所组成。

1. 制订谈判计划

制订谈判计划是“成功模式”的第一步。在制订谈判计划时，首先要做到知己知彼，即先要弄清本方在该次谈判中的目标是什么，然后要通过各种渠道设法去搞清对手的谈判目标是什么。明确了双方的谈判目标之后，要进一步仔细分析双方的目标构成，通过对比分析出双方利益一致的地方和有可能产生分歧的地方，以便我们在进入正式谈判时采取不同的对策。通常，在正式谈判开始时，首先应把双方利益一致之处提出来，并请双方核实确认。这样做的好处是，能够提高和保持双方对谈判的兴趣，也能增强双方积极投入谈判的信心，为谈判的成功打下良好的基础。对于双方利益需求不一致的地方，则要在制订谈判计划阶段加以周密思考，想好一切对策，并在谈判过程中通过双方“交锋”，充分发挥各自的思维创造力和想象力，来谋求使双方都能满意的方案，实现各自的谈判目标。

2. 建立谈判关系

建立谈判关系是“成功模式”的第二步。在正式谈判之前，就要与对手建立良好的关系。这种关系不是指比较浅显的表层关系，而是一种有意识形成的、能够使双方谈判者在谈判过程中都感到顺畅、融洽、自然、舒展的关系。也就是要建立一种双方都希望的、良好的谈判环境之中所具有的关系。这种关系是使谈判顺利进行的保障。

通常情况下，人们都愿意与自己比较了解、信任的人做生意，而不愿意同自己一无所知,更谈不上信任的人达成什么协议。如果我们同一个从未见过或听过的人打交道、做生意,那么我们就会十分谨慎、层层设防,在谈判中肯定会小心从事,不轻易许诺。因此,当双方都已相互了解,并且建立了一定程度的信任关系时,就会减少双方之间的戒备心理,从而使谈判的难度大为降低,而成功的可能性就相应地大大提高。可以肯定地说,谈判双方之间的相互信赖关系是谈判成功的基础,因此,我们必须做好以下几点。

(1) 要树立使对方相信自己的信念。人们在经过了生活和工作的长期磨炼之后,特别是有过吃亏上当经历的人,都会发出同一种感叹,那就是:不能轻易相信他人,特别是生意人。因此,我们必须树立使对方相信自己的信念,并通过自己的实际行动让对方相信自己。例如,可以对对方事业与个人生活加以关心;可以用周到的礼仪使对方对我们的修养、层次有所认识;也可以通过自己在工作上的勤奋努力来赢得对方对我们的信任。事在人为,通过自己的努力,会缩短双方之间的距离。

(2) 要表现出本方的诚意。在生活中,有的人初次接触就会让人感到他是位诚实的人,可是有的人不管如何表示自己的诚意,也会让人感到虚伪,这就是艺术。为了表现我们的谈判诚意,在与不熟悉的人进行谈判时,应首先表现出自己落落大方的行为举止,言谈中要不断流露自己的诚意,特别是表情要真诚、自然。还可以向对方列举一些在过去的交易中,本方诚实待人的例子。相信通过自己的努力,以诚相待对方,会赢得对方的信任。

(3) 行动是使他人相信自己的最好语言。俗话说:"事实胜于雄辩。"当我们一再表示自己的诚意之后,真正能让对方竖起大拇指,并且说出"值得信赖"这四个字,还要靠我们的行动。因此,必须做到有约必行、信守诺言。必须时刻牢记:不论自己与对方之间有多么强的信赖感,只要失约一次,双方之间的信赖关系就会瓦解。如果已经出现了这种现象,再想重新修复,实可谓难上加难。

通过以上论述我们不难看出,如果在双方还没有建立起足够的信任关系之前,就匆匆进入实质性谈判阶段,是很难达到预期效果的,有时还会将问题搞乱。

3. 达成谈判协议

在谈判双方已经建立起良好的信赖关系之后,即可进入实质性谈判阶段。为了达成使双方满意的协议,在进入"成功模式"的第三步时,首先应该核实对方的谈判目标。其次,对彼此意见一致的问题加以确认,而对彼此意见不一致的问题则要通过双方充分的磋商,互相交流,寻求一个有利于双方的利益需求的满足,并且双方都能够接受的方案来解决问题。

作为谈判人员,应清醒地认识到:达成协议并不是业务谈判的最终目标。商务谈判的最终目标应该是:达成协议后,协议的内容能够得到圆满的贯彻和执行。因为我们都清楚,写下来的协议如果不付诸实施,即使对我们再有利,也是"白纸黑字"而已。这时,如果对方由于某种原因而不履约,虽然我们可以依法提起诉讼,但真正解决起来要花费许多时间和精力。更重要的是我们所希望的利益需求没有得到满足。作为企业,有可能影响生产、经营活动,对企业的损失是无法估量的。作为个人,其损失就更加惨重了。总之,不论是谁,都会受到经济损失。即使最后我们胜诉,并得到一定的赔偿,可是我们所付出的时间、精力代价又怎样补偿呢?因此,为了防止这种现象,"成功模式"为我们安排好了第四步。

4. 履行谈判协议

在谈判当中,最容易犯的错误就是:一旦达成了令自己满意的协议就会松一口气,认为谈判已经圆满地结束了。这种观点实在有害,因为对方有时不会像你想象的那样,义不容辞地、毫不犹豫地履行他的义务和责任。写在纸上的协议再完美,也不意味着协议的履行也十分完美,问题的关键在于协议要由人来履行。因此,签订协议书是重要的,但维持协议并确保其能够得到良好的贯彻实施更加重要。因为事情总是千变万化的,从协议签订到实施这段时间里,不知又会有什么因素影响双方对协议的履行。为了促使对方履行协议,我们必须认真地做好以下几件工作。

(1) 对对方遵守协议约定的行为应给予适时的、良好的情感反应。经验告诉我们,保持与我们谈判的签约方的联系,并对其履约行为给予良好的反应,是最能鼓舞其干劲的。因此,在对方努力信守协议时,给予及时的肯定、赞扬和感谢,其信守协议的精神就会保持下去。同时,也要向对方汇报自己的履约实情,向对方证实我们的诚实守信,从而加速双方的履约进程。情感反应的形式很多,如亲自拜访问候并表示感谢,也可通过现代通信工具,如电话、电传等表示自己的谢意,书信方式也是很好的选择。总之,运用情感交流促使协议兑现,是"成功模式"所提倡的方法,也是十分奏效的。

(2) 要清楚地意识到:当我们要求别人信守诺言时,自己首先要信守诺言。这也是做人之道。当我们信守协议,并按规定履行我们的义务时,要让对方知道,这样可同时为双方鼓劲。

当双方均完成了自己的任务后,整个协议算是得到了认真履行,对于一项具体交易谈判来讲,可以画上一个圆满的句号,但对于一个具有长远战略眼光的谈判人员来讲,则还有一项重要工作要做,这也是"成功模式"的第五步。

5. 维持良好关系

当某项谈判结束后,不能认为万事大吉,而只能认为是暂告一段落。谈判结束的一项重要工作就是维持与对方的良好关系。在实际业务交往过程中,亲身参与商务谈判的人员都有一个切身体验:与某业务往来对手之间的关系,如果不积极地、有意识地加以维持的话,就会逐渐地淡化,慢慢地双方就会疏远起来,有时甚至由于某些外因还会导致关系的恶化。而一旦疏远了或者恶化了,再想重新将关系恢复到原来的水平,则需要花费很多的精力和时间,甚至比与一个新对手建立关系还要复杂,而且还有可能无法恢复到过去的友好程度。

因此,为了以后的业务发展,对于那些已通过自己努力,并在本次谈判中建立了良好关系的业务伙伴,应想方设法与他们保持友好关系,以免事后再花费精力和时间去重新建立,要知道,重新建立比维持关系更加不经济。其实,维持与对方关系的方法也很简单,主要是保持与对方的接触和联系,特别应注意个人之间的接触,因为不管什么样的经济实体,都是由人构成的,没有人也就谈不上其他了。另外,还可在对方有重要纪念意义的日子发去贺电或信函,以表达自己的问候,这就很自然地维持了双方的关系。

上面讲述了"成功模式"的五个组成部分,这五个部分就构成了进行一场成功谈判所要经过的五个步骤,如图 1-2 所示。在这五个步骤中注入某一具体商务谈判的内容,就成了某一具体商务谈判的过程。

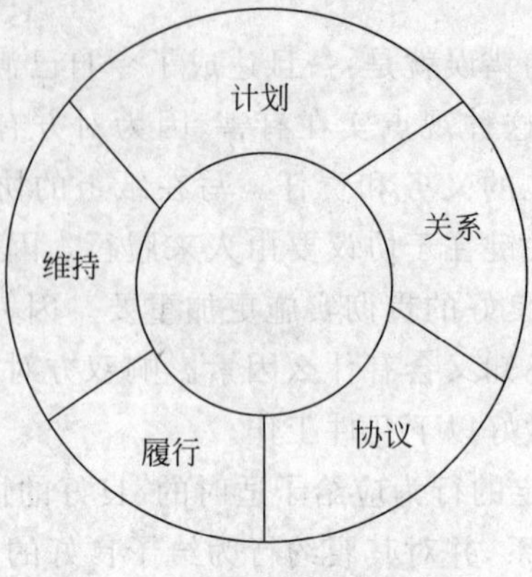

图 1-2　商务谈判的"成功模式"

"成功模式"的绝妙之处不仅在于它经过了这五个步骤,更重要的是进行这个循环就可获得谈判的成功,而且本次循环可为下次循环打下坚实的基础。从图 1-2 中不难看出,这五个循环步骤是相互联系的,前一个步骤为后一个步骤打下了基础,从而可以实现循环发展,形成一个连续不断的过程。

对商务谈判认识不深的人,习惯把谈判看作一个个独立的、互不联系的、单独的过程,往往认为从初次见面到签好协议是整个谈判的过程。"成功模式"则认为谈判是一个持续不断的过程,即本次交易的成功将会导致下次交易的不断成功。这就是"成功模式"能够成功的秘诀。

"成功模式"为我们指明了通往谈判成功的光明之路,如果商务谈判人员都能够认识这条路,那么必然能够达到成功的彼岸。同时,许多经济纠纷都有可能避免,对整个经济顺畅发展起到促进作用。但遗憾的是,在实际商务谈判过程中,并非所有谈判人员都认识到这条路,而且愿意走这条路。因此,真正想争取商务谈判的成功往往很难,有时甚至一方用此方法去同另一个不懂此法的人相谈,还会得到相反的效果。但是,将商务谈判知识真正应用到实践中去,并且科学地指导谈判工作,使我国经济交往中的这个重要环节得到健康发展,将是不容置疑的。

思考题 QUESTIONS

1. 什么是谈判?谈判具有什么特点?
2. 谈判的构成要素包括哪些?
3. 什么是商务谈判?商务谈判具有什么特征?
4. 商务谈判的内容有哪些?
5. 商务谈判的种类主要有哪些?
6. 在商务谈判过程中应该遵循什么原则?
7. 商务谈判的价值评判标准是什么?

8. 阐述商务谈判的成功模式。

案例讨论 Case discussion

完达山与代理商的合作谈判

罗总多年从事 BJ 市牛奶品牌代理，和大多数乳品代理商一样，在这一个食品行业多事之秋，在品牌更替、洗牌的年代，随时关注着乳品行业的动态和风向标。

他判断到乳品行业要整合、要洗牌。而他自己手里的品牌全是区域性乳品品牌，市场销售渠道日渐艰难。出路在哪儿？前几天，一条本地坊间的消息震动了他。

某国内婴儿奶粉一线品牌 BYM 的 4 个经销商一周之内在本省四个地区签约 MN 婴儿奶粉。MN 婴儿奶粉多年来在国内市场一直毫无起色，但液奶却是名列前茅。这些实际签约，行内人一看就是为了抓住一个机遇。通过这则消息，一直苦于品牌破局的罗总开始考虑优化自己所代理品牌了。

蒙牛、伊利液态奶在 BJ 市的经销商体系已经很完善，对于罗总来说，根本没有合作机会，所以罗总将目光锁定了完达山这个品牌。

他通过互联网查询联系上了完达山液奶西南客服，接电话的服务人员——他至今还记得，是名叫李茗的营销人员，声音甜美，热情。

询问了区域之后，李茗迅速告诉他区域负责人刘立家的联系方式。通话结束时，还热情洋溢地说了一句："欢迎罗总加盟完达山！"

刚挂上电话，区域负责人联系的方式便以短信形式发到罗总手机上。

还没等罗总拨电话，完达山区域负责人刘立家的电话就打过来了。询问了情况后，刘立家马上承诺，明天负责区域的业务员会到罗总所在城市，谈判代理事宜。

事后，罗总深有感慨地说："就凭这热情的态度、高效的作风，完达山不管啥条件，我都要代理！"

第二天，完达山业务员张云会（以下简称张）如期而至。宾主落座以后，开始切入主题。以下是谈话纪要。

张：你好！罗总，我是完达山负责西北业务的小张。很高兴认识罗总！

罗总：你好！没想到你们来得这么快。我想代理完达山液态奶系列，不知公司对经销商有啥要求吗？

张：罗总能给我们打电话要求代理完达山，这点就足够了。这就代表罗总认可完达山、相信完达山。不知罗总想签贵区域的哪些市场呢？

罗总：那就整个 BJ 市吧。

张：我建议罗总只签 BJ 市自己熟悉的区域，这样在运营时能突出重点。其他区域，在没有别家代理商签约的情况下，只要您能做好自己的区域，都可以开拓，以后也可以优先补签。

罗总：这样也好。那我就签市区的 JT 区、WB 区。不知咱们完达山对代理商首单发货有啥要求没有？

张:据我所知,上述两区域,伊利的有效网点数量是1 253个。以这些网点数量为基准,以单点单品项陈列数量是伊利的1/3为标准计算,最后订货数量再乘以1.2,便是最终订单。这20%是你预留在大库的库存。

罗总:这样是否有点保守呀?

张:不会。伊利是成熟品牌,我们处于导入期,虽然我们是一线品牌,但我们还要有自己的营销手法,不能跟着他们跑。再说,为了市场后期良性发展,罗总如果首单出现结构性滞销,折价处理,我们是要承担你滞销品项亏损部分50%以上的。

罗总:这样太好了,我预留50%库存吧,以免万一断货。

张:罗总,还是20%吧。

罗总:你们准备怎样启动BJ市场?

张:以罗总多年运作BJ市场的经验,你觉得怎样才能稳妥、快速启动BJ市场?如果按照罗总方案,需要什么样的支持?这种支持我们到位后,以罗总的经验,最低能达到什么样的效果?

罗总自信而高兴地思考了一下,说……(涉及完达山具体运营,略去)

张不停地认真记录,并在最后再次与罗总确认,接着打了一个电话。

张:罗总,你的方案很好,我向领导沟通汇报后,大的问题没有,小的细节和逻辑调整如下……

罗总:好,签约!哦,对了,你们的任务怎么定,返利是什么政策?

张:我们不定任务!只要罗总库房别断货,零售终端不缺货就可以。至于销量,以罗总刚才提的方案,肯定比我们领导预期的结果要好。至于返利,我们完达山不做画烧饼的事。可以采用月月激励、季度激励等短期激励方式。这种激励也是在你罗总预期与有把握的情况下扎实落实好营销政策自然就能享受得到的激励。

双方顺利签约。

罗总:下午我就按照指定账户先把货款办了。

张:好呀!谢谢罗总的信任和支持!我们领导刘总已安排过,一定要宴请罗总,以庆祝我们合作成功!

罗总:哪能在BJ市让客人请客,必须我请!

张:罗总,这个吃饭的事,我请,就这么定了。(半开玩笑说)如果你掏了钱,刘总要罚我的哦。

罗总:哈哈哈……

目前,罗总的货已在路上。他新租了库房,扩充了销售队伍,整理了渠道。据他自己说,这两天,与原来合作的品牌业务谈话时,都不再那么憋屈了。

资料来源:常嵘.完达山代理商谈判纪要[EB/OL].第一营销网,2013-09-23.

讨论题:

1. 本案例中的商务谈判涉及的基本原则有哪些?

2. 此次合作谈判为什么如此顺利?

第2章 CHAPTER 2

商务谈判心理

本章要点

- □ 商务谈判心理的特点
- □ 研究和掌握商务谈判心理的作用
- □ 谈判中的需要心理
- □ 谈判中的谋略心理
- □ 谈判中的成功心理
- □ 谈判中的群体心理

引例 **不凡帝的游戏规则**

阿尔卑斯奶糖正式上市时，零售价格定为每斤21元。这在当时是最高的糖果标价，当然经销商的进货价也是所有糖果中最高的。而最高的标价却产生了当时最大的糖果销量。

原因何在？在取得了前期的销售规模后，经销商为什么没有按照一般的做法，要求厂家以进货量定价格呢？为什么经销商在不凡帝面前永远矮一截呢？

因为不凡帝坚决执行这样的谈判策略：给现在的经销商最好的服务和支持，也永远在物色和准备"后备经销商"。

这条对事不对人的准则为不凡帝赢得了极高的市场谈判地位。经销商一方面深刻感受到不凡帝的支持和帮助，另一方面也感到竞争的压力。为了不被淘汰，他们只有认真努力地做好他们的事。

不凡帝要求每位销售经理为每个经销商准备后备经销商，通常中心城市一个经销商有2～3家后备经销商，地级城市后备1～2家。后备经销商有专门的档案，每月至少一次例行的客情访问，电话、登门拜访、聚餐、喝茶，方式不限。访问中通报彼此的近况(非核心内容)，同时不做任何与合作相关的实质性承诺。

考察后备经销商主要有下列三个方面。

(1) 接收能力:有足够的现金迅速接收现有经销商的所有库存,并完成第一次进货。

(2) 网点接收能力:现有经销商的网点不拒绝接受其自然供货(厂家可以提供支持协调)。

(3) 人员及经营理念一致性:接受并执行不凡帝的深度分销理念与方法。

物色与管理后备经销商,就是为现有经销商准备"影子对手"。因为是"影子",所以不可能爆发公然的对抗;同样因为是"影子",就产生了"心理恐惧",迫使现有经销商必须遵守不凡帝的游戏规则,自然就少有机会和胆量与不凡帝讨价还价了。

资料来源:程烈. 销售谈判之讨价还价篇[EB/OL]. 第一营销网,http://www.cmmo.cn/article-105526-5.html,2012-08-10.

商务谈判的过程,从很大程度上来说可以看作一场心理战。谈判代表在谈判桌上为了各自的利益斗智斗勇、分毫必争,其谈判技巧在深层次上都是对对方心理的揣摩、猜测及应对,因此掌握一定的谈判心理与思维对于参与商务谈判的人员来说是必不可少的。需要心理、谋略心理、成功心理和群体心理都是比较常见的谈判心理。

2.1 商务谈判心理概述

人是具有心理活动的。一般来说,当面对壮丽的河山、秀美的景色时,正常的人会产生喜爱、愉悦的情感,进而会形成美好的记忆;看到被污染的环境、恶劣的天气、战争的血腥暴行,会出现厌恶、逃避的心情,并会留下不好的印象。这些就是人的心理活动、心理现象,也即人的心理。心理是人脑对客观现实的主观能动的反映。人的心理活动一般有感觉、知觉、记忆、想象、思维、情绪、情感、意志和个性等。人的心理是复杂多样的,人们在不同的专业活动中,会产生各种与不同活动相联系的心理。

商务谈判心理是指在商务谈判活动中谈判者的各种心理活动,它是商务谈判者在谈判活动中对各种情况、条件等客观现实的主观能动的反映。譬如,当谈判人员在商务谈判中第一次与谈判对手会晤时,对方彬彬有礼,态度诚恳,易于沟通,就会对对方有好的印象,对谈判取得成功抱有希望和信心。反之,如果谈判对手态度狂妄、盛气凌人,难以友好相处,谈判人员就会对其留下坏的印象,从而对谈判的顺利开展存有忧虑。

2.1.1 商务谈判心理的特点

与其他的心理活动一样,商务谈判心理有其特点和规律性。一般来说,商务谈判心理具有内隐性、相对稳定性、个体差异性等特点。

1. 商务谈判心理的内隐性

商务谈判心理的内隐性是指商务谈判心理藏之于脑、存之于心,别人是无法直接观察到的。

但尽管如此,由于人的心理会影响人的行为,行为与心理有密切的联系,因此,人的心理可以反过来从其外显行为加以推测。例如在商务谈判中,对方作为购买方对所购买的商品在价格、质量、售后服务等方面的谈判协议条件都感到满意，那么在双方接触中，谈判对方会表现出温和、友好、礼貌、赞赏的态度反应和行为举止；如果很不满意，则会表现出冷漠、粗暴、不友好、怀疑甚至挑衅的态度反应和行为举止。掌握这其中的一定规律，我们就能较为充分地了解对方的心理状态。

2. 商务谈判心理的相对稳定性

商务谈判心理的相对稳定性是指人的某种商务谈判心理现象产生后往往具有一定的稳定性。例如，商务谈判人员的谈判能力虽然会随着谈判经历的增多而有所提高，但在一段时间内却是相对稳定的。

正是由于商务谈判心理具有相对稳定性，我们才可以通过观察分析去认识它，而且可以运用一定的心理方法和手段去改变它，使其利于商务谈判的开展。

3. 商务谈判心理的个体差异性

商务谈判心理的个体差异性，是指因谈判者个体的主客观情况的不同，谈判者个体之间的心理状态存在一定的差异。商务谈判心理的个体差异性，要求人们在研究商务谈判心理时，既要注重探索商务谈判心理的共同特点和规律，又要注意把握不同个体心理的独特之处，以有效地为商务谈判服务。

2.1.2 研究和掌握商务谈判心理的作用

商务谈判，既是商务问题的谈判，又是心理的较量。它不仅被商务实际条件所左右，也受到商务谈判心理的影响。

在商务谈判中，运用谈判心理知识对谈判进行研究，分析“对手的言谈举止反映什么？”“其有何期望？”“如何恰当地诱导谈判对手？”等，对成功地促进谈判，很有必要。掌握商务谈判心理现象的特点，认识商务谈判心理发生、发展、变化的规律，对于商务谈判人员在商务谈判活动中养成优良的心理素质，保持良好的心态，正确判断谈判对手的心理状态、行为动机，预测和引导谈判对手的谈判行为，有着十分重要的意义。

此外，商务谈判的虚虚实实、真真假假的心理策略对谈判的成果影响很大。对商务谈判心理的熟悉，有助于提高谈判人员谈判的艺术性，从而灵活有效地处理好各种复杂的谈判问题。

研究和掌握商务谈判心理，对于商务谈判有以下几个方面的作用。

1. 有助于培养谈判人员自身良好的心理素质

谈判人员良好的心理素质是谈判取得成功的重要基础条件。谈判人员相信谈判成功的坚定信心、对谈判的诚意、在谈判中的耐心等都是保证谈判成功不可或缺的心理素质。良好的心理素质，是谈判者抗御谈判心理挫折的条件和铺设谈判成功之路的基石。

谈判人员对商务谈判心理有正确的认识，就可以有意识地培养自身优良的心理素质，摒弃不良的心理行为习惯，从而把自己造就成从事商务谈判的人才。

2. 有助于揣摩谈判对手心理，实施心理诱导

谈判人员对商务谈判心理有所认识，经过实践锻炼，可以通过观察分析谈判对手的言谈举止，弄清谈判对手的心理活动状态，如其个性、心理追求、心理动机和情绪状态等。谈判人员在谈判过程中，要仔细倾听对方的发言，观察其神态表情，留心其举止（包括细

微的动作),以了解谈判对手的心理,了解其深藏于背后的实质意图、想法,识别其计谋或攻心术,防止掉入对手设置的谈判陷阱并正确做出自己的谈判决策。

人的心理与行为是相联系的,心理引导行为。而心理是可诱导的,通过对人的心理诱导,可引导人的行为。

英国哲学家弗朗西斯·培根在《谈判论》中指出:"与人谋事,则需知其习性,以引导之;明其目的,以劝诱之;清其弱点,以威吓之;察其优势,以钳制之。"培根此言至今对于从事商务谈判仍有裨益。

了解谈判对手的心理,可以针对对手不同的心理状况采用不同的策略。了解谈判对手的谈判思维特点、对谈判问题的态度等,可以开展有针对性的谈判准备和采取相应的对策,把握谈判的主动权,使谈判向有利于我方的方向转化。比如,需要是人的兴趣产生和发展的基础,谈判人员可以观察对方在谈判中的兴趣表现,分析了解其需要所在;也可以根据对手的需要进行心理的诱导,激发其对某一事物的兴趣,促成商务谈判的成功。

3. 有助于恰当地表达和掩饰我方心理

商务谈判必须进行沟通。了解商务谈判心理,有助于表达我方心理,可以有效地促进沟通。如果对方不清楚我方的心理要求或态度,必要时我方可以通过各种合适的途径和方式向对方表达,以有效地促使对方了解并重视我方的心理要求或态度。

作为谈判的另一方,谈判对手也会分析研究我方的心理状态。我方的心理状态往往蕴含着商务活动的重要信息,有的是不能轻易暴露给对方的。掩饰我方心理,就是要掩饰我方有必要掩饰的情绪、需要、动机、期望目标和行为倾向等。在很多时候,这些是我方在商务谈判中的核心机密,失去了这些秘密也就失去了主动。这些秘密如果为对方所知,就会成为助长对方滋生谈判诡计的温床。商务谈判的研究表明,不管是红白脸的运用、撤出谈判的胁迫、最后期限的通牒,还是拖延战术的采用等,都是以一方了解了另一方的某种重要信息为前提,是与一方对另一方的心理态度有充分把握有关的,因而对此不能掉以轻心。

为了不让谈判对手了解我方某些真实的心理状态、意图和想法,谈判人员可以根据自己对谈判心理的认识,在言谈举止、信息传播、谈判策略等方面施以调控,对自己的心理动机(或意图)、情绪状态等做适当的掩饰。如在谈判过程中被迫做出让步,不得不在某个已经决定的问题上撤回,为了掩饰在这个问题上让步的真实原因和心理意图,可以用类似"既然你在交货期方面有所宽限,我们可以在价格方面做出适当的调整"等言辞加以掩饰;如我方面临时间压力,为了掩饰我方重视交货时间的这一心理状态,可借助多个成员提出不同的要求,以扰乱对方的视线,或在议程安排上有意加以掩饰。

4. 有助于营造谈判氛围

商务谈判心理的知识还有助于帮助谈判人员协调与对方的互动,形成一种良好的交际和谈判氛围。

为了使商务谈判能顺利达到预期的目的,需要适当的谈判氛围的配合。适当的谈判氛围可以有效地影响谈判人员的情绪、态度,使谈判顺利推进。一个商务谈判的高手,也是营造谈判氛围的高手,会对不利的谈判气氛加以控制。对谈判气氛的调控往往根据双方谈判态度和采取的策略、方法而变。一般地,谈判者都应尽可能地营造友好和谐的谈判气氛以促成双方的谈判。但适当的谈判氛围，并不一味都是温馨和谐的气氛。出于谈判利益和谈判情境的需要，必要时也会有意地制造紧张甚至不和谐的气氛，以对抗对方的胁迫，给对方施加压力，迫使对方做出让步。

CASE 案例　欲用心理战谋取利益

意大利与中国某公司谈判出售某项技术，由于谈判已进行了一周，但仍进展不快。于是意方代表罗尼先生在前一天做了一次发问后告诉中方代表李先生，自己还有两天时间可谈判，希望中方配合在次日拿出新的方案来。次日上午中方李先生在分析的基础上拿了一个比中方原要求(意方降价 40%)改善 5%(要求意方降价 35%)的方案。意方罗尼先生说："李先生，我已降了两次价，计 15%，还要再降 20%，实在困难。"双方相互评论，解释一阵后，建议休会 14:30 再谈。

下午复会后，意方先要中方报新的条件，李先生将其定价的基础和理由向意方做了解释并再次要求意方考虑其要求。罗尼先生又讲了一遍其努力，说中方要求太高。谈判到 16:00 时，罗尼先生说："我为表示诚意向中方拿出最后的价格，请中方考虑，最迟明天 12:00 以前告诉我是否接受。若不接受我就乘 14:30 的飞机回国。"说着把机票从包里抽出在李先生面前晃了一下。中方把意方的条件(意方再降 5%)厘清后，表示仍有困难，但可以研究。谈判即结束。

中方研究意方价格后认为还差 15%，但能不能再压价呢？明天怎么答复？李先生一方面与领导汇报，与助手、项目单位商量对策，一方面派人调查明天是否有 14:30 的航班。

结果次日 14:30 没有去欧洲的航班，李先生认为意方的最后还价、机票是演戏，判定意方可能还有条件。于是在次日 10 点给意方去了电话，表示："意方的努力，中方很赞赏，但双方距离仍存在，需要双方进一步努力。作为响应，中方可以在意方改善的基础上，再降 5%，即从 30% 降到 25%。"

意方听到中方有改进的意见后，没有走。只是认为中方要求仍太高。

资料来源：韩奉秋. 商务谈判案例分析[EB/OL]. http://lichuanjun888.bokee.com/viewdiary.14687274.html,2007,1.

2.2　谈判中的需要心理

谈判的过程也就是满足人们需要的过程。人们在谈判过程中所表现出来的各种行为和动机，都是由于人们存在某种需要，是由需要引起和驱动的。著名的社会心理学家马斯洛的需要层次理论认为，人类的需要依重要性不同分为五个层次：

(1) 生理的需要，即吃饭、喝水、睡眠、取暖等基本的生存需要；

(2) 安全的需要，即保护人身、财产安全和防备失业的需要；

(3) 社会的需要，即希望被群体接受从而有所归属和获得爱情的需要；

(4) 尊重的需要，即实现自尊，赢得好评、赏识，获得承认和地位等的需要；

(5) 自我实现的需要，即充分发挥个人能力，实现理想和抱负，取得成就的需要。

这些需要的层次越低,越不可缺少,因而越重要。人们一般按照重要性的顺序,分别轻重缓急,待低层次的需要基本满足后,才设法满足高一层次的需要。

那么,在谈判这种较为特殊、具体的场合,人们的需要是怎样体现的呢？我们应该如何予以满足,并借以实现谈判的目的呢？

2.2.1 谈判中的生理需要

在谈判中,人的生理需要体现为对吃、穿、住、行等方面的要求。谈判是一项要消耗大量体力、脑力,劳动强度很大的活动。谈判人员必须吃得好、穿戴整齐、住得舒服、外出行动方便。如果这些方面的需要得不到满足和保证,就会极大地影响谈判人员的精力、情绪,影响谈判艺术和技巧的发挥,甚至举动失常,难以完成谈判的任务。

吃得好,不是说要吃山珍海味,而是指在口味与营养上适合每位谈判人员的需要。穿戴整齐是指谈判人员的穿戴是要有一定的讲究,它往往对谈判人员的精神风貌有很大影响。住得舒适,不是说要住豪华旅馆,只要与自己的身份、地位相符就行了。行动要方便,主要是指在交通、通信等方面要有便利的条件。

2.2.2 谈判中的安全与寻求保障的需要

安全与寻求保障的需要在谈判中主要体现在人身安全和地位安全上。在客场谈判时,由于对当地风俗习惯、社会治安、交通状况缺少了解,常常感到缺少安全感,而陷入孤立无援的氛围之中。虽然集体谈判多少有一个可以归属与依赖的集体,但与整个陌生的环境相比,这个集体仍然是孤零零的。在这种情况下,作为东道主的谈判一方,应该尽力在谈判之余多作陪伴,如专车接送谈判、陪同参观游览等。这样做,不知不觉地使对方把你看作可以接受、可以依赖的人,这无疑对谈判是有利的。地位上的安全需要是指,谈判者总是把谈判看作一项任务,能否顺利地实现谈判的目标,完成任务,往往会影响谈判者原有职位的保持和晋升。因此,有时会发生签订一个坏的协议总比没有签协议空手而归要强的情况,即说明了这个问题。

2.2.3 谈判中的爱与归属的需要

爱与归属的需要在谈判中具体体现为:对友情、对建立双方友好关系的希望;对本组织的依赖并希望加强组织内部的团结与凝聚力。前者是对外的希望与要求,后者是对内的希望与要求。

谈判从一定的意义上讲,是要对双方的利益进行划分,因而常常使谈判双方的关系处于紧张或对立的状态之中。但是,就一般人的天性来讲,是不愿意在一种紧张对立的环境中进行活动的,人们追求友情,希望在友好合作的气氛中共事。谈判人员应该持有一种友好合作的心态,利用一切机会促成和发展与对方的友情。例如,为对方举办家宴,邀请对方进行联欢,赠送礼品给对方,等等。一旦双方产生了友情,让步与达成协议就不是需要花费很大的气力才能办到的事情了。谈判双方虽然不属于同一组织,但也存在归属的需要。这在存在外部的竞争时尤其突出。例如,如果一笔交易有一个买主和三个卖主,每一个卖主都想与买主谈判成交,而不愿被排斥在外。他们都想与买主结成一个买卖关系实体归属其中,都想将其他卖主排斥在外。对买主来讲,在谈判中,可以利用卖主的这种归属需要为自己争得更加优惠的成交条件。

谈判小组是一个目标非常明确的组织,它的任务与活动本身决定了它的内部人员之间必须保持高度的团结协作。只有一致对外,才有可能实现组织的目标,这是任何一个谈判人员都必须明确牢记的。对谈判小组的负责人来讲,保持内部的高度团结协作,是其职责之一。在谈判过程中,对谈判的方针、方案、策略与战术等问题,各人会有不同的意见和看法,应该在各人充分发表意见、畅所欲言的基础上进行集中统一,尽量吸取各种意见中科学合理的成分,切记不加分析地全盘肯定或者否定某一种意见。对于不准备采纳的意见应婉转地拒绝,这样才会使人感到组织是需要他的。

在客场谈判中,谈判小组的成员吃、住、行都在一起,各人的生活习惯不尽相同,应该相互谅解、忍让、帮助。唯有这样,才能使个人觉得离不开集体,才能满足他对这个组织的归属的需要。

在谈判中,内求团结,外讲友好,这样才能满足谈判人员对爱与归属的需要。无论是内部的团结,还是外部的友好关系受到损害,都会直接影响谈判目标的实现。

CASE 案例　如何与倔强老太太产生共鸣

某电气公司的推销员韦普先生去宾夕法尼亚州推销用电。他看到一所富有而整洁的农舍,便前去叩门。敲门声过后,门打开了一条小缝,户主布朗·布拉德老太太从门内向外探出头来,问来客有什么事情。当她得知韦普先生是电气公司的代表后,"砰"的一声把门关上了,韦普先生只好再次敲门。敲了很久,布拉德老太太才将门又打开了,仅仅是勉强开了一条小缝,而且还没等韦普先生说话,就不客气地破口大骂。

怎么办呢？韦普先生并不气馁,他决心换个法子,碰碰运气。他改变口气说:"很对不起,打扰您了。我访问您并非是为了电气公司的事,只是向您买一点鸡蛋。"听到这句话,老太太的态度稍微温和了一些,门也开大了一点。韦普先生接着说:"您家的鸡长得真好,看它们的羽毛长得多漂亮,这些鸡大概是多明尼克种吧？能不能卖给我一些鸡蛋？"这时,门开得更大了。老太太问韦普:"你怎么知道这些鸡是多明尼克种呢？"韦普先生知道自己的话打动了老太太,便接着说:"我家也养了一些鸡,可是,像您养得那么好的鸡,我还没有见过呢。而且,我养的来亨鸡只会生白蛋。夫人,您知道吧,做蛋糕时,用黄褐色的蛋比用白色的蛋好。我太太今天要做蛋糕,所以我特意跑您这里来了……"

老太太一听这话,顿时高兴起来,由屋里跑到门廊来。韦普则利用这短暂的时间,瞄一下四周的环境,发现他们拥有整套的奶酪加工设备,便接着说:"夫人,我敢打赌,您养鸡赚的钱一定比您先生养乳牛赚的钱还要多。"这句话说得老太太心花怒放,因为长期以来,她丈夫虽然不承认这件事,而她总是这样得意地告诉别人。于是,她把韦普先生当作知己,带他参观鸡舍。在参观时,韦普先生不时对所见之物发出由衷的赞美。他们还交流养鸡方面的知识和经验。就这样,他们彼此变得很亲切,几乎无话不谈。最后,布拉德太太在韦普的赞美声中,向他请教用电有何好处。韦普先生实事求是地向她介绍了用电的优越性。两星期后,韦普收到了老太太寄来的用电申请书。后来,便源源不断地收到这个村子的用电订单。

2.2.4 谈判中的获得尊重的需要

获得尊重的需要在谈判中具体体现为:不仅要求在人格上得到尊重,而且在地位、身份、学识与能力上得到尊重和欣赏。

谈判中对人格的尊重主要是:不能使用污辱性的语言,言辞有礼貌,不能对谈判人员进行人身攻击,谈判中的问题对事不对人。

1. 对身份、地位的尊重

对身份、地位的尊重主要是:接待的礼节要符合一定的规格要求,特别是在双方谈判人员的级别职务上,要讲究对等。在某些国家和地区,等级观念是根深蒂固的。将身份、地位较低的人派出与对方身份、地位较高的人进行谈判,是对对方的严重冒犯和不尊重,会严重影响双方的关系与谈判的结果,甚至导致谈判的破裂。反之,如果对方派出的谈判人员在职务与资历上较浅,而本方派出职务高、资历深的人员去应谈也不合适,会给人以贬损自己的感觉。对方有时并不认为这是尊重或看重他,相反却认为你是手中无人。一般情况下,如果双方关系比较密切友好,而交易内容又比较重要,可以在谈判之前或谈判过程中,最好是在谈判结束之后,由本方的高级主管出面,会见对方的谈判人员,以示礼遇,这样做比较得体、合适。

2. 对学识与能力的尊重

对学识与能力的尊重主要是:在谈判过程中,对方可能会在某些概念上进行混淆,或者搅乱谈判的程序与思路。这时,不要有意无意或直接间接地指责对方学识浅薄、能力低下或胡搅蛮缠,你只要将被其搞乱的事情进行澄清、理顺就行了。当你在谈判中占了上风,或者取得部分利益时,不要喜形于色、乐不可支,甚至讥讽对方的无能。要承认对方的学识与能力可能并不比你差,只不过你的运气比较好。

在谈判中,尊重对方,使对方获得尊重的需要得到满足,这对你来说是有好处的。一个为别人所尊重的人,会竭力保持自尊。他会受到尊重的束缚而不能去做不令人尊重的事情,而本来这些事他是想做的。在某些情况下,因为你非常尊重对方,以至于你提出某些本来他可以拒绝的要求时,他为了受人尊重而不得不接受。

CASE 案例　　尊重的价值

国内某个企业为了引进一套先进的技术设备而同时与几家外国公司接触谈判,其中一家是国际上著名的公司。中方在与这家公司谈判时,向对方说:贵公司在国际上的知名度很高,我们很信得过你们,也很想与你们做成这笔交易,但令人遗憾的是,贵公司在谈判中提出的交易条件与其他几家相比,实在不具备竞争力,看来我们只好找其他公司了。这笔交易本身做成与否不是什么大问题,关键是,对贵方来讲,在声誉上的损失可是大事。请考虑一下,以贵公司的实力和在金融界所享有的声誉,居然在这笔交易中败于其他无名的公司,其影响和后果是可想而知的。

中方的这番话非常敬重对方,并从对方角度指出了其目前行动的后果。最后,该公司权衡再三,为了维护其企业的声誉和受人尊重而大幅度地降低了交易条件。

2.2.5　谈判中的自我实现的需要

自我实现的需要在谈判中体现为：追求谈判目标的实现，为本方争取尽可能多的利益，以谈判中取得的成就或成绩来体现自己的价值。

自我实现的需要是人类最高层次的需要，也是最难满足的需要。从谈判的角度看，要在谈判中满足对方自我实现的需要是比较困难的，需要较高的艺术和技巧。

在谈判中满足对方自我实现的需要的困难在于：对方是以其在谈判中取得的成绩来体现和评价自我实现需要是否得到满足，以及得到多大程度的满足的，而谈判中的成绩实际上主要是通过谈判而获取的利益。成就大意味着所获取的利益多，成就小意味着所获取的利益少。在对方通过谈判可以取得较多的利益，或者实现了其既定的利益目标时，他的自我实现需要是得到满足的。而当其通过谈判没有达到既定的利益目标时，其自我实现的需要就只得到了部分的满足。从另一个角度来看，这实际上意味着对方自我实现的需要是与我方的利益相矛盾的。争取尽可能多的利益，是每一个谈判人员所追求的。在一般情况下，除了策略上的需要以外，任何人都不会放弃自己的利益去满足对方自我实现的需要。

人们的自我实现也就是要体现自己的价值，而价值是否得到体现，取决于他人和社会对其价值的认识和评价。对谈判来讲，企业或上司对谈判人员的评价不仅要看他通过谈判争取到多少利益，还要看他是在什么情况下，如何争取到的。例如，一个工人，昨天身体健康，一天加工了 9 件产品；今天身体有病，带病工作，加工了 8 件产品，人们能说他今天的表现不如昨天吗？

由此我们可以想到，在对方通过谈判只能获取较少利益的情况下，我们可以通过强调种种客观上对他不利的条件，赞赏他主观上所做的勤奋努力和过人的能力，使他在面子上和内心里得到平衡，从而也使其自我实现的需要得到满足。为此，我方并没有牺牲自己的利益。这可以说是一种圆满的解决办法。

在谈判过程中，当对方处于不利的地位时，特别是在谈判结束，对方只获得较少的利益，内心愤愤不平或充满沮丧时，适当地掩饰一下自己所获得的利益，多多强调对其种种不利的条件，多多赞赏其工作能力与工作精神，特别是尽可能当着他的上司和同事讲，会使他从作为失败者愧对上司与同事的心态中走出来，而感到自己已尽最大努力，只是运气不好而已，从而得到一些安慰与满足。事后，他心里会格外感激你的。

2.3　谈判中的谋略心理

谈判谋略是动机推动思维而实现目标的一项谋划方略活动。谈判活动就像人类的其他活动一样，不仅受需要和动机的驱使，也受客观条件的制约。谈判谋略的重要作用就在于使谈判者能从自己的需要和动机出发，针对谈判对手的客观实际情况，恰当地设计、策划自己的谈判行为与谈判活动。

谈判谋略的构成具有两个心理因素：一是合意性，就是要合乎谈判人员的各自需要与动机；二是合理性，就是要合乎谈判对手的整体需要与动机。只有使合意性与合理性相互统一,才能形成有效的谈判谋略,推动谈判取得成功。

谈判桌上经常采用的“欲取故予”策略,便是这两者的有机统一。欲取,是从谈判人员的动机需要出发,即“合意性”;故予,是考虑谈判对手的客观情况,即“合理性”。把这两者结合起来,将有益于谈判协议的达成。人类为适合、满足不同的需要,就出现了形形色色的谈判行为。谈判者的需要和动机原理应用于谈判实践,就会表现为一定的谈判策略和方法。按照对谈判成功的控制力量的大小排列,可以划分为如下六种基本的谈判方法。

2.3.1 谈判者顺从对方的需要

谈判者在谈判过程中只是站在对方的立场上,设身处地替对方着想,从而最终达成一致的协议。这种方法最容易导致谈判的成功。人们的需要是多种多样的,需要的层次越高,谈判成功的难度越大,谈判者对谈判能否成功的控制力也就越小。如果谈判者只为谈判对方的生理需要着想,对方为使自己生存下去,必然对谈判欣然许诺,一拍即合。如果谈判者为对方高层次的需要着想,那么由于谈判对方对高层次需要的迫切性小于对生理需要的迫切性,肯定会使谈判成功的难度加大。

2.3.2 谈判者使对方服从自身的需要

此种类型的谈判,双方都得到利益,每一方都是胜者。例如,商店营业员普遍对顾客使用这种策略,采取种种灵活的方法,吸引公众,满足公众的不同需要,从而更好地推销商品。在商店里,售货员是卖方(谈判者),顾客是买方(谈判对方),他们之间的谈判,在多数情况下是靠售货员使对方服从其自身需要而达成一致协议的。例如,顾客经常照着别人的样子购买商品,因此,售货员常常自己先穿上样品,让顾客欣赏评判,这种做法就很有效果。

2.3.3 谈判者同时服从对方和自己的需要

这是指谈判双方从彼此共同利益要求出发,为满足双方每一方面的共同需要进行谈判,进而采取符合双方需要与共同利益的谈判策略。例如甲乙双方的贸易谈判,虽然以前双方曾进行过多次交易,但为了安全和寻求保障的需要,甲方(谈判者)要求将交货日期、品质、规格、数量、价值写入合同之中,乙方(谈判对手)则要求合同签订后交付20%的定金等,双方的要求都出于安全和保障的需要。有时在谈判中,双方会在谁当主席、谈判地点设在何方等问题上产生分歧,从而给谈判带来不利影响。但是只要采用轮流担任主席和轮流设谈判地点的办法,问题就会迎刃而解。这样的谋略与做法满足了各方心理平衡的需要。

2.3.4 谈判者违背自己的需要

这是谈判者为了争取长远利益的需要,抛弃某些眼前的无关紧要的利益与需要而采取的一种谈判谋略。乍一看来这种方法似乎荒谬,但是运用这种策略打开局面,并使谈判得到圆满成功的例子,却比比皆是。如某些商场有意违背自身收入增长的需要,往往采取薄利多销的手段来吸引顾客。在这里,他们的宗旨是:“我在每件商品上少赚一点,但总的利润反而会增加。”所以,作为谈判一方的商场,常常用大酬宾、大减价、大优惠的方法招徕谈判对手,即广大顾客。在以上几种不同场合,每个人(谈判者)都为了达到某种目的而不惜损害自己的需要,这并不是一种非理性行为,而是出于深思熟虑的实现预期目标的有效谈判手段。

2.3.5　谈判者不顾对方的需要

这类方法下谈判者只顾自己利益,不顾他人的需要和利益动机,是一种你死我活的谈判谋略。在激烈的竞争过程中,采用这种策略的一方往往处于强者的主动地位,但更多情况是导致谈判破裂。如谈判者往往使用许多策略和诡计来占对方的便宜,这些伎俩可能是非法的,不道德的,或是令人不悦的,我们称之为“谈判诡计”。人们如果看出谈判者正用这种诡计对付自己,大多数人都会有下面两种反应:第一种普遍的反应是容忍它,希望这次让步会使对方感到安抚而不再提其他要求。这种迁就谈判对手的做法,有时候或许有效,但通常是会失败的。第二种普遍的反应就是以牙还牙,如果卖方(谈判者)漫天要价,你(谈判对手)就信口开河乱杀价。如果卖方固执地坚持自己的立场,你也丝毫不做让步,其最后结果不是某一方屈服,就是本次谈判归于破裂。所以在谈判桌上使用这种“谈判诡计”是不妥当的,因为它违反了互惠互利的谈判原则。

2.3.6　谈判者不顾对方和自己的需要

这是谈判者为了达到某种特定的预期目的,完全不顾双方的需要与利益,最终导致双方利益受损。例如,日本一家公司卖给中国用户的矿用运输汽车,由于没有认真履行合同条文要求,主车架没有采用耐低温钢材,结果发生 50 多辆汽车车架断裂的事故。对用户来说,影响了矿山建设,间接损失比直接损失更大;对卖主来说,不仅赔偿了全部车架,公司信誉的损害比金钱的损失更惨重,真是害人又害己。

上述六种不同类型的谈判方法,都显示了谈判者如何满足自己的需要,谈判的控制力量从第一种到第六种依次逐渐减弱,谈判桌上的危机逐渐加重。如图 2-1 所示,我们将列举的五种不同的需要动机、三个不同的谈判层次(即个人间、组织间、国家间)和六种具体的谈判方法加以组合运用,可以得出 90 种可能的谈判谋略。

在这个模型中,每个小方块代表一种具体的谈判谋略,这些小方块还可以进一步分解组合。如果把它们的范围和含义根据自己的经验进一步扩大,分解许多分支条目,那将是千变万化的。这些可能的谈判谋略,将成为你谈判的参谋,也可以成为你寻求对策的指南。尽管这里讲到的许多谈判的具体情况,你也许永远也不会碰上(如国与国之间的谈判),但这些事例会向你提示在其他场合可以采用类似的谈判谋略。在这里的许多场合,你可以找到对你过去、现在或将来的谈判具有直接影响的类似事例。所以,你可以从谈判双方的不同角度去应用这些谋略,因为在谈判桌上,你可能是处于“谈判者”一方,也可能是作为谈判的“对手”一方。谈判人员必须记住:彻底弄清双方的需要是促成谈判成功的条件之一,只有抓住了需要这只“谈判桌上看不见的手”,才能在谈判过程中因势利导,处处占据主动。

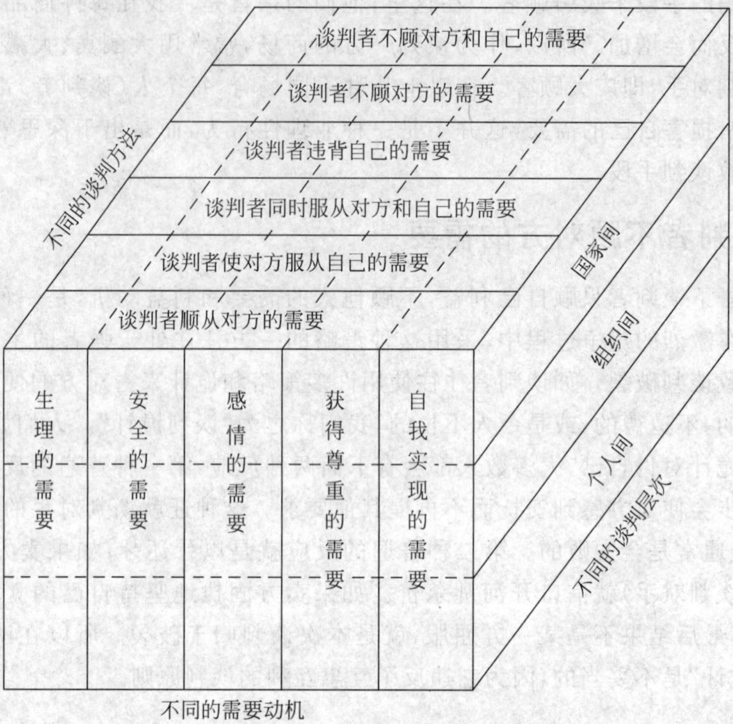

图 2-1　谈判谋略模型

在上述模型中,每个立方体都代表不同的谈判谋略,其谈判成功的难易程度是:从左下角开始,越往右上角方向,谋略的难度越大,谈判的危机就越大,成功的希望就越小。比如进行满足生理需要的谈判,同时谈判者也仅仅从对方的生理需要着想,这种谈判谋略最容易采取,也是最易成功的谈判谋略。

图 2-1 显示的不同谈判谋略告诉我们:谈判谋略反映的人类需要越基本,成功的概率就越大。假如谈判前了解到对方使用反映较高层次需要的谈判谋略,我方就可采用反映较低层次需要的谋略以增大谈判成功的可能性。按照这个模型,谈判双方都可以在谈判之前,考察分析谈判人员需要的层次、种类和内容,计算出谈判谋略的难易程度,以尽可能地调整己方的需要层次,灵活改变谈判谋略。

2.4　谈判中的成功心理

现实经济世界本是一张硕大的谈判桌,不管人与人之间结成什么样的联系,总会有不少的矛盾,它们绝大多数需要通过谈判去协调与解决。即使某些矛盾激化,不可避免地导致了流血冲突或战争,但过后解决问题仍然需要谈判。

在谈判桌上,谈判人员所具有的实际力量包括物质力量和精神力量两个方面。物质力量是客观的,而精神力量在谈判桌上往往具有决定性的作用,谈判的成功直接源于谈判者的信心、诚心和耐心三个基本心理因素。

2.4.1 信心

成功的信念是人们从事一切谈判活动必备的心理要素。只有具备了成功信念的心理要素,才能使谈判者自身的才能得到充分展示,潜能得到充分释放。人们之所以通过谈判来促进自身的发展,完全是受人们的需求动机所支配。将需求动机转化为需求行为,并使这种需求行为逐步得到补偿,就必须在成功信念的心理要素支配下开展谈判活动。在形形色色的谈判活动中,无论谈判的哪一方,都有其所追求的目标和所要达到的目的,并且双方都力图不断调整需求的心理强度,巧妙地利用谈判艺术和应变策略,以达到自己拟定的目标。谈判的求胜信心就是为实现自身利益,从而灵活运用谈判策略,以实现预定的谈判目标的心理过程。

求胜心理是任何一个谈判者都具有的必然的心理状态。求胜心理的强弱,既与自身的能力和谈判环境有关,又与谈判双方参与人员的心理状态有关。在具体的谈判活动中,它可区分为强制性求胜心理和依附性求胜心理两种。

1. 强制性求胜心理

例如,一个大企业具有经济力量雄厚、技术能力强、市场销路好的竞争优势,而另一个企业因产品滞销、技术力量落后而一筹莫展,正处于危机之中。为了图生存求发展,双方进行经济互助谈判。这样容易出现前者利用后者追求生存需要的心理,提出过于苛刻的要求和各种超量的条件,而后者为了生存只好忍痛应诺,以求得喘息的机会。这种乘人之危的求胜心理是谈判中的一种不道德行为。

2. 依附性求胜心理

这种求胜心理一般表现在弱者与强者之间的谈判中。如有些企业和厂家因生产技术薄弱、设备简陋,单靠自己的力量无法获得转机,通过谈判找到"靠山",攀上"亲家"。目前,许多乡镇企业、中小企业与实力雄厚的大型企业之间联营,就是一方依附于另一方的现象,这类谈判通常都是以扩大自身的利益为基本出发点的。

谈判成功的标志之一,是谈判协议的签署。我们知道,谈判协议是经过双方代表磋商,在不损害双方利益的基础上共同利益的体现。谈判的成功是双方意志的共识,尽管各方都有获得尽量多的利益的需求动机,但若某一方无利可图,谈判协议是不可能产生的。虽然谈判协议的具体条款与谈判双方的初始要求有某种不同之处,但由于双方实现了心理上的沟通,增强了彼此之间的信任感,在有利于共同目标实现的情况下,谈判双方或者某一方做出让步也是常有的事,但这种让步只是实现共同利益目标的一种策略,绝不意味着谈判的失败。

2.4.2 诚心

谈判需要诚意,诚意应当存在于谈判的全部过程与环节之中,受诚意支配的谈判心理是保证实现谈判各方目标的必要条件。从心理学的角度讲,诚意是谈判的心理准备。我们知道,谈判的初始动机受需求欲望的支配,为了满足需求欲望,在单靠自己的力量难以满足时,就得寻找与之相适应的伙伴,而合作伙伴的获得,是在大量了解、全面考察对方的基础上,通过谈判而实现的。这种寻求合作对象的过程,本身就是谈判诚意的具体表现。

当然,谈判诚意不仅仅是单方面的,只有在共存于谈判各方的条件下,诚意才能转化为谈判的动力。在谈判开场之前,诚意能促使人们为谈判做大量细致周密的准备工作。由于有了必要的准备,就能左右谈判过程,对谈判桌上可能出现的各种意想不到的变化能够镇定自若,并能在复杂的局势中把握战机、扭转局面;同时,也有利于在事态突然发生变化时,使谈判人员保持心理稳定,不至于因求胜心理过于强烈或者在外界因素的刺激下情绪波动过大,以保证谈判人员的心理活动始终处于最佳状态,提高谈判效率,加快谈判进程,赢得谈判时间。

除此之外,诚意还能强化谈判各方的心理沟通,保证谈判气氛的融洽稳定。只有在谈判各方都有诚意合作的前提下,他们才不至于为一些细枝末节的小事互不相让而延误谈判。在双方基本目标和原则立场不受影响时,双方求大同、存小异,建立彼此之间互相合作、友好往来的关系。

诚意是谈判的心理前提,这已被许许多多的谈判实践所证实。可以相信,没有诚意的谈判是无法获得成功的,与体育比赛一样,在双方运动员都没有诚意竞技时,它是毫无意义和毫无价值的。只有在以诚意为基础的良好的心理环境中,谈判者才能在保证共同利益不受损害的前提下,根据谈判桌上的风云变幻,灵活应对,运筹自如。

2.4.3 耐心

耐心是在心理上战胜谈判对手的一种战术与谋略,它在谈判中表现为不急于求得谈判的结果,而是通过自己有意识的言论和行动,使对方知晓合作的诚意与可能。耐心是提高谈判效率、赢得谈判主动权的一种手段,让对方了解自己,又使自己详尽地了解对手。只有双方互相了解、彼此信任的谈判才能获得成功,才能不因为某一句话或某一个要求而导致谈判夭折。如果谈判双方都通过细致踏实的准备工作,让对方了解自己、相信自己,并且不厌其烦地倾听对方的陈述诉求,就可以精诚合作、默契配合,并在较短的时间内签署谈判协议。谈判人员的这种耐心,就是产生谈判效益的一种直接原因。

耐心是气质的体现,谈判人员的气质是其心理状态的具体表现。在谈判桌上,应当尽量避免过激的语言攻势和超量的谈判要求。一旦这种有损谈判气氛和谈判成功的现象出现,必须立即采取回避和转换话题的方式,不使谈判桌上形成僵局,以缓和谈判气氛,然后再运用适合对方心理承受能力的方式予以回击。只有在既考虑己方利益又考虑对方利益的情况下,做到利己又利人,谈判合作才会成为可能。

耐心是谈判者心理成熟的标志。急躁鲁莽是难以把事情办好的,必须对客观事物和现象做出全面分析和理性思考,然后做出科学决策,这才是成功者的奥秘所在。在各式各样的谈判中,在基本目标一致的前提下,遵循“求大同、存小异”的谈判原则,不必计较对方提出的种种细节问题,而应对谈判的关键问题以及对手的心理活动进行准确分析和判断,对谈判趋势和未来可能出现的谈判结果做出合理预测,从而采取进一步的谈判谋略,这对于提高谈判效率和谈判效益是至关重要的。由此观之,“耐心”与“拖延”是截然不同的,如果说“拖延”是从谋划上战胜对方,那么“耐心”则是从心理上战胜对方。

耐心是谈判桌上人们决定达到某种预期目标而产生的心理状态，它融于谈判者有目的、有意识的谈判言行之中，并且与谈判者的认识、情感和现实环境紧密相连。耐心是一种心理战术，也是一种心理素质。在谈判活动中，耐心体现在人们追求利益目标的过程之中，如在谈判桌上遇到某些挫折而失去信心，或者对利益目标的追求缺乏信心等，都不可能产生良好的心理状态。谈判人员的耐心必须通过周密的分析和科学思考，并对谈判过程的每个环节、每个议程可能出现的问题做出合理预估和缜密安排，在充分阐述己方观点和材料的同时，求得谈判对手的理解和配合，并努力促成谈判协议的签订。

2.5　谈判中的群体心理

按照谈判的规模，谈判可以划分为“一对一”的谈判和小组谈判两种。在较多情况下，谈判是双方都有较多人参加的小组谈判。与“一对一”的谈判相比，小组谈判的主体不是单个谈判个体，而是统一的群体。心理学研究分析，“一对一”谈判中单独的个体与小组谈判中群体里的个体有着不同的心理特点，所以在研究谈判的心理时，不仅要研究谈判活动中的个体心理，还要研究谈判活动中的群体心理。

2.5.1　谈判群体的特点

谈判群体与谈判个体具有各自不同的心理特点，这主要是由谈判群体本身的特点所决定的。

心理学认为，群体是一个介于组织和个人之间的，由若干个人组成的，为实现群体目标而相互联系、互相影响和作用，遵守共同规范的人群组合体。作为一个群体具有以下几个特点。

1. 群体成员数量超过 2 人

参加谈判小组的成员，在数量上一定超过 2 人。也就是说，谈判群体成员的数量，其上限无确定的界限，但也有一定的限制，一般人数不多，因而属于小群体。

2. 属于正式组织

谈判群体属于正式组织。说它正式，是因为这个群体的建立不是出自群体各成员之间的私人感情或者共同的兴趣爱好，而是由企业通过正式的文件或命令建立的。这是因为，群体人员的数量、具体人选都是相对固定的，领导人也是指定的，而非自然形成的。另外，这个群体还有明显的目标和任务，群体成员内部有具体的职责分工及严明的纪律约束，所有这些都表明了谈判群体属于正式组织这一特点。

3. 成员之间的互动性

参加谈判的群体各成员之间，在以工作联系为主的同时，有着直接的个人交往和接触，存在感情上的交流关系。

由以上内容可以知道，谈判的群体有其与众不同的独特之处，谈判群体具有的这些特点决定了它在谈判过程中所特有的效能。

2.5.2　谈判群体心理的效能

为了说明谈判群体心理的影响，我们引入谈判群体效能概念。所谓谈判群体效能，是指谈判群体的工作效率和工作成绩。谈判群体效能的高低,即谈判群体的工作效率和工作成绩如何,从其内部来看,主要取决于两个方面:群体内每个成员的效能和群体内部的关系状况。

谈判班子又称谈判小组,是一个统一的群体或组织,这个小组具体的任务和目标是要通过每个成员的工作去完成的。因此,每个成员的工作能力、工作效率和工作成绩如何,直接影响谈判小组的工作效率和工作成绩,每个成员的工作能力、工作效率是整个谈判小组的工作效率与工作成绩的基础。

心理学专家的研究表明,一个统一的群体绝不是个体的简单集中与相加,把谈判小组内的每个成员的效能相加,并不是谈判小组的效能。这是因为,在谈判小组内部,各成员之间在工作上、感情上是相互作用和影响的,这种作用和影响既可能是增力的,也可能是减力的。增力的作用与影响使得成员之间相互密切配合,从而产生了放大效应——群体的效能大于群体内部个体效能的简单相加,即通常所说的 1+1>2;减力的作用和影响正相反,它使得成员之间牵制、摩擦,从而产生了内耗效应——群体的效能小于内部个体效能之和,即 1+1<2。因此,群体的效能还取决于群体内部的关系状态。一个谈判小组的群体效能究竟是大还是小,是由多种因素决定的。

1. 谈判群体成员的素质

在任何一次谈判活动中,参加谈判的每一个成员都必须具备一定的素质要求,谈判群体各成员的素质影响着谈判群体的效能。一个谈判群体,其内部成员的个人素质是他的知识、经验、能力、性格和品质等因素的有机结合。很显然,素质高的人,其潜能也就比较大,在外部环境比较合适的情况下,他所释放出来的工作能量也就比较大,因而具有较高的效能;相反,素质低的人,则只有较低的效能。

2. 谈判群体的结构

谈判群体的结构指的是谈判小组成员在知识、能力、专业、年龄、性格以及观点和信念等方面的构成与配合。群体的结构对群体的效能有很大的影响。如果结构合理,群体成员搭配得当,那么就能步调一致、相得益彰;反之,则会使群体内部涣散,难以合作,降低群体的效能。

可见,在谈判活动中,谈判群体的结构对群体的效能影响甚大。因此,在组建谈判小组时一定要从群体各成员的客观条件及心理特征出发,建立一个结构合理的谈判群体,大力提高群体的效能。

3. 谈判群体的规范与压力

谈判群体的效能大小还会受到群体规范与压力的制约。群体的规范是指群体所确立的每个成员都必须遵守的行为标准。群体的规范既可以是正式规定的,也可以是非正式的、约定俗成的。

在谈判群体中,规范迫使每个成员的行为必须保持在一定的范围之内,以求得相互一致,这是谈判群体得以有效进行工作的保证。正如一个没有纪律的军队不可能有坚强的战斗力一样,一个没有规范的谈判群体是不可能有高效能的。

群体的规范会导致群体的压力。当群体中某个成员的意见和行为与众不同时,他就会受到这种压力。群体压力具有两面性:一方面对于群体成员的不良行为,它可以促使其改正;另一方面,对于群体成员的有益意见和独创精神又会造成压制,产生负效应。因此,正确地运用群体压力可以提高群体的效能。

4. 谈判群体的决策方式

在实际谈判活动中,谈判群体的效能大小还要受谈判群体的决策方式的影响。谈判群体的决策方式是指在谈判中遇到需要决策的问题时,做出决策的方式。

在实际谈判过程中,谈判群体内的决策方式主要有两种:个人决策和群体决策。个人决策是指决策由谈判群体的领导人单独做出,事先很少征求或不征求群体内其他成员的意见。换言之,成员被排斥在决策过程之外而成为局外人。群体决策是指在进行充分讨论、广泛征求成员意见的基础上,再由领导人集中大家的意见做出决策。因此,实际上每个成员都参加了决策,都是决策人。

这两种决策方式相比较,群体决策比个人决策的正确度更高一些,但是这种方式耗费的时间较长,因而决策速度较慢;而个人决策速度较快,但正确性较低。除此之外,群体决策时,由于每个成员都参与了决策,一方面疏通了彼此的看法,达成了一致的意见,使每个人都明确了决策的内容、意义及自己的任务与责任,因而在决策付诸实施时,阻碍较少、行动迅速、效率较高;另一方面,参与决策对每个成员来讲都是一种荣誉,从而可以产生激励作用,促使每个成员更加努力地工作。相比之下,个人决策由于缺少决策前的事先疏通,各个成员对决策的内容不了解,也有不同的看法,这就阻碍了决策的实施。同时,个人决策使群体成员有受排斥的感觉,会影响其工作热情。

5. 谈判群体内的人际关系

谈判是一种协调谈判双方利益与关系的行为,而同一谈判组织内部的人际关系也需要协调。因为在一场谈判活动中,谈判群体内的人际关系是和谐还是冲突,处于什么样的状态,对谈判群体的效能影响很大。谈判群体内部人际关系的和谐,表现为群体有较强的内部凝聚力,群体成员之间相互认同,有群体的归属感。

谈判群体内部凝聚力的大小是一个谈判群体内部是否和谐的表现方式,其主要影响因素有下面三个。

(1) 群体的领导方式。民主型的领导方式能使成员之间保持友爱,内部气氛比较宽松而不放纵,因而人的能力能够得到充分的发挥。

(2) 外部的影响。出于"同舟共济"的原因,外部的威胁和压力会提高群体的内部凝聚力,对抗性超强,内部凝聚力也就超强。

(3) 谈判群体内部的奖励方式与目标结构。在谈判活动中,谈判群体有群体的目标,群体中的个人也有自己的目标。如果两者能协调一致,特别是使群体目标的实现成为个人目标实现的前提条件,那么群体成员就不会置目标而不顾,来追求个人的目标。在一个群体内部往往存在成员之间的竞争,这种竞争既有利也有弊。其有利之处是可以促使群体成员奋发向上;不利之处在于如果竞争过度,会导致严重的内耗。

对于一个谈判群体来说,由于处于一种对抗性很强、问题复杂多变的特殊环境之中,谈判群体成员的高度协调一致,对实现群体目标来讲是最为关键和重要的,所以应该适当淡化群体内部的竞争意识。在实施奖励时,应该把个人奖励与群体奖励结合起来,并以后者为主。

一个谈判群体内部的人际关系因素,还可能是谈判群体中的冲突来源。在实际生活中,谈判群体中的冲突主要有两种:一种是由于工作意见分歧而造成的冲突,这是正常的冲突;另一种是由于个人恩怨而造成的冲突,这是不正常的冲突。因此,在选择组成谈判班子的人员时,应注意不能让有私怨或其他矛盾的人进入同一个谈判小组。

在同一谈判组织中,谈判群体内部发生冲突是难免的,关键是要找出引起冲突的原因。谈判专家研究表明,一个谈判群体中的个人,在工作中发生冲突的原因主要有以下几种:一是信息来源的不同,人们只能根据自己所掌握的信息来发表意见,做出判断和决策,信息来源的不同,使得个人掌握的信息量与信息的内容也不相同,从而造成冲突;二是主观条件的不同,人们有各自的价值观、思维方式,往往根据自己的知识、经验、职业观点做出判断,因而主观条件的不同也会造成意见冲突。

从总体上看,群体内的人际关系是和谐还是冲突,与信息交流是否顺畅有直接的关系。如果群体内部人员之间的意见沟通能顺畅地进行,就可以逐步消除误解,取得一致。

2.5.3 谈判群体效能优化

在组建谈判小组的时候,人们都希望己方谈判小组能够产生最大的群体效能,但在实际谈判中,却常常因各种因素,难以实现谈判群体效能的最大化。在了解了谈判群体的效能及其影响因素以后,可以总结出一些使谈判群体效能最大化的方法。

1. 保证群体成员的素质

谈判进行以前,在组建谈判小组时,一定要抓好谈判小组成员选拔工作,保证谈判群体内成员的素质是最优的。

2. 优化谈判群体的结构

根据谈判群体成员在能力、性格、知识、专业、年龄等方面差距的大小,可以将群体结构划分为同质结构和异质结构。如果上述因素差距较小,称之为同质结构;如果差距较大,则称之为异质结构。国外学者经过长期研究得出结论:在完成简单的任务时,同质结构的群体效能较高;而在完成复杂的任务时,异质结构的群体效能较高。因此,比较理想的谈判群体的结构应该是异质的,这是在选拔组成谈判班子的人员时所应注意的。

3. 适当减轻群体压力

谈判小组是一个正式的组织,这个组织必须有明显的目标、具体的任务以及严明的纪律制度。但是光有严明的纪律是不够的,在制定严明的纪律并加以执行的同时,应该适当地注意减轻群体压力,以充分发挥群体成员的积极性、主动性和创造性。

4. 根据不同的情况选择适当的决策程序

当情况紧迫,需要迅速做出决策时,应选择个人决策方式,以求不失时机;而当情况复杂但并不紧急时,应选择集体决策方式,以提高决策的正确性。

5. 改善群体内的人际关系

谈判群体内部的人际关系需要经常改善,这就要求在群体内部建立多渠道、多层次的信息交流渠道,扩大信息的共享范围,提高人与人之间的接触沟通面。

思考题 QUESTIONS

1. 什么是商务谈判心理？商务谈判心理具有什么特点？

2. 研究和掌握商务谈判心理的作用有哪些？

3. 什么是马斯洛需要层次理论？其具体内容是什么？

4. 从谈判谋略模型看，每一个小立方体代表一种不同的谈判谋略，请举例说明如何运用。

5. 谈判的成功来源于谈判者的什么心理因素？

6. 一个谈判小组的群体效能是由哪些因素决定的？

案例讨论 Case discussion

成功回应心理战

中方某公司向韩国某公司出口丁苯橡胶已一年。第二年中方又向韩方报价，以继续供货。中方公司根据国际市场行情，将价格从前一年的成交价每吨下调了 120 美元（前一年 1 200 美元/吨），韩方感到可以接受，建议中方到韩国签约。

中方人员一行两人到了首尔该公司总部，双方谈了不到 20 分钟，韩方说："贵方价格仍太高，请贵方看看韩国市场的价格，3 天以后再谈。"

中方人员回到饭店感到被戏弄，很生气，但人已到首尔，谈判必须进行。中方人员通过有关协会收集到韩国海关丁苯橡胶进口统计，发现从哥伦比亚、比利时和南非等国进口量较大，从中国进口也不少，中方公司是占份额较大的一家。价格水平南非最低但高于中国产品价。哥伦比亚、比利时价格均高于南非。在韩国市场的调查中，批发和零售价均高出中方公司的现报价 30%～40%，市场价格虽呈降势，但中方公司的报价是目前世界市场最低的。

为什么韩国人员还这么说？

中方人员分析，对手以为中方人员既然来了首尔，肯定急于拿合同回国，可以借此机会再压中方一手。

那么韩方会不会不急于订货而找理由呢？

中方人员分析，若不急于订货，为什么邀请中方人员来首尔？再说韩方人员过去与中方人员打过交道，有过合同，且执行顺利，对中方工作很满意。这些人会突然变得不信任中方人员了吗？从态度看不像，他们来机场接中方人员，且晚上一起喝酒，保持了良好气氛。

从上述分析，中方人员共同认为：韩方意在利用中方人员心理，再压价。根据这个分析，经过商量中方人员决定在价格条件上做文章。首先，态度应强硬（因为来之前对方已表示同意中方报价），不怕空手而归。其次，价格条件还要涨回市场水平（即 1 200 美元/吨左右）。再者不必用两天给韩方通知，仅一天半就将新的价格条件通知韩方。

在一天半后的中午前,中方人员电话告诉韩方人员:"调查已结束,得到的结论是:我方来首尔前的报价低了,应涨回去年成交的价位,但为了老朋友的交情,可以下调 20 美元,而不再是 120 美元。请贵方研究,有结果请通知我们,若我们不在饭店,则请留言。"

韩方人员接到电话后一个小时,即回电话约中方人员到其公司会谈。韩方认为:中方不应把报的价格再往上调。

中方认为:这是韩方给的权利。我们按韩方要求进行了市场调查,结果应该涨价。

韩方希望中方多少降些价,中方认为原报价已降到底。经过几回合的讨论,双方同意按中方来首尔前的报价成交。

这样,中方成功地使韩力放弃了压价的要求,按计划拿回合同。

资料来源:付兴华.商务谈判实务部分案例分析[EB/OL]. http://www.360 doc.com/content/10/1024/21/1743415_63698466.shtml.

讨论题

1. 韩方谈判人员采取的策略主要针对中方人员什么心理特点?
2. 中方谈判人员是如何破解对手策略并取得成功的?

第3章 CHAPTER 3

商务谈判思维

本章要点

- □ 思维的分类
- □ 谈判中的思维艺术
- □ 谈判中的逻辑艺术

引例 农夫卖玉米

一个农夫在集市上卖玉米。因为他的玉米棒子特别大，所以吸引了一大堆买主。其中一个买主在挑选的过程中发现很多玉米棒子上都有虫子，于是他故意大惊小怪地说："伙计，你的玉米棒子倒是不小，只是虫子太多了，你想卖玉米虫呀？可谁爱吃虫肉呢？你还是把玉米挑回家吧，我们到别的地方去买好了。"

买主一边说着，一边做着夸张而滑稽的动作，把众人都逗乐了。农夫见状，一把从他手中夺过玉米，面带微笑却又一本正经地说："朋友，我说你是从来没有吃过玉米咋的？我看你连玉米质量的好坏都分不清，玉米上有虫，这说明我在种植中，没有施用农药，是天然植物，连虫子都爱吃我的玉米棒子，可见你这人不识货！"接着，他又转过脸对其他人说："各位都是有见识的人，你们评评理，连虫子都不愿意吃的玉米棒子就好吗？比这小的棒子就好吗？价钱比这高的玉米棒子就好吗？你们再仔细瞧瞧，我这些虫子都很懂道理，只是在棒子上打了一个洞而已，棒子可还是好棒子呀！我可从来没有见过这么听话的虫子呢！"

他说完了这一番话语，又把嘴凑在那位故意刁难的买主耳边，故作神秘状，说道："这么大、这么好吃的棒子，我还真舍不得这么便宜地就卖了呢！"

农夫的一席话，趁此机会，把他的玉米棒子个大、好吃，虽然有虫但是售价低这些特点表达出来了，众人被他的话说得心服口服，纷纷掏出钱来，不一会儿,农夫的玉米就销售一空。

资料来源:薛世荣.商务谈判案例[EB/OL].中华演讲网,http://www.zhyjw.com/Article/HTML/8089_8.html.

谈判是一项既紧张激烈又复杂多变的活动,人类的思维艺术和逻辑艺术在这里得到充分的展示。对谈判的双方来说,在既定的客观条件下,如何正确地分析、判断对方的谈判实力、谈判策略、谈判心理以及在谈判中提出的每一项建议和要求,如何充分地调动本方的有利因素,避开不利因素,争取谈判的优势,这一切都有赖于谈判者的科学、正确的思维和逻辑。一切谈判的成功,首先是思维和逻辑的成功。

3.1 思维的分类

人类的思维可以从不同的角度、用不同的标准来分类。具体来说主要有以下类别。

3.1.1 发散性思维和收敛性思维

1. 发散性思维

发散性思维是沿着不同的方向、不同的角度思考问题,从多方面寻找答案的思维方式。多思路、多角度、多方向、多方面地思考问题,而不局限于某一个思路、某一个角度和方向,是发散性思维最重要的特征。

发散性思维的具体表现形式是多种多样的,主要有多向思维、侧向思维和逆向思维。

(1) 多向思维是发散性思维的最重要的形式。它要求充分发挥思维的活力,从尽可能多的方面来考虑同一问题,犹如进行全方位透视一样。

(2) 侧向思维是相对于正向思维而言的。正向思维是局限于本专业、本领域内对事物进行考察和分析,寻找解决问题答案的思维方式;而侧向思维则不同,它是将本专业或领域与其他的专业或领域交叉起来,并从别的领域取得思维的灵感和火花,来解决本专业或领域内问题的思维方式。

(3) 逆向思维,就是从与通常情况下思考问题的方向相反的方向来考虑问题的思维方式。它常常能发现一般情况下不易发现的问题,取得出人意料的成果。

发散性思维具有以下几个主要特点:首先是流畅性,即发散性思维用于某一方向时能够迅速地沿着这一方向散射出去,从而获得同一方向的丰富内容。其次是变换性,即发散性思维能在思维的角度、方向上不断进行调整,从而形成立体思维。最后是独特性。由于发散性思维比其他思维在思维方向、思维角度上更多、更广,因而其思维的结果也与众不同。

2. 收敛性思维

收敛性思维是一种以集中为特点的逻辑思维方式。其特点表现在:首先是经验性。收敛性思维非常注意经验,习惯从以往的经验中寻找和导引出解决问题的办法,它要求人们尽量排除事物的差异,从相同的方面去考虑问题。这样往往会限制人们的思路和视野。其次是程序性。收敛性思维在思维过程中遵循比较严格的程序。最后是选择性。收敛性思维往往注重在有限的若干途径、方案中权衡利弊,选择其中一种比较好的途径和方案，而不注意创新和设计尽可能多的方案，以扩大选择的范围。

以上两种思维方式各有其优缺点。在思维过程中，必须将二者结合起来，才能使人类思维趋于完善。

如果我们的思维只有发散而无收敛，那么就可能产生虽然立意、方案很多，但却不能统一确定最终能解决问题的方案。反之，如果我们的思维只有收敛而无发散，那么将使我们的思维陷入僵化，压抑思维的创造活力，从而难以寻找到解决问题的最好方案。

3.1.2　单一化思维和多样化思维

单一化思维是一种以片面性和绝对性为特征的思维方式。它只从某个方面来观察事物，把事物都归结于这一方面；而且它往往把这一方面绝对化，做无限的、直线的扩大和延伸，以求说明全部的问题。因此，单一化思维难以正确地反映复杂多变的客观事物和事物多方面的属性、关系和过程。

多样化思维是以任何事物都不会孤立地存在，必然与其他事物发生这样或那样的联系的认识为指导，从不同的方面、角度，用不同的思维程序来考察、分析事物，并且通过多种思维活动的联结与并存，来多层地揭示事物的联系，从而使思维的天地更为广阔，使人们的认识内容更加丰富，发现新的更多的东西。

3.1.3　纵向思维和横向思维

纵向思维和横向思维都以比较为其特点，属于比较思维。

1. 纵向思维

纵向思维是以时间或历史作为思维的轴线，把事物放在其过去、现在和将来的对比分析中，从而发现在不同历史阶段的特点与前后联系，并以此来把握事物及其本质的一种思维方法。我们在社会生活中，由历史来认识今天，由历史和今天来预测和把握明天，采用的就是纵向思维方法。

2. 横向思维

横向思维是以历史的某一横断面为背景，分析研究同一事物在不同环境中的发展状况及其异同的一种思维活动。其最大特点是在把事物置于普遍联系和相互作用的过程中来把握事物的本质和运动，因而它往往能揭示纵向思维所不易发现的事物的特点与联系。

把纵向思维和横向思维结合起来，我们就不仅能了解事物发展的过程和规律，而且还能了解某一事物与其他事物之间的关系及其在相互关系中的地位。

3.1.4　静态思维和动态思维

静态思维是一种以程序性、重复性、稳定性为特点的定型化思维方法。它要求思维的规格化、统一化、模式化，而排斥任何在思维程序、方向及内容上的变动。因此，静态思维过程是可以重复再现的。

动态思维是依据客观外界的变动情况而不断地调整和优化思维的程序、方向和内容，以达到思维目标的一种思维活动。动态思维强调在思维过程中与客观外部环境的信息交流与协调，通过信息的交流与协调来不断地调整和修正思维的方向和目标，提高思维的正确性和有效性。

3.1.5 反馈思维和超前思维

反馈思维是一种以历史的联系和经验、过去的原则和规范来影响和制约现在,力图使现在变为过去的继续和再现的思维方法。它忽视事物的发展和变革,把过去的思维结果照搬用于现在,并作为考察、分析事物及评价事物的唯一依据。反馈思维反映了一种不愿进取变革和承担风险、因循守旧的心理。

超前思维是在充分认识和把握事物发展规律的基础上,对未来的各种可能性进行预测和分析,并以此对现在进行弹性调整的一种思维方式。因此,超前思维也称为预测性思维,它能使人们增加对事物未来发展的预见性,更加自觉地注意使现实活动符合未来的要求。但也正是由于它是对未来的一种预测,因而不可避免地带有一定程度的不确定性和模糊性。

3.2 谈判中的思维艺术

人类的思维是多姿多彩的,不同的思维方法各有其特点,因而适用于不同的思维对象和环境;同时,不同的思维方法,其思维的效果也不一样。那么,在商务谈判中我们应该如何科学地、艺术地运用各种思维方法,提高思维的效率和效果,从而实现谈判的目标呢?

3.2.1 重视理解和把握概念

在商务谈判中,概念是谈判双方交换意见的重要载体。如果没有概念或发生概念错误,我们就无法把握住双方意见的实质。对方在概念上偷梁换柱以售其奸时,自己往往还浑然不知。例如,在涉外技术贸易谈判中,对技术转让费的支付有一种被称为"提成支付"的方式。"提成支付"的准确概念是,在技术转让合同签订以后,不支付任何费用,而生产出合同产品以后,每年按照合同产品的净销售额的一定比例,提取一定的金额支付给技术转让方。在这个概念中,最容易混淆的是提成的基数应该是什么。正确的提成基数是净销售额。所谓净销售额,是指从销售总额中扣除与引进技术无关的费用,如包装、运输、保险、税金等费用。而在某些技术转让谈判中,外商以销售额取代了净销售额作为计算的基数。显然,这是扩大了技术的收费。如果我们自己概念不清,理解不准确,就难免吃亏上当。

在对概念的把握和运用上,我们应该注意把握概念的全面性、确定性和灵活性。

3.2.2 重视思维方法的灵活运用

3.2.2.1 比较、抽象和概括

1. 比较法的运用

比较法是在商务谈判中运用最多的一种思维方法,"不怕不识货,就怕货比货"这句俗语就充分说明了比较的重要性。

在运用比较法时，我们必须注意下面两个问题。

一个问题是比什么，即比较的内容和标准是什么。如果比较的内容和标准选择不正确、不合适，往往直接影响比较结论的正确性。一般来讲，比较的内容应该包括所有的交易条件。

另一个问题是比较的前提与条件。有时我们只注意对两件事物的比较，而没有注意这两件事物之间是否具有可比性，以及在什么条件下可以进行比较。

对于上述两个问题，我们自己在谈判中做比较时应该注意，同时还应该注意对方所做的比较是否正确。要防止对方把不可比的东西做比较，或者只做部分的比较，即只比较对其有利的几个因素、几项内容，从而得出错误的结论来欺骗我方。

2. 抽象和概括法的运用

对于比较法，在运用当中我们除了强调可比性外，还强调比较内容的全面性，以保证比较结论的正确性。但是这样做也经常带来一个问题，那就是，由于两样东西在其属性方面各有千秋，比如，两国的投资环境，甲国在某几个因素上优于乙国，乙国在另几个因素上又优于甲国，如果简单地直接进行全面比较，就很难做出最终的判断和评价，这就需要用抽象法来解决。抽象法即把事物的非本质、非主要的因素或属性撇开，暂时不予考虑，而只把事物的本质方面和主要方面提取出来进行考虑和分析。这实际上就是要抓住主要矛盾和矛盾的主要方面。这样，问题才能迎刃而解。

概括法就是在抽象的基础上，给抽象的结果赋予普遍意义。就投资环境的评价而言，就是要概括制定出一个适合各国情况的、一般的投资环境的评价分析方法。只有这样，我们才能更好地了解、比较和把握各国的投资环境。在商务谈判中，充分发挥思维的抽象能力和概括能力，我们就能在复杂纷纭的关系中抓住主要的东西，形成一般的“理想的方案”作为实际行动的参照。

3.2.2.2 归纳和演绎

1. 归纳法的运用

在商务谈判中，运用归纳法，可以把发散性思维的成果集中起来，深入事物的本质去说明问题，从而使论点显得比较坚实可信。例如在涉外商务谈判中，作为谈判前的准备工作的一项重要内容，我们要对外商的资信情况进行审查，审查的一个重要方面是调查该客商与其他公司的交易情况。如果该客商与甲公司、乙公司、丙公司等许多公司的交易是诚实可靠的、讲究信誉的，那么我们就可以从这一个一个的具体交易中得出一般性结论：该客商的信誉很好，诚实可靠。

需要注意的是，我们在运用归纳法时，必须扩大样本的数量，提高样本的代表性，从而提高归纳的结论的正确性。而当对方使用归纳法来说明某个问题时，我们必须注意其是否拥有足够样本数量，以及样本是否具有同一性或代表性。同时，还应利用反证来检验其结论的正确可靠性。

2. 演绎法的运用

演绎法是把一般性的结论作为前提来推断出个别事物也具有相同或类似的性质。在涉外商务谈判中，运用惯例来说明问题就是一种演绎思维的方法。惯例，顾名思义，是在过去许许多多的实践中存在，并且现在依然存在，而为人们约定俗成地予以接受的，对某类事物进行处理的一贯的方法或规则。在长期的国际经济贸易交往中,人们形成了许许多多的惯例。比如,在合资企业中,根据投资比例的多少分配董事会的席位,由投资最多的一方担任董事长,根据投资比例来分配利润,分担亏损和风险;在国际货物买卖中,对 FOB、CIF 和 CFR 的含义的理解;在技术贸易中,转让方对技术质量的保证等。因此,我们应多多熟悉和掌握国际惯例。

在谈判中运用演绎法来说明问题应该注意:首先,演绎的前提是否正确。如果前提不正确,必然会导致演绎推论的错误。比如某些外国来华投资者要求我们给予其"国民待遇",即将外国企业完全等同于国内企业,给予同等的待遇,理由是因为国际惯例。我们认为对方的说法是不对的。因为仅就其推论的前提而言,给予外国投资者的"国民待遇"并非国际惯例。事实上,它只存在于西方的一些发达国家之间,许多发展中国家并不承认这一点。因此,我们可以不受此惯例的约束。其次,演绎推论的事物在性质上是否具备与演绎前提的一致性。如果不一致,就无法进行推论,或者会导致谬论。例如,在中外合资企业中,对企业结业时的剩余财产的处置是按照双方当初的投资比例来分配清算的。而在中外合作企业中,在外商收回投资的情况下,结业时的所有资产应全部归中方所有。如果中外合作企业的外商要求像合资企业那样分配剩余财产,则显然是不对的,因为中外合作企业与中外合资企业的性质不同。

3.2.2.3 分析和综合

1. 分析法的运用

在商务谈判中,有时对方提出的某个建议或提供的某个资料内容关系比较复杂,我们很难直接从外部总体上判断其真伪,这时,我们可以利用分析法。例如,在技术贸易谈判中,转让方往往只报一个一揽子的总价格。对于这个总价格,我们利用分析法,可以将对方所报的一揽子总价拆开,分解为各个单项内容的价格,如分成技术设备的价格、技术资料的价格、咨询与培训费用。如果需要的话,还可以做进一步的分解。经过分解,我们就可以将各个单项的价格与正常的价格进行比较,从而比较清楚地看出其是否有"水分",有多大"水分"。这样,在要求对方让价时,就有了针对性和依据,从而避免盲目地还价。

2. 综合法的运用

综合法强调和体现的是对事物总体的把握。对谈判人员来讲,在谈判中运用综合法,提高自己的综合能力是非常重要的。一个问题可能某一个部分很重要,但从谈判全局来看,就可能不那么重要了。因此拘泥于某一个方面、某一个问题而看不到大局,是许多人在谈判中因小失大的重要原因。

CASE 案例　说服的手段

美国一家电气公司的推销员阿里森普谈过这样一件事情:一次,他到一家不久前才发现的新客户那里去,试图推销一批新型的电机。一到这家公司,总工程师劈头就说:"阿里森普,你还指望我们能多买你的电机吗?"经过了解,原来该公司认为刚刚从阿里森普那里购买的电机发热超过正常标准。阿里森普知道强行争辩没有任何好处,决定采取苏格拉底劝诱法来和对方论理并说服对方，让对方做出“是”的反应和同意的姿态。

他了解情况后，先故意说：“好吧，总工程师先生！我的意见和您的相同，假如那电机发热过高，别说再买，就是买了的也要退货，是吗？”“是的！”总工程师果然做出他所预料的反应。

“自然，电机是会发热的，但你当然不希望它的热度超过规定的标准，是吗？”“是的！”对方又说了一次。

然后，阿里森普开始讨论具体的问题了，他问道：“按标准，电机的温度可比室温高 22℃，是吗？”

“是的，”总工程师说，“但你们的产品却比这高得多，简直叫人没办法用手去摸，难道这不是事实吗？”阿里森普也不与他争辩，反问道：“你们车间的温度是多少？”总工程师略加思索，回答说：“大约 24℃。”阿里森普兴奋起来，拍拍对方肩膀说：“好极了，车间是 24℃，加上应有的 22℃，一共是 66℃左右。如果你的手放进 60℃的热水里，是否会把手烫伤呢？”总工程师虽然不情愿，但也不得不点头称是。阿里森普接着说：“那么，以后你就不要用手摸电机了，放心！那完全是正常的。”

经过谈判，阿里森普不仅说服了对方，消除了对方的偏见，而且做成了另一笔生意。

3.2.3 重视思维的艺术性

现代思维具有三个特点：思维方式由封闭走向开放；由单一走向多样；由静态转变为动态。这些特点集中体现在以下几种思维方式上：发散性思维、动态思维、多样化思维和超前思维。这些思维方式往往体现出艺术的魅力。

1. 促使思维发散化

促使思维的发散化，力求充分发挥思维的想象力、创造力，开阔思路和视野，从多个角度和多个方向不断地对事物进行全方位的扫描透视。

在谈判中，发散性思维的具体运用主要有两种情况：一是把与交易内容有关的所有议题都联系起来，列入谈判，而不是孤立地就某个议题而谈某个议题。比如在货物买卖谈判中商谈价格时，就要考虑订货数量、产品质量、交货时间等问题。二是在讨论某个议题时，不只讨论这个议题所涉及的某几个方面，或一两个主要方面，而是要讨论所有有关的方面。仍以价格议题的谈判为例，不仅要讨论某一单位的货物能卖多少钱，还要考虑计价货币、采取什么样的支付方式、支付时间怎样等。

2. 促使思维多样化

要从事物之间的直接联系和间接联系、内部联系和外部联系、必然联系和偶然联系及因果联系等普遍联系中，寻找解决问题的新路子、新方法。例如，我们向国外投资，创办独资企业。在与东道国政府谈判时，某些问题难以谈得通，这时我们就应使思维多样化，应该想到经济与政治、外交是联系在一起的。在这种情况下，可以请我国政府出面，通过政府之间的政治、外交关系来帮助做工作，影响谈判。实践证明，这往往是富有成效的。

3. 促使思维动态化，在动态中调整和优化思维

人们对问题的认识和分析常常是依据一定的环境条件和针对事物当时的某一状态而进行的，因而是相对的、静止的。由于事物的不断发展，事物之间联系的不断改变，过

去是正确的认识和分析结论,现在可能不正确了。因此,如果我们的思维是静态的,只是抱着过去的认识和看法不放,就会脱离实际。商务谈判的特点之一是其复杂性和多变性。随着谈判双方意见交流的展开,各种因素都在不断地变动,我们的思维必须紧紧抓住这种变动,迅速地调整思维的方向、重点和角度,优化思维的过程和结构。

4. 争取思维的超前

谈判中,我们如果能在思维上领先对方一步,超前考虑到某些问题,准确预见到某个事物发展变化的趋势,那么将使我们在谈判中占有极大的主动,并获得巨大的利益。例如,在涉外商务谈判中,一般都会碰到选择什么样的货币作为计价和支付货币的问题。这就必须对各种货币的汇率变动趋势进行预测。没有预测或预测不准,都将面临巨大的汇率风险损失。

谈判的思维艺术不是一夜之间就能掌握的,必须在长期的实践中经过有意识的学习、培养和锻炼而不断积累,日臻完善。

CASE 案例 运用思维来说服

某电视机厂与某大商场就销售电视机事宜进行磋商和谈判。双方经过激烈的交锋,终于就电视机的价格、质量问题取得了一致意见,达成了协议。在签字时,大商场又想反悔,不想与电视机厂签订协议,于是故意提出一个新问题:"签字要经公司经理批准,因为我们商场被另一家公司吞并了。"意图以此为理由拒绝签字。

电视机厂谈判代表看出了其中的破绽,针锋相对地说:"如果你说的情况属实,那么我们可以重新谈判、磋商;如果你说的情况是假的,鉴于我们已达成了一致意见,且时间不允许我们再拖延,你应当在协议上签字。"

电视机厂谈判代表的话是很有分量的,他运用了逻辑推理,他是这样推理的:

(1) 如果商场代表所述的情况真实,那么我们可以重新谈判;

如果商场代表所述的情况虚假,那么商场应在协议上签字;

或者商场方所说的情况真实,或者虚假;

所以,或者与商场重新谈判,或者不能再拖,必须当即在谈判桌上签字。

(2) 如果签字要公司经理批准,那么这家商场被公司吞并;

电视机厂一方通过调查得知:这家商场没有被某一公司吞并;这一信息也正是电视机厂代表以限定时间,促使及早签约的根据。

所以,商场方代表签字不需要经过经理的批准。

(3) 如果商场方代表签字不需要经过公司经理批准,那么商场方有权在协议上签字;

商场方签字不需要经过公司经理批准;

所以商场方代表有权在协议上签字。

电视机厂方代表运用以上一系列推理有理有据地说服了商场方,商场方终于在电视机厂谈判代表富有逻辑而又有威慑力的话语面前败下阵来,不得不重新回到谈判桌边在协议上签了字。

3.3 谈判中的逻辑艺术

3.3.1 逻辑在商务谈判中的作用

在商务谈判中,成功往往不一定属于拥有雄厚实力的人,而属于能够分析全局并掌握技巧的人。谈判人要把自己的思想通过语言,准确地传达给对方,使对方在心灵深处引起良好的反应,这不仅需要高超的语言驾驭能力,而且需要严密的逻辑思维能力。

谈判要说服对方,在材料的安排和语言的运用方面,就必须符合逻辑思维的规律,必须讲究逻辑艺术。谈判者的逻辑思维如果脉络清晰、条理清楚,就不会出现逻辑错误;如果具有丰富的逻辑艺术,就能应付瞬息万变的复杂局面,驾驭全局。这样,就会获得谈判的成功。

正确认识逻辑在谈判中的作用,并巧妙运用好这个思维工具是很重要的。逻辑在谈判中的作用,概括起来有以下几点。

1. 逻辑是联结谈判各部分的线索

逻辑好比一条红线,把谈判中的各个部分联结起来,使谈判人员在整个业务谈判中保持思想的同一性、无矛盾性、明确性和论证性。如果谈判能保持整体逻辑性,前后一贯,首尾照应,各部分不脱节,整个谈判即可自圆其说,当然也就能说服对方,从而取得谈判的成功。

2. 逻辑是谈判中的探测器

所有的谈判目的都可分为两种:一种是显而易见的,即明确的利益和要求;一种是秘而不宣的,即对方的真正需要。如果你善于运用逻辑方法去观察,去调查研究,去合理地判断、推理,就可以预测谈判中可能发生的具体情况。要想使谈判成功,必须了解对方的需要,并帮助对方达到目的。

3. 逻辑是谈判中的论证手段

谈判中的语言不但是思想的媒介,而且是思考的一种有效手段。语言和思维密不可分。谈判中的语词、语句、句群与逻辑中的概念、判断、推理相对应。谈判要求用词准确,逻辑要求概念明确,二者互为表里;谈判要求句子通顺、完整、正确,实际就是要求逻辑的判断恰当;谈判要求正确组织复句和句群,也就是要求合乎逻辑地推理。成功的谈判总是包含着无懈可击的逻辑性,而概念明确、判断恰当、推理合乎逻辑,正是谈判语言正确表达的基础。

4. 逻辑是谈判中向对方有力反驳的武器

在谈判中,往往会遇到一些十分刻薄的谈判对方,他们常常提出一些刁钻的难题,一时使我方处于不利的境地。这时,首先应保持情绪稳定;其次应正确运用逻辑艺术批驳其谬误。只要逻辑艺术运用得当,往往可以使自己摆脱困境,出奇制胜。

3.3.2 谈判中的逻辑准备

谈判的逻辑准备有两种:一种是思想准备;一种是物质准备。

思想准备主要运用各种逻辑知识及方法,树立谈判标的,调查研究,周密地搜集整理各种情报信息,精心地筹拟谈判计划,理顺思路,做到对整个谈判胸有成竹。这是谈判制胜的先决条件。下面介绍几种主要的逻辑准备方法。

3.3.2.1 树立谈判标的法

树立谈判标的法就是确定谈判的主题,不仅要将谈判主题的范围、起源、定义要点了然于胸,更要深入去研究它,谈判双方都有权对谈判主题的修正和确定提出建议,经过讨论,取得一致意见,然后,在整个谈判活动中,双方都要围绕这个主题进行。

树立谈判标的逻辑要求主要有如下方面。

1. 谈判标的要明确

在谈判中,标的即主题必须简单明了。谈判主题在思维形式上一般最好是一个简单判断。谈判主题明确,首先表现在对谈判范围的概括上宽狭适度,要避免范围宽泛、头绪纷繁、要领不明的主题。其次,谈判的主题要明确,就要使表达主题的语词或语句无歧义,否则在谈判中就会被人利用。

2. 谈判标的要统一

在整个谈判中,标的要统一,即谈判的主题要始终如一,不能随便转移主题,也不能以另外的主题来替代原来的主题,更不能离开主题,漫无边际地东拉西扯,否则,就会违反逻辑基本规律的同一律,犯"转移论题"或"偷换论题"的逻辑错误。

3. 谈判标的要无矛盾

在同一谈判过程中,不能同时树立两个或两个以上的不同标的,即不同的主题。这就要求在谈判中,谈判人员在同一时间、同一条件和环境下确定谈判主题时,必须排除其思想矛盾;如果出现了矛盾情况,谈判人员不能同时肯定相互矛盾的谈判主题,而要指出其中必有一假。

对谈判标的即主题的同一性要求与无矛盾性要求是一致的,都是谈判中思维确定性的具体表现。

3.3.2.2 调用备战粮草法

参加谈判的第二项准备工作是调用备战粮草即收集和整理信息。

1. 信息收集法

谈判中需要收集哪些信息,这要根据谈判内容及谈判对方而定。总的原则是谈判双方的信息都要收集,且收集信息的范围都应该尽可能广一些。凡是有助于对谈判内容作深入、全面了解的信息资料,可以增强论证谈判主题说服力的证据,都应广为收集。

另外,我们在收集信息时,要特别注意信息的时效性。

信息是人们对工作中的各种资料经过加工处理后得到的。这种加工处理过程就是逻辑思维过程。因而,在信息的加工过程中,无处不体现着逻辑的艺术。

2. 信息整理法

将大堆的信息收集起来了,但这些信息并非全部有用,所以首要任务是寻求有用的。去伪存真,将有用的、真实的信息,经过浓缩后存储,将错误的和可有可无的信息剔除,是此时该用的逻辑方法。

经过去伪存真之后,我们便得到了"真"的信息,它们尽管十分有用,但不一定有效,只有将这些零碎的信息点串联起来，形成信息线，乃至发展到信息面，它们才能发挥其功效。这便是信息的整理和加工。

整理和加工信息的逻辑方法很多，常用的方法有归纳法、比较法、演绎法。归纳法是一种以经验材料作为基础，从个别推导到一般的逻辑方法。比较法是辨认对象之间的相同点和差异点的逻辑方法。演绎法是从一般到个别的逻辑推理方法，它与归纳法截然相反。

3.3.2.3 战前运筹帷幄法

1. 理顺思路法

谈判时驾驭局势的高超本领，往往是谈判前长时间思想准备的结果。谈判者要在收集信息、整理信息的基础上，进一步理顺思路。理顺思路的方法，可分为物理方法和逻辑方法两种。物理方法中最有效的理顺思路法是笔录法。

理顺思路的逻辑方法很多，主要有时间顺序法、空间顺序法、因果顺序法和组合顺序法。时间顺序法是按时间先后顺序来安排思想的层次结构，又称过程顺序法。一般是按谈判的五个阶段来整理思想材料，厘清自己在谈判的五个阶段中的基本观点和方法。空间顺序法是按空间距离的远近来安排思想的层次结构。因果顺序法是按事物间的因果联系来安排思想的层次结构。组合顺序法是根据谈判中表述和论证思想的需要，把各种思想、信息材料组合在一起来安排思想的层次结构。

2. 谈判计划拟订法

谈判计划是谈判活动的骨架，它对谈判活动具有举足轻重的指导作用。谈判计划的内容主要有任务与目标、程序与要求、政策与措施。

我们在拟订谈判计划时，要认清谈判的主要逻辑特征，即它的时间性和预测性。因为计划是在将来才实施的，它必须以时态逻辑关于过去、现在与将来的理论为依据，由事物的过去和现在来推测将来。

3. 谈判情景模拟法

谈判情景模拟法的主要方式是提出各种假设情况，然后针对这些假设情况，制定出一系列的对策，采取一定的措施，确定谈判的策略和技巧。

在谈判前的运筹帷幄法中，我们所讲的假设，主要是指三个方面的内容：对客观世界的假设；对自我内心世界的假设；对他人内心世界的假设。

然而，最高明的谈判者也无法全部假设到谈判中可能出现的各种情况。而且，谈判者务必牢牢记住：自己所做的假设只不过是一种推测，带有或然性。要是把假设奉为必然而去行动，那将是冒险行动。因此，如果你能看准对方的“假设的必然性”，你就能利用他的这种故意冒险而占据优势。

3.3.3 谈判中的逻辑思维

逻辑思维是指人类思维过程和流向的逻辑程序。人类思维的一般逻辑是：由逻辑起点开始，经过逻辑中介，最后达到逻辑终点。具体来说，就是从反映事物本质的概念开始，通过认识和揭示概念之间的有机联系和关系而达到对事物各方面本质的全面把握。

一个概念往往只是对事物某一个方面的本质反映和概括，只有通过相互联系的概念,才能揭示事物本质的全部,从而使人们对事物某一方面的认识发展为对事物总体的认识。因此,当我们确定了作为思维逻辑起点的概念之后,就可以通过作为起点的概念和一系列的后继概念之间的相互联系、彼此过渡来达到对事物本质的、总体的全面把握。在这当中,每一个概念都是一个中介,它把前后两个概念联结起来,既是前一个概念的发展和必然结果,又体现着过渡到后一个概念的必然趋势,从而形成了一个概念的链条。

在人们的思维过程中,有时把没有直接联系的两个概念,或者把没有直接联系的两个事物简单地、直接地联系起来,而没有找出它们的中介,从而使人们看不到它们之间内在的、必然的联系。我们平常所说的对某事物的分析逻辑性不强,缺乏说服力,其问题正出于此,这实际上是思维犯了"逻辑跳跃"的错误。

如何才能使我们的逻辑思维正确而不发生或少发生偏差呢?

1. 必须正确选择思维的目标

思维的目标指明了思维的方向,它既是实际思维的起点,又是思维过程的终点。思维目标是个系统,包括总目标、分目标、长远目标和短期目标等。总目标制约和影响分目标,而各个分目标有机结合就是总目标,总目标的实现是通过各个分目标的实现来达到的。

2. 必须制定思维的具体步骤

要制定思维的具体步骤,即如何根据思维过程的一般逻辑程序,确定从某一个概念开始过渡到另一个概念,从某一个阶段过渡到另一个阶段,从某一个目标过渡到另一个目标的程序。按照思维的程序、步骤进行思维,是思维保持正确的流向、不断深入和取得成果的保证。

CASE 案例 正确运用逻辑思维

在进行设立在中国境内的中外合资企业的谈判中,我们常常要求对方承担一定比例的合资产品的外销义务和责任,并明确告诉对方,这既是谈判的一个前提,也是保证合资企业正常生产经营的前提。如果中方只是作这样的说明,显然是缺乏说服力的,甚至有点强加于人的味道。因为对一个不熟悉中国情况的外商来讲,他可能难以明白合资产品外销为什么会成为谈判的一个前提条件,又怎么与合资企业的正常生产经营联系起来,从而难以接受中方的条件。之所以会这样,是因为中方在分析说明这个问题时,缺少必要的中介联结。如果我们告诉外商,中国是一个外汇短缺的国家,国家不可能拿出外汇来给合资企业。如果合资企业的产品全部内销,生产经营所需要的外汇(如进口机器设备和原材料、发放外籍职工工资)就没有来源。不仅如此,连贵方分红所得的利润要汇回国,也因无外汇而难以支付。所以合资企业的产品必须有一部分外销到国际市场以取得外汇收入。同时由于贵方较之我方熟悉国际市场,并且能否外销取得外汇直接关系到贵方的分红利润能否汇回国这一切身利益,所以贵方必须承担部分合资产品的外销责任。这样一来,中方的要求就显得合情合理,逻辑性很强,很有说服力。

3. 必须对思维进行动态控制

在人们的思维过程中,作为思维对象的客观事物在不断地发生变化,作为思维主体的人,其主观思想受认识条件的限制,也难免出现片面和差错。因此,在思维过程中,思维出现偏差是自然的;重要的是,人们必须清醒地意识到这一点,并不断地通过信息反馈,及时找出偏差的原因,并加以纠正。

只有对思维过程进行动态控制,及时纠正思维偏差,才能避免积小错为大错,提高思维的效率,缩小思维的目标差。

思维作为人们的主观意识对客观事物的能动反映和认识,它是否正确,最终要由实践来检验。

思考题 QUESTIONS

1. 什么是发散性思维? 什么是收敛性思维?
2. 反馈思维和超前思维具有什么特点?
3. 归纳法与演绎法的区别是什么?
4. 现代思维的特点有哪些?
5. 逻辑在商务谈判中具有什么作用?
6. 在谈判过程中如何进行逻辑准备?
7. 在利用逻辑进行谈判时应该注意什么事项?

案例讨论 Case discussion

卖场谈判的逻辑

卖场逼宫,不给支持就清场

郝卓飞是知名品牌"绿养吉"(化名)新任命的全国 KA 经理。这不,屁股还没坐热,呼市的 M 卖场就出了乱子。于是,郝卓飞不得不赶往呼市救火。

"具体什么个情况?"在呼市分公司会议上,郝卓飞开门见山。

"M 卖场销量较低,零售价格偏高,一直都是分公司和总公司关注的重点。我们和 M 卖场的采购沟通了很多次,但总没实质进展。现在,对方强烈要求下月中旬提供一档半价产品快讯,否则就清场。因为其他知名品牌每年都会不同程度地支持 M 卖场,但我们却没有,这次必须支持。"呼市 KA 负责人小吴说道,"我是坚决抵制,因为价格一破后患无穷。但对方采购也很坚决,说本周是最后期限,如果我们不同意,他将直接上快讯,没有任何商量余地。"

"价格乱了会有多大影响啊! 不用理会他,我们直接拒绝供货。"财务经理不悦了,而其他人则默而不语。

"郝经理有何高见?"分公司总经理王东笑着问郝卓飞。

"终端价格破盘对我们影响还是很大的!"郝卓飞没多想,"第一,价格一旦破盘,零售商很快就会进入价格战的恶性竞争循环;第二,一旦零售商乱价,若我们厂家未做出合适回应,那零售商破价的次数将会增加,产品毛利将会下降,对产品的支持自然下降;第三,反复低价促销势必缩短产品生命周期,零售商将提出更多的费用要求以保证利润;第四,终端消费者一旦沉迷于惊爆价,将难以逆转。因此,我们必须慎重对待此事。”

“郝经理确实专业,分析问题的角度和高度的确高人一筹,不愧为总公司领导,这件事交由郝经理全权负责,小吴配合。若有需要,分公司所有部门协同配合解决此事。郝经理,你看怎么样?”王东戴完高帽后直奔主题。

郝卓飞早知此次难脱干系,只是没想到王东会如此直接“布置”此事。没等郝卓飞更多思考,王东接着大笑道:“辛苦你了,郝经理,我们全力配合。”

郝卓飞心里也没有太大把握,他深知:王东之所以直接让总公司的人协调解决此事,无非是想为分公司执行能力不足辩解。

说干就干,多想无用,郝卓飞立即找来负责呼市 KA 的小吴了解情况。

基础价格优化

此前,绿养吉由当地经销商负责和 M 卖场谈判,主打单品“石哈”的经销商供价为 5 元/瓶,卖场零售价为 6.8 元/瓶,毛利率为 26.5%,而公司的建议零售价为 5.5～5.8 元。

进一步了解后才发现,M 卖场和其他很多国内超市一样,一直采用传统定价法。简单地讲,就是不管什么品类,卖场只要在供应商报价基础上,加上一个很高的固定毛利率,就是最终零售价。M 卖场对毛利率要求在 20%以上,见表 3-1。

表 3-1 M 卖场的传统定价法

单　品	成本价/元	毛利率/%	零售价/元
α	5	20	6.2
β	3	20	3.8
γ	20	20	25.0

根据目前情况,郝卓飞认为:必须优化 M 卖场的基础价格,改行差异毛利率定价法,见表 3-2。即首先确定单品的品类角色,然后分别制定相应的毛利率并确定价格。如此,不但能保证卖场毛利,也能改善卖场流水。

表 3-2 差异毛利率定价法

单　品	成本价/元	毛利率/%	零售价/元
α	5	10	5.5
β	3	15	3.5
γ	20	20	25.0

很明显,“石哈”单品是目的性品类,毛利率应该相对比较低,而不是现在的 26.5%,它也可以给卖场带来流量。

基础价格谈判的思路在郝卓飞的脑海中已经逐渐成形。

促销价格优化

“郝经理,我虽和采购关系较好,但是他也有苦衷,好多事他不能做主,他建议我们也可以做一个第二件半价。”正思考着，小吴笑着对郝卓飞讲，“在公司做促销给予每瓶 0.2 元的费用支持下，M 卖场把零售价最低也只能调到 5.6 元／瓶，毛利率也有 14.3%。”

“不可思议！接下来我们看看促销价格优化，拿第二件半价促销举例。”郝卓飞边在纸上写边说。

“对于 M 卖场，一个快讯档期 14 天，在没有任何促销的情况下，正常销售量大约是多少?”郝卓飞问道。

“大约 800 瓶。”

郝卓飞计算着毛利率(6.8－5)/6.8×100%＝26.5%，毛利为：1 440＝(6.8－5)×800。

郝卓飞思绪飞快地边想边算：促销后，供货价格按照第二件半价供货，那第二件供货价格为 2.5 元，合算下来平均供货价为 3.75 元／瓶，零售特价 5.6 元／瓶，第二件半价的产品平均零售价为 4.2 元／瓶。

郝卓飞又问：“第二件半价的组合产品销售量大约为多少?”

吴转着眼珠说：“预计 600 组，也就是 1 200 瓶，我们之前在其他卖场搞过类似活动。也有消费者看到特价却仍然买单瓶的情况，这部分销量估计在 500 瓶左右。”

郝卓飞再次计算着，毛利为 540＝(4.2－3.75)×1 200，毛利率为 10.7%。加上只是买了单瓶的，毛利为(5.6－3.75)×500＝925。

总结，促销后毛利为 1 465 元，销售量为 1 700 瓶，毛利率为 1 465 (4.2×1 200＋5.6×500)＝18.7%。

郝卓飞在纸上也画出了第二件半价促销毛利分析表，见表 3-3。

表 3-3　促销分析表

		供货价/元	零售价/元	毛利率/%	销售/瓶	毛利/元
促　销　前		5	6.8	26.5	800	1 440
促销后	套装	平均 3.75	平均 4.2	10.7	1 200	540
	单瓶	平均 3.75	5.6	33	500	925

“销量、毛利都增加，是绝好的促销。零售商当然能够接受。但对我们来讲，这样的供货价格和零售价格是肯定不能接受的，这和公司保持价格稳定的大原则相背离，所以我们肯定不能做。”郝卓飞说道，“促销时流水大增，毛利率低于正常销售产品毛利率，这是我们的原则之一。”

“根据经验，像‘石哈’单品促销时给卖场保留毛利率在 6%左右，所以类似这样的促销零售价格不能太低，否则可能造成市场冲货，适当提高促销供货价格是必须的，也可以为企业节约很多促销费。”

“太漂亮了，领导，您太厉害了，我佩服得五体投地，今天和您学到太多东西!”小吴在一边张大嘴巴惊讶道。

其实，分析到这，已经说明整个问题的核心点是：“绿养吉”品牌在 M 卖场销量贡献低，毛利贡献也低；对于卖场来讲，无非就是通过高毛利率来获取高毛利。

毛利高低取决因素是毛利率和销量，为了保证卖场的毛利水平，提高销量是最直接的方式,适当降低毛利率,使毛利率和销量的乘积达到动态的最大值。这样,卖场流水增加,反过来也会提升客流量和客单价。

当然提高销量的方法太多了。郝卓飞让小吴针对M卖场做一个后半年的促销规划,全方位、立体式用内涵式增长提升M卖场的销量,郝卓飞深知这个是问题最终得以解决的最好方法。

谈判不靠口才靠准备

“小吴,M卖场的采购组织架构是什么?”

小吴对于这个太了解了,很快就画了出来。很显然,谈判的关键人是采购马经理,影响人是采购孙总监和采购助理小张,同时,小吴也分别提供了一份个人背景材料。

这个小吴基本功还不错,郝卓飞心里思索着。他又让小吴收集M卖场的相关资料,包括合同条款、该单品过去一年每月实际销售数量、投入费用分析、相关快讯等,还整理了一部分客户日常合作中执行不力的“罪证”材料。

午饭过后,郝卓飞继续向小吴布置工作:“经过上午的分析,你已经和采购马经理谈了好多次没有实效,我想此次谈判应采取更高层会晤,你明天先初步过去了解情况,同时约孙总监,我去会会他。”

13:30,郝卓飞着手准备PPT,这是他谈判时惯用的方法——秀PPT,内容是行业现状、发展趋势、公司在行业的市场份额、过去一年中双方合作的亮点和问题,结合下一步M卖场促销的方案,文字、图表、照片、动画,音频等全方位组合应有尽有,非常精彩。

随后,两人又确定了谈判的底线:做一次其他形式促销,同时投入部分费用购买端架。本次谈判的最理想点:“石哈”正常销售价格调到5.6元,促销时给零售商留有毛利率4%。

郝卓飞闭着眼睛思考着,脑海中虚拟演示着整个谈判过程,怎样提出自己的第一轮谈判,谈判的目标、底线、准备等是否全部完成……因为他很清楚这样的谈判不是靠口才而是靠准备。

渲染气氛的预谈

小吴第二天14:00约见马经理沟通,主要目的是聆听、记录,让更多意见、观点传递到郝卓飞这里,自己事后也可以慎重考虑并给出反馈。按照郝卓飞所讲的,这样做,采购的虚荣心和受人尊重的需求也得到了满足。

马经理一大堆抱怨说个没完:“你们促销次数少,费用又低,你们厂家根本就没有什么支持,老是经销商在这里搞啊,也搞不出个什么名堂来,销量停滞不前……这次促销你们必须做,今天你来也没有用,我们在电话里已经说得很清楚。”

大约10分钟过后,他的怨气也消了很多,小吴没有任何辩解,只是边点头边笑眯眯地看着马经理。

“半价促销的事情您看这样,我真的做不了这个主,经过前期多轮沟通,分歧仍较大,无法达成共识,因此,我把北京总部全国KA部郝经理请来和你们的孙总监见个面,我们也TOP to TOP一下,我俩的工作不就好开展了,您看怎么样?”

这个马经理是个老江湖了,上级给的压力很大,其实他一直想见一下厂家的高层以便能得到更多的资源,这个小吴实在没有什么油水可榨了,于是高兴地回答:“好啊,你等我电话，我请示一下，看孙总什么时间方便！”大约谈了 30 分钟后，双方就分开了。

17:15 左右，小吴的手机响了，“吴经理，我们后天 9:30～11:00 在 2 号会议室见面，孙总到时出面，你安排一下郝经理的时间。”

“好的，没有问题，谢谢马总。”小吴高兴地回答。

高层正式谈判

郝卓飞、小吴、一名 KA 业务人员，9:30 早已到达约好的会议室等待。郝卓飞把电脑、名片、计算器、谈判专用笔记本、两种颜色书写流畅的笔和几份精美的集团公司介绍手册摆好。M 卖场来的是采购马经理和助理小张、杂货部采购总监孙蕾。

一开门，郝卓飞立马起身笑迎，小吴和马经理分别介绍双方人员，郝卓飞把互递的三人名片在桌面根据职位高低纵列排开后笑着对孙总说：“您好，孙总，很高兴见到您，早听说您的大名，今天终于见到尊容，您今天看起来很精神啊！”郝卓飞一上来几句营造气氛的话让孙总乐开怀，急忙回答：“您好，您好，我也很高兴！”

此时小吴边发集团介绍手册边说：“孙总，估计马经理和您讲了，这次我们来主要是高层拜访一下，同时做生意回顾和下一步合作计划。”

“很好，我们也希望你们能经常这样做，生命在于运动，资金在于流动，感情在于激动，关系在于走动，生意在于互动嘛！”

接下来，小吴把精美的 PPT 生动地讲了半个多小时。他说话很有感染力，肢体语言沟通得也很到位，对方不时地点头称赞。

PPT 中的促销方案引起孙总监极大的兴趣，“从报告中看你们还是做得很好，计划也不错，你们早应该和我们建立高层联系。只要你们有资源，我们配合支持是非常愿意的。就怕你们没有人重视我们，不把我们当回事。”

“我们是经销商体制，与零售商的直接合作起步较晚，但我们有足够的信心把接下来的工作做好。”郝卓飞很快地就接上了话，“我公司衷心希望和贵公司能成为战略合作伙伴，并用实际行动来证明，接下来还希望马经理和孙总鼎力配合。”

“好，郝经理爽快，我喜欢！但是目前我们合作中问题还是不少啊。”孙总也罗列了一些问题，其中大部分是马经理给小吴抱怨的。

对于这些问题，郝卓飞心里早已经有了答案，但他还是认真用红色的笔做着记录，随后就把问题答案一一分析给孙总。孙总点头。郝卓飞最后说：“卖场价格形象决定了卖场能否吸引消费者。消费者对价格的理解是‘比较价格’而不是‘绝对价格’。价格形象三个方面中，性价比占比是 43%，价格优势占 40%，价格诚实度占 17%，但我们产品价格没有任何优势。”

“我们的价格形象一向很好啊！”孙总很惊讶。

“目前有几个小问题，孙总，根据数据显示我们产品属于目的性品类，零售价格毛利率和促销价格毛利率太高了。”郝卓飞把之前准备的基础价格和促销价格给孙总分析了一遍。

“这个问题，小马也和我提过，是我没有同意，因为你们不重视我们，我们就没有必要重视你们啊。我们也不在乎你们这点销量。”孙总很不屑地说。

“我们这次是非常有诚意地带着促销及相关资源来见孙总的，希望我们能有一个新的开始,也希望您给我们一个证明的机会。"小吴快速地把话接上去。

"之前有的是时间证明啊,为什么没有结果呢?销量一直这么差!怎样才能提升销量才是你们要回答我的问题。"孙总很快把皮球踢了过来。

"刚刚的促销规划不是给您展示了吗?"小吴有点不耐烦地跟上去。

郝卓飞也环顾了一下大家,此时谈判到了冰点,他知道此时要转换话题,便说:"哎,听说孙总非常喜欢画 ,是一个专业的收藏家?"

"嗨,马马虎虎,我是瞎玩呢!"

"这次过来拜访孙总,特意从北京带了用各种真实的五谷杂粮做成的一幅长城画,赠予贵公司,希望笑纳!"小吴也适时把画拿了出来。

礼物制作得确实很精致、大方漂亮,这是这两天在当地找人特别制作的,画上印有绿养吉公司 LOGO。

"郝总,您太客气了。"孙总仔细地瞅了瞅,"好啊,很好,让你们破费了,谢谢!"

"哪里哪里,我也是对这个略懂而已,有几个朋友玩这个,顺便玩玩。"郝卓飞睁着眼睛瞎话就来,他根本不懂画,但是他对客户感兴趣的事物先答应,谈判后快速补课。

"既然这次你们这么有诚意,你们的产品正常售价不做调整,你们多给促销,促销产品的毛利率可以适当地放低,按照 PPT 中的规划,再结合我们的实际情况,由马经理负责安排落实到位。基础价格调整以后再说。"孙总看着表,感觉时间也差不多了。

"好,就这样!"郝卓飞又对小吴说道,"小吴,把今天的会议纪要整理出来后给孙总一份,双方好真正落实此事。"

"如果没有其他问题,那我们今天就到这儿?"孙总语气很慢地看着每一个人。

"来,我们合影留念,庆祝合作新起点。"小吴机灵地掏出相机。大家也很高兴地合影一张。

"时间过得真快,11:30 了,我们一起去吃个便饭吧。"郝卓飞说。

"郝兄弟,今天真不巧啊,中午公司老总叫我有点事,我必须陪同。下次,下次!"

"那希望马总给机会下次去北京参观我们总部及生产工厂,我们总经理亲自接待您。再次祝贺我们合作顺利!谢谢孙总给予我们的大力支持,感谢所有人的努力!"

后期谈判及跟踪

过了几日,小吴和马经理又约了第三次谈判时间,把双方领导谈判精神落实到具体的促销方案里。马经理提供了一份下半年 DM 的档期计划,双方将可操作机会初步罗列了出来。马经理也答应"石哈"促销价格毛利保持 6%。

对于这次半价产品快讯,小吴以买 2 瓶送价值 6 元的精美赠品形式替代价格折让,这是第一次在终端海报使用此促销物料。

小吴认真完整地填写促销协议书,双方签字确认。

小吴叫马经理出去抽一支烟,小吴把准备好的中华递上去,两个人又聊了一会共同关心的 NBA 比赛。六七分钟后,小吴愉快地离开了。

郝卓飞深知付诸行动是谈判很关键的收尾部分,必须跟踪执行。小吴以周报形式每周二给郝卓飞发电子邮件汇报事情的进展,整个事情后期落实也非常顺利。

在随后的几个月中,小吴倾斜资源重点关注。M 卖场销量保持快速良性增长。

谈判无止境

两个月过去了，小吴依然用“毛利＝销量×毛利率”的方法找采购马经理沟通基础价格问题。采购根据两个月“石哈”的表现情况——销量提升，毛利率下降，卖场毛利依然很好，最终顺理成章地将基础价格调为 5.8 元／瓶。

销量的问题解决了，毛利的问题得到了改善，毛利率的问题也就得到解决，基础价格和促销价格同样也可以解决，这就是整个逻辑。零售商毛利、销量改善，供应商销量大幅提升，做到了零供“双赢”。

谈判就是个圈，圈里圈外，绕来绕去，你总会遇到各种对手。这不，采购马经理永远不满足地提着要求：“小吴，我的费用不够啊，我玩不成全年费用目标……你们库存周转率需要改善啊，领导批评过好几回了。你必须这样……你还得那样……”

资料来源：孙浩波. 卖场谈判：不靠口才靠准备！[J]. 营销界・食品营销，2012(5).

讨论题：

1. 这次卖场谈判的整个逻辑是什么？
2. 做到了零供“双赢”的关键点有哪些？

第4章 CHAPTER 4

谈判礼仪与谈判风格

本章要点

- □ 基本社交礼仪
- □ 谈判地点和座次礼仪
- □ 宾主相见礼仪
- □ 谈判语言礼仪
- □ 不同谈判对手的禁忌
- □ 国际商务礼俗与禁忌
- □ 不同的谈判网络

引例　柯经理与马经理反差咋这么大呢

某年夏天，H市木炭公司经理柯女士到G市金属硅厂谈判其木炭的销售合同。H市木炭公司是木炭专业生产厂，想扩大市场范围，对这次谈判很重视。会面那天，柯经理脸上粉底打得较厚，使涂着胭红的脸显得特别白嫩，戴着垂吊式的耳环、金项链，右手戴有两个指环、一个钻戒，穿着大黄衬衫、红色大花真丝裙。G市金属硅厂销售科的马经理和业务员小李接待了柯经理。马经理穿着布质夹克衫、劳动布的裤子，皮鞋不仅显旧，还蒙着车间的硅灰。他胡子拉碴，使脸色更显苍老。

柯经理与马经理在会议室见面时，互相握手致意，马经理伸出大手握着柯经理白净的小手，马上就收回了，并抬手检查手上情况。原来柯女士右手的戒指、指环扎了马经理的手。看着马经理收回的手，柯经理眼中掠过一丝冷淡。小李眼前一亮，觉得柯经理与马经理反差大了些。

双方就供货量及价格进行了谈判，G厂想独占H厂的木炭供应，以提升与别的金属硅厂的竞争力，而H厂提出了最低保证量及预先付款作为滚动资金的要求。马经理对最低订量及预付款原则上表示同意，但在“量”上与柯经理分歧很大。柯经理为了不空手而回，提出暂不讨论独家问题，那么预付款也可放一放，等于双方各退一步，先谈眼下的供货合同问题。马经理问业务员小李，小李没应声。原来他在观察研究柯经理的服饰和化妆，柯经理也等小李的回话，发现小李在观察自己不禁一阵脸红。但小李没提具体合同条件，只是将 G 工厂“一揽子交易条件”介绍了一遍。柯经理对此未做积极响应。于是小李提出，若谈判依单订货，可能要货比三家，愿先听 H 厂的报价，依价下单。柯经理一看事情复杂化了，心中直着急，加上天热，额头汗珠汇集成流，顺着脸颊淌下来，汗水将粉底冲出了一条沟，使原本白嫩的脸变得花了。

见状，马经理说道：“柯经理别着急。若贵方价格能灵活些，我方可以先试订一批货，也让您回去有个交代。”柯经理说：“为了长远合作，我们可以在这笔交易上让步，但还请贵方多考虑我厂的要求。”双方第一笔订单就做成了，并同意就“一揽子交易条件”存在的分歧继续研究，择期再谈。

礼仪是交往的规矩，是用来维护自我形象，对他人表示尊重友好的惯例与形式。谈判活动中，如果双方表现出较高的礼仪素养，对于营造有利气氛，沟通感情，形成相互的尊重、信任有很大的帮助。另外，了解谈判中的禁忌和不同的谈判风格也是非常重要的。

4.1 基本社交礼仪

4.1.1 寒暄

寒暄和交谈是社交和商务活动中的重要内容，是人与人之间表达情感的一种方式。寒暄是会客中的开场白，是交谈的序幕。交谈则是人们互相接触交往而进行的谈话，它是人们增进了解和友谊的重要方式。在发展市场经济的今天，交谈又是人们传递信息、交流感情的重要形式。要使寒暄与交谈达到预期的交往目的，就必须遵循一定的礼节。

寒暄有很多种类型，比较常见的寒暄方式大体有以下几种。

1. 问候型

问候型寒暄的用语比较复杂，归纳起来主要有以下几种。

(1) 表现礼貌的问候语。如“您好！”“早上好！”“节日好！”“新年好！”之类。交谈者可根据不同的场合、环境、对象进行不同的问候。比如，从年龄上考虑，对少年儿童要问：“几岁了？”或者问：“上几年级了？”对成年人可以问：“工作忙吗？”从职业考虑，对老师可以问：“今天有课吗？”对作家可以问：“又有大作问世了吧？”对朋友、邻居、同事的问候就更为丰富了，如果用得好能密切关系，增进友谊。

(2) 表现思念之情的问候语。如“好久不见，你近来怎样？”“多日不见，可把我想坏了！”等。

(3) 表现对对方关心的问候语。如“最近身体好吗？”“来这里多长时间啦，还住得惯吗？”“最近工作进展如何，还顺利吗？”等。

(4) 表现友好态度的问候语。如“生意好吗？”“在忙什么呢？”等貌似提问的话语，并不表明真想知道对方的起居行止，往往只表达说话人的友好态度，听话人则把它当成交谈的起始语予以回答,或把它当作招呼语不必详细作答,只不过是一种交际的媒介。

2. 言他型

“今天天气真好。”这类话也是日常生活中常用的一种寒暄方式。特别是陌生人之间见面,一时难以找到话题,就会说类似于“东北天气很冷吧?”之类的话,可以打破尴尬的场面。言他型是初次见面时较好的寒暄形式。

3. 触景生情型

触景生情型是针对具体的交谈场景临时产生的问候语,比如对方刚做完什么事、正在做什么事以及将做什么事,都可以作为寒暄的话题。如早晨在家门或路上问:“早晨好,上班吗?”在食堂里问:“吃过了吗?”在图书馆或教室里问:“这么用功,还在读书啊?”这种寒暄,随口而来,自然得体。

4. 夸赞型

心理学家根据人的天性曾做过如下论断:能够使人们在平和的精神状态中度过幸福人生的最简单的法则,就是给人以赞美。作为一个社会成员,都需要别人的肯定和承认,需要别人的诚意和赞美。比如,你的同事穿了一件新连衣裙,你可以用赞美的语言说:“小张,你穿上这件连衣裙更加漂亮了!”小张会很高兴。老李今早刮了胡子,你可以说:“老李越来越年轻了。”老李也会很高兴。

5. 攀认型

俗话说:“山不转路转。”在人际交往中,只要彼此留意,就不难发现双方有着这样那样的“亲”“友”关系,如“同乡”“同事”“同学”甚至远亲等沾亲带故的关系。在初次见面时,寒暄攀认某种关系,一见如故,立即转化为建立交往、发展友谊的契机。三国时,鲁肃见诸葛亮的第一句话是:“吾,子瑜友也。”(子瑜是诸葛亮的哥哥诸葛谨)这短短一句话,就奠定了鲁肃与诸葛亮之间的情谊。在现实生活中这种攀认型的事例比比皆是,如“我出生在武汉,跟您这位武汉人可算得上同乡啦!”“您是研究药物的,我爱人在制药厂工作,咱们可算是近亲啊!”“哦,您是北大毕业的,说起来咱们还是校友呢!”这些事例说明,在交际过程中,要善于寻找契机,发掘双方的共同点,从感情上靠拢对方,是十分重要的。

6. 敬慕型

这是对初次见面者尊重、仰慕、热情有礼的表现,如“久仰大名!”“早就听说过您!”“您的大作,我已拜读,受益匪浅!”“您也精神多了!”“小姐,您的气质真好,做什么工作的?”“您设计的公关方案真好。”

4.1.2 交谈

商界人士在交谈中,除了要使用文明的语言、保持谦和的态度以外,在谈话的方式方法上,还有一些细节性问题值得认真推敲。从商务礼仪上讲,应当明确在交谈中什么话当讲,什么话不当讲;在讲话时,应该怎样讲,不应该怎样讲,等等。

现实中存在的、在交谈之中有失礼仪的情况有如下几种。

1. 在交谈之中“闭嘴”

交谈之中“闭嘴”,就是一言不发,从而使交谈变相地冷场,导致不良的后果。在交谈对象侃侃而谈的过程中,自己始终保持沉默,会被视为对交谈对象的话不感兴趣。本来双方谈判甚欢，一方突然“打住”，会被理解成对对方“抗议”，或对话题感到厌倦。所以，但凡碰上无意之中出现的交谈“暂停”，商务人员一定要想办法尽快地引出新话题，或转移旧话题，以激发交谈者的情绪。

2. 在交谈之中“插嘴”

交谈之中“插嘴”，就是在他人讲话的中途，突然出来插上一句，打断对方的话。

商界人士在一般情况下，都不应该打断他人讲话，上去插上一嘴，这样有喧宾夺主、自以为是之嫌。如果确实想对他人所说的话发表见解，也需要静待对方把话讲完。

如果打算对他人所说的话加以补充，应先征得其同意，先说明“请允许我补充一点”，接下来再“插”进去。不过“插话”不宜过长、次数不宜过多，免得打断对方的思路。有急事打断他人的谈话时，务必要先讲一句“对不起”。

当与不相识者、异性、长者或上司交谈时，更不宜“不邀而至”，上去就插上一嘴。

3. 在交谈之中“杂嘴”

交谈之中“杂嘴”，就是使用语言不标准、不规范。比方说，在国内的商务交往中，应使用汉语普通话，因为它是国人彼此之间理解与沟通的最佳手段。如果开口方言，闭口土语，不仅可能被他人误解，弄不好还会被视为做人不够开化。在对外商务交往中，应使用双方均能够接受的语言。

4. 在交谈之中“脏嘴”

交谈之中“脏嘴”，就是说话不文明，满口都是“脏、乱、差”的语言。

5. 在交谈之中“荤嘴”

交谈之中“荤嘴”，就是说话带“色”，时时刻刻把丑闻、艳事挂在嘴上。无论从哪一方面而论，“荤嘴”属于商界人士之大忌，在哪里都让人瞧不起。

6. 在交谈之中“油嘴”

交谈之中“油嘴”，就是说话油滑，毫无止境地胡乱幽默。谈吐幽默是一种高尚的教养，它是指说话生动有趣，而且意味深长。在适当的情境中，使用幽默的语言讲话，可以使人们摆脱拘束不安的感觉，变得轻松而愉快。此外，它兼具使人获得审美快感、批评和讽刺等多重作用。然而幽默也需要区分场合与对象，需要顾及自己的身份。要是到处都“幽他一默”，就有可能“沦落”为油腔滑调，从而招致反感。

7. 在交谈之中“贫嘴”

交谈之中“贫嘴”，就是爱多说废话，爱乱开玩笑。爱要“贫嘴”的人，动不动就拿交谈对象调侃、取笑、挖苦一通。不是没话找话，话头一起就絮絮叨叨；就是不分男女、不论长幼、不辨亲疏地乱开玩笑。要“贫嘴”的人，好比作践自己，既令人瞧不起，又让人讨厌。

8. 在交谈之中“强嘴”

交谈之中“强嘴”，就是喜欢跟别人争辩，喜欢强词夺理。他们自以为“真理永远在自己手中”，自己永远正确。爱“强嘴”的人，“没理争三分，得理不让人”，这种人不受人们的欢迎。

9. 在交谈之中“刀子嘴”

交谈之中“刀子嘴”，就是说话尖酸刻薄，喜欢恶语伤人。每个人都有自己的隐私，都不希望告之于人，不该“打破砂锅问到底”，每个人都有自己的短处，都不乐意将之展示于人,所以不应该在交谈时“哪壶不开提哪壶”。俗话说:“良言一句三冬暖,恶语伤人六月寒。”其口似刀的人,处处树敌,时时开战,触犯了商家“和气生财”之大忌,终将会因自己的不检点而被淘汰。

10. 在交谈之中“电报嘴”

交谈之中“电报嘴”,就是爱传闲话、爱搬弄是非。在正式的商务交往中,一言一语都有可能成为有价值的商业情报,不容扩散。在非正式的亲友聚会上,他人出于对自己的信任所讲的一些心里话,也应该“到此为止”。将以上内容到处暗传,无限度地张扬,是人格卑鄙的表现。至于那些无中生有、以造谣生事为己任的人,就更不足挂齿了。所以请君勿作“电报嘴”的“中转站”。

4.1.3 中西语言交际

中国人初次见面,就要请教尊姓大名、住址、年龄等,询问人家的底细不仅不被认为失礼,而且被视作交际场上应有的礼节。但欧美社会是建立在个人主义基础之上的,因此在和欧美人士交谈时,要特别注意不要问及对方的隐私。隐私,即不愿告诉他人或不愿公开的个人情况,通常包括个人的年龄、婚否、经济收入、地址、家庭等。在与欧美人士交际的过程中应特别注意以下几点。

1. 欣赏物品,莫问价值

假如你到西方人士家中作客,发现对方家中新购置了一个款式新颖的衣帽架,或一件工艺品,你应该表示欣赏,说些得体的话,但绝不要问:“你花多少钱买的?”因为西方人士只愿意议论一般的物价、行情,而不愿意你问及他家中某件物品的价值。其理由也许是:价值过低,有失身份;或者真的价值连城,又怕传出去被人“见财起意”。

2. 情同手足,莫问工资

西方人士忌讳别人问自己的收入,往往除夫妻互相了解工资情况外,连父母与儿女之间、兄弟姐妹之间,也互不知道对方工资是多少。“你每月挣多少钱?”尽管我们认为提这类问题只不过是为了加深了解、增进友谊,但欧美人士不这样看。我们应该尊重对方的习俗与感情。

3. 敬老尊贤,莫问年龄

中国古礼,讲究敬老尊贤,遇人请问一声“贵庚”是很平常的事。欧美人士却不愿意别人问自己的年龄,尤其是妇女,总希望别人看不出自己有多大年龄。所以你如果冒昧地这样问,是很失礼的。

由于人种、地域、气候、食物和生活方式等方面的原因,西方人一般看上去比相同年龄的东方人要老气些。女孩子在14~18岁时,是鲜花般的黄金时期,但到了青年时代看上去就接近中国中年妇女了。奇怪的是,西方人若真到了七八十岁,却仍然像五六十岁一般年龄。一位颇通世事的社会学家说:“你们东方人比西方人看上去年轻,所以在猜测西方人年龄时要特别小心,尤其是对中老年妇女,最好不管她们有多少岁,就说她看上去像二十七八岁,她们就喜欢听这样的假话。”

4. 与人为友,莫问婚姻

出于对友人的关心,我们有时会亲切地问:“你的个人问题解决了吗?”此处的“个人问题”就是“婚姻问题”的婉转说法。但是，你若用这句话去问欧美人士，他们会感到莫名其妙。因为西方人士并不把婚姻问题看成像中国人认为的那种“终身大事”，而认为结婚、同居还是独身纯属个人隐私，外人不应干涉。如果要了解对方这方面的情况，对欧美人士必须婉言之。你可以这样问：“你和家人一起住在这里吗?”或问：“你家里人很多吗?”如果对方一味谈父母兄妹之事，而闭口不谈丈夫或妻子，那就意味着对方尚未结婚或已经离婚。你对于想了解的问题也就心中有数了。

5. 与人约会，莫问住处

如果有欧美人士约你去喝茶或吃饭，你也用不着问他 Where do you live(你住哪儿)? 因为他在请帖上一定会写得清清楚楚的。如果对方是商人，也不宜唐突地问他 What is your business(你做什么生意)? 因为他的身份和生意，你在闲谈中自然可以明白的。如果他不说，那就表示他不愿意说，你也不要再问下去，因为那是个人的私事，以不详问为妙。

6. 关心他人，莫问身体

朋友之间一段时间未见，对方胖了，我们常会幽默地说：“你发福了，恭喜恭喜。”因为我们的观念是：生活好了，忧虑少了，心宽体胖，这是好事。然而，西方人，特别是妇女，常常因自己发胖而苦恼。因此，你如果看到对方长得人高马大，恭贺“发福”，就会适得其反，令对方难堪。

7. 问候致意，莫问吃饭

在中国，人们见面时习惯问：“你吃了吗?”这反映了几千年来中国“民以食为天”的传统观念，表现了人与人之间的关切之情。外国人对中国的历史、民俗不太了解，对这样的问候语，自然觉得莫名其妙。若遇到英国人时热情地问：“你吃了吗?”对方会理解你有意请对方吃饭，而对于未婚男女来说，这又可理解为你想和对方约会。

8. 有些语言，莫要直译

各国语言有许多是无法直接翻译的，硬性表达必然使人莫名其妙。如“王胖子跳井，下不去”等，就不能直译，应采用通俗性的解释，以求得相应效果。有的人把“母鸡”译成了“公鸡的老婆”，把“红娘”译成“红色女人”，把“身段好”译成“身上没有多余的肉”等，都是不妥当的。

各国因受不同文化习俗的影响，语言表达有时大相径庭。“一箭双雕”在俄文中应译成“一枪打死两个兔子”；在法语中译成“一块石头打两处”；在英文中译成“一块石头打死两只鸟”；在德语中译成“一拍子打死两只苍蝇”。可见，翻译不但应有过硬的外语功底，而且需要具备丰富的知识。

外语是进行交际的工具，翻译是沟通思想的桥梁。在外交活动中，对翻译的要求就更高了，往往一字之差，就会造成难以弥补的严重后果。

外语翻译与外贸关系是极为密切的。我国袋装的白猫牌洗衣粉是国内名牌产品，“白猫”二字英文应译成“White Cat”，设计者别出心裁把“WC”这两个字头印成特大号白字，意在把它作为“白猫”的标志，不曾想“WC”是国际通用的“厕所”的英文缩写。这样一来，白猫牌洗衣粉在国际市场上自然无人问津。因语言的文化差异在美国和日本曾发生过引起极大震动的一个悲剧：1992 年 11 月 26 日晚，在美国一名叫服部刚丈的日本留学生和他的一位美国同学化好装去参加万圣节舞会,他们走错门而误入一家私人住宅。这所住宅的男主人见生人闯入,手握一支枪向他们喊道:“Freeze!”“freeze”在英语中的另一层含义是“不许动”,与他一起的美国男孩听到叫声立即停下来。但在服部的记忆中,英语课上讲授的“freeze”一词的意思是与冷冻或制冰有关的,因此他仍在向前走,结果胸部中弹而亡。这一悲剧从反面说明了把语言和文化结合起来学习的重要性。

4.2 商务谈判中的礼仪

商务谈判是参与双方通过协商的沟通方式调整双方的意见,协调双方的看法,进而达成某种协议的过程。商务谈判中的礼仪须紧扣活动的主旨,它是谈判的重要组成部分,绝不是可有可无的形式虚套。只有把谈判中的各种专业技能同礼仪良好地结合起来,才能顺利实现谈判的目的。

4.2.1 谈判地点和座次的礼仪

谈判的地点通常安排在会谈室或会客厅,场所的布置充分考虑到对方的文化背景、习惯禁忌,不能冒犯对方的信仰、民俗。一般要求谈判场所能做到使谈判有个轻松、愉快、庄重的环境。把自己的意志强加于人是不礼貌的,容易引起对方反感,从而妨碍谈判活动的顺利开展。良好的开端是成功的一半,我们不但要在人员礼节上予以注意,对谈判的场所安排礼节也要心中有数。

座次安排是谈判礼仪一个非常重要的方面。尽管各国风俗习惯有所不同,但存在一定的国际惯例,这是多数人能接受或理解的安排方式。座次的基本讲究是以右为尊,右高左低。这里高低是指谈判参与者身份地位的高低。业务谈判,特别是双边的,多用长方形的桌子。通常宾主相对而坐,各占一边。谈判桌横对入口时,来宾对门而坐,东道主背门而坐。谈判桌一端对着入口时,以进入正门的方向为准,来宾居右而坐,东道主居左而坐。谈判中有主宾和主人,他们是双方的主谈人。主宾和主人居中相对而坐,其余人员按职务高低和礼宾顺序分坐左右。原则仍是以右为尊,但加上一条就近主谈人位置原则。这样,主谈人右手第一人为第二位置,主谈人左手第一人为第三位置,右手第二人为第四位置,左手第二人为第五位置,依此类推。记录员一般位于来宾的后侧,翻译员位于主谈人的右侧。参与谈判人员的总数不能是十三,可以用增加临时陪坐的方法加以弥补。多边谈判不多见,一般采用圆桌的形式,有时为了强调对贵宾的尊重,己方人员有不满座的习惯,即坐 2/3 即可,但须视情形而定。由于座次排列属于重要的礼节,来不得半点马虎,为了避免因出错而失礼或导致尴尬的场面,在座次安排妥当后,可以在每个位置前安放一个英文的名签以便识别,或用引座员加以指引。

4.2.2 宾主相见礼仪

在正式的谈判之前,东道主应主动通知对方谈判举行的时间、地点、具体安排以及有关注意事项,让对方心中有数,以便为谈判进行相应的准备。一般情况下,东道主应先行到达谈判地点,做好准备工作的查漏补缺,预备迎接客方的到来。主人在门口迎接,应主动与客方成员握手。这里涉及一个握手礼仪的规范问题。这是中国人最常用的一种见面礼，也是国际上通用的礼节。握手貌似简单，却可显示一个印象。普通握手方式应当是，双方各自伸出右手，手掌基本呈垂直状态，五指并拢，稍微握一下，时间不宜太长，也不宜过于短促，一般以 3 秒左右为准。握手时须双眼注视对方，面带微笑，相互致意。切忌抓住他人的手来回摇晃，动作过大、力度过轻过重都显得不太礼貌。握手时目光旁顾会让别人觉得心不在焉、一心二用，失去对他人的起码尊重。在对方人员较多时，与每位来宾握手时间应大体相当，否则易给人厚此薄彼的感觉。握手的顺序基本是礼宾次序，由身份、职位的高低来决定。握手礼还应该避免以下几种不礼貌的行为：与女性握手，尤其是年轻漂亮的女性，时间过长，握得过紧，有失态之嫌；用左手与他人握手，这在有些民族尤其为大忌，因为他们的左手一般用来做不洁之事；在场人员较多时，注意不要发生交叉握手的情况，这在谈判活动中不易出现，平时要加以留心。握手寒暄、相互问候后，主人应请客方谈判人员先行入座，双方一起入座是可以的，但主人自己抢先落座就极为不恭了。入座后，除谈判参与人员外，其他服务人员均应退出谈判场所。谈判中，非谈判参与者不得随意进出，以保持严肃和恰当的环境气氛。

4.2.3　谈判中的语言礼仪

语言是人类进行信息交流的符号系统。狭义的语言指由文字的形、音、义构成的人工符号系统。广义的语言包括一切起沟通作用的信息载体，不但说话、写字，就连距离、手势、眼神、体态、表情等都包括在内。谈判的语言能充分反映一个人的能力、修养和素质。

1. 用语

用语是指在谈判中如何选择词语，在恰当的时机表明自己的立场、观点和态度以及意思。谈判中常见的用语有五种，即礼节性的交际语言、专业性的交际语言、弹性语言、幽默语言和劝诱性语言等。用语基本要求是清晰、完整、快速、确切地表达意见和意思。须注意的是，由于礼仪的规范，谈判中话语的字面含义同其所实际表达的隐含的意义并非完全一致。有时字面含义是简单无歧义的，但其后却蕴含了复杂、微妙的意思。透过对方话语的字面含义，识破其心机，深入、准确把握对方的意思，作出相应的反应，是一项重要的素质。用语既要准确明白，又要文雅中听。出于策略需要的弹性语言须用得心中有数，做到不含糊，不致被误解。

2. 语速、语调和音量

语速对意思的表达有较大的影响。说话太快，一下子讲得很多而不停顿，使对方难以抓住你说话的主要意思，难以集中注意力正确领会你的实际表达。有时还会造成对方认为你在敷衍了事，无须作出什么反应，从而不再费神倾听，导致双方的语言交流不畅，难以沟通。有翻译的情况下，要注意照顾翻译的工作，不要长篇大论，只顾自己发挥。说话太慢，节奏不当，吞吞吐吐，欲言又止，易被人认为不可信任，或过于紧张。因此，谈判中陈述意见时尽量平稳中速进行，特殊需要时，适当改变一下语速，以期引起特别注意或加强表达效果。

说话时的语调、音量也对表达有一定影响。不同的语调可以使同一句话表达出不同的含义,而声音的大小则反映说话者一定的心理活动、感情色彩或某种暗含的意思。在谈判中,一般问题的阐述应使用正常的语调,保持能让对方清晰听见而不引起反感的高低适中的音量。适当的时候为了强调自己的立场、观点,尤其在针对有分歧的问题表达意见时,可调整语调和音量来增加话语的分量,加强表达的效果。一般而言,升调表达的是一种惊讶,不可思议,难以接受或不满;降调则反映出某种遗憾,无可奈何或失望灰心的心理活动。声音高低的起伏则表明说话者的某种情绪波动。有时是有意识的表达需要,有时则是潜意识的自然流露,需敏锐把握谈判对手的话语,同时对自己话语表达加强控制、运用,不能出现音调、音量失控的情况。

3. 体态和手势

体态是一种身体语言。在谈判中,有人会有一些不经意的动作,它们能透露出有关内心波动的有用信息。人在某种环境下,可以通过自觉的意识,在语言、语气等方面显示出强硬和雄辩,显示出信心十足、决不后退。但因为内心并不踏实,没有把握,便在下意识中借助动作来掩饰自己,平衡内心紧张和冲突。比如,频繁地擦汗、抚摸下颌、敲击桌面等都反映心情的紧张不安。有经验、训练有素的谈判人员极能自我控制,能最大限度地避免无意识动作,镇定自若,显示出风雨不动安如山的风度。

自觉的体态运用也能微妙地、不知不觉地影响对方的心理。例如,抱着胳膊,表示警觉和戒备心理;摸鼻梁、扶眼镜,同时闭目休整,其实却表示正集中精力思考某个问题,准备作出重大决策,有时也可视作进退两难的境况在内心引起的紧张;握拳或紧握双手是感到信心不太足,自我激励、鼓劲的反映。以上这些体态能增加一个人的潜在影响力,表现出一定的人情味,也是一种礼仪和风度,在谈判活动中是不可缺少的增效剂。

手势是另一种重要的身体语言,在谈判过程中有助于表现自己的情绪,更好地说明某个问题,从而增加说话的说服力和感染力。手势要自然大方,太做作地有意做某种手势,易给人以虚假做戏的感觉。手势不宜过多、过密,这会分散对方的注意力,甚至引起对方的厌烦心理。做手势时动作不能太大,不能将手伸到越过双方距离中界线的地方,这种侵入对方的身体空间的做法有故意挑衅的意味。在比画双手时一般不要超出双肩以内的范围,否则给人以手舞足蹈、轻浮乃至轻狂不实在的印象。当然,手势也不可太拘谨,显得生硬怯懦、缩手缩脚,缺乏应有的自信,也难引起他人对你的信赖感。手势要注意与说话的语速、音调、声音大小密切配合,不能出现脱节的滑稽情况。做手势时应把握好手势的力度,给人以轻重合适,表达自然而然的感觉。

4. 距离和面部表情

人们之间的空间距离与心理距离联系密切,空间距离大小直接影响谈判双方心理上的距离。一般情况下,人们交谈时,无论站、坐,都避免直接相对,要保持一定的角度,而谈判活动中,双方却是直接面对,没有什么回旋余地。这使谈判活动中,距离变得更为敏感易察。较合适的距离为1~1.5米,这也是谈判桌的常规宽度。距离的变化可以传递某种信息,反映交谈者的不同心态。相互间移近可能表示交流良好,有兴趣,有好感,是一种友善认同愿望的自然流露;也可能是攻击前的一种威胁姿态,是一场针锋相对的斗争的前兆,这与谈判的气氛和双方的心理活动是密切相关的。相互间距离的变远,反映了谈判的分歧正在加大,或双方都想冷静一下头脑,整理一下思路。一方加大距离表现了一种占优势的自我感觉，特别是伴随后仰动作时，就有点显示非此不可、胜券在握了。如一方增加距离，另一方却想缩小距离，多半说明有一方想逃避，出现软弱心理。顺便提一下，双方距离无论远近，都是以中间线来划分势力范围的，中间线两边为各自的身体空间，如一方侵入，是极具攻击性和无礼的举动。

面部表情是内心情感的重要体现。人的表情十分丰富，有极强的感染力，通过面部各个器官的动作，展示出内心多样的情绪和心理变化。在谈判活动中，有人嘴唇紧闭，唇角下垂，眼睛睁大，紧盯对方，有时甚至从牙缝中挤出话来，这表明他是一个有攻击性的人，有一种不是你死就是我活的心态。有人是满脸堆笑，目光闪烁，眉头不动，这反映了其人内心的游移不定。有人面带微笑，脸露真诚，眉目平和安定，虽无咄咄逼人的气势，但却反映了一种内在的力量，可能是个有能力、难以对付的强手。在面部表情中，眼睛是最富表现力的。一般而言，目光以看着对方脸部的上部三角部分，即双眼为底线，前额为上顶角的部位为宜，这样既能把握谈判的进行，又不致因无礼而导致对方不快。视线接触对方脸部的时间正常情况下应占全部谈话时间的 30％～60％。目光注视对方的正规做法是散点柔视，这样既显真诚，又不致使对方感到不自在。要正确把握对视的时机，一般视交谈内容而定，当强调某一问题时，或当对方注视你，发出交流信号时可对视。其他情况下要视对方脸部为一个整体，不要将目光集中于对方的某一部位，目光要柔和。瞪与盯是非常规的目光，须慎用。斜视是无礼的举动，不应使用。

4.2.4　谈判中的女性礼仪

随着现代社会的发展，女性的社会地位得到空前提高，她们开始广泛参与各种各样的社会活动，在商务谈判中出现女性已不是新鲜事了。女性的性别特征，男性在社会中的优势地位，这些使商务谈判中女性该如何树立合适的礼仪形象成为一个新的礼仪研究课题。

着装是女性在商务谈判中遇到的首要问题。女性在春秋季应以西装、西装套裙为佳，尤其在较为正式的谈判活动场合；一般的毛衣套装等可在一般性的会谈中穿着，只要能充分体现女性的自信、自尊、自主即可。女性谈判人员夏季着装可以是长、短袖衬衫配裙子或裤子、连衣裙、西装、西装套装等。女装要注意的是不可以露，不可以透。注意袜子的穿着，袜子的色彩不可太鲜艳，一般以肉色、黑色和浅色透明丝袜为宜。袜子的图案避免选择过于复杂的或网眼状的。

首饰佩戴和化妆是女性在谈判活动中遇到的另一个重要问题。得体的首饰、化妆可以给人以淡雅、端庄、大方的感觉，使人油然而生尊重之情；过分鲜艳、俗气的首饰、化妆则给人留下轻浮、不自重的印象，甚至引起对方的反感与轻视。首饰是一种无声的语言，它反映了一个人的教养和阅历。首饰的选择有三个原则。一是以少为佳，不戴亦可。二是同质同色，即佩戴一件以上的首饰，讲究质地要相同、色彩要一致。注意黑色首饰不能在谈判活动中佩戴，通常用的有五色：红，代表热情与友好；蓝，代表和谐与宁静；黄，代表高贵与典雅；绿，代表青春与活力；白，代表纯洁与无邪。色彩要根据身份、年龄、个性慎重选择。二是要合乎惯例。戒指一般戴于左手，一般只戴一枚，绝不可超出两枚。涉外商务谈判中，左手小指不允许戴戒指。手镯与手链可以佩戴，一般戴一只，如果戴在右手,且为一只,说明自由未婚;若戴在左手,或左右都戴,则"名花有主"了。对于项链,在谈判中,尤其涉外谈判时,线形链少戴,因为它是歌女这一特殊职业的标志。紧链是较为合适的一类项链。正式场合一般不宜佩戴耳环。在挂件的佩戴上,一般以心形、几何形和动物类为宜,须注意特殊的禁忌,注意图形文字的慎重,不要侵犯了客方的习俗禁忌。涉外商务谈判中十字形的挂件是不允许的,西方人认为它是不祥之兆。化妆在正式场合如果适度是对客方尊重的必要标志,西方人对此较为注重,认为化妆可称得上是女性的第二时装。在商务谈判活动中,化妆不宜过浓,尤其不可使用浓香型化妆品。商务谈判中女性裙装不宜高过膝盖。最后,商务谈判中女性切忌在众人面前化妆,这是没有教养、不懂礼仪的表现。

举止和谈吐是女性在商务谈判活动须注意的又一个方面。女性的站、坐、走姿有自身的规定性,不可等同于男子礼仪要求。女性坐下时应双腿并拢,端坐在椅边,坐下后注意整理一下衣着。行走时,头部要端正,不宜抬得过高,目光须平和,直视前方。行走间上身自然挺直,收腹,两手前后摆幅要小,两腿收拢,小步前行,走成一条直线,步态要求轻柔、自然、和谐,体现出端庄、窈窕的女性美。站立时,双腿收拢,身子自然挺直,不能乱晃乱动。女性在业务谈判中要注意语调、声音的正确应用,应有自尊自重的态度又不失女性的温柔,切忌用撒娇的语调,或用不庄重的语调进行谈判。

4.2.5 谈判礼仪中的其他注意事项

正式谈判场合须注意自身的形象塑造,在平时交往,即正式场合以外的双方接触中也有个礼仪的问题。这是一些日常细节问题,但处置不当也可能损害你在对方心目中的印象,有时还会给正式的谈判带来不利的影响。

商务交往中,相互赠送礼物是常有的事,它可以增添双方的友谊,沟通情感,为正式谈判打下良好的基础。礼物礼仪分赠送和接受两类。在赠送礼物时涉及价值、类型、包装、方式等方面。礼物的价值应视谈判内容及内容的具体情况而定。一般而言,西方社会较为重视礼物的意义和感情价值,而不是值多少钱。这里礼物是传递友谊和交流感情的一道桥梁,因而选择时要注重其纪念价值、实用性和民族特点,无须太贵重,只要对方喜欢并接受就达到了送礼的目的。亚、非、拉、中东地区的客商相对注重礼物的货币价值,不可忽视所赠礼物的实际价值,以免被认为小气、吝啬,从而达不到赠送礼物的目的。送礼须注意包装。包装是礼物的外套,不可马虎、草率。日本人忌讳包装上打蝴蝶结,送礼时在门口要打开包装,而欧美人则喜欢亲自接受并拆开礼品包装。礼物一般当面递交,家访时一般交给女主人,并说"这是为您特意选择的,希望能喜欢",随即讲明礼物的性质、用途、产地等。

另外是受礼问题。是否能接受要心中有数,因为如果你接受了一件礼物,就容易失去对某些事物的一些控制。在涉外商务谈判中接受礼物须符合国家有关单位和企业的相关规定,不可贪图小利而违背之。当对方所送礼物不能接受时,应说明情况并致谢。对于符合规定的礼物,除中、日两国外,一定要当面打开,并表示欣赏,真诚接受和道谢。受礼后还有还礼的问题。还礼可以是实物,一般为对方礼物价值的1/2,也可以在适当时候提及,表示"不忘"和再次感谢对方。

酒席上的谈话除了不涉及他人隐私外，对政治和宗教问题也要慎重，要了解在座者的倾向，以免无意中得罪客人，影响业务活动。赴宴时，应注意尊重主人的民族习惯，对不合口的菜也要吃一些。在私下交往中，必须遵时守约，信用是商务交往中一个最可贵的品质，不守信将会使你在别人心目中的形象一落千丈，造成无法挽回的损失。

初次见面时，介绍是免不了的常用礼节，一般要将晚辈或身份低的人介绍给长辈或身份较高的人，否则会引起对方的不快。总之，正式谈判场合以外的交际礼仪也属谈判活动礼仪的一个有机组成部分，对良好谈判形象的形成，融谈判判气氛的创造有不可忽视的影响。

4.3　不同谈判对手的禁忌

对于谈判对手，根据不同的分类标准可以划分成不同的类别，对不同类别的谈判对手谈判者应该采取不同的策略，并且注意一些禁忌。

4.3.1　根据自我追求划分

根据人们自我追求的不同，可以把谈判对手分为三类，即权力型、进取型和关系型。不同类型的谈判者会有不同的心理状态，会采取不同的行为，所以我们要研究不同类型谈判对手的心理，避免触犯某些禁忌。

1. 与权力型对手谈判的禁忌

权力型对手以对别人和对谈判局势施加影响为满足。这类人的特点是，对成功的期望一般，对于保持良好的关系的期望一般，对于权力欲的期望也一般。这类人能够与对方建立友好关系，能有力地控制谈判过程。对成功的期望是只要他带回去的结果能使自己的上司和同事满意就行了，在必要的情况下会作出让步，达成一个勉强满意的交易，而不愿意使谈判破裂。

与这类人谈判的禁忌是：①试图去支配他、控制他；②压迫他做出过多的让步，提出相当苛刻的条件。

2. 与进取型对手谈判的禁忌

进取型对手以取得成功为满足，对权力与成功的期望都很高，对关系的期望则很低。这类人尽力争取凡是他认为重要的东西，极力想向对方施加影响，以强权办法求得利益。这类人的目标可能定得并不高，主要是为了能轻易达到谈判目标，甚至轻易地超过目标。同这类人谈判，可以让他负责谈判程序的准备，以满足他的权力欲，让他第一个陈述，从而使他觉得自己获得了某种特权。但是要注意控制整个谈判的程序。

同这类人进行谈判的禁忌是：①不让他插手谈判程序的安排；②不听取他的建议；③让他轻易得手；④屈服于他的压力。

3. 与关系型对手谈判的禁忌

关系型对手以与别人保持良好的关系为满足。对成功与保持良好的关系的愿望很高，对权力的期望很低。这类人更加期望对上司及公司的同事尽责，希望他带回去的协议能得到上司和同事的赞赏，同时也较多地注重与对方人员保持友好的关系。由于这类人热衷于搞好关系而不追求权力，他在谈判中更容易处于被动地位。

同这类人员进行谈判的禁忌是：①不主动进攻；②对他让步过多；③对他的热情态度掉以轻心。

CASE 案例 与意大利商人的谈判

北京Y公司与意大利F公司在北京谈判一套电子检测设备的买卖合同。Y公司认为F公司的产品性能不错，可以选用，关键是价格。F公司对该套检测设备的报价为38万美元，包括安装调试及备件费用。Y公司认为虽然该电子检测设备性能不错，但比国产同类设备价格贵了2倍。Y公司把此想法向F公司主谈安德鲁先生讲了并希望降价。安德鲁先生认为：好货好价，其报价是合理的。Y公司主谈牛先生介绍了中方用户的要求：价廉物美，目前是物美，但不够价廉。安德鲁先生表示可以降2%，牛先生认为不行，双方在相持中休会了。

过了一天，安德鲁先生约牛先生上午10:00到其下榻的友谊宾馆会面。双方见面后，彼此回顾了谈判的现状后，安德鲁先生问牛先生："贵方是真要订货还是假要订货？"牛先生回答："我们为什么来这儿？""若贵方诚心订货，我们意大利人讲义气，我把牛先生当朋友，请牛先生说个价给我，能行，就签合同；不行，我就回国。""我也很高兴把安德鲁先生当朋友，我的委托人真心想买贵方设备，但只肯出28万美元。""这太低了，我绝对没法同意。""那贵方最优惠的价格是多少？""为了朋友，我可以越权同意再降8%，即总价降10%，折3.8万美元。贵方同意该价，我马上可以签约。若不同意，我就走人。""这我不能马上回答贵方，直观地讲，我认为双方差距很大。但我必须向最终用户报告，听听他们的意见。""那好，我等到明天上午12:00。若贵方同意，我留下准备签合同；若12:00以前未接到贵方回答，我即乘下午2:30的飞机回罗马。"安德鲁先生拿出机票向牛先生亮了一下。双方就此告别。

牛先生一行回到公司与用户商量后，认为该价格仍很高，F公司产品虽好，但价格的确显得很高，至少还应降5%。可是安德鲁要求对其降价表态：行还是不行。要说不行，那他会不会走呢？牛先生与其公司同事研究应该怎么办。忽然，牛先生想起安德鲁的航班是明天下午2:30，他让助手向机场打电话，询问明天有几班航班飞罗马(直飞或途经)。同时研究明天什么时候以什么方式(去人面告或电话通告)，回什么样的话给安德鲁先生。结论是：取决于航班的资讯。若真有该航班，则应早些回话，最好去人面告，说出Y公司的稍有余地的底线价：目标为降5万美元，即再降1.2万美元。若无航班，则可晚点回话，以电话方式回话。条件仍为再降7.6万美元，目标可高于5万美元。

调查结果是次日下午没有去罗马的航班。牛先生心中一阵暗喜，安排助手第二天上午11:00给安德鲁打电话，告知设计好的方案。按计划，牛先生的助手在次日上午11:00给安德鲁打电话，牛先生坐在一旁听。安德鲁接到电话后，表示："这个价格虽比贵公司第一个报价有明显的改善，但仍很难接受。""这是我方牛先生对用户做了许多工作后才得到的条件。""若贵公司诚心要购买，应有诚意出好价。目前的价格，我方难以接受。""我可以将您的意见告诉牛先生。不过，我个人认为，贵方再努努力不就成了吗？""这不公平，我方已做过两次努力，贵方刚做一次。""可我们一次的力度即与贵方相同。""可我们报的是合理价格，不能贬低我公司产品。""我想还存在双方相互理解的问题，若您不走，我认为双方可以再见面谈谈。""如果光说而无行动，就没意义。""这要看您与牛先生二人的态度了，如您愿意，我可以请牛先生与您通话。”“好哇，我很高兴听听牛先生的意见。”

牛先生在电话里说：“您好！我方意见您已听到了，行吗？若行，我马上到贵处与您签合同，免得您空手而归。”安德鲁爽快地回道：“不行！虽然贵方做了很大努力，但离我方可以接受的条件还很远。”“那就难办了，这个条件得之不易。要再提高，较难。只有您、我、用户一起谈才好探讨新的条件，您的日程有变化可能吗？”“若贵方还愿意考虑我方要求，我认为一起谈是个好主意。”“那您推迟机票日期，我去通知用户，今天下午到宾馆见您，继续谈如何？”“可以。”“不过，我也提醒您，您也应该准备新的条件。”“彼此彼此。”

三方见面之后，谈判直奔主题：价格差距。牛先生主动先说：“谢谢安德鲁先生改变行程与我方继续谈判。为表示诚意，我方同意贵方再降 2.8 万美元而非 3.8 万美元。”“牛先生，谢谢您的慷慨，我反复核算最多只能再降 0.3 万美元，即降 4.1 万美元。”该数已接近 Y 公司成交底线。“安德鲁先生，您这是跟着我方步子走。一点也不大方。若这样，我也不为难您。干脆将余下的差距折中，一家承担一半，即 6.2 万美元各担 3.1 万美元，即贵方降 6.9 万美元，如何？”“如贵方真想折中式地解决双方分歧，那么，就应以恢复谈判时双方的条件为基础。此时，双方立场相差 10 万美元，一家承担一半，则为 5 万美元。这样总价应降 5 万美元。”“哈哈，安德鲁先生真精明！行，就这样。”双方握手成交，准备合同。

4.3.2　根据性格划分

在谈判过程中，我们必须了解不同性格谈判者的心理特征，根据不同的心理采取不同的对策，极力避免触犯他们心灵中的禁忌，造成不必要的心理隔阂，阻碍谈判的进行。

1. 与迟疑的人进行谈判的禁忌

这种人的心理具有如下特点：

(1) 不信任对方。这种人不信任你，没有特殊的理由，只是怕受骗上当。怀疑被他当作保卫自己的一种手段。要想令他相信，就要拿出确凿的证据。

(2) 不让对方看透自己。希望自己有一块领地的想法不被人知晓，对方稍有靠近，他们就会敏锐地感觉到，并采取一些行动，误导对方的看法。

(3) 极端讨厌被说服。要想一下子说服他是不可能的，即便你的话是真的，并没有骗他。你说得越多，他越不相信。

(4) 不立即作出决定。这种人从来不仓促行事，做事要经过全面考虑才采取行动，不轻易相信别人，以至于有时会延误时机。他们完全根据自己的感觉、意志行事，头脑清晰，考虑问题多。

与这种人谈判的禁忌是：①在心理上和空间上过分接近他；②强迫他接受你的观点；③喋喋不休地说服；④催促他作出决定，不给他充分的考虑时间。

2. 与啰唆的人进行谈判的禁忌

这类人的心理具有如下特点：

(1) 具有强烈的自我意识，喋喋不休地说，谈到最后也说不出个所以然。内心深处均有不堪一击的弱点，尽力想用说话来弥补这个弱点。

(2) 爱刨根问底。凡事想通过自己来弄个明白，坚持自己的看法，好与人争辩。经常惹人厌烦，浪费别人时间。

(3) 好驳倒对方。这也不行,那也不是,利用种种手段驳倒对方,看到对方被驳倒灰溜溜的样子,有一种满足感。

(4) 心情较为开朗。唠叨是某些人的习惯,不唠叨就难受,把想说的都毫不客气地吐出来后,心情就会开朗。这种人并没有多少心机。

同这类人谈判的禁忌是:①有问必答。这样会没尽头。②和他辩论。即使在道理上能胜过他,但买卖依然不能成交。③表现出不耐烦。不妨听之任之。④胆怯,想开溜。

3. 与沉默的人进行谈判的禁忌

这类人的心理具有如下特点:

(1) 不自信。由于不善言辞,生怕被别人误解或被小看,常常闷闷不乐,具有自卑感。

(2) 想逃避。对于说话一事感到很麻烦,从来不会因为没有说话而感到不自在,自然而然地以听者自居。表现欲差,不愿在人多的场合出头露面,对事物的认识依赖直觉,对好恶反应极为强烈。

(3) 行为表情不一致。当他面带微笑时,可能内心正处于一种焦虑和不耐烦的心态。

(4) 给人不热情的感觉。这些人看似态度傲慢,其实内心深处也有一种愿为人做些事情的想法。因为答应不爽快,被认为是爱理不理的。

与这类人谈判的禁忌是:①不善察言观色;②感到畏惧;③以寡言对沉默;④强行与之接触。

4. 与顽固的人进行谈判的禁忌

这类人的心理具有如下特点:

(1) 非常固执。你说东,他谈西。你越想说服他,他却越加固执抵抗。这种人很难后退一步,合作起来会不愉快。

(2) 自信自满。自以为无所不能,认识事物带有片面性,只按自己的标准行事,往往听不进别人的意见。

(3) 控制别人。对某事拘泥于形式,深信自己的所作所为是绝对正确的,怕自己深信的一切被别人修正,相反,想让别人也按他的意志行事。

(4) 不愿有所拘束,个性外向者居多。精力充沛,多半在外与众人接触,做起事来很有魄力。

与这类人谈判的禁忌是:①缺乏耐心,急于达成交易;②强制他,企图压服他;③对产品不加详细说明;④太软弱。

5. 与情绪型的人进行谈判的禁忌

这类人的性格特征是:

(1) 容易激动。看到新东西,有好奇心,如果很合他的意,马上就会表露出来。一般说来,很难掩饰内心的变化。

(2) 情绪变化快。一开始被某件事吸引了,当对其他事情发生兴趣时,注意力又会马上随之转移。高兴时有股莫名的冲动,老沉不住气,对谁都笑容可掬;心情不好时,敏感的情绪会迅速变化,有时甚至失去控制,恶语伤人。

(3) 任性,见异思迁。什么事情都希望由着他的性子办。情绪不稳定,一般没有知心的朋友,较为孤寂。

与这类人谈判的禁忌是：①不善察言观色，抓不住时机；②达不到他的兴趣所在；③打持久战。

CASE 案例　考虑谈判对手的多重需要

人的需要是多重的，人们渴望通过谈判来满足的需要也有可能是多方面的，我们的眼睛不能只盯住一点，把其余的都给忽视了。

有一对夫妻花了 3 个月时间找到了一只他们异常喜爱的古玩钟，他们商定只要不超过 1 000元就买回来。但是，当他们看清上面的标价是 1 500 元时，妻子犹豫了。丈夫决定试一试，希望通过谈判，用少点钱买下来，尽管他心里明白用 1 000 元买到这只钟的希望是很小的。

他鼓起勇气，亲自去对钟表售货员说："我看到你们有只小钟要卖，我看了上面的定价，还看到价标上有许多尘土，给它增添了古董的感觉。"顿了顿，他又接着说道："我想给你的钟出个价，这个价可能你会震惊，你要做好准备！"他停下来看看效果，"哎，我决定给你 500 元。"

钟表售货员连眼睛也没眨一下："给你，卖啦！"

丈夫反应怎么样？夫妻俩欣喜若狂了吗？不，事实的结果是难以想象的。"我多傻，这钟本来恐怕就值不了几个钱——或者肯定是里面的零件少了，为什么那么轻呢？"丈夫越想越懊恼。

后来，尽管他还是把钟摆到了客厅里，而且看上去美极了，似乎走得也不错，但是夫妻俩总觉得不值。

等他们退休以后，两人每晚都要起来三次，为什么？因为他们断定自己没有听到钟声。日夜不安的结果使他们的身体很快地垮了，并且患了高血压，其原因就是那个钟表售货员居然以 500 元把那只钟卖给了他们。

夫妻买钟，看来唯一的利益是钱，其实至少还有信任的需要，它是不自觉的，隐含着的，却绝对不是单单靠满意的价格所能提供的。售货员的错误在于他没有注意到对方需要的多重性，不知道简单的成交虽然使那对夫妇省了钱，但却由此带来了更大的精神痛苦。

类似的错误也有可能发生在买主身上。比如在正常情况下当事人用百元的大钞向别人买下仅值几元的鸡蛋。卖鸡蛋的会欣喜若狂吗？未必。说不定他会怀疑当事人拿走的是个价值千元的金蛋呢。

"文革"中，一位老艺术家被当作"牛鬼蛇神"赶出城市。一天，在偏僻乡村的集市上，他竟意外地发现一把 17 世纪的名贵的意大利小提琴。地摊的卖主索价 10 元，老艺术家爽快地就答应了。卖主心里却嘀咕："卖了几年也没人要的旧琴，他眼睛都不眨就买了……"于是试着提高一倍价，老艺术家也答应了；不想由此却引起了一连串的提价。一直升到了在当时当地算得上是天文数字的 200 元……过了几天，老艺术家凑足了钱去拿琴。几天工夫，小提琴被漆得白白的像夜壶似的挂在墙上——地摊主怎么也想不出那破玩意儿哪里值钱，于是不惜工本把它漆了一遍，算是再添加上附加值吧——可是这样一来小提琴却一文不值了。在这里，我们也发现了讨价还价的特殊价值，它其实是彼此建立信任的过程，无论是售货员还是艺术家，也无论是买主还是卖主，都应该把眼光放远些，要考虑到谈判对手的多重需要。

4.4 国际商务礼俗与禁忌

由于礼仪及习俗受国别、地域、宗教信仰、文化背景、民族特征、社会风俗和政治制度的影响而千差万别,因此,我们不仅要遵从国际商务礼俗,而且要了解与尊重有关国家的商务礼俗,做到因人施礼。

4.4.1 西方国家商务礼俗的主要禁忌

我们习惯上所称的西方,通常是指欧美各国,其文化源流、宗教信仰相近,在礼俗上虽因受各种复杂因素的影响而有差别,但共性较多。澳洲及南美地区,因在历史上深受欧美文化影响,其商务礼俗也与欧美各国存在许多共同之处。

1. 数字与日期禁忌

西方人普遍认为"13"这个数字是凶险或不吉利的,常以"14(A)"或"12(B)"来代替。在日常生活中,他们总是尽量避开这一数字。有的人甚至会在13日这一天产生莫名其妙的恐惧感,停止一切工作和活动。西方人最忌讳的还有13人同桌共餐。"星期五"和"3"这个数字,也为很多西方人所忌讳。特别是点烟时,忌用一根火柴或打火机连续点燃三支烟。若恰逢13日又是星期五,西方人更认为是"凶日",称为"黑色星期五",因为这一日是耶稣的受难日。在美国还有"零年灾难"之说。自1840年以来,凡是在年尾数为"0"那一年当选的美国总统,除里根外,都没有活着离开白宫的,其中有4人被刺身亡、3人病死。

2. 颜色与花卉的象征意义与禁忌

由于历史文化、传统习惯、政治宗教等原因,人们对某些颜色与花卉产生了推崇或禁忌,且各国与各地区的差异很大。归纳起来,西方人所忌讳的颜色与花卉主要有以下一些情况。

(1) 在丧礼中使用的颜色和花卉。如黑色和菊花在西方许多国家是丧礼的象征。

(2) 象征权威和尊严的颜色与花卉。如红色象征国家独立民族解放。许多国家的国旗均为红色或带有红色。

(3) 代表不吉或是黑暗、邪恶、诅咒的颜色与花卉。例如,法国人认为黄色的花代表不忠诚;意大利人视紫色为消极色;比利时人最忌讳蓝色,但挪威、瑞士、荷兰对它又特别偏好;法国和比利时还忌用墨绿色,因为这两个国家被纳粹军占领过。在国际交往场合,忌用菊花、杜鹃花、石竹花及其他黄色的花献给客人。

在商务活动中,除上述三类颜色和花卉不宜使用外,一些用于表示爱情、探望病人或是表示绝交的花,均不能用于商务活动,否则将会产生严重的不良后果。

4.4.2 英国的商务礼俗与禁忌

在英国从事商务活动,应注意以下特殊礼俗和禁忌。

(1) 不要随便闯入别人的家。但若受到对方的邀请,则应欣然而往,这无疑可理解为对方向你发出商务合作可能顺利实现的信号。

(2) 给英国女士送鲜花时，宜送单数，不要送双数和 13 枝。

(3) 不要以英国皇室的隐私作为谈资。英女王被视为其国家的象征。

(4) 忌用人像作为商品的装潢。英国人喜欢蔷薇花，忌白象、猫头鹰、孔雀商标图案。

(5) 忌随便将任何英国人都称为英国人，一般将英国人称“不列颠人”，或具体称为“英格兰人”“苏格兰人”等。

(6) 英国人最忌讳打喷嚏，他们一向将流感视为一种大病。

4.4.3　美国的商务礼俗与禁忌

在与美国人开展商务谈判时，应特别注意以下几个方面的问题。

(1) 与美国人做生意大可放手讨价还价，但在磋商中要注意策略，立足事实，不辱对方，若不同意美商的某些论点，可用美国人自己的逻辑进行驳斥，往往能收到很好的效果。美国人十分欣赏那些富于进取精神、善于施展策略、精于讨价还价而获取经济利益的人，尤其爱在“棋逢对手”的情况下与对方开展谈判和交易。自卑的人在美国社会受到普遍的轻视。

(2) 美国商人法律意识很强，在商务谈判中他们十分注重合同的推敲，“法庭上见”是美国人的家常便饭。

(3) 绝对不要对对方的某一个人进行指名批评，把以前在谈判中出现过的摩擦作为话题，或是把处于竞争关系的公司的缺点抖搂出来进行贬低，那都是违反美国商人的经商原则的。

(4) 注意商品的包装与装潢。包装与装潢新奇的商品，往往能激起他们的购买欲。

4.4.4　加拿大的商务礼俗与禁忌

加拿大是和美国相邻的一个大国，但在礼俗上与美国人存在区别。与加拿大人进行商务交往时，应注意如下事项：

(1) 赴约时要准时，切忌失约；

(2) 日常生活中忌白色的百合花，喜欢枫叶，国旗上就印有五个叶瓣的枫叶，有“枫叶之国”之称；

(3) 切勿将加拿大与美国相比较，这是加拿大人的一大忌讳；

(4) 销往加拿大的商品，必须有英法文对照，否则禁止进口；

(5) 当听到加拿大人自己把加拿大分为讲英语和讲法语的两部分人时，切勿发表意见，因为这是加拿大国内民族关系的一个敏感问题。

4.4.5　法国的商务礼俗与禁忌

在商务交往中，法国商人有一个十分独特的地方，就是坚持要求使用法语。在商务活动中，法国人若发现跟自己交谈的人会说法语，却使用了英语，他肯定会生气。但也忌讳别人讲蹩脚的法语，认为这是对其祖国语言的亵渎。若对法语不纯熟，最好讲英语或借助翻译。

法国人爱花，生活中离不开花。在他们看来，不同的花可表示不同的含义。百合花是法国人的国花。他们忌送给别人菊花、杜鹃花、牡丹花、康乃馨和纸做的花。

法国人喜欢有文化和美学素养的礼品,唱片、磁带、艺术画册等是法国人最欣赏的礼品。他们非常喜欢名人传记、回忆录、历史书籍,对于鲜花和外国工艺品也颇有兴趣,讨厌那些带有公司标志的广告式礼品。

公鸡是法国的国鸟,它以其勇敢、顽强的性格而得到法国人的青睐。野鸭商标图案也很受法国人喜爱。但他们讨厌孔雀、仙鹤,认为孔雀是淫鸟、祸鸟,并把仙鹤当作蠢汉和淫夫的代称。法国人不喜欢无鳞鱼,所以也不大爱吃它。

对于色彩,法国人有着自己独特的审美观。他们忌黄色、灰绿色,喜爱蓝色、白色和红色。

4.4.6 德国的商务礼俗与禁忌

在商务谈判中,德国商人不仅讲效率,而且准备周详,瞧不起"临阵磨枪"、缺乏准备的对手;喜欢在商谈前准确地做好谈判议程安排;在谈判中他们倔强好胜,表现得较为固执,难以妥协,因而交易中很少让步。但他们重合同、讲信誉,对合同条文研究得极为透彻,合同一旦签订,任何对合同的更改要求都不会得到他们的理会,他们执行合同也十分严格。

德国人在交谈中很讲究礼貌,他们比较看重身份,特别是看重法官、律师、医生、博士、教授一类有社会地位的头衔。对于一般的德国人,应多以"先生""小姐""夫人"等称呼相称,但德国人没有被称为"阁下"的习惯。

德国人口味偏重,香肠、火腿、土豆是他们比较爱吃的东西。他们还爱饮啤酒,但在吃饭、穿衣、待客方面都崇尚节俭。

给德国人赠送礼品,务须审慎,应尽量选择有民族特色、带文化味的东西。不要给德国女士送玫瑰、香水和内衣。因为它们都有特殊的意思,玫瑰表示"爱",香水与内衣表示"亲近",即使女性之间,也不宜互赠这类物品。用刀、剪和餐刀、餐叉等西餐餐具送人,有"断交"之嫌,也是德国人所忌讳的,在服饰和其他商品包装上禁用此类符号。德国人忌讳茶色、黑色、红色和深蓝色。

4.4.7 俄罗斯的商务礼俗与禁忌

俄罗斯是一个重礼好客的多民族国家,其礼俗兼有东西方礼仪的特点。俄罗斯人整体文化素质很高,许多家庭都有极丰富的藏书。他们的"见面礼"是亲吻与拥抱,即使在商务活动中也是如此。

俄罗斯人做生意比较谨慎。在谈判桌上,他们从不吝惜时间,擅长讨价还价,在生意场上显得有些拖沓。

和俄罗斯人交往,应特别注意以下一些特殊礼俗与禁忌。

(1) 日常交往中主动问好是起码的社交礼仪。

(2) 在称呼上,"您"和"你"有不同的界限,"您"用来称呼长辈、上级和熟识的人,以示尊重;而"你"则用来称呼自家人、熟人、朋友、平辈、晚辈和儿童,表示亲切、友好和随便。

(3) 送礼和收礼都极有讲究。俄罗斯人忌讳别人送钱，认为送钱是一种对人格的侮辱。但他们很爱外国货，外国的糖果、烟酒、服饰都是很好的礼物。如果送花，要送单不送双，双数是不吉利的。

(4) 对颜色的好恶与东方人相似，喜红忌黑；对数字，他们却和西方人一样，忌讳“13”，但对“7”这个数字却情有独钟。

(5) 俄罗斯人豪爽大方，忌讳别人说他们小气。

(6) 俄罗斯人很爱整洁，随便乱扔东西会受到众人的鄙视。喜欢向日葵商标图案。

(7) 忌讳以历史上的某些有争议的领袖人物及当前的改革等作为话题。

4.4.8　东欧一些国家的商务礼俗与禁忌

波兰盛行吻手礼，他们认为吻手象征着高贵，连街头执勤的女警也要求人们行吻手礼；喜欢谈论和赞美他们的国家和文化，也乐于谈及你的个人家庭生活，但忌讳谈及“二战”中的苏联和法国；一切有战略意义的地点和建筑都严禁拍照；洗手间的表示方式极为独特，“△”表示男用，“○”表示女用，去波兰进行商务活动或旅游时切勿弄错。

在匈牙利、罗马尼亚、保加利亚等国，每年 6～8 月是商人的度假月，在此期间商事活动不宜往访。还有圣诞节及复活节前后两周期间也不宜往访。多数东欧人家中都铺有地毯，客人进门时最好脱鞋，以示对主人生活习惯的尊重。

匈牙利人习惯以白色代表喜事，黑色表示庄重或丧事。保加利亚人和阿尔巴尼亚人习惯“点头不算摇头算”。保加利亚人喜欢玫瑰花，不喜欢鲜艳明丽的色彩。

阿尔巴尼亚大多数人信仰伊斯兰教。在阿尔巴尼亚的某些乡村，男女有别较为严格，有些地方还设有不许女人进入的“男人堂”。

4.4.9　阿拉伯人的商务礼俗与禁忌

在阿拉伯人的社会里，宗教和等级制度根深蒂固。宗教控制和影响着国家的经济、政治和日常生活，忽视了宗教就不能从事商务活动，不尊重对方的教义和习俗，他们是不可能和你做生意的。同宗同族的人在做生意时占有天然的优势。

阿拉伯人重感情、讲信誉，争取他们的好感和信任，与之建立朋友关系，是和他们进行商务往来的基础。在阿拉伯国家，不可能一次见面或是一次电话就可做成一笔生意。如想向他们推销商品，前两次见面时最好提都不要提到，第三次才可稍微提一下，再访问一两次后，方可进入商谈。讨价还价是阿拉伯人做生意时的一个重要习惯。他们认为在买东西时与对方讨价还价是对对方的尊重。有意思的是，不讨价还价即将东西买走的人，还不如讨价还价后却什么东西也不买的人受到店主的尊重。

与阿拉伯人进行商务合作，一般都必须通过代理商。如果没有合适的阿拉伯中间商，其商务合作很难进展顺利。在科威特、巴林等海湾国家的阿拉伯人家中做客，你最好保持好的食欲，因为吃得越多，主人越高兴。在埃及人面前，不能把两手的食指碰在一起，他们认为这个手势是不雅的。伊拉克人忌讳蓝色，认为蓝色是魔鬼的象征；他们除了不吃猪肉以外，还不吃辣椒和蒜。伊朗人称好不伸大拇指，禁忌外人评论婴儿的眼睛。阿拉伯各国都禁用六角星做图案。

4.4.10 日本的商务礼俗与禁忌

日本人经商带有典型的东方风格,一般比较慎重、耐心而有韧性,自信心、事业心和进取心都比较强。

(1) 日本人重视礼节和礼貌,与日本商界打交道,要注意服饰、言谈、举止的风度。与日本人初次见面时,互相鞠躬、互递名片,一般不握手。没有名片的话,可以自我介绍姓名、工作单位和职务,如果是老朋友或者是比较熟悉的可以主动握手或拥抱。他们常用的寒暄语是"您好""您早""再见""请休息""晚安""对不起""拜托您了""请多关照""失陪了"等。日本人鞠躬很有讲究,往往第一次见面时行"问候礼",是 30°;分手离开时行"告别礼",是 45°。日本人盛行送礼。他们既讲究送礼,也讲究还礼。不过日本人送、还礼一般都是通过运输公司的服务员送上门的,送礼与受礼的人互不见面。

(2) "笑脸讨价还价。"日商一般都具有较高的文化素质和个人涵养,能自如地运用"笑脸式的"讨价还价,以实现获取更多利益的目标。他们既保持笑脸和友好的态度,又在利益上毫不放松。

(3) "任劳任怨做细致准备。"对商业谈判,他们往往事先就已经写好了详尽的方案,作了精心准备;若在谈判中出现新的变化,他们会夜以继日地迅速形成文字,使对方充分理解,为其成功创造机会。同他们进行商务交往,在认真准备的同时,还必须有很高的应变能力,随时有对策。

(4) "吃小亏占大便宜。"这是日商经商的典型特征之一,其常用的手法是打折扣吃小亏,抬高价占大便宜。与日商谈生意,应坚持"看货论价",决不要被高折扣率所迷惑。日商很重视交易和合作的长远效果,而不过分争执眼下的利益,善于"放长线钓大鱼"。因此,与日商交往时,自己也应有长远和全局观念,既注重眼前利益,又不致以后受制于人。

(5) "抓关键人物,促成交易。"日商很重视在交易中建立和谐的人际关系,十分重视做对交易有决定作用的人物的工作,在他们身上不惜下大功夫。在同日商商谈开始的时候,去拜访日本企业中同等地位的负责人也十分重要,他会促使日本企业重视与你之间的合作关系。

(6) 日本人在商务谈判中往往不明确表态,常使对方产生模棱两可、含混不清的印象,甚至误会。应切记的是,若日商在你阐述意见时一直点头,并不表示他同意你的主张和看法,而仅仅表示他已经听见了你的话。他们在签订合同前一般都很谨慎,且历时也很长,但一般很重视合同的履行,同时对对方履行合同也很苛求。因此,同日商签订合同应十分仔细,事前最好有中间人介绍,在合同签订前应仔细审查,完全理解每一条款的准确含义,以免日后造成纠纷。

4.4.11 韩国的商务礼俗与禁忌

韩国是一个礼仪之邦,其习俗与我国朝鲜族基本相同,尤其在尊老爱幼、礼貌待人方面,更为注重。

韩国的商务习俗比较复杂,主要应注意以下几点。

(1) 前往韩国进行商务访问的最适宜时间是 2～6 月、9 月、11 月和 12 月上旬，尽量避开多节的 10 月以及 7～8 月中旬和 12 月中下旬。

(2) 韩国商务人士与不了解的人来往，要有一位双方都尊敬的第三者介绍和委托，否则不容易得到对方的信赖。为了介绍方便，要准备好名片，中英文或韩文均可，但要避免在名片上使用日文。到公司拜会，必须事先约好。会谈的时间最好安排在上午 10:00 或 11:00 左右，下午 2:00 或 3:00。

(3) 在商务交谈中，至关重要的是首先建立信任和融洽的关系，否则谈判要持续很长时间，尤其是在韩国进行长期的业务活动，需要多次访谈才能奏效。

(4) 韩国商人不喜欢直说或听到“不”字，所以常用“是”字表达否定的意思。此外，在商务交往中，韩国人比较敏感，也比较看重感情，只要感到对方稍有点不尊重自己，生意就会告吹。韩国人重视业务中的接待，宴请一般在饭店举行。吃饭时所有的菜一次上齐。饭后的活动，有的是邀客人到歌舞厅娱乐、喝酒、唱歌，拒绝是不礼貌的。

Reading 阅读材料　　中西礼仪文化差异

礼仪是一种待人接物的行为规范，也是交往的艺术。随着我国改革开放的步伐日益加快，跨国交际日益增多，中西方礼仪文化的差异更是越发显露，这种差异带来的影响也是不容忽视的。在中西礼仪没有得到完美融合之前，我们有必要了解这些礼仪的差异。

中西礼仪文化差异的表现

1. 称谓称呼方面。在西方，称呼是比较笼统的。例如，西方称呼男性为先生，称呼女性为女士；而在中国“先生”最早是对有学问者的尊称，现今“先生”在中国也成为一种对男性表示尊重的称呼。在西方，人们见面时喜欢“直呼其名”，很少用正式的头衔称呼别人，因为在西方正式头衔用于法官、军官、医生、教授、高级宗教人士等；而在中国一般只有彼此熟悉的人之间才可以“直呼其名”，人们喜欢加上职位，××经理，××总裁等，中国人认为这是身份与地位的象征。

2. 交际语言方面。中国人见面时通常点头致意，握手或行拱手礼，微微欠身然后握手；而西方人则认为欠身显得自卑，西方较为常见是贴面礼、亲吻礼。中国在见面时喜欢客套地问去哪儿了，有没有吃饭；西方则认为这侵犯了他们的隐私。送客离开时，中国人习惯挽留，说“走好”“慢走”，而西方则是微笑着说再见。在面对他人夸奖所采取的态度方面，中、西方人也不相同。面对他人的夸奖，中国人常常会说过奖了、惭愧、我还差得很远等，表示自己的谦虚；而西方人面对别人真诚的赞美或赞扬，往往会用谢谢来表示接受对方的美意。

3. 宴请方面。在西方是以右为尊，男女间隔而坐，夫妇分开而坐，女宾客的席位比男宾客的席位稍高，男士要替位于自己右边的女宾客拉开椅子，以示对女士的尊重。西方人用餐时要坐正，认为弯腰、低头、用嘴凑上去吃很不礼貌，而这恰恰是中国人通常吃饭的方式。中国餐桌上酒是必备之物，觥筹交错，歌舞升平。吃西餐时，主人不提倡大肆饮酒，通常喝啤酒、葡萄酒，而且西方人在用餐时，都喜欢幽静、典雅的环境，他们认为在就餐时一定要注意自己的礼仪，不可失去礼节，比如在进餐时不能发出难听的声音。

4. 禁忌习俗。中国人不喜欢说 4，因为与“死”同音，认为 8、6 吉利，偏好双数，追求成双成对。西方人不喜欢 13，缘起基督教中的故事《最后的晚餐》，犹大出卖耶稣，有 13 个人。中国人喜欢黄色,认为黄色代表尊贵,认为自己是龙的传人;而西方认为龙是蛇,基督教中蛇引诱亚当夏娃偷吃禁果,因此蛇是魔鬼撒旦的象征,且西方基督教以黄色为耻辱的象征。

5. 日常行为习惯。西方人比较忌讳别人探听其隐私,所以一般忌谈论年龄、婚姻、收入等;而中国人则认为这是一种表达关心的方式。

在中国,人际交往特别讲究礼数,重视礼尚往来,往往将礼作为人际交往的媒介和桥梁。东方人送礼的名目繁多,除了重要节日互相拜访需要送礼外,平时的婚、丧、嫁、娶等都可以作为送礼的理由。西方礼仪强调交际务实,在讲究礼貌的基础上力求简洁便利,反对繁文缛节、过分客套造作。西方人一般不轻易送礼给别人,除非相互之间建立了较为稳固的人际关系。

中西礼仪差异的文化根源

1. "天人合一"和"天人两分"思想体系的影响。儒家思想在中国长期以来占统治地位,它提倡"以类和之,天人合一"的思想。由于对自然规律的顺从和对自然的迷信、惧怕和崇拜,人们不得不力求形成一个和谐稳定的群体去适应自然,认为人只有回归自然,将自我融入群体和自然之中,才能达成"和谐",这种思想必然会导致群体主义的价值取向。西方受基督教"原罪说"的影响,一生为赎罪而奋斗,致力于改造自然,将人与自然相分对立,在人与自然的斗争中,西方人充分相信个人的能力,认为个人不必依赖群体也能战胜自然。这种"天人两分"的思想势必导致个人主义的价值取向。

2. 群体主义与个体主义价值取向的影响。中国文化认为每个人不是孤立的独立个体,而是群体网络上的一分子。为了保持和谐的群体不至于分解离散,为了维护巩固良好的人际关系,群体之间形成了一些道德准则和价值观念来约束人们的行为。例如,重义轻利,内省、自制、等级尊卑,集体主义和对群体依赖等价值观念。在以群体主义为取向的中国社会,人们的一言一行必须符合社会和群体的期望,谦卑或其衍生物"卑己尊人"的礼貌行为是人人所崇尚的。"礼"文化教导人们要尊敬长者和有地位者,懂得礼让,维护上下尊卑的社会秩序。西方人则推崇个人独立自主的个人主义。他们把自由、平等、民主、权利作为人生存的前提,这种价值观念培养了其平等意识、民主意识和权利意识。西方人尊重个人权利,向往自由,崇尚平等,这一"平等"观念体现在打招呼、称谓行为模式中,还表现为对陌生人甚至是家人的过分客气和礼貌,对待家庭成员甚至是晚辈也是"谢谢"挂在嘴边。以个人为中心的个体文化是个体自主、利益均衡、互不侵犯、避免冲突,而且将交际规则视为处理人际关系的一种策略。

3. 宗教信仰的影响。中国历经两千多年的封建专制统治,皇权胜于神权,没有一种宗教占统治地位,就总体而言属于非宗教的国家,因此中国礼仪没有宗教色彩;而在西方,基督教一直是占统治地位的宗教,公元4世纪时,基督教就被罗马帝国定为国教,成为西方封建制度的精神支柱,在西方历史上还曾多次爆发过影响深远的宗教战争,因此西方礼仪具有浓厚的宗教色彩。西方女士优先的礼仪是受基督教文明以仰慕女性、崇拜女性为高尚情操的影响,对基督教徒(天主教与东正数)来说,圣母马利亚树立了尊贵贞洁的形象,基督教文明尊崇马利亚为圣母,对心爱的女性像上帝一样顶礼膜拜,即使西方国家处在封建专制社会的中世纪时期,骑士的传统也是以保护女性为己任。骑士都要选择一位贵妇人作为尊敬、爱慕、服从的偶像,学会一套讨好、效忠、保护女人的本领,不惜为她遭受苦难、献出生命,这种"骑士风度"对社会风尚产生了深远影响。

礼仪的差异源于不同的文化内涵，其在历史演绎过程中或多或少都带有本土文化的特征，因此在跨文化交际中我们不仅要承认差异的存在，而且要理解和尊重这些差异，正视差异，保持积极的沟通心态，实现文化认同。在努力继承和发扬中华文化的优良传统的同时，注意吸收西方优秀的文化成果，丰富更新自己的传统文化，正确对人，正确待己，相互尊重，平等交往。只有这样，才能成功地进行跨文化交际。

资料来源：王岚. 懂礼仪，好营销[J]. 营销界：农资与市场，2013(3).

4.5　不同的谈判风格

随着我国加入世界贸易组织，中外之间的交流变得越来越频繁，与各国之间的经贸谈判也越来越多，由于世界各国之间在历史传统、文化背景、风俗习惯和价值观念等方面存在明显的差异，这种差异反映在商务谈判中，就形成了不同的谈判风格。一个合格的谈判者必须熟悉各国文化的差异，尊重不同国家客商的感情和传统，做到左右逢源，掌握谈判的主动权，取得谈判的成功。

此外，我们也应该看到在商务谈判中，如果能把握对方的价值观、思维方式、行为方式和心理特征，并能巧妙地加以利用，在谈判中就会处于主动有利的位置。即使是同一国家、同一民族中的不同个人，在价值观、思维方式、行为方式上也会有所差异，有时甚至相去甚远。然而民族文化、习俗的不同，对谈判人员的影响和制约更是深刻的，它不仅影响谈判者的各种行为举止，而且会影响谈判者的思维方式和价值观，并且会无意识地把这些观念带到谈判桌上。因此，了解不同国家、不同民族、不同地区的人的谈判风格，有利于我们取得预期的谈判成效并使谈判获得成功。

下面的小例子更能说明这一点。

几个商人在一条船上开国际贸易谈判会，突然船开始下沉。

“快去叫那些人穿上救生衣，跳下船去。”船长命令大副。

几分钟后，大副回来了。“那些家伙不肯跳。”他报告说。

于是，船长只得亲自出马。不一会儿，他回来告诉大副：“他们都跳下去了。”

“那么您用了什么方法呢？”大副忍不住问道。

“我告诉英国人跳水是有益于健康的运动，他就跳了。我告诉法国人那样做很时髦，告诉德国人那是命令，告诉意大利人那样做是被禁止的，告诉苏联人这是革命的……”

“你是怎么说服美国人的呢？”

“这也很容易，”船长说，“我就说已经帮他们上过保险了。”

4.5.1　美国商人的谈判风格

美国是经济超级大国，在国际贸易中有着举足轻重的影响，相应的，美国人的谈判方式在世界上恐怕是最有影响的。从《独立宣言》发表算起，美国是仅有两百多年历史的年轻国家。在美国历史上，大批拓荒者曾经冒着极大的风险，从欧洲大陆来到北美洲，早年的开拓精神使美国人具有强烈的进取精神。美国是一个移民国家，人口流动大、开放程度高、现代意识强。由于移民们的社会等级变化不定，东方的君主专制和西方的世袭贵族无法生存。因此,在这块土地上生存的人不受权威与传统观念的支配。这种社会文化历史背景,培养了美国人强烈的创新意识、竞争意识。同时,由于深受犹太民族追求商业利益的秉性的影响,他们重实际、重功利、守信用、重视效率等。

美国人总是十分自信地步入谈判会场,不断地发表自己的见解和权益要求。他们外露直率,能直接地向对方表露出真挚、热忱的情绪。他们充满了自信,随时能与别人进行滔滔不绝的长谈。他们把物质利益上的成功作为获胜的标志。

美国人办事比较干净利落,他们总是兴致勃勃地开始谈判,乐意以积极的态度来谋求自己的利益。他们精力充沛,能迅速地把谈判引向实质性主题。他们注重利益,善于使用策略,玩弄各种手法,同时希望对方也具有这种才能。

他们非常赞赏那些精于讨价还价、为取得经济利益而施展手法的人,尤其是"棋逢对手"时,更易于谈判。在商务谈判中,美国人认为我的商品好、质量高,就要出高价,便宜不卖,但他们也不是等待顾客上门,而是积极采用各种方式进行宣传,使谈判对手知道他的商品好在什么地方,并且心甘情愿地出高价买下来。

美国人对"一揽子"交易感兴趣。这里所说的"一揽子"这个词,不仅包括产品设备本身,而且包括该企业的形象信誉,公共关系以及介绍销售该产品的一系列办法。美国人对于"一揽子"交易兴趣十足,并且在气势上咄咄逼人:他作为买方希望卖方提出"一揽子"条件;他作为卖方希望买方按他的要求签订"一揽子"协议。

美国人的法律意识非常强,生活中的一切方面都可以诉诸法律。美国是四只轮子上的国家,人口不断流动,无法建立稳固和持久的社会关系,因此,人们只能用不以人际关系为转移的法律作为保障生存和利益的有效手段。在美国自行车说明书上经常有这样一句:"骑车水平不高或天气不好可能摔倒。"看似多余并且可笑,但遇到起诉时却能保护制造商。

美国人的时间观念很强,在美国有句谚语:"不可盗窃时间。"在美国人的观念中,时间也是商品,时间就是金钱。如果你占用了他的时间,就等于你偷了他的金钱。美国人常用"分"来计算时间,例如周薪为 1 万美元,每分钟就值 10 美元,他们在谈判过程中连一分钟也舍不得去作无聊的会话和毫无意义的谈话。美国人遵守时间、珍惜时间,从而保证了谈判的高效率。

CASE 案例 美日谈判代表的风格

3 位日本商人代表日本航空公司和美国一家公司谈判。会谈从早上 8:00 开始,进行了两个半小时。美国代表以压倒性的准备资料淹没了日本代表,他们用图表解说、电脑计算、屏幕显示以及各式的数据资料来回答日方提出的报价。而在整个过程中,日方代表只是静静地坐在一旁,一句话也没说。终于,美方的负责人关掉了机器,重新扭亮了灯光,充满信心地问日方代表:"意下如何?"一位日方代表斯文有礼、面带微笑地说:"我们看不懂。"

美方代表的脸色忽地变得惨白:"你说看不懂是什么意思? 什么地方不懂?"

另一位日方代表也面带微笑地说:"都不懂。"第三位日方代表以同样的方式慢慢答道:"当你将会议室的灯关了之后。"

美方代表松开了领带，斜倚在墙边，喘着气问："你们希望怎么做？"日方代表同声回答："请你再重复一遍。"

美方代表彻底失去了信心。谁有可能将秩序混乱而又长达两个半小时的介绍重新来过？美国公司终于不惜代价，只求达成协议。

以上是美国人谈判的一般特点。由于美国很大，它不仅地域宽广，而且种族众多，人口颇多。因此，有必要把美国分成不同的地域，分别研究美国人的处事方式、商业习惯，这样才能在谈判中得心应手，取得成功。

美国的中部地区，包括俄亥俄、明尼苏达、密苏里等 12 个州，那里的人相对比较保守，同时他们比较朴素，喜欢交往，和蔼可亲。因此，在准备与他们做生意之前，可以经常邀请他们去高尔夫球场等娱乐场所，以朋友的身份款待他们。以后再与他们进行商务谈判，他们就会如同欢迎多年的老朋友。中部地区有个商业习惯，每年 9 月至 11 月，经常把一年所需的进货合起来采购。所以，如果同他们做生意，就要盯住这段"黄金时间"，错过了这段时间，进行商务谈判会增加许多困难。

美国的西部地区，即太平洋沿岸，最突出的特点就是年轻。这里，商业习惯还未完全定型，传统的束缚比较少。在该地区，要谈判成功，就必须亲自访问，亲自洽商，认真和对手谈判，才能有良好的结果。西部人看重信用，近乎苛求。如果有违背信誉的行为被他们发现，他们就在心中把不守信用的人判了"死刑"。

美国南部地区，包括得克萨斯以东的北卡罗来纳、田纳西、阿肯色、俄克拉何马等州及以南的各州。南部人常常以自己身为南部的后裔而自豪，他们同样和蔼可亲，待人很殷勤。他们比较直爽，但有的表现得稍微性急些。如果你想和他们谈判生意，千万要忍受这一点。如果你某一天在谈判桌上受到他们气势汹汹的责问，言辞激烈，怨声不断，你千万别生气，应耐心地向他们解释，当你解释完，他们就很容易与你笑脸相谈。南部人比较随和，也比较保守，一般需要长久的时间才能建立商业关系。

美国的东部地区以纽约、华盛顿为中心，一直在美国的政治、经济、金融和贸易中处于领导地位。东部人做生意非常苛刻。假设你和一个东部人签订了大批货物的买卖合同，在临交货之际，如果他发现国际市场行情发生变化，该种货物的价格急剧下降或出现了更为优秀的代用品，那么他就会在合同中千方百计地寻找理由毁约，完全不顾及你的难处。因此，同他们签合同时，必须注意用词的严谨，不让他们有隙可乘，要站稳自己的立场。东部人不仅精明，而且很难讨价还价。

4.5.2　德国商人的谈判风格

德国人非常自信，他们对本国的产品极有信心，在商务谈判中，他们常常会用本国的产品作为衡量的标准。他们在商务谈判中，坚持己见，权利与义务划分得清清楚楚。不但在商业活动中是这样，就是在日常生活中，权利与义务的意识也很强。

德国人还有一种名副其实的讲究效率的声誉。德国企业的技术标准极其精确，对于出售或购买的产品他们都要求最高的质量。如果你同德国人做生意，一定要让他们相信你公司的产品可以满足交易规定的各方面的一贯高标准。德国人认为："研究研究""考虑考虑""过段时间再说"等拖拖拉拉的行为，对一个谈判者和生意人来说简直是耻辱。

他们的座右铭是"马上解决"。在优秀的德国人的办公桌上,看不到搁了很久又悬而未决的文件。他们认为判断一个谈判者是否有能力的办法很简单,只要看看他桌上的文件是否被快速有效地处理了。如果文件积了一大堆,大多是"待调查""待讨论""待研究"而拖了又拖的事,那就可以断定此人至少不是一个称职的谈判人员。

德国谈判人员喜欢直接表示他希望做成的交易,准确地确定交易的形式,详细地规定谈判的议题,全面地拟定一份涉及所有议题的报价表。德国人的思维很有系统性和逻辑性,在商务谈判中,他们的陈述和报价都非常清楚、明确、坚决和果断。如果谈判对手的思维混乱,往往会引起他们的反感和不满。

德国人的思维具有系统性和逻辑性,因此在谈判前往往准备得很充分、很周到、很具体。他们不仅要调查和研究你要购买或销售的产品,而且要仔细研究你的公司。看你能否成为一个潜在的商业伙伴。德国人在资金上非常保守,不愿意冒风险,因此,在准备阶段,他们特别重视你的公司的资信,很关注你的建议是否反映了这种资信。你如果同德国人做生意,一定要在谈判前做好充分的准备,以便回答关于你的公司和你的建议的详细问题。

德国人不太愿意采取让步的方式。因为德国人考虑问题周到、系统,准备充分,但又缺乏灵活性和妥协,他们这样做就不足为怪了。这种方式的威力是很强大的,这在报价阶段表现尤其明显。一旦让德国人提出了报价,这个报价就显得不可更改,而且讨价还价的余地会大大缩小。如果你同德国人做生意,你应在德国人报价之前就进行摸底,并且陈述自己的立场、观点。但所有这些,要做得迅速,因为德国人会非常快地把谈判引入磋商阶段。同时,德国人经常在签订合同之前的最后时刻试图让你降低价格,此时,你必须有所提防,或者拒绝,或者做出最后的让步。

德国人有"契约之民"的雅称。他们崇敬合同,严守合同信用,因此,他们对合同条文研究得比较仔细,要求谈判协议上的每个字每句话都十分准确。一般说来,订了合同之后他们就绝对会履行,不论发生任何问题也决不毁约。例如,尽管有时他们未在发票上签字,但到了付款日期,也一定会汇款过来。因此,他们之中很难找到背信弃约的人,如有的话,那是要追究责任、要求其承担赔偿损失的。

德国人有很强的时间观念,如果你在谈判时迟到,那么德国人对你那种不信任的反感心理就会溢于言表。在签订合同之后,应严格遵守交货日期或付款日期,任何要求宽延或变更都是不会被理睬的。

日本人喜欢在晚上谈判生意,德国人则恰好相反。在德国,一般人都认为晚上是家人团聚的时间,而且他们认为你也有相同的想法,因此他们不会在晚上约你。同样,如果你冒昧地请德国人在晚上进行商务谈判,也是不受欢迎的。

4.5.3 法国商人的谈判风格

法兰西民族在近代史上有其社会科学、文学、科学技术上的卓越成就,民族自豪感特别强,他们具有戴高乐的依靠坚定的"不"字以谋取自己利益的高超谈判本领。

法国人认为法语是世界上最高贵的语言,在大多数的交易中,即使他们的英语讲得很好,往往也会坚持用法语来谈判,只有恰好他们是在国外而且在商业上对你有所要求时，他们才会做出让步。因此，如果你想和法国人长期做生意，最好学一些法语，或者在谈判时选择一名好的法语翻译。

法国人天性比较开朗，比较注重人情，所以他们非常珍惜交易过程中的人际关系，有人说，在法国"人际关系是用信赖的链条牢牢地互相联结的"。这种性格也会影响商业上的交往。一般说来，在尚未成为朋友之前，法国人是不会与你做大笔生意的。因此，你如果和法国人谈判生意，就必须和法国人建立友好关系，这需要做出长时间的努力。在社会交往中，法国人比较顾全对方的面子。有这样一个例子：法国一家公司的经理邀请日本商人到自己家做客。在宴席上，主妇端上洗手指用的水，这个日本商人一时大意，竟然把碗中的水喝了下去。主人看到后，马上就向同座的孩子们示意，两个孩子也就一声不响地跟着喝下了碗中洗手指的水，顾全了对方的面子。

法国商人惯用横向式谈判。横向式谈判就是先为协议勾画出一个大致的轮廓，然后再达成原则性协议，最后确认谈判协议上各个方面的内容。这与美国人逐个议题磋商的谈判方式不同。法国人喜欢横向式谈判，因此在谈判中喜欢搞各种书面的"纪要"或"备忘录"一类的文件，这为以后的谈判及正式的协议奠定了基础和基调。

法国人在摸底阶段很坦率，谈判时他们能够提出具有建设性的意见。在和法国人谈判时，如果你只顾谈生意，就会被认为"此人太枯燥无味"。除了最后作决定的阶段可以一本正经地只谈生意外，在此之前的谈判中，可以多谈一些关于社会新闻和文化艺术等方面的话题，以活跃谈判的气氛，营造富有情感的氛围。据说，在法国，就连杂货店或肉店的女老板，也会滔滔不绝地谈论政治、文化和艺术。

法国人大都着重于依赖自己的力量，依靠自己的资金来从事经营，而较少考虑集团和社会的力量，因此他们办事不勉强，不逾越自己所拥有的财产范围。如果法国人在谈判时有足够的经济实力逼迫你让步.他们是不会手软的。如果协议有利于他们，他们会要求你严格遵守协议。

法国的时装领导世界潮流，法国的男士和女士都穿戴得极为考究。在他们看来，衣着代表一个人的修养和身份。因此，同法国人谈判生意时，你要尽可能穿上你最好的衣服。

另外，每年的8月，法国全国都在放假，在巴黎，除了旅游者外几乎别无他人。法国人喜欢度假，任何劝诱都无法使法国人错过一个假期来谈生意。甚至在7月的最后一个星期或者9月初，法国人的心思也仍在度假中。

4.5.4 英国商人的谈判风格

英国是第一个进入工业化的国家，曾经是世界上的头号经济大国。这些年来英国的经济增长率低落，经济实力下降，但英国人都有一种"曾经称霸过"世界的大国民意识，都自信自己的行为完美无缺。

英国是一个岛国，各地区有某些共同的特征，但各地又有自己的一些特点。一般来说，我们在提到英格兰时，往往本意是指联合王国，但在一些正式场合使用则显得不妥，因为这会不自觉地漠视了苏格兰、威尔士和爱尔兰。因此在正式场合不要把英格兰人叫作英国人，在涉及女王时要注意不要说"英格兰女王"，而要说"女王"或正规地说"大不列颠及北爱尔兰联合王国女王”。

英国谈判者除了说英语以外不会讲其他语言,因为有不少国家都将英语作为第二语言,所以他们设想世界上其他人都会讲英语或想学会讲英语,并以之为自豪。在与英国人做生意时,应尽可能使用英语。

英国人比较讲究绅士风度,对对方的修养和风度也很关注。如果能在谈判中显示出你很有教养和风度,就会很快赢得对方的尊重,并为谈判成功打下良好的基础。

同时英国人的等级观念是非常严格而深厚的。与英国人谈生意时,在人员选择上应注意级别对等原则,以示平等和尊重。

英国人善于交往、讲究礼仪、对人比较友善和容易相处。当你受到英国人款待之后,一定要写信表示谢意,否则你会被认为是不懂礼貌的人。要约会的时候,假如过去没有见过面,一定要写信告诉他面谈的目的,然后再定时间。

英国人在谈判中比较灵活,他们常常在开场陈述时十分坦率,愿意让对方了解他们的立场和观点。他们能够提出积极性意见,并对别人提出的建设性方案做出积极的反应。在谈判中即使形势对他们不利,他们仍会保持诚实。

英国在民族感情上有些微妙之处。英国现在仍是君主制的国家。“二战”后,英国经济发展迟缓,国力相对下降。因此和英国人交谈时,注意不要涉及爱尔兰的前途、共和制和君主制的优劣、乔治三世、治理英国经济的方法以及大英帝国的崩溃原因等政治色彩较浓的问题。比较安全的话题是天气、旅游、英国的继承制度和皇室家族等。

英国人的家庭收入比较高,生活比较优裕,他们往往会在节假日全家出去旅行。英国每年冬、夏两季有3~4周的假期,他们常常利用这段时间出国旅游,往往要到很远的国家。因此,在夏季以及从圣诞节到元旦这段时间内,英国人较少做生意。英格兰从1月2日开始恢复商业活动,而在苏格兰,则要等到4日以后。因此,如果要与英国人谈判生意,就要注意避开这些节假日。

4.5.5 俄罗斯商人的谈判风格

如果你对俄罗斯的文化和艺术做过研究,他们便会非常尊重你,这会给谈判营造出友善的气氛。俄罗斯人有“四爱”,即爱喝酒、爱吸烟、爱跳舞和爱运动。俄罗斯人爱喝酒,男人几乎没有不喝酒的,女人中喝酒的人也不少,而且大都是喝烈性酒。俄罗斯人吸烟也很普遍,而且爱吸烈性烟。跳舞是俄罗斯人的爱好,每个人都有一两个体育专长。俄罗斯人很注意仪表,爱好打扮,在公共场合比较注意举止,从不把手插在口袋或袖子里,也不轻易地脱下外衣。在商务谈判中,他们比较欣赏对方友好的仪表,如果你不修边幅来进行谈判,会使他们反感。俄罗斯人的文明程度较高,不仅家里搞得比较整洁,而且很注意公共卫生,极少有人在公共场所乱扔果皮核,如果有人违反,不仅会受到谴责,还要被罚款。

在同俄罗斯人做生意时,切勿急功近利,要耐心等待。俄罗斯人虽有拖拖拉拉的作风,但在谈判桌前绝对精明,他们常常是经过充分准备的,他们深深懂得如何在交易中以少换多。为了压低价格,他们一般采取以下几种方法。一是“欲擒故纵”。他们常常这样对谈判对手说:“我们实在无法同你谈判生意,你的价格比你的竞争者实在高出太多了,如果我们同他们谈判，现在就已经达成协议了。”你不能被这些话所糊弄，如果他们真能从你的竞争者那里得到低的价格，就不会费这么大的劲与你谈判了。二是“降价求名”。例如，他们会如此告诉你：“如果我们第一次向你订货，你的开价较低，那么你就会源源不断地接到新的订单。”你可别相信这样的话。一旦他们得到了低的价格，他们就会要求价格永远保持在低水平上。三是“虚张声势”。在谈判中，他们会大声喊叫，连说“太不公平了”或者梆梆地敲桌子，以示自己的不满和抗议，甚至还会拂袖而去。你最好是不为所动。假如你真的降低了价格，你会为自己的做法后悔不迭的。

俄罗斯人不容易改变自己的看法。在价格谈判时，无论对方的价格多么低，他们总是不会接受你的第一次报价。所以在谈判过程中，你要具有一定的灵活性。你可以事先特地为俄罗斯人印好一份标准价格表，这份表上的所有的价格实际上都有适当的溢价。这样做能给后面的谈判留下余地。

4.5.6　日本商人的谈判风格

日本是个岛国，人口密集，资源缺乏，对外有很强的依赖性。20 世纪六七十年代，日本创造了经济上的奇迹，从战后的废墟中一跃而成为世界第二大经济强国。

日本人的文化深受中国文化的影响，特别是儒家文化已深深地植根于日本人的内心深处。同时，日本人又在中国文化的基础上创造出独特的东西。他们有很强的事业心、进取精神，工作勤奋刻苦，态度认真且一丝不苟，事前的准备工作充分。

日本是礼仪之国，待人接物非常讲究礼仪。日本人在迎接客人时一般要提前到场，他们非常注意地位同等，如果不是特殊的客人，他们很少把迎接工作搞得过大，因为他们会觉得，这会让客人觉得不自在甚至惭愧。

日本人在贸易活动中常有送礼的礼节。他们认为礼不在贵，但选择时要讲点特色，有一定的纪念意义。如果礼物能体现对本人，或对公司的尊重的话，那肯定是件上好的礼物。日本人等级观念非常强。对象不同，礼物的档次应有所区别。如果你送给日本总裁的礼物跟送给副总裁的礼物没有差别，那么前者就会觉得受辱，而后者也会觉得难堪。日本商界女性较少，不过偶尔也会遇到，要准备好送给女性的礼物，应注意的是，送给日本女性客人的礼物，应由女性来给。日本人有一个习惯，主人应向初次见面的客人送一份礼物，但并不要求初次来访的客人非要带上礼物不可。同欧美国家不同的是，日本人一般是不当着送礼人的面打开礼物的，否则送礼人会感到不自在。

CASE 案例　　日本人赠送礼物的习俗

馈赠礼物在日本是一种非常常见的行为。对于日本人来说，送礼是交流友谊、表示尊敬和赞赏的基本方式。赠送礼物的习俗深深地植根于日本文化之中，这可以追溯到 400 年前。送礼活动开始盛行是在日本江户时期(1600 年)，礼物一般是在中元节(夏季中期)和岁末节(年终)的两个节日赠送。那段时期赠送礼物的想法与日本的神道教祭奠祖先有关，开始也只是在家庭成员间、亲戚间互赠礼物，后来又延伸到社会交往和商务接触中。

中元节和岁末节被看作尤为重要的两个赠送礼物的节日。在这两天，日本人把礼物赠送给那些在前一年帮助和关照过自己的人,送礼的名单包括老师、警察、消防员、医生和重要的商界人士。但是与其他亚洲文化一样,日本年青一代已经不那么狂热地追随传统,许多人对礼物赠送的礼仪已变得非常随意了。日本经济的衰退以及与西方商务风格的接触,使许多年轻的日本人开始思考高频率赠送礼物的成本问题,同时也考虑礼物赠送的重要性。到20世纪中期,日本平均购买礼物的支出成本已明显降低。

送礼物很重要,但是如何送礼物也很重要。如果礼物选择不当或者赠送方式不符合日本的文化习俗,最终都会伤害商务关系,这样还不如不送礼物。在日本这样一个语义高关联度、关系驱动的典型文化的国家,赠送什么礼物、怎样赠送礼物、如何遵守已经建立的礼仪被看得比言语更为重要。以下几点是馈赠礼物时应当注意的方面。

(1) 对不同的人赠送不同的礼物。例如,送给高级执行官的礼物应当比给他的下属的质量更好、更尊贵。这与日本文化对不同等级、不同社会地位表示的不同尊敬是一致的。送礼物时不区别开等级将被受礼者视为一种侮辱。

(2) 会见较大团体的客人时,不要当着大家的面赠送某一个人礼物,这将使接受者感到尴尬,从而有损于大家所珍视的团体和睦。处理办法是给每一个人都赠送礼物,或者等待时机行事。

(3) 礼物应当包装好,不要用白色。此外,日本人不喜欢意外的事,要提前告知日本同事打算送给他的礼物。

(4) 赠送礼物的价值、谦逊的态度是很重要的。它是反映人际关系程度的象征。

(5) 在赠送礼物时应一同送上名片。应当首先送给最高级的执行官。送礼物时要用两手送上,这是尊敬的表示。

(6) 避免赠送任何带有公司标志的礼物,因为无论它多么昂贵,日本人都会把这种礼物看作随意赠送的礼物,是公司做广告的借口。

(7) 日本人也把“四”看作不吉利的数字,因此千万别送四个一套的东西。

(8) 赠送礼物在日本文化中根深蒂固,甚至送一些奢侈品也不会被看作贿赂。贿赂往往采取服务的形式,而不是现金或有形商品。

日本大多数成年人都有名片。名片实际上是一种介绍信,把自己的有关情况介绍给对方。日本人在交换名片时要行鞠躬礼,而且根据对象不同,会有15°、30°、45°不等的鞠躬度,男女鞠躬要求又存在不同。日本人在交换名片时,要双手递上,同样,对方递交来的名片也要双手去接。接过名片后,仔细看和读,同时微笑点头,并两眼平视对方,说上一句“见到你很高兴”之类的客套话。否则,如果把收到的名片随手装入口袋,就意味着没有把对方放在眼里,就是故意使对方丢尽脸面。

日本人是非常讲究面子的,他们不愿对任何事说“不”。在谈判过程中日本人即使对对方的某方面的提议有保留意见或不同意的看法,在一般情况下也很少直接予以拒绝或反驳,因为他们认为直接拒绝对方会惹怒对方或使对方难堪,是粗鲁无礼的。他们一般是通过迂回的方式来陈述自己的观点,或支支吾吾,以示为难。因此,在谈判中,你必须善于察言观色,仔细体会“是”是表示同意、不同意,还是有待考虑。只有懂得日本的语言的或非语言的暗示、信号,才能准确把握日本人的实际态度,掌握谈判的进展。

在日本人的观念中,个人之间的关系占据了统治地位。日本人在同外国厂商进行初次的商务交往时，喜欢先进行个人的直接的面谈接触，而不喜欢通过书信进行交往。与找上门的客商相比，日本人更愿意接触经过熟人关系介绍来的客商。因此，当你初次访问日本厂商时，你应该事先托朋友、本国使馆人员或其他熟悉的人介绍。

在商务谈判中，如果你的日语掌握得不够娴熟，就不要用日语进行商谈，因为日语的隐含意思比较多，弄不好就会引起对方误解。你最好找一名翻译，这名翻译最好既为你所信任，又为日本人所信任。如果你能找到这样的翻译，那么许多问题便解决了。他不仅可以帮你了解日方的想法、要求，而且可以避免双方因意见不一致而出现难以下台的局面。

因为日本人很注重和谐的人际关系，因此在谈判中，日本人有相当多的时间和精力是花在人际关系中的。在谈判开始时，如果直接进入业务谈判，那么对方会认为你不值得交往，你以后就会处处碰壁。因此在谈判之初，都少不了一番"寒暄"。如果你与日本人有过交往，那么就应尽力地回忆一下过去双方的交往与友谊。如果你与日本人初次见面，你可以谈谈日本人的各个方面，可以通过迂回的形式称赞对方；你可以谈谈中国的历史、中国的哲学，特别是儒家文化，日本人对这些方面很感兴趣，有的还达到了专家水平。如果你在这方面有所研究，日本人就会对你肃然起敬，有助于下面的谈判。

日本人是不带律师参加谈判的。他们觉得带律师参加谈判，就是蓄意制造以后的法律纠纷，是一种不友好的行为。同样，日本人从不把合同放在眼里，他们喜欢相信人而不相信契约，在他们看来，合同无关紧要，至关重要的是相互间的信任和诚实。

研究日本企业的专家认为，日本企业取得成功的原因之一就是团体主义精神。单个的日本人与世界上其他民族的人相比，无论是在思维、能力、创新精神或心理素质等方面并不是出类拔萃的，但日本人一旦组成一个团体，这个团体的力量就很强大。在日本企业中，决策不是由最高领导层做出的，而是实行自下而上的集体决策。当企业面临某项事务需要决策时企业内部的有关人员都有发言权。企业最高层通常指派一个年轻人负责将要决策的事务情况写成书面材料，然后征询企业有关人员的意见，集中各方面的意见，然后做出决策。这种决策在制定阶段所费时间较长，付诸实施却极为迅速。因此，在谈判过程中，经常出现这样的情况：当遇到一些日本人事先没有准备过或内部协商过的问题时，日本人很少当场明确表态、拍板定论。同样，在与日本企业打交道时，建立和培养同担任中层领导干部的人员以及其他有权参加决定的社员之间的良好关系，常常有助于交易的开展。

日本人注重集体观念，不喜欢个人主义和自我为中心的人。因此，在谈判中，应该率团参加，至少等同于对方的人数，否则，日本人就会怀疑你的能力、代表性以及在公司中的人际关系；同时，他们也认为你不把对方放在眼里，是极大的失礼。

日本人比较注重交易的长远影响，并着眼于建立长期的交易关系，并不十分讲究眼前利益。因此，在谈判中，往往善于搞"蘑菇战"。当然，这是有其特定背景的。日本人在实施拖延战术的过程中，会想方设法了解你的意图，而你却很难搞清他们的意图。如果你急于求成，他们就会拼命杀价，经常把你折磨得筋疲力尽，有时能拖到临上飞机前才接受你的价格和条件。

CASE 案例 一家日本公司的谈判技巧

日本的一家公司到美国去和另一家公司进行业务谈判。谈判一开始,美方代表滔滔不绝地说个没完,想迅速达成协议。而日本代表一声不吭,只是把美方的发言全记录下来,第一次谈判就这样结束了。一个月之后,日本又派另一个部门的几个人作为代表来到美国,进行第二轮谈判。这批代表仿佛不知道以前讨论的是什么问题。谈判又从头开始,美方代表依然滔滔不绝,日方代表又是记下记录就回去了。又过了一个月,日本公司的第三个代表团来美,他们故技重演。以后,第四个、第五个日本谈判代表团都是如法炮制。一年过去了,日本方面毫无反应,美方只能抱怨日方代表没有诚意。正当美方感到没有希望时,日本派来第六个代表团,这一次,日本人一反常态,在美方代表毫无思想准备之下,突然拍板表态,弄得美方措手不及,十分被动,损失不小。

4.5.7 拉美商人的谈判风格

拉丁美洲是指美国以南的美洲地区,包括墨西哥、中美洲和南美洲。由于受过属于拉丁语系的西班牙和葡萄牙的统治,所以称为拉丁美洲。

拉丁美洲同中国相距很远,商业方面的交往开始得比较晚。中国人与拉美人做生意相对比较少,原因之一是对拉美国家缺乏必要的了解。如果你同拉美人谈判生意,就必须注意拉美人的谈判风格。

许多拉美国家规定:工作一年,就可以请到一个月的带薪假期。因此在商务谈判过程中,常常会发生这样的情况:一笔生意正在谈判中,但对方谈判的人却去休假了,这时谈判活动不得不停下来。如果你想做成这笔交易,就必须耐心地等待谈判对方休假结束。在谈判中,他们常常比你慢半拍,当你觉得谈判已到实质性阶段时,他们觉得这还是准备阶段。这与拉美人的悠闲、恬淡的性格有关,他们不很注重物质利益,比较重视感情。因此,你必须善于与拉美人结交朋友,一旦你成为他们知己,当他们需要做生意时,便会优先考虑你。

大多数拉美国家存在代理制度。如果在当地没有代理商,你做生意时就会发现寸步难行。在选择代理商时,你必须慎重从事,必须仔细地审查他的能力,看他是否适合在你想要推销的领域开展业务。如果不慎选择了一个不合格的代理商,以后就会遇到很大的麻烦。因为大多数拉美国家的法律保护当地的代理商。例如,在委内瑞拉和厄瓜多尔,起诉代理商要花大笔钱,而且在法庭上,还会因为你随便解雇当地代理人而要求你赔偿一笔现金。选择好代理商后,就要同其签订代理合同。在代理合同上,要清楚地写明他以你的名义可以做什么样的事、不可以做什么样的事,以及怎样分利。

拉美国家经常发生政变,人们都习以为常,即使发生了政变,街上仍旧是平平静静的。在这种环境下生活的人们,养成了一种处事不惊的悠闲的性格。在谈判中,他们经常说:"明天再谈吧。"可到了明天,仍旧是同样的一句话。

大多数拉美国家经济落后,在对外贸易上采取奖出限入的保护主义,进口实行进口许可证制度。因此,如果同拉美人做交易,从发出货物到拿到现金,你将担负很高的风险。同时，即使他们接到货物，可能也不会按付款日期把钱汇来。一名银行家曾描述道："他们是会付的，只是生性懒散，不把当初约好的付款日期当成一回事而已。"因此，如果想开拓拉美市场，必须有充足的资金。

拉美地区的国家虽然有共同之处，但不同国家的人也有自己的特点。例如，阿根廷人非常欧洲化，同你一见面就不停地握手。巴西人喜欢娱乐，在狂欢节期间不要去谈生意。巴拉圭、乌拉圭、智利和哥伦比亚人非常保守，特别欣赏彬彬有礼的客人。秘鲁人和厄瓜多尔人没有时间概念。针对不同国家商人的谈判风格采取不同策略，定能使交易成功。

4.5.8　非洲商人的谈判风格

非洲有 50 多个国家，面积仅次于亚洲，是世界第二大陆。非洲大陆绝大多数国家政治上已独立，但内部冲突和外部战争连年不断；经济不发达，严重依赖大国；教育水平落后，人民卫生状况较差。非洲可分为北非、东非、西非、中非和南非五个部分。不同地区、不同国家的人民由于在种族、历史、文化等方面存在极大的差异，因此，他们的国情、生活习俗方面也各具特色。非洲大陆各民族有不同的语言、习惯和文化；在国内，存在许多部落，各部落之间对立意识强。国家在感情上所占的地位比不上部落。

在非洲进行生意谈判是比较艰难的，这主要表现在以下几个方面。

非洲各部落的内部，具有浓厚的大家庭色彩。他们认为，有钱的人帮助无钱的人是天经地义的，因此，只要他们拿到工资，他们的亲戚会一拥而上，分个精光。这种风俗造成极少有人积极谋职，也造成了工作中效率不高，办事拖拖拉拉、无时间概念。在谈判中，他们很少能准时到会，即使到了，首先是天南地北地乱说一通，全没有日本人之间的情感沟通，也没有法国人之间的文化交流。

非洲人的权力意识是非常强的。每一个拥有权力的人，哪怕是权力极小，都有可能利用这种权力索取财物。在验护照时，如果不夹点钞票，便可能无法顺利通行；在预订房间时，如果给服务员一些好处，便会订到可凭窗欣赏秀美景色的房间，否则可能只会得到临近电梯的房间。在去餐厅吃饭时，如果忘了给领班一些好处，便有可能被领到靠近厕所的桌子。因此，同非洲人谈判生意时，为了避免行贿之嫌，可以根据他们的喜好，准备一些礼物。例如，一位外销员到非洲某国推销丝绸产品，在与此国一位采购员的谈判中，他了解到这位采购员需要钱。于是在谈判中，他同采购员秘密商量，以全价向他的公司提供丝绸产品，同时以销售额的一定比例作为采购员的回扣，交易很快就达成，之后，双方都认为对方有诚意，于是生意越做越大。

在非洲，有很多生意假象。许多非洲商人很积极地找你谈判生意，在谈判中，他们会接受你的建议和条件，但他们这么做只是为了能够搞到必要的许可证，然后转手卖出去，或者能拿到你提供的样品。因为非洲国家法制不健全，你很难依靠法律追究他们的责任。所以在同非洲人谈判生意时，一定当心做假生意的商人，否则只能是枉费一番心血，落个自认倒霉的结果。

4.5.9　中国商人的谈判风格

中国经济已成为世人的焦点。中国被誉为最后一个巨大的市场，外国投资者纷纷来华投资建设和商务谈判。了解和掌握中国人的谈判风格,有助于更好地同中国人做生意。

中国人接待客人非常殷勤和慷慨,几乎每一个去中国访问的人都感受到温暖的感觉。中国人在谈判生意时,常常要求在本国进行。这样做,就能控制议事日程,掌握谈判的步调。他们能够在这个过程中仔细地观察对方,建立一套对方好恶的标准,并能挑起相互竞争的外商之间的矛盾。他们能使客人相信他们的诚意,期待着建立同客人的友谊,让客人不好意思在一开始就进行一本正经的谈判。他们能使客人感到是有求于人的,因此他们常常要求客人展示其产品或设备的性能。

在开局阶段,中国人很少提出自己对产品的要求和建议。他们总是要求对方介绍产品的性能,他们总是认真倾听对方关于交易的想法、观点和建议,却很少讲述自己的立场和看法,在谈判中,常有他们带来的技术专家参与进来,用竞争者的产品特点来探求其产品、技术方面的资料。

一旦对方提出了自己的观点、立场,说出产品的有关特点后,谈判就进入了实质性阶段。在这一阶段,中国人要求首先达成一般原则框架,完成这件任务之后,才详细地谈判具体的细节。他们认为这样做可以避免争吵,以便更快地达成协议。一般原则框架通常采用意向书和会谈记录。中国人在谈判中都有详细的会议记录,即使谈判人员中途被全部撤换,中方代表仍然对以前的谈判内容了如指掌。在具体的细节谈判中,中国人善于采用各种策略,迫使对手做出让步。

中国人在原则上寸步不让,表现出非常固执的态度。在谈判中,如果发现达成的一般原则框架中的某条原则受到了挑战,或谈判内容不符合长期目标,或者提出的建议与目前的计划不适合,中国人的态度就严肃起来,表现出在这方面不折不挠的决心。同时,在具体的事务上,中国人表现出极大的灵活性。例如,在努力争取达成原则性框架协议时,中国人往往表示出:当我们到具体安排阶段时,什么事都可以办到的。

中国人是富有耐心的。中国上下五千年的历史文化环境,培养了他们善于忍耐的性格,与眼前利益相比,他们更愿意选择具有长远利益的方案。中国人的耐心在商务谈判中可以说表现得淋漓尽致。在做东道主时,他们并不急于谈判,而是耐心地认识和熟悉对方,并尽可能地建立一种长久而牢固的关系。在谈判人员的组成上,中国人往往派为数众多的谈判人员,他们之中有谈判能手、技术专家、法律专家,等等,由于人数多,必然延长谈判的时间。在谈判中,如果对方提出的问题超过自己作决定的权限,或自己难以回答,他们常常把这些问题带回去,向上级请示,或者大家再进行讨论,直到对这些问题有确切的把握,并能避免所有可能的错误。

中国人很看重"面子","面子"这个词没有确切的定义,它常常与威信和尊严联系在一起。如果两个你认识的人在吵架,别人都无法阻止,你走过去,对他们讲了一番之后,他们不再争吵,那么就说明你很有面子。在商务谈判中,中国人常给对方面子,他们很少直截了当地拒绝对方的建议。同时,他们也需要对方给自己面子,地位越高的人,越讲究面子。因此,在谈判中当你强迫对方做出让步时,千万注意不要使他在让步中感到丢面子。可以说,如果你能帮助中国人得到面子,你就可以得到许多东西;反之,任何当众侮辱或轻蔑,即使是无意的,仍会造成很大的损失。

Reading 阅读材料　西方人眼里的中国商人

在国际商务谈判中，最难的一点是谈判人员对不同文化、思维、习俗、行为、工作方式的理解和认同。所以，对于国际商务谈判，前期的准备工作要更加仔细、翔实，并要注重细节。因为在国际商务谈判的前期工作中，不仅涉及谈判内容，更要认真透彻地研究对方的风俗习惯、文化差异等。因此，以谈判闻名的美国人，也强调国际商务谈判前的准备工作大概要占去整个商务谈判 1/3 的时间。

在国际商务谈判中要做到知己知彼，不仅要了解对方的文化习俗背景，更重要的是摸透对方的内心想法，了解对方面对我们中国人进行商务谈判时，会制定哪些策略、会使用什么样的战术。要做到"摸透对方"这一步，我们反过来看看，中国人在西方人的眼里是什么样的形象。

我们来看看西方人是如何评价中国人的谈判特点，以此思考西方人如何对待这些特点。下面这份报告是美国商界研究出来的，并且被哈佛商学院收录，可以说具有很高的代表性。

与中国人谈判应注意下面八个要素：

1. 关系

中国人很重视朋友、亲戚，自己圈子里的人。中国人做生意把关系放在第一位，看来美国人对中国文化研究得很到位。

2. 中间人

中国人对陌生人持有戒备、怀疑的心态，所以在中国进行商务谈判，一定要有中间人作为双方联系的纽带。

3. 社会等级

对于受儒家文化熏陶的中国人来说，级别很重要，谈判桌上总是选出对应的职位级别来进行谈判。若要中方总经理出席谈判，美国企业也要由总经理亲自出马。

4. 关系融洽

中国人做生意的同时，也在交朋友，所以不是把生意和朋友分开，而应放在一起。如果不想交朋友，那么对不起，这个谈判可能很难进行下去。

5. 整体观念

中国人的整体观念很强，这主要是因为中国的象形文字成就了中国人的这个特点。曾任职于香港中文大学的心理学教授迈克尔·哈里斯邦德(Michael Harris Bond)曾经发表过一篇关于中国文字的研究文章，文章中讲中国人的象形文字就好比图片，中国孩子小时候就要去识别数千个象形文字，这使得中国人在看图片时整体感很强。

6. 节俭

中国人有节俭的传统，这在商务谈判上体现得更为明显。跟中国人讨价还价是项艰苦的过程，往往中国人要深思熟虑，讨论很久才肯做出价钱方面的让步。

7. 面子

在中国文化中，一个人的面子代表了他的社会地位和荣誉。如果不尊重中国人的面子心理，让中方谈判代表难堪，即便不是故意的，整个商务谈判也会受到很大的损失。

8. 吃苦耐劳

中国人以吃苦耐劳闻名于世,他们将吃苦耐劳看得很重要,视为一种荣誉。

以上就是美国人总结的中国人商务谈判的八个要素,西方人把我们中国人研究的比较透彻。这些要素都是特定文化下熏陶出来的特点,所以说,国际商务谈判,最突出的一个问题就是文化差异,欧美企业跟亚洲企业进行商务谈判,肯定双方都有点别扭。欧美人认为亚洲人对合作不够积极,谈判中欧美人总是一种积极并且自信满满的态势;亚洲人则认为欧美人侵略性很强,谈判中亚洲人总是小心谨慎,生怕受到损失。

在了解西方人如何分析中国文化及商务谈判特点后,我们在国际商务谈判中可以将计就计,充分利用文化差异,在谈判中获得主动权;我们也可以以此为心理优势,先守后攻,采取后发制人的策略。

无论何种策略,进行国际商务谈判时,我们都要以利益最大化为目标,以合作为导向,在这些基础上,使用灵活应变的谈判策略。

现在国际商务合作越来越频繁,国际商务谈判也显示出一个新的特点,就是彼此越来越熟悉,以往美国人可能觉得跟中国人进行商务谈判束手无策,但是现在美国人跟中国人商务往来游刃有余,很是得心应手。同样,中国作为世界工厂,跟国外交流也很广泛,中国人也逐渐熟悉并适应了不同文化背景下的商务谈判风格。

从中国历史来看,无论是内地的陆上丝绸之路,还是东南沿海的海洋丝绸之路,中国历来都能跟中东、南亚、西亚甚至欧洲等国家建立友好的贸易合作关系。透过长安、泉州、扬州、广州、苏杭等历史上著名的贸易都市,我们有足够的理由相信,未来中国将有更多的企业跻身世界大舞台,同时,世界各国之间的贸易合作也将更加紧密,任何一个国家都无法离开这个大家庭而独立发展。

所以,本人也坚信,随着中国经济的蓬勃发展,会有越来越多的中国企业与国外的企业进行各项商务谈判。对中国企业来说,一是要培养优秀的商务谈判人员,二是要从企业发展上重视商务谈判的作用。专业分工,精耕细作,好的商务谈判对于企业发展能够达到事半功倍的效果。

资料来源:安振华.掌控全局——商务谈判宝典:国际商务谈判浅析[EB/OL].中国营销传播网,http://www.emkt.com.cn/article/467/46723-2.html,2010-05-19.

以上我们简单地介绍了几个国家和地区的人们的谈判风格。但由于本书中只对这些国家和地区的谈判风格作总体上的概括和总结,而同一国家的人,由于经历的不同,民族和国家在他身上的烙印是否深刻与其他同胞不一样,有可能出现游离在外的情况。因此,我们只是提供了一般性的背景材料,对一个谈判对手的价值观、行为方式、思维方式的准确把握,必须依靠在业务中直接的观察和分析。

思考题 QUESTIONS

1. 比较常见的寒暄方式主要有哪几种?
2. 在交谈之中有失礼仪的情况有哪几种?
3. 在安排谈判地点和座次时应该注意哪些事项?

4. 宾主相见时应该遵循什么礼仪？
5. 在谈判过程中，在语言礼仪方面应该注意哪些事项？
6. 根据自我追求的不同可以把谈判对手划分为哪几类？与他们谈判的禁忌是什么？
7. 根据性格的不同可以把谈判对手划分为哪几类？与他们谈判的禁忌分别是什么？
8. 在国际商务礼仪方面，西方国家的主要禁忌有哪些？
9. 在与加拿大人进行商务交往时应该注意什么？
10. 与俄罗斯人交往应特别注意的礼俗与禁忌有哪些？
11. 韩国的商务礼俗与禁忌主要包括哪些？
12. 美国商人在谈判过程中具有什么特点？
13. 在与德国商人进行谈判时应该注意什么？
14. 法国商人与英国商人相比具有哪些不同的谈判风格？
15. 在与日本商人谈判时应该注意什么事项？
16. 拉美商人有怎样的谈判风格？
17. 同非洲商人可能存在什么样的风险？
18. 中国商人在谈判时具有什么特点？

案例讨论 Case discussion

典型的美国式谈判

你是一个典型的美国式谈判者吗？对于其他文化的谈判风格你了解多少？试想，如果遇到以下情形，你会作何反应？

情景 1：你与一个厂家签订了生产一批自行车的合同。签完合同后，你才收到准确信息，知道这个厂商有质量问题，尤其是它将给你生产的自行车可能会咯吱作响。你的那批自行车预计在下周交货。下面哪种选择更接近你对此事的应对方式？

A. 你立刻去工厂检查质量问题。你告诉厂长，自行车咯吱作响的问题必须在交货之前解决。

B. 你去工厂测试几辆自行车。然后你带着厂长骑着自行车在乡间转一圈。之后你就问："是不是所有的自行车都会发出咯吱声？这声音对于买方是否会是个问题？"然后你再离开。

情景 2：你的原料成本由于一些无法掌控的原因直线狂升。你需要和你最大的客户重新签一个合同，并商谈一个高一点的价格来支付上升的成本。下面哪种选择更接近你对此事的应对方式？

A. 你与客户见面，冷静地向对方解释，一些不可避免的原因影响了你的原材料成本，并着重陈述事实，然后要求重新商讨价格。

B. 你与客户见面，表达你个人以及整个公司对其长期合作的感谢之意。同时对于上涨的原料成本有可能影响你们之间的关系，表示由衷的歉意并恳求："我们需要你的帮助。"

情景 3:你发现一个极好的拓展业务的机会,但需要和另一个公司商谈合资。你需要了解这家公司的需求和当务之急。下面哪种选择更接近你对此事的应对方式?

A. 直接问对方的当务之急,并透露一点有关你公司的信息。

B. 不直接问问题,而是委婉地尽量通过倾听对方对你提议的反应来推断出你想要的答案。

现在考虑一下你的答案是否会改变,如果在第一种情形下你是个在香港工作的美国人,而厂商在中国大陆;在第二种情形下,你的客户是个日本大型零售商;在第三种情形下,你的合作伙伴是一家颇具声望的韩国公司。

你直觉的选择恰好测试了你会采取怎样的谈判方式。如果每种情形你一开始就选A 并且在提供了以上进一步信息后仍未改变答案,那说明你属于最常见的美国式谈判者。如果当你得知对方是个东亚公司后,把 A 改成了 B,那无疑说明你具有一定的国际谈判经验。

我们的调查发现,美国人的谈判和其他文化中人们的谈判有着巨大的文化差异。尽管这种直觉的方式在本国奏效,到了国外就可能会有麻烦。从其他文化中学习一些谈判策略可以减少跨文化谈判的风险,并提高你在本国谈判的技巧。

资料来源:Jeanne M. Brett. 向"老外"学谈判[J]. 经理人,2006(4).

讨论题:

1. 你赞同案例情景中说的美国商人和东亚地区商人谈判方式的区别吗?
2. 谈判风格是如何影响谈判进程的?

第 2 篇

商务谈判过程

第5章 CHAPTER 5

商务谈判准备

本章要点

- □ 谈判人员的组合
- □ 谈判调研与分析
- □ 谈判方案的制订
- □ 谈判活动的安排

引例

正中下怀

通常在销售中，越往基层谈判态度越"凶"，越往上层谈判态度越"好"。很少有销售总经理和客户吵架的，而销售员与客户产生摩擦，则是家常便饭。

采购部的王经理和市场部的郝经理与某制作公司进行价格谈判。王经理天生大嗓门，浓眉阔目有些凶相；而郝经理细皮嫩肉，活脱脱一个文弱书生。先上场的是王经理，他数落了对方的种种不是，根本不理睬对方的各种定价理由，而且扬言对方的价格水分太大，做生意没有诚意，公然批评市场部太软弱。

王经理使对方非常头痛，他们到郝经理那里诉苦，希望他能够帮忙说说话(中计)。郝经理面露难色：公司有规定，任何采购都归口到采购部，市场部只是审核方案，而且王经理这个人平时在公司就很霸道，不太好说话，他也很看不惯。

不过临了，郝经理还是答应"帮忙"，同时建议对方适当地再让些价格(坚持以王经理为谈判主角，把自己定义为中间调解人，让对方主动降价更是釜底抽薪)。几个回合下来，价格被砍下来了30%。对方在怨恨王经理的同时，还很感谢郝经理(被卖了还替别人数钱)。

在价格谈判中唱"黑脸"的必须先上场，如果以"黑脸"为谈判主角，"白脸"

的扮演者要与“黑脸”至少有同等的公司地位,否则很容易被对方看穿“把戏”。

资料来源:程烈.销售谈判之讨价还价篇[EB/OL]. 第一营销网. http://www.cmmo.cn/article-105526-5.html,2012-08-10.

市场经济条件下,经济实体的数量与日俱增。为了生存和发展,经济实体之间的业务往来活动也是日渐频繁,这就使得商务谈判工作变得更加复杂。如果我们对谈判对手的底细掌握不清,难免在谈判中吃眼前亏。

因此,商务谈判离不开周密的准备。首先,要选择合适的谈判人员,必须使谈判人员的素质和能力符合客观要求并确定主谈与辅谈的分工和配合;其次,商务谈判人员必须对一定的法律制度和某一特定政治、经济、文化影响下的社会环境进行评估,并在正式谈判之前对谈判对手进行调研与分析;再次,根据谈判目标制订切实可行的谈判方案;最后,谈判活动的安排也对最终结果起着十分重要的作用。

5.1 谈判人员的组合

要使谈判达到预期的目标,提高谈判的成功率,起决定性作用的是谈判人员的选择。谈判人员的素质如何,对谈判的结果有着至关重要的影响。

5.1.1 组织谈判小组的原则

为了保证商务谈判取得预期的效果,应根据以下几项原则来选派不同的人员,组成不同的谈判小组。

1. 依据项目的大小和难易来确定谈判小组的阵容

在确定谈判小组阵容时,应着重考虑谈判主题、难易程度等因素,据此来决定派选的人员。如果是一对一的谈判,那么对于参与谈判的人要求是很高的,因为当他单独谈判时,其实质是在代表一个小组和整个谈判的某一方。所以,谈判人员应注意把自己训练成为多方面的专家。至于要成为哪些方面的专家,应根据自己的职业、性格、业务需求等方面来决定,一旦谈判项目需要一人上阵,即可发挥作用。

当项目很大,靠一个人的力量难以完成谈判任务时,就要考虑选派一个小组来参加谈判。小组谈判的好处在于:可以由许多有不同知识背景的人参加谈判,能够集思广益,使对方感到有更多的对立面。一般来讲,关系重大而又比较复杂的谈判大多是小组谈判。

谈判小组的阵容及其参加人员的多少及成分,可因谈判项目的不同而定。通常情况下,有关商品交易的谈判,可由主管该项目的业务人员参加,重要的交易应由总经理主谈。

2. 依据项目的重要程度组织谈判小组

一些大型的、内容复杂的交易,如大宗涉外业务项目等,必须组织一个坚强有力的谈判小组负责进行谈判。通常情况下,过多的人参加或单独谈判对于重大项目来讲都较为不利,更有利的应是组成一个人数适中的小组参加谈判。因为在谈判过程中,往往要进行很多活动,每个成员承担一至两项活动,再经过内部统一协调即可完成谈判任务。

3. 依据对手的特点配备谈判人员

通常，客商的谈判成员是由雇主聘请技术咨询顾问，负责审查欲购商品的质量、性能指标并提出修改意见，以满足其特殊要求，即聘请法律顾问谈判商务条件，然后运筹出最佳方案提交雇主裁定。己方配备的谈判人员必须与之匹配，聘请精通专业技术的工程技术人员和精通国际贸易商务条款的专业人员，负责运筹技术、商务和法律方面的业务。专业化谈判小组的成员必须懂技术、精通国际贸易，并能用英语直接与客商谈判。同时，谈判小组应既有善于灵活成交的能力，又有善于巧妙地拒绝“有损我方条款”的本领，做到积极主动、运筹得当。

CASE 案例　　流产的联合

A 工厂要引进环形灯生产技术及设备，并委托 N 进出口公司与日本 H 公司进行谈判。N 公司从 A 工厂处知道，贵州 B 工厂、辽宁 C 工厂、江苏 D 工厂也有该计划。A 工厂担心把市场价抬起来，N 公司建议把所有工厂联合起来一起谈判，A 工厂表示同意。N 公司与各家工厂联系后，建议在北京开会商讨联合对外谈判的可能。B 工厂、C 工厂、D 工厂相关人员认为这是好事。有的工厂正缺少这方面的技术信息，有的工厂虽也在与国外公司接触，但尚处在探讨阶段。于是各单位约定在北京联合会谈。

四家工厂与 N 公司在北京开会交流了信息。各家引进技术范围略有不同，资金预算也不同。国外供应商在日本有两家，欧洲有一家。这三家均来过中国，与四家中的某几家分别有过接触或技术交流，有的已成为老朋友。根据这些情况，联合班子统一了谈判方案及谈判日程。

联合谈判班子邀请了国外三家主要供应商到北京谈判。一轮下来，彼此建立了关系也加深了了解，但对于这“一揽子”方案，国外三家公司态度有些保留，对谈判条件咬得较紧，使谈判进度放慢。有的外商干脆中止了谈判。

在联合谈判班子正在研究如何破除僵局时，有的外商主动找到外地的工厂，借参观为名与其熟悉的、感兴趣的工厂进行了接触，接触过程中表示可给予某些优惠条件。相关工厂看到来者比联合谈判时给的条件还好，心里很高兴，双方在工厂进行秘密会谈。工厂直接从外商处获得的交易条件较满意后，即提出是否还联合的问题。其他外商和工厂看联合谈判班子有分裂，也开始做单方动作。有的外商故意对某工厂代表态度好，单独请工厂代表吃饭，暗地做许诺，对统一谈判代表态度反而更强硬，使谈判局面更加混乱。

N 公司知道这些情况后，与各工厂代表协商，但彼此均为独立法人，也不是上下级关系，有意见只能说说而已。工厂代表一看 N 公司也奈何不了他们，而外商都表示“友好”，自觉继续下去好处不大，于是提出了退出联合的要求。N 公司眼看联合四分五裂，只有与 A 工厂代表叹息的份，却束手无策。

5.1.2　谈判人员的素质要求

有些参谈者可能认为自己能说会道，但如果他没有关于商务谈判方面的知识，也不能说他具备谈判人员的素质和能力。下面几项条件是一个合格的谈判人员必须具备的。

(1) 在思想品德方面,必须遵纪守法,廉洁奉公,维护国家、谈判小组及公司的利益。这一点是谈判人员必须具备的首要条件。

(2) 在作风上,要有强烈的事业心、进取精神和高度的责任感。同时,既能坚持原则,又有必要的灵活性和弹性,具有创新精神。谈判工作是一项紧张激烈、竞争性非常强的经济活动。实践证明,没有较为顽强的进取精神是难以很好地完成谈判任务的。

(3) 在分辨事理方面,能够分清主次、抓住重点。逻辑思维能力、判断能力都要很强,应思路敏捷开阔、决策果断。

(4) 在业务水平方面,应具有良好的专业基础知识,同时又应该对谈判所涉及的有关专业方面的知识比较熟悉,还必须接受过一定的商务谈判技巧的训练,抑或有过谈判的实践经验,才能被视为具备谈判所需的业务能力。

(5) 既要善于倾听和把握对方意图,又要有较强的用中文表达本方意愿的能力。谈判是双方相互交换意见、寻求解决矛盾的过程。因此,就过程本身来讲,要求谈判人员具备这种有效沟通信息的能力,既能明确对方的完整意图,也能清晰表达自己的意图。

(6) 要善于了解不同类型谈判人员的特点,掌握他们在谈判风格上的差别、宗教信仰方面的异同,针对这些方面的不同情况,与谈判对手和平共事,也是一个人的能力的表现,更是对谈判人员在素质方面的要求。

(7) 要善于独立参战,具有独当一面的能力,又要有随时与谈判伙伴搞好协调配合的本领。谈判小组是由个人组成的集体,因此,既要表达自己,又要通过自己表达集体,这种能力是十分必要的,也是谈判人员所需要具备的素质要求。

(8) 在言谈举止方面要落落大方、风趣幽默,同时要有健全的体魄。谈判是既耗体力又耗脑力的活动,没有健康的身体是很难胜任谈判工作的。

以上是就一般的谈判人员而言在素质方面应具备的条件。对于谈判小组的领导人员,其素质方面的要求,除了必须具备以上各点外,还应注重在领导与协调能力、决策能力、判断能力以及是否敢于承担风险和责任等方面的要求。

CASE 案例 知识就是力量

法国盛产葡萄酒,外国的葡萄酒要想打入法国市场是很困难的,然而四川农学院留学研究生李华博士经过几年的努力,终于使中国的葡萄酒奇迹般地打入了法国市场。可是,中国葡萄酒在香港转口时却遭遇了麻烦。港方说,按照土酒征80%关税、洋酒征300%关税的规定,内地的葡萄酒要按洋酒征税。面对这一问题,李华在与港方的谈判中吟出了一句唐诗:"葡萄美酒夜光杯,欲饮琵琶马上催。"并解释说:这说明中国唐朝就能生产葡萄酒了,唐朝距今已有1300多年,英国和法国生产葡萄酒的历史要比中国晚几个世纪,怎么能说中国葡萄酒是洋酒呢?一席话驳得港方有关人员哑口无言,只好对中国葡萄酒按土酒征税。

5.1.3 主谈与辅谈之间的分工与配合

在挑选了合适的谈判人员,并且组成了谈判小组之后,就要对其内部成员的分工与配合工作加以落实。所谓谈判中的分工,就是使参与谈判的每个人都有明确的任务,并处于谈判中较为合适的位置上，各自进入角色。所谓配合，就是指谈判中成员之间的语言及动作的相互协调、相互呼应。具体地讲，就是要确定不同情况下的主谈与辅谈人选、他们的位置与责任，以及他们之间的配合关系。

所谓主谈，是指在谈判的某一阶段，或针对某一个或几个方面的议题，由他为主来发言，阐述我方的观点和立场。除主谈以外的小组其他成员即处于辅助配合的位置上，故称之为辅谈或陪谈。

主谈可以说是谈判小组与对方进行谈判的意志、力量和素质的代表者，是谈判工作能否达到预期目标的关键人物。主谈一般应具备以下条件：了解相关国家经济政策、法律法规等；对本行业的现状与长远发展规划有一定的了解；专业技术知识和技能熟练，知识面比较广阔，对相关专业技术知识有一定的了解；了解国内外市场状况；在谈判中能表现得落落大方和彬彬有礼；思维敏捷、口齿清楚、语言简练并具有较好的表达能力和应变能力；涉外谈判中还需具有一定的外语水平，在必要时可直接与外商谈某些技术难度较大的问题；能与谈判小组的其他成员团结协作，配合默契。

为了使主谈与辅谈之间分工明确、配合默契，主谈在发言时，自始至终都应得到所有辅谈的支持。这可通过口头语言或肢体语言来表示赞同，具体的做法可因人而异。显然，如果主谈发言时，辅谈做出赞同的姿势，会大大增强主谈说话的力量和可信程度；相反，若辅谈看着天花板，无疑会影响主谈的自信心，影响其讲话的力量，对本方整体形象是个破坏。谈判小组内部人员之间的配合，不是一朝一夕能够协调起来的，需要长期的磨合。而且这种配合，绝不专指谈判过程中的配合，这种配合其实从双方初次见面时就已经开始了。下面就不同类型谈判时应该如何分工，进行简要介绍。

1. 技术条款谈判时的分工

技术条款谈判时，应以技术人员为主谈，其他的如商务、法律人员等均处于辅谈的位置。技术主谈必须对合同技术条款的完整性、准确性负责。技术主谈在把主要的注意力和精力放在有关技术方面的问题上的同时，必须放眼谈判的全局，从全局的角度来考虑技术问题，并尽可能地为后面的商务条款和法律条款的谈判创造条件。

2. 合同法律条款谈判时的分工

在涉及合同中某些专业性法律条款的谈判时，应以法律人员作为主谈，其他人员为辅谈。一般来讲，合同中的任何一项条款都具有法律意义，但其中的某些条款法律的规定性往往更强一些，这就需要专门的法律人员与对方进行磋商，即以法律人员作为主谈。

3. 商务条款谈判时的分工

在进行商务条款谈判时，应以商务人员为主谈，而其他人员处于辅谈的位置。但进行合同商务条款谈判时，仍然需要技术人员的密切配合，因为合同的商务条款在许多方面是以技术条款为基础的，或者是与之紧密联系的。因此，技术人员应从技术的角度给予商务人员有力的支持。

总之，成功的商务谈判离不开恰当的人员选择，更离不开小组内部合理的分工与协作，这是大数成功谈判的经验和结论。

5.2 谈判调研与分析

商务谈判是在一定的法律制度和某一特定的政治、经济、文化影响下的社会环境中进行的。这些社会环境会直接或间接地影响谈判。商务谈判人员必须对上述环境进行全面系统的调研与分析评估,才能制定出相应的谈判方针和策略。

5.2.1 与谈判有关的环境因素

国内外学者对"与谈判有关的环境因素"研究得比较多,如英国的谈判专家 P. D. V. 马什在他所著的《合同谈判手册》中,对谈判环境因素作了系统的归纳和分析。马什将与谈判有关的环境因素概括为以下几类。

5.2.1.1 政治状况因素

1. 国家对企业的管理程度

这主要涉及企业自主权的大小问题。如果国家对企业管理的程度较高,则谈判过程中政府就会干预谈判内容及进程。关键性问题是由政府部门的人员做出的。因此,谈判的成败不取决于企业本身,而主要在于政府的有关部门。相反,如果国家对企业管理的程度较低,也就是说企业有较为充分的自主权,这时谈判的成败则完全取决于企业。这种谈判是完全由谈判主体来掌握自己的命运,完全能够看出谈判技艺的高低。

2. 谈判对手对该谈判项目是否有政治兴趣

通常情况下,业务往来谈判是纯经济目的的,但有的时候如果有政府或政党的政治目的参与其中,那么这种情况下,谈判的影响因素就复杂多了。这方面的例子真是数不胜数。发达国家对发展中国家的贸易往来常有这种情况。在多数情况下,如果有政府或政党的政治目的参与谈判,那么这场谈判的最终结果主要取决于政治因素的影响,而不是商务或技术方面的因素。在一些较为落后的发展中国家,其集权程度较高,在与这些国家进行业务谈判时,其谈判项目的决定及谈判结果往往取决于该国领导人的政治地位和权力。

3. 谈判对方当局政府的稳定程度

在谈判项目履行期间,政府局势是否稳定?总统大选的日子是否定在谈判协议履行期间?总统大选是否与所谈项目有关?谈判对方与邻国的关系如何?是否处于较为紧张的敌对状态?有无战争爆发的可能?这些政治因素都将影响谈判。

4. 政府与买卖双方之间的政治关系

如果 A 国家政府与 B 国家政府有政治矛盾,而 B 国家与 C 国家是很好的贸易伙伴,那么 A 国家就有可能不愿与 C 国家做生意。例如,阿拉伯国家有时就会拒绝同那些与以色列有政治经济关系的国家及其企业进行商务往来。

5. 该国有没有将一些军事性手段运用到商业竞争中的情况

在国际、国内商务竞争较为激烈的今天,有些国家在国际间的商务竞争中,往往采用一些军事性手段,如在客人房间里安装窃听器、偷听客人电话、暗录谈话内容,以及用男女关系来诬陷某些人,等等。

5.2.1.2　宗教信仰因素

1. 该国占主导地位的宗教信仰

众所周知,宗教对人们的思想行为是有直接影响的。信仰宗教的人与不信任何宗教的人思想行为不同,信基督教的人与信佛教的人也不同……总之,宗教信仰对人们思想行为因素的影响是客观存在的,是环境因素分析中的重要环节。

2. 该宗教信仰是否对下列事物产生重大影响

(1) 政治事务。例如,该国的党政方针、国内政治形势等是否受该国宗教信仰的影响。

(2) 法律制度。例如,在某些受宗教影响很大的国家,其法律制度的制定必须依据宗教教义。一般情况下,人们的行为如果符合法律原则与规定,就能够被认可,而受宗教影响较大的国家,人们行为的认可要看是否符合该国家宗教的精神。

(3) 国别政策。由于宗教信仰的不同,某些国家依据本国的外交政策,在经济贸易上制定带有歧视性或差别性的国别政策,以便对某些国家及企业给予方便与优惠,而对另外一些国家及企业则设置种种限制与不便。

(4) 社会交往与个人行为。存在宗教信仰的国家,与那些没有宗教信仰的国家相比,在社会交往与个人行为方面存在差别。

(5) 节假日与工作时间。宗教活动往往有固定的活动日,而且不同的国家其工作时间也各有差别,这在制订具体谈判计划及安排日程时必须考虑到。

5.2.1.3　法律制度因素

1. 该国的法律制度是什么

该国的法律制度是依据何种法律体系制定的? 包括哪些内容?

2. 实际生活中,该国法律的执行情况怎样

现实当中,有的国家是因为本身法律制度不健全而出现无法可依的情况;有的国家是法律制度较为健全,且执行情况尚可;有的国家是有法可依,但在执法过程中,不完全是依法办事,而是取决于当权者,即与当权者的关系如何将直接影响法律制度的执行。

3. 该国法院与司法部门是否独立

业务谈判对司法部门的影响程度如何? 现实生活中,许多发达国家都实行三权分立,法院、司法部门是各自独立的,不受行政等的影响,但允许进行院外活动。这里所说的院外活动,就是进行交易的公司或企业,可以通过各种关系,对政府的各个部门,主要是指那些影响交易的部门进行游说,以帮助自己达成交易,或做出有利于自己的决定。

4. 该国法院受理案件的时间长短

法院受理案件时间的长短直接影响业务谈判双方的经济利益。谈判双方在交易过程中及事后的合同履行过程中,一旦发生争议,经过调解无效,递交法院,就要由法院来审理。如果法院受理案件的速度很快,那么对交易双方的经营运作情况影响可能不大;相反,如果拖的时间很长,甚至一拖就是几年的官司,对双方的经济、精力等方面来讲无疑都是难以承担和忍受的。

5. 该国在执行其他国家的法律进行仲裁时需要什么程序

因为对于跨国商务谈判活动而言,一旦发生纠纷,并诉诸法律,就自然会涉及国家之间的法律适用问题。因此必须弄清,在某一国家裁决的纠纷拿到对方国家是否具有同等的法律效力,如果不具有同等法律效力,或者干脆无效,那么需要什么样的条件和程序才能生效且具有同等法律效力。

5.2.1.4 商业习惯因素

1. 该国企业的决策程序如何

美国企业的决策程序是只要高级主管拍板即可,而日本企业的决策必须向上下左右沟通,达成一致意见后再由高级主管拍板。因此,必须弄清谈判对手所在国企业的决策程序,决策程序的差异决定了在决策时间与谈判风格上都有所不同,这是首先应了解的商业习惯。

2. 该国文字协议的重要性如何

是否做任何事情都必须见诸文字?合同具有何等重要的意义?文字协议的约束力如何?有些国家习惯上以个人的信誉与承诺为准,而另外一些国家则只以合同文字为准,其他形式的承诺一概无效,这也是必须了解的商业习惯。

3. 该国在谈判和签订协议的过程中律师的作用如何

美国人在参与业务谈判时,总要有律师出场,当谈判进入签订合同阶段时,由出场律师来全面审核整个合同的合法性,并在审核完毕后由律师签字。这是美国的习惯做法。而其他一些国家则有另外的做法。

4. 在正式的谈判场合,双方领导及陪同人员的讲话次序如何

如果陪同成员只有在被问及具体问题时才能讲话,则说明双方的高级领导人已介入谈判之中,否则,陪同成员的职权就会很大,说明此正式场合并非专为双方领导所安排。

5. 该国企业在进行业务谈判的同时有无商业间谍活动

如果确信该国在业务谈判的同时有商业间谍活动,则应该研究如何保存机密文件,以及其他的防范措施。

6. 该国在商业活动中是否存在贿赂现象

如果确定有贿赂现象,那么方式如何?条件如何?我国坚决反对通过行贿来做生意,但是对于与之谈判的另一方,我们必须了解有关这些方面的情况。因为在某些国家的交易中,行贿和受贿被认为是违法行为,并有严格的配套法律对此予以严格追究;相反,另外一些国家认为在交易中的行贿受贿属于正常现象,不行贿就难以做成生意。正因为如此,有些人认为行贿是交易的润滑剂,是必不可少的。因此,我们一定要搞清楚谈判对手有关这方面的商业做法,以便采取对策。

7. 该国是否允许谈判中同时选择几家公司作为对手进行谈判,以便从中选择最优惠的条件达成协议

如果确信可以的话,那么保证交易成功的关键性因素是什么?要弄清是否仅仅是价格这一个因素。

当几家公司同时竞争同一笔生意时,这种谈判就复杂得多、艰难得多,因而必须紧紧抓住影响交易成功的关键性因素,围绕关键性因素来展开谈判工作,才有可能取得成功。

8. 该国业务谈判的常用语种是什么

如果作为客场谈判而使用当地语言，有没有安全可靠的翻译？合同文件能否用两国文字表示？如果可以用两国文字表示，那么两种语言是否具有同等的法律效力？

商务谈判离不开语言的交流，用什么语言来交流，对谈判双方来讲都是很重要的。因此，必须选择好合适的交易语言。如果在签订合同时使用双方文字，那么应该具有同等的法律效力。如果为了防止可能产生的争议，而使用第三国文字来签订协议，那么对谈判双方来讲都是公平的。这是我们必须很好掌握的商业习惯，以便谈判工作的顺利进行。

5.2.1.5 社会习俗因素

不同国家或地区有着不同的社会习俗，这些习俗会自然或不自然地影响业务谈判活动。对此，我们应该很好地加以了解和把握。例如，在该国或地区，称呼和衣着方面合乎规范的标准是什么？对谈业务的时间有没有固定要求？如果在业余时间谈业务对方有没有反感？社交场合对于妻子的相伴有何看法？社交款待、娱乐等活动通常在哪里进行？对于增进友谊所赠送的礼品及赠送方式有什么习俗？在公共场合，人们对当面批评是否愿意接受？人们如何对待荣誉、名声等问题？妇女在业务活动中的地位如何？这些社会习俗都会影响双方意见交流的方式及所采取的对策，是谈判前必须了解的环境因素之一。

5.2.1.6 财政金融状况因素

商务谈判的结果是使得谈判双方的资产形成流动，对于涉外业务活动，则要形成资产跨国流动。这种流动与谈判双方的财政金融状况是密切相关的。一个国家或地区与业务谈判有关的财政金融状况因素主要有以下几个方面。

1. 该国的外债情况如何

如果该国的外债过高，虽然双方有可能很快达成协议，但在协议履行过程中，有可能因为对方外债紧张而无能力支付本次交易的款项，便会直接造成双方人际关系的紧张。因此，对该国外债情况的了解应该是一个很重要的环节。

2. 该国的外汇储备情况怎样

如果外汇储备较多，则表明该国有较强的对外支付能力。相反，如果外汇储备较少，则说明该国的对外支付存在困难。

另外，还要看该国出口产品的结构如何。因为一个国家的外汇储备与该国出口产品的结构有着密切的关系。通常情况下，如果出口产品以机电产品为主，这类产品具有较高的附加价值，因而具有较强的换汇能力。如果出口产品以农副产品及矿产品原材料等为主，这些产品属于初级产品，其附加价值是很低的，因而换汇能力就比较差。通过分析这些，可以很好地把握与该国所谈项目的大小，防止由于对方支付能力局限，而造成大项目不能顺利完成的经济损失。

3. 该国货币是否可以自由兑换

如果不能自由兑换，有什么条件限制？汇率变动情况及其趋势如何？这些问题都是交易双方的敏感话题。很显然，如果交易双方国家之间的货币不能自由兑换，那么就要涉及如何完成兑换的问题,同时还涉及选择什么样的币种来实现支付等。汇率变化对交易双方都存在一定的风险,如何将汇率风险降到最低,需经双方协商而定。

4. 在国际大市场中,该国支付方面的信誉如何

该国是否有延期的情况？原因如何？了解这些问题,可以帮助我们掌握对方的信誉情况,便于在谈判中采取适当的对策。

另外,要想取得该国的外汇付款,需要经过哪些手续和环节,同样是必须弄清楚的问题,因为这会涉及交易中支付能否顺利进行,以及最终实现支付的问题。

5. 该国适用的税法是什么

该国是依据什么法规进行征税的？征税的种类和方式如何？是否签订过避免双重征税的协议？如果签订过是哪些国家？这些问题都会直接影响双方最终实际获利大小的问题。

另外,还要弄清楚,该国对外汇汇出境外是否有限制？应怎样才能获得外汇汇出境外的资格？

5.2.1.7 基础设施与后勤供应状况因素

该国或地区的基础设施与后勤供应状况因素也会影响业务谈判活动。例如,该国的人力资源情况(其中包括劳动力的数量、质量等方面)如何？该国的邮电通信状况、交通运输状况如何？这些都必须加以考虑。

5.2.1.8 气候状况因素

一个国家或地区的气候状况也会间接地对业务谈判活动产生影响。例如,该国雨季的长短及雨量的大小、全年平均气温状况、冬夏季的温差、空气平均温度状况、地震情况等,都属于气候状况因素。

上述环境因素是业务谈判前必须充分予以调查与分析的环境因素,也是谈判前准备工作中的重要内容。

5.2.2 谈判信息资料的搜集

为了很好地了解谈判对手,可通过多方面的调查研究,搜集谈判对手的信息资料,为正式谈判工作的开始做好准备。怎样才能获得有关谈判对手的信息资料呢？通常情况下,有以下几个方面的途径。

1. 从国内的有关单位或部门收集资料

可能提供信息资料的这类单位包括：

(1) 国内商务部；

(2) 中国对外经济贸易促进委员会及其各地的分支机构；

(3) 中国银行的咨询机构及有关的其他咨询公司；

(4) 与该谈判对手有过业务往来的国内企业和单位；

(5) 国内有关的报纸、杂志、新闻广播等。

2. 从国内在国外的机构及与本单位有联系的当地单位收集资料

可能提供信息资料的这类单位包括：

(1) 我国驻当地的使馆、领事馆、商务代办处;

(2) 中国银行及国内其他金融机构在当地的分支机构;

(3) 本行业集团或本企业在当地开设的营业分支机构;

(4) 当地的报纸、杂志,国外的许多大银行发行自己的期刊,这些期刊往往对相关企业有较多的报道,而且一经获取就可得知许多信息;

(5) 本公司或单位在当地的代理人;

(6) 当地的商会组织等。

3. 从公共机构提供的已出版和未出版的资料中获取信息

这些公共机构可能是官方的,也可能是私营的。它们提供资料的目的,有的是作为政府的一项工作,有的则是为了盈利,也有的是为了自身的长远利益需要,因此我们作为企业或单位的业务谈判人员,应该熟悉一些公共机构,甚至要熟悉在这些机构里的工作人员,同时还要熟悉他们提供资料的种类及发行途径。现列举几种资料来源如下。

(1) 国家统计机关公布的统计资料,如工业普查资料、统计资料汇编、商业地图等。

(2) 行业协会发布的行业资料,这些资料是同行企业资料的宝贵来源。

(3) 图书馆里保存的大量商情资料,如贸易统计数字、有关市场的基本经济资料、各种产品交易情况统计资料,以及各类买卖机构的翔实资料等。

(4) 出版社提供的书籍、文献、报纸杂志等,如出版社出版的工商企业名录、商业评论、统计丛书、产业研究等。目前,许多报刊为了吸引读者,也常常刊登一些市场行情及其分析报道。

(5) 专业组织提供的调查报告。随着经济的发展,出现了许多专业性组织,如消费者组织质量监督机构、股票交易所等专业组织,也会发表有关统计资料和分析报告。

(6) 研究机构提供的调查报告。许多研究所和从事商业调研的组织,除了为单独委托人完成研究工作以外,为了提高自身的知名度还经常发表市场报告和行业研究论文等。这些都是我们收集信息的很好的途径。

4. 本企业或单位直接派人员到对方国家或地区进行考察,收集资料

如果派人员出国进行考察,在出国之前应尽量收集对方的有关资料,在已有的资料中分析出真实、不真实、可能还有新增内容、尚需进一步考察等几个部分,以便带着明确的目的和问题去考察。在日程安排上,应多留些时间供自己支配,切不可让对方牵着鼻子走,并且要善于捕捉和利用各种机会,扩大调查的深度和广度,以便更多地获取第一手材料。

CASE 案例　情报的力量

在某次交易会上,我方外贸部门与某客商谈判出口业务。在第一轮谈判中,客商采取各种招数来摸我们的底,罗列过时行情,故意压低购货的数量。我方立即中止谈判,收集相关的情报,了解到日本一家同类厂商发生重大事故停产,又了解到该产品可能有新用途。在仔细分析了这些情报以后,谈判继续开始。我方根据掌握的情报后发制人,告诉对方:我方的货源不多;产品的需求很大;日本厂商不能供货。对方立刻意识到我方对这场交易背景的了解程

度,甘拜下风。在经过一些小的交涉之后,乖乖就范,接受了我方的价格,购买了大量该产品。

案例来源:曹乾.谈判案例分析[EB/OL]. http://lichuanjun888.bokee.com/viewdiary.14621540.html,2007,1.

在通过各种渠道收集到资料以后,必须对收集来的资料进行整理和分析。

整理和分析谈判资料的意图有二:一是鉴别资料的真实性与可靠性,即去伪存真。因为在实际情况下,由于各种各样的原因,在所收集的资料中某些资料可能比较片面、不完全,有的甚至是虚假的、伪造的,因而必须进行整理和分析。比如,某些人可能自己别有所图,于是提供了大量有利于谈判的信息,而将不利于谈判的信息或是掩盖或是扭曲,以达到吸引对方的目的;有些人可能自己没有识别真伪的能力,而将道听途说的信息十分"真实"地提供出来;有些人可能自己本不知道具体情况,却为了顾全自己的身份而提供了不真实的信息;甚至还有些可悲的人物,为了从中渔利,为谈判双方提供信息。因而必须经过资料的整理与分析,才能做到去粗取精、去伪存真,为我方谈判所用。二是在资料具备真实性、可靠性的基础上,结合谈判项目的具体内容,分析各种因素与该谈判项目的关系,并根据它们对谈判的重要性和影响程度进行排队。通过分析,制订具体的谈判方案与对策。

5.2.3 对谈判对手的调研与分析

在正式业务谈判之前,对与谈判有关的环境因素进行分析是必不可少的,而对谈判对手的调研与分析就更为重要。很显然,如果与一个事先毫无任何了解的对手谈判,其困难程度和风险程度是可想而知的。

5.2.3.1 贸易界客商的几种情况

为了更好地研究和分析谈判对手,首先应对贸易界客商的情况有所了解,以便判定对手的归属情况,从而更深刻、更具体地了解对方。

目前,贸易界的客商,基本上可以归纳为以下几种情况。

1. 世界上享有声望和信誉的跨国公司

这类公司资本比较雄厚,往往有财团作为自己的后台支柱力量。这类公司或企业的机构十分健全,通常都有自己的技术咨询机构,并聘请法律顾问,专门从事国际市场行情和金融商情的研究和预测,以及研究技术咨询的论证工作,为企业老板提供、运筹和选择最佳方案。正因为如此,我们在与这类对手进行业务谈判时会明显感到:对手很讲信誉、办事情讲原则、工作效率高、对商情掌握得比较准确;在要求我方提供技术数据时,往往要求准确、先进和完整;由于对手各方面要求的水准较高,往往在谈判中提出的问题比较尖锐。因此,如果进行业务谈判的对手属于此类,那么事先一定要做好充分的准备,才能有备无患。

2. 享有一定知名度的客商

这类客商资本也比较雄厚,产品在国内外有一定的销售量。许多靠引进技术,通过改进创新发展起来的这类客商,其产品在国际市场上具有一定的竞争力。我们在与这类对手进行业务谈判时会明显感到:对手比较讲信誉;占领我国市场的心情较为迫切;技术服务及培训工作做得比较好;对于我方在技术方面的要求比较易于接受;对于技术转让和合作生产的条件较为优惠。

3. 没有任何知名度,却能够提供公证书,以证明其注册资本、法定营业场所、董事会成员等的客商

通过这些我们可确认客商的基本情况,以及前来参与业务谈判的谈判者的身份。日本的某些客商往往通过这种方式来证明自己,有些也是我们很好的合作选择对象。

4. 专门从事交易中介的客商

这类客商俗称中间商,也称为"皮包商",因为没有法人资格,因而无权签署合同,他们只是为了收取佣金而为交易双方牵线搭桥。例如,没有注册资本的贸易行、商行、洋行等,仅有营业证明,不能提供法人资格、注册资本及法人地址等的公证书,而只能提供标有公司名称、职务及通信地址的个人名片。这类客商在东南亚和我国香港地区较为多见,美国、日本等也有一些。

5. "借树乘凉"的客商

这类客商实属知名母公司的下属子公司,其母公司往往具有较高的知名度,而且资本雄厚,但其子公司可能刚刚起步,资本比较薄弱,又无注册资本和法人资格。但这种客商常常打着其母公司的招牌专门做些大生意,因而我们对这类客商应当持慎重的态度,在识破其本来面目的情况下,应主动要求与其母公司进行业务谈判,也可要求对方出示母公司准予谈判业务并且承担一切风险的授权书,否则,母公司与子公司完全是两个自负盈亏的经济实体,根本无任何连带责任关系,一旦没有把好这一关,这类客商就真的达到了"借树乘凉"的目的。

6. 利用本人身份搞非其所在公司及非经营贸易业务的客商

这类客商往往在某公司任职,但他往往是以个人身份进行活动,关键时刻打出其所在公司的招牌,干着纯属自己私人的买卖,以谋求暴利或巨额佣金。这类客商国内外都有,必须严加提防,否则一旦上当,恐怕追悔莫及。

7. 实属骗子的"客商"

目前这类"客商"几乎是呈上升趋势,他们自己私刻公章,搞假证明、假名片、假地址,来从事欺骗活动。他们可以一身数职,今天是这个公司的经理,明天又是另一家公司的董事长,甚至今天的名片是李先生,明天又变成了王先生。这类人往往无固定职业,专门利用关系,采取拉亲戚、交朋友、行贿赂、请客送礼等手段,先给受骗者一个"好感",然后便骗取其利益,一走了之。他们的活动范围往往是我国经济发展较为缓慢的偏远地区。对于这类客商,我们应保持冷静的头脑,辨别其本来面目,谨防上当。

从以上几种情况不难得出结论:在举行国内外技术、商务业务谈判之前,必须对客商的资格、信誉、注册资本、法定营业地点和谈判者本人等情况进行审核,并请客商出示公证书来加以证明。我们知道,客商的资本、信誉情况、法定营业地址、谈判人员的身份,以及经营活动范围等都是进行谈判的基础,因此应予以审查或取得旁证,然后再考虑开谈。反之,在许多问题尚未弄清之前即开始谈判,势必会给工作带来麻烦乃至经济损失。

5.2.3.2　对谈判对手资信情况的审查

对谈判对手资信情况的审查是谈判前准备工作的重要环节,是我们决定谈判的前提条件。所谓资信审查,是指对谈判对手的资信状况进行审核,确认其资信是否符合我方

要求。对谈判对手资信情况的审查包括两个方面的内容:一是对手的合法资格;二是客商的资本、信用和履约能力。

1. 对客商合法资格的审查

对客商合法资格的审查应从两个方面进行:一是对客商的法人资格进行审查;二是对前来谈判的客商代表的资格及其签约资格进行审查。

(1) 对客商法人资格的审查。在民法或商业法上,法人作为权利义务的主体,在许多方面享有与自然人相同或类似的权利。比如,法人有自己的名称、自己的住所或称营业场所,有拥有财产的权利、有参与各种经济活动的权利、有起诉他人的权利,也可被他人起诉。总之,法人在法律上被作为"人"来看待,是法律上创造的"人",因而法人们可以以自己的名义从事各种经济活动,参与社会的经济生活。

要想成为法人是必须符合一定条件的,否则不能称其为法人。法人应具备的条件有三:一是法人必须有自己的组织机构、名称与固定的营业场所,组织机构是决定和执行法人各项事务的主体;二是法人必须有自己的财产,这是法人参加经济活动的物质基础与保证;三是法人必须具有权利能力和行为能力。所谓权利能力,是指法人可以享受权利和承担义务,而行为能力则是指法人可以通过自己的行为享有权利和承担义务。满足了这三方面的条件后,在某个国家进行注册登记,即成为该国的法人。

对对手法人资格的审查可以通过要求对方提供有关的文件,如法人成立地注册登记证明、法人所属资格证明。我们在取得这些证明文件后,首先应通过一定的手段和途径验证其真伪性,在确认其真实性之后,再查清以下几个方面的问题:一是要弄清客商法人的组织性质,因为公司的组织性质不同,其所承担的责任是不一样的。二是要弄清对方的法定名称、管理中心地点及其主要的营业场所。有些公司注册地点与实际营业地点完全不同,发生经济纠纷时可能找不到对方的行踪,这是有前车之鉴的。三是要确认其法人的国籍,即其应受哪一国家的法律所管辖。这同样涉及事后发生矛盾时,应该运用哪国法律来约束对方。

(2) 对前来谈判的客商的代表资格或签约资格的审查。一般来讲,前来谈判的客商可能是公司的董事长、总经理,但更多的情况下则是公司内部的某一部门的负责人。如果来者是该公司内部某一部门的负责人,那么就存在一个代表资格或签约资格的问题。事实上,并非一家公司或企业中的任何人都可以代表该公司或企业对外进行谈判和签约。从法律的角度来讲,只有董事长和总经理才能代表其公司或企业对外签约。然而,公司或企业对其工作人员超越授权范围或根本没有授权而对外所应承担的义务是根本不负任何责任的,这些全靠我们自己严把审查关,防患于未然。

在国际上经常有某一公司或企业的职员以其公司或企业的名义,到处招摇撞骗,谈判业务并签订协议,从中谋利,却不履行的现象。因此,在谈判签约之前,我们必须要求对方出示法定代表资格的文件,如授权书、委托书等证明材料,以证明其确实是合法的代表人。

2. 对谈判对手资本、信用和履约能力的审查

对客商资本、信用和履约能力的审查是资信审查的重要环节。对客商资本状况的审查主要是审查客商的注册资本、资产负债表、收支状况、销售状况和资金状况等有关文

件。这些文件既可以是由公共会计组织审计的年度报告，如会计师事务所出示的审计报告等，也可以是由银行、资信征询机构出示的证明材料等。

通过对客商商业信誉与履约能力的审查，可以弄清楚客商在以往经营活动中的表现，包括公司的经营历史、经营作风、产品的市场声誉、与金融机构的财务状况，以及与其他公司或企业之间的交易关系等。但由于商务活动内容的广泛性及其不同活动项目的重要性和意义千差万别，相应的资信审查的内容、重点、繁简和程度也各不相同，因此，要具体问题具体分析。当然，为了完成客商资信情况的审查工作，必须借助有关的资料和信息，而这可以通过与前面所讲的有关谈判环境因素分析中所需材料相同的渠道来进行搜集。

5.2.3.3　对谈判双方谈判实力的判定

通过对客商资信情况进行审查，确认合乎我方的要求，接下来的工作就是对双方在谈判中的实力进行评价和判定，这是我们制订方针、目标和行动方案的前提。

这里所讲的谈判实力与一般意义上的企业实力既有区别又有联系。谈判实力是指影响双方在谈判过程中的相互关系、地位和谈判的最终结果的各种因素的总和，以及这些因素对谈判各方的有利程度。企业实力则是指一个企业从总体上看其企业规模、技术水平、人员素质、市场占有率等方面均处于何种水平。企业实力是形成谈判实力的潜在基础，并不一定直接构成谈判实力。例如，如果谈判的内容正好是某一个从一般意义上看实力很强的企业的薄弱之处，那么这个企业的谈判实力是弱而不是强。就一般情况而言，企业实力强会有利于形成和强化其谈判实力，相反，谈判实力较强的企业也不一定就说明企业实力一定强。通常情况下，影响谈判实力的因素取决于以下几个方面的内容。

1. 看交易内容对双方的重要程度

商务谈判的成功标志着谈判双方都得到了一定的好处，但这并不说明交易内容本身对各方的重要程度相同。实际上，交易内容本身对双方来讲，其重要程度往往各不相同，这就决定了双方谈判实力上的差异。一般说来，交易对某一方越是重要，也就是说该方越希望成交，那么该方在谈判中的实力就越弱，反之则越强。例如，在货物买卖业务谈判过程中，若卖方的产品较为紧俏，而买主又急于购买此产品，这时，对于卖方来讲其谈判实力就强，因为卖方不愁卖不掉货，反而是买方怕买不到产品而着急，显然买方的谈判实力较弱。

2. 看各方对交易内容与交易条件的满足程度

商务谈判双方对交易内容与交易条件的满足程度是存在差异的。某一方对交易内容与交易条件满足的程度越高，那么该方在谈判中就比较占优势，也就是说该方的谈判实力越强。例如，在货物买卖谈判中，卖方对其货物的质量、数量、交货时间等内容的要求越能够满足买方，那么卖方的谈判实力就越强，因为买方在这种情况下无法提出一些寻求对方让步的借口，所以是卖方谈判实力强，买方谈判实力弱。

3. 看双方竞争的形势

在业务往来过程中，很少出现一个买主对应一个卖主的一对一现象，经常是存在多个买主对应多个卖主的情况。很显然，当多个卖主对应较少的买主时，即形成了买方市场，这时无疑是买方谈判实力强，而卖方谈判实力弱；反之，当多个买主对应较少的卖主时,即形成了卖方市场,这种情况下,显然卖方谈判实力强,而买方谈判实力弱。

4. 看双方对商业行情的了解程度

谈判的某一方对交易本身的商业行情了解得越多、越详细,那么该方在谈判中就越是处于有利地位,也就相应地提高了自身的谈判实力;反之,如果对商业行情了解甚少,其谈判实力显然较弱。我们知道,商业行情是极为宝贵的资源,它可以转化为财富,这在业务谈判过程中是非常明显的。简言之,我们只有在掌握了充分的市场信息行情的前提下,才有可能制定有针对性的谈判战略和战术。

5. 看双方所在企业的信誉与实力

从企业的信誉角度来看,企业的商业信誉越高,社会影响越大,则该企业的谈判实力越强。特别是支持和影响谈判的因素越强,该方的谈判实力也就越强。在消费生活中,大型零售商尽管其经营的商品可能在价格上高于其他小型零售商,但消费者还是乐于光顾,这完全是因为大型零售商名气大、牌子响、讲信誉,从而得到消费者的厚爱与信赖。

另外,从实践来看,实力强的企业拥有和掌握着比较多的人力、物力和财力资源,能够承受旷日持久的磋商谈判,而且一旦发生经济纠纷,也能承受法律诉讼,因而这类企业比一般性企业的谈判实力要强。

6. 看双方对谈判时间因素的反应

商务谈判的某一方如果特别希望早日结束谈判,并且达成协议,那么时间因素的限制就大大削弱了该方的谈判实力。因为由于时间限制,该方就不得不作出某些对其不利的让步,乃至接受不利的谈判结果。例如,对于季节性较强的商品,其卖主往往是为了在一定的时间内出售,有时会不惜降价进行推销,这种时间的限制削弱了季节性商品卖主的谈判实力。现在,有些过季商品并不过时,于是买主抓住了卖主在时间上的弱点,专门进行过季消费,已成为一种新的消费潮流。

7. 看双方谈判艺术与技巧的运用

在谈判实践中,经常出现这种现象,即本方本来在该项目谈判中并不占优势,反而出乎意料地取得了很好的谈判效果,这就是由于本方在谈判艺术与技巧方面运用得当,才使得本方取胜。事实上,谈判人员如果能充分地调动有利于本方的因素,而尽可能避免不利的因素,那么该方的谈判实力就增强了。谈判艺术与技巧越是高超,谈判实力就越强。

可见,判定双方谈判实力的强弱,必须考虑以上诸因素,综合加以评价。在确定双方谈判实力之后,便可采取一定的措施筹划正式的谈判活动。

5.3 谈判方案的制订

在正式谈判之前,必须确定谈判目标,并制订切实可行的谈判方案。

5.3.1 确定谈判目标

谈判目标是我们与对手磋商所要解决的问题和要达到的经济、技术目的,它是我们在进行经济磋商过程中的出发点和归结点。简单地说,谈判的目标实际上就是在谈判中所要争取的利益目标。任何一种谈判都应当以既定目标的实现为导向。

通常，谈判目标作为一种预测性和决策性的指南，它的实现还需要参加谈判的各方根据自身利益的需要、他人利益的需要和谈判桌内外各种因素来正确制定和设置。谈判目标的实现程度可用谈判的目标层次来表示。

1. 最优期望目标

最优期望目标是指在谈判桌上，对谈判者最有利的一种理想目标，它在满足某方实际需求利益之外，还有一个"额外的增加值"。谈判实践中这一目标往往很难实现，因此，真正较为老练的谈判者在必要时可以放弃这一目标。但这并不是说这种最优期望目标在谈判桌上没有积极意义，它往往是谈判进程开始时的话题。

美国著名的谈判专家卡洛斯向两千多名谈判人员进行的实际调查表明，一个良好的谈判者必须坚持"喊价要狠"的准则。这个"狠"的尺度往往接近喊价者的最优期望目标。在讨价还价的磋商过程中，倘若卖主喊价较高，则往往会以较高的价格成交；倘若买主出价较低，则往往会以较低的价格成交。因此，在谈判桌上，卖方喊价高或买方还价低的时候，都会带来对自己较为有利的谈判结果。这便是最优期望目标在实际谈判中的具体运用。

2. 最低限度目标

最低限度目标是指在谈判中对某一方而言，毫无讨价还价余地，必须达到的目标。换言之，最低限度目标即对某一方而言，宁愿离开谈判桌，放弃合作项目，也不愿接受比这更少的结果。

3. 可接受的目标

可接受的目标是谈判人员根据各种主客观因素，通过考察种种具体情况，经过科学论证、预测和核算之后所确定的谈判目标。可接受的目标是介于最优目标与最低限度目标之间的目标。在谈判桌上，一开始往往要价很高，提出自己的最优目标。实际上这是一种谈判策略，其目的完全是为了保护最低目标或可接受目标，这样做的实际效果往往超出了谈判者的最低限度要求，通过双方讨价还价，最终选择一个最低与最高之间的中间值，即可接受目标。

实际业务谈判中，双方最后成交值往往是某一方的可接受目标。可接受目标能够满足谈判一方的某部分需求，实现部分利益目的。这是谈判者调动各种积极性、采取各种谈判策略、使用多种谈判手段以达到的目标。可接受目标往往是谈判者秘而不宣的内部机密，一般只在谈判过程的某个微妙阶段挑明，因而是谈判者死守的最后防线，如果达不到这一可接受的目标，谈判就有可能陷入僵局或暂时休会，以便重新酝酿对策。

可接受目标的实现，往往意味着谈判的胜利。在谈判桌上，为了达到各自的可接受目标，双方会各自施展技巧，运用各种策略，争取实现各自的可接受目标。

总之，谈判的目标层次不外乎就是以上三种类型，在实际运用中，往往又有许多复杂多变的情况。谈判桌上，一味追求高标准的最优期望目标，放弃己方的最低限度目标，这种谈判决策往往会带来僵死呆板的谈判气氛。这种做法一方面不利于调动谈判一方的积极性，另一方面也不利于谈判的进程。例如，某公司如果对其产品的销售的谈判期望值要求过高，对产品的销量与售价期望过于乐观，并用这种过高的期望值来安排本公司的营销活动,那么一旦在谈判中未能实现其过高的期望值,势必会影响公司的营销活动的顺利进行,挫伤职员的劳动积极性。最低限度目标是谈判者根据自身主观和客观多种因素,合理制定的最低利益限制值,是经过多方论证而制定的。最低限度目标的确定,不仅可以为谈判者创造良好的应变心理环境和思想准备,而且为谈判双方提供了可供选择的突破性方案与成功的契机。

5.3.2 制订可供选择的谈判方案

谈判方案是决定谈判成败的关键。谈判人员必须结合主观与客观因素,寻求合理的谈判方案。

5.3.2.1 合理谈判方案的现实标准

1. 所谓合理只是相对合理,而不是绝对合理

现实中任何一个可行方案都难以达到绝对合理的要求。由于时间、经费、情报来源的限制以及偶然性因素的不可避免性、谈判人员认识能力的限制等,这些条件在现实中是不可能同时具备的。因此现实谈判中不可能存在绝对合理的谈判方案,所谓合理方案仅仅是一个相对概念。

2. 合理谈判方案是一个应从理性角度加以把握的概念

商务谈判实践告诉人们,谈判不能以最理想的方案为目标,而只能以相对来讲足够好的目标为标准。所谓足够好的谈判方案,是指符合国家方针、政策和法令,满足谈判计划要求,能够在确保可接受的最低限度的基础上,实现期待目标值的方案。

3. 优化选择出合理的方案需要特定的时间与条件

合理的谈判方案只能在谈判前提出的若干可行方案中进行比较和优选,而这些可行方案是在一定的时间和条件下提出来的。由于组织准备的水平、能力、方式方法等方面的差异,可行方案的数量和质量也不相同。因此,谈判者永远只能得到一个较为优越的方案,而不可能是最优方案。

5.3.2.2 谈判方案的内容

通常情况,谈判方案一般应包括以下内容。

1. 确定谈判的基本策略

基本策略的确定是建立在对双方谈判实力及其影响因素的细致而认真的研究分析的基础上的,通常分为三步来确定。

(1) 要分析对方在本次谈判中的目标是什么,包括最低限度的谈判目标、可接受的谈判目标和最优期望谈判目标。通过分析对手的目标层次,了解他最想得到什么、他可能在哪些方面做出让步、他实现目标最有利的支持因素是什么、不利于他的因素有哪些。通过了解对手这些情况,我们可以促使对方为了得到最想要的东西而付出更多,也可避其有利而攻其不利。总之,可以帮助我们判断对方的谈判实力,以便有针对性地提出我方的谈判目标,并在谈判中把握好利益界限,采取正确的进攻方式,取得最佳的谈判效果。

(2) 要分析在我方争取最需要的利益时,将会遇到对方哪些阻碍,对方会提出什么样的交易条件。

(3) 要确定对策。明确我方可以在哪些条款上让步,哪些不能让步,对于坚决不让步的条款,如果对方也不肯让步的话,应该采取什么对策来解决问题。对于这样一些问题,在结合具体业务谈判时,应落到实处,将对策制订得有理有据。

2. 合同条款或交易条件方面的内容

在制订谈判方案时,关键的问题就是要对交易条件或合同条款进行逐字逐句的分析和研究。在研究和分析时,应从政策、法律、经济效益等不同的角度进行衡量,彻底弄清其含义,从而分辨出哪些条款是可以接受的,哪些是经过双方协商来决定的,哪些是必须按我方意愿来改变的。通过区分出这三种情况,我方再提出具体的修改或改动意见,以便在谈判中予以贯彻和实施,力争实现。

3. 价格谈判的幅度问题

商务谈判的核心内容往往是价格问题。价格是谈判的中心环节,也是争论最多的问题。在拟订谈判方案时,要对价格掌握的幅度有明确的看法和意见,并要设计出争取最佳结果的策略和具体措施。同时,对于能够支持我方意见的材料,应该广泛地收集,以便在谈判中做到"有理、有节、有利",使对方心服口服,从而收到良好的效果。

5.3.3 评价和选择谈判方案

在接到一项谈判任务之后,通常可能设计出几个可行性方案,那么到底哪个方案更能经济合理地帮助我们实现谈判目标呢?为此,必须逐一对谈判方案进行全面详尽的评价。评价和选择的具体步骤如下。

(1) 组织专门的人员,依据真实可靠的资料,确定评价的标准和评价方法。

(2) 运用评价标准和方法对各个方案进行逐一的分析和判断,结合谈判的具体内容,紧密联系谈判的具体实际情况,认真寻找差异,正确区分优劣,从中选出采用方案。

(3) 正确估计方案实施过程中,可能会由于谈判形势的某些变化,对执行方案将会引起的具体影响和不良后果;同时要估计不良后果的可能程度和严重程度,并经过利弊的权衡后,补充制定相应的应变措施,防患于未然。

(4) 对评估、选择、分析的结果做进一步的整理,写出评价报告,以备领导定案时参考。

(5) 发挥企业或公司领导的关键性作用,并在统一领导下,进行讨论定案。当然,在最后定案时要充分发扬民主,切不可搞领导一言堂,以确保评价和选择的科学性及有效性。

5.4 谈判活动的安排

制订谈判方案后,要对谈判活动进行安排,如谈判现场的布置、座次的安排、资料的保管等。

5.4.1 谈判室的布置

较为正规的商务谈判活动,通常要有两个房间,一个房间作为主谈室,另一个房间作为密谈室。如果条件允许,还可安排一个供双方人员休息用的休息室。

1. 主谈室的布置

主谈室的布置是很关键的,应以光线充足、舒适为原则,并安装类似黑板的视觉中心。主谈室的桌子可以是长方形的,也可以是椭圆形的。圆形的几乎不用来进行业务谈判。主谈室一般不设有录音设备,当然,如果双方协商说需要录音,也可配备。经验证明,录音设备对业务谈判的双方往往产生副作用,因为在使用录音设备时,人们由于心理因素的影响,往往会本能地难以畅所欲言,影响谈判的正常进行。

2. 密谈室的布置

密谈室是供双方使用的单独房间。它要靠近主谈室,室内应配有黑板、笔记本、笔、桌子,以及比较舒适的椅子。密谈室内的桌子不宜过大,以便谈判的某一方成员内部协商时方便使用。有时,某一方需要私下里讨论什么问题,即可使用密谈室。密谈室同样不应有录音设备。国外有些情报窃取人员,在主场谈判时,常利用微型录音设施在密谈室内偷录对方密谈信息,因此,若我们是客场谈判,在利用其密谈室时一定要小心。另外,密谈室的光线不宜太亮,隔音效果要特别理想,窗子上要有窗帘,以备使用。

3. 休息室的布置

休息室应该布置得轻松、舒适,以便让双方放松一下紧张的神经,以缓和彼此之间的对立气氛。室内最好布置一些盆景或鲜花,轻柔的音乐也可放松和调节紧张的心绪。总之,以调节心情、舒缓气氛为原则来布置即可。

CASE 案例　　精心的会场布置

美国总统尼克松当年访华,中美双方将要展开一场具有重大历史意义的国际经济谈判。为了创造一种融洽和谐的谈判环境和气氛,中方在周恩来总理的亲自领导下,对谈判过程中的各种环境都做了精心而又周密的准备和安排,甚至对宴会上要演奏的中美两国民间乐曲都进行了精心的挑选。在欢迎尼克松一行的国宴上,当军乐队熟练地演奏起由周总理亲自选定的《美丽的亚美利加》时,尼克松总统简直听呆了,他绝没有想到能在中国的北京听到如此熟悉的乐曲,因为这是他平生最喜爱的并且指定在他的就职典礼上演奏的家乡乐曲。敬酒时,他特地到乐队前表示感谢,此时,国宴达到了高潮,而一种融洽而热烈的气氛也同时感染了美国客人。一个小小的精心安排,赢得了和谐融洽的谈判气氛,这不能不说是一种高超的谈判艺术。美国总统杰弗逊曾经针对谈判环境说过这样一句意味深长的话:"在不舒适的环境下,人们可能会违背本意,言不由衷。"英国政界领袖欧内斯特·贝文则说,根据他平生参加的各种会谈的经验,他发现,在舒适明朗、色彩悦目的房间内举行的会谈,大多比较成功。

资料来源:毛亮.商务谈判案例分析[EB/OL].中国网职场频道,http://zhichang.china.cn/zcsy/txt/2006-10/10/content_219641.html.

5.4.2 谈判双方座位的安排

商务谈判中座位的安排是很有讲究的。经验告诉我们,不同的座位安排对谈判的气氛,对谈判各方在谈判过程中的内部交流与控制都是十分有影响的。通常可安排两种方式就座。

1. 双方各居谈判桌的一边，相对而坐

这是最为常见的一种座位安排方法。许多国际间重要的和常规的经济业务谈判都采用这种方法。这种方式的好处是：谈判的同伴能够相互接近，这样可产生心理上的安全感和实力感，也便于信息的交流，增强凝聚力。这种方式的不利之处在于：它客观上造成了双方的对立感和冲突感，给谈判人为地制造了紧张的气氛。

2. 不设谈判桌，任意就座

这是一种可供选择的就座方式，实际运用得不多。任意就座是指谈判双方的人混杂在一起就座。主场谈判中本方事先有充分准备而对方毫无准备的情况下，这种方式往往会令对方大吃一惊而惊慌失措，因为这种方式会造成对方谈判人员被分开、包围和孤立的感觉。值得一提的是，作为主场谈判的本方，一旦采用混座方式，一定应事先建立起自己内部有效的信息控制体系，以免自己乱了阵脚，自食其果。

总之，不论是房间的选择或是座位的安排，都应服务于谈判的总目标，并且根据双方之间的关系、本方谈判人员的素质和能力等情况来具体决定。不可随便从事，以防损害本方的利益。

5.4.3　谈判过程中信息与资料的保密

在商务谈判中，谁掌握的信息更多，谁就能在谈判中占得主动和优势。因此，一方面应千方百计地收集对方的信息，另一方面对自己的信息要想方设法地保密。如何有效地对谈判过程中的信息加以保密，就显得格外重要。

说到信息的保密，首先要明白什么样的信息需要保密。我们获取信息的重要途径之一，就是分析大量公开发行的刊物、消息，如文献资料、统计数据、杂志、各类文件、企业名录和说明书等。每种刊物、消息都有丰富的内容，如国民经济、新闻广告、价格、企业经验、市场需求等。对于这些内容，只要加工、整理方法得当、准确，全面的市场信息就可"得来全不费功夫"。

另外，企业一般都有自己的情报收集、分析系统。在谈判前，该系统能够详细记载有关本企业的公开消息，分析造成的影响；能正确地估计对方对本企业情况的掌握程度。这样才能确定在谈判中什么样的信息应该保密，以及保密的程度如何。对谈判过程来讲，如下情况是必须注意的。

1. 公共场所的信息保密

公共场所人员庞杂，人们来自不同的地方，大多数是旅游或出差，在外有一种寂寞感。因此，多数人愿意与他人聊天、谈见闻，以消磨时间。特别是一些企业的推销员、业务员，大多性情开朗、联系广，常常从他们口中说出一些对别人有用的信息。例如，广东一家公司的采购员在一次出差途中，在列车上从湖南古丈县商业局供销员那里意外地发现了一批钢材生意的线索。他紧追不舍，打听钢材的规格型号、进价、最低销价、费用以及车皮计划等，最后拍板到古丈县看合同。许多公司看到了公共场所的信息交流作用，想方设法地收集一些对自己有用的情报。因此，谈判人员不应在公共场所谈论业务问题。在异国他乡时，不要以为别人听不懂自己的语言。

2. 谈判中信息的保密

谈判中信息的保密涉及两个方面：谈判资料的保密和内部信息传递的保密。

谈判人员需要注意的东西很多,不可能记住整个谈判所需要的信息,因此,常常随身携带谈判资料,以便备查。但是,应当注意的是,不能将自己的谈判方案敞露于谈判桌上,特别是印有数字的文件,因为对方可能是经过训练的倒读能手。

在谈判桌上,常常出现本方谈判小组的意见或行动不一致,或者对方提出的问题,本方成员没有确切的把握回答。这时,就有必要在谈判小组内部传递信息,以便协调本方各成员的意见或行动,或者集体商量对策回答对方的问题。由于是在谈判对方的眼皮底下传递信息,保密就显得尤为重要。有种做法是有风险的。有的人遇到问题,常常就在谈判桌上或谈判室内把人员召集在一起进行商量,自以为声音很小或者是用本国语言进行交谈,对方成员听不见或是听不懂。然而,对方谈判人员中可能就有精通你的语言而深藏不露的人,而且你在商量某一问题时,往往是不自觉地提高了声音。如果情况真是如此,后果是可想而知的。事实上,即使对方听不懂你的语言,但从你及你的同事的眼神、面部表情中就能判断出你们之间传递信息的内容。因此,除了有必要,不应在谈判桌上传递信息。一般来说,有三种可供选择的途径:一是采用暗语的形式;二是通过事先约定的某些动作或姿态来进行;三是到谈判现场以外的地方进行商谈。

在谈判中,成员经常把自己的看法或建议写在纸上,以便厘清思路或在内部进行信息传递。应当注意,不要将这些用过又废弃的文件随便乱丢。因为如果对方得到,就会利用它来研究本方的谈判思路。

3. 谈判休息时的信息保密

在谈判休息时,可谈些与业务无关的话题,不能在休息室内进行商议,以防对方窃听。在谈判休息时,如果要复印文件或资料,应尽量让自己人去做,实在是迫不得已,也应该派自己的一个人员去监督完成,而不要让对方单独去做。在谈判休息时,不要将谈判文件、资料留在谈判室里,如果实在无法带出去的话,要保证自己第一个再度进入谈判室。

在谈判的整个过程中,绝不能向对方透露本方准备何时回国。因为如果对方知道你何时回国,就可以有针对性地安排谈判的日程与策略。例如,对方可以在谈判的前半段时间内安排一些非谈判的内容,尽可能地推迟实质性谈判,以便缩短双方讨价还价的时间。

4. 与公司管理机构联系时的信息保密

在谈判中,经常有一些问题或建议的回答超过谈判人员的权限。这时,谈判人员必须与公司的管理机构进行联系,从而得到明确指示。在联系时,要保证必须亲手去发电传等。在涉及重要的问题时,必须运用暗语与公司进行通信联系。

5. 谈判后资料的保存与保密

整个谈判过程中会形成大量的资料,有谈判前收集的情报、可行性分析报告,有谈判中关于谈判方针、策略和技巧的方案、会议记录,有谈判的结果——协议书,还有对本次谈判的总结材料。这些资料是否保存和保密,以及如何保存和保密,对以后的交易是非常重要的。

谈判后的资料是非常有用的。以后再次与对方做生意时,上述材料即可成为不可缺少的参考材料。如果能将这项工作长期坚持下去,积累到相当多时,可以汇总形成一套谈判的策略、方针和技巧，将使你更善于应付谈判对手。保存资料时，可以将资料制作成文献，存放在文档中，这种方法称为文档保存；也可以把资料输入计算机，这种方法称为计算机保存。

谈判后的资料不仅要保存好，而且要保密好。如果对方获得了本方此次的谈判资料，经过分析，肯定会了解本方收集资料的途径、谈判的方针、策略和技巧，就会在以后的谈判中，针对本方所运用的方法，采取相应的对策，从而掌握主动权，使本方在谈判中处于被动挨打的局面。因此，对资料的管理应安排专人负责，不经过有关负责人的批准，其他人不得进入资料室进行查询。

思考题 QUESTIONS

1. 组织谈判小组时应该坚持哪些原则？
2. 谈判人员应该具备哪些素质？
3. 主谈和辅谈如何进行分工与配合？
4. 与谈判有关的环境因素有哪些？
5. 如何收集谈判对手的信息资料？
6. 如何对谈判对手的合法资格进行审查？
7. 如何判定谈判双方的谈判实力？
8. 如何确定谈判目标？
9. 判定合理谈判方案的现实标准有哪些？
10. 如何制订可供选择的谈判方案？
11. 简述评价和选择谈判方案的具体步骤。
12. 在布置谈判室时应该注意哪些事项？
13. 谈判双方座次的安排有哪几种方式？
14. 谈判过程中信息与资料的保密应注意哪些事项？

案例讨论 Case discussion

轮胎渠道管理危机谈判

华源轮胎新上任的华东大区经理龙天刚完成了对浙江和江苏的拜访之旅。华东地区的销售额一直占据着华源重要的份额，该地区的几个市场近几年的总体表现一直令总部非常满意。华源在每个省都设立了分公司管理市场，每个轮胎都有胎号管理，同时轮胎也涉及损坏后的理赔事宜，一旦发生跨区销售，公司从胎号可以追查来源。因此，轮胎市场的稳定性是相当高的，窜货基本上不存在。然而，浙南和浙北的经销商对华源轮胎的抱怨非常大，虽然他们都是华源的独家区域经销商，但是，在他们的市场上随便可以买到来自台州和绍兴的货，而且价格比他们普遍要低 2 个点。以 1 500 元一条轮胎计算，就是 30 元的净利润，对于轮胎行业普遍 5%的销售利润而言，经销商是很愤怒的。

当初华源品牌进入市场的时候,试点就是江浙两省,由于是一个新品牌,华源全靠台州和绍兴的两个经销商大力推广,慢慢地从台州和绍兴地区建立知名度和客户群。因此,华源对这两个地区的经销商一直很感激,给予他们的返点比其他经销商多2%~3%。同时,他们的销量也一直居全省的前两位,2003年他们的销售额都超过了千万元,华源给的信用额度超过百万元。这种待遇在全国仅此两家,连龙天都怀疑公司高层和他们是不是有着特殊的关系。

这两家经销商其实是张龙和张虎两兄弟开的,除了华源,他们还代理美国的"好年"和其他几个国产品牌,其中"金角"和"银牌"拿到的还是浙南和浙北的区域性代理权。

华源是一个销量不错的品牌,而且龙虎兄弟拿到的扣点比其他经销商的低。他们虽然满足华源给予的利润,但更希望能像"金角"和"银牌"一样,说服华源设立浙南和浙北区域性代理商,让他们建立更大的销售网络。在龙虎兄弟的心目中,大批发商是他们的主要目标。龙天在四川的经验告诉他,轮胎行业省级总代理不止有巨大的利润,而且能进行轮胎和汽配产品的贴牌销售,连品牌公司的利润也一起分享。

因此,龙天不得不怀疑龙虎兄弟的这一野心,但是他们只依靠"金角"和"银牌"这两个低档品牌是不够的。"金角"在全国的销量只有3个多亿,而"银牌"除了在华东一带有销售之外,龙天在四川根本没有见过。

正因为"金角"和"银牌"的品牌地位不高,所以龙虎兄弟拿到了非常优厚的代理条件,包括全额铺货、高额返点、运费补贴和其他政策。龙虎兄弟利用铺货额度在浙南和浙北地区或者建立分公司,或者支持员工开设门店。除此以外,龙虎和其他零售商都订立了合约,以铺货和返点利益要求各地的零售商只卖龙虎代理的品牌。

龙虎本身在浙南和浙北区域有着很高的知名度,他们的确是依靠自己的实力做到华源品牌年过千万元的销售额,各地级市的小代理商都很愿意加入龙虎的网络,因此在短短的5个月里,龙虎就在浙南北地区打通了网络,"金角"品牌上一年在浙江卖出了近3 000万元。

当经销商的力量开始膨胀时,厂家和经销商的易位是很容易发生的。龙天听到的故事很多来自化妆品、食品、饮料和电子消费品等其他行业。一方面,厂家都希望自己的经销商有着强大的力量;但另一方面,又不希望经销商的力量强大到难以控制,出现得寸进尺、要挟甚至背叛品牌的不利后果。

华源就是这样的得益者和受害者。如果没有龙虎兄弟初期的大力扶持,华源品牌不可能有现在的市场地位,甚至会因为当初打不开浙江市场而夭折。然而,当龙虎开始扶持其他弱势品牌时或者利用本身力量跨区销售时,华源进退两难了。

龙虎兄弟开始跨区销售的时候,很容易将价格拉下2%~3%。

浙江省区经理小陈向总部反映以后,龙虎只被象征性地警告了一下,同时他们也很快停止了跨区销售。

当华源以为这些只是插曲的时候,龙虎在今年取得了华源的竞争品牌——"黑海"轮胎的浙江省总代理权,这本身是对华源的一种挑战,按照行规,龙虎是不能同时代理竞争品牌的，虽然省代和市代是两种不同的概念。

更有甚者，龙虎开始重新跨区销售华源。而这次公司干涉的结局是，龙虎威胁说将取消华源品牌的销售，并在全省主力推介“黑海”。

龙虎兄弟的销售几乎占了浙江省区的40%。小陈虽然不满意龙虎的跨区销售，但在他们的销售贡献面前，连公司也不愿意将龙虎推到“黑海”的阵营。但是，如果听之任之，浙南和浙北的华源经销商系统和价格系统肯定会被打乱；采取行动吧，龙虎一旦全力推广“黑海”，不止会丢掉原来的两千多万元销售额，甚至可能会在全省范围推高“黑海”的销量。怎么办？一场艰难的谈判不可避免！

资料来源：中国营销传播网，http://www.emkt.com.cn/article/190/19040.html.

讨论题：

如果你是华源轮胎新上任的华东大区经理龙天，在与龙虎兄弟正式谈判之前应该做哪些准备？应该制定怎样的谈判目标？

第6章 CHAPTER 6

开局与报价

本章要点

- □ 正确的开局方式
- □ 开局阶段应考虑的因素
- □ 先报价的利与弊
- □ 报价的原则
- □ 西欧式报价术与日本式报价术
- □ 报价解释的原则

引例　　挑剔式开局

巴西一家公司到美国去采购成套设备。巴西谈判小组成员因为上街购物耽误了时间，当他们到达谈判地点时，比预定时间晚了45分钟。美方代表对此极为不满，花了很长时间来指责巴西代表不遵守时间，没有信用，如果老这样下去的话，以后很多工作很难合作，浪费时间就是浪费资源、浪费金钱。对此巴西代表感到理亏，只好不停地向美方代表道歉。谈判开始以后美方代表似乎还对巴西代表来迟一事耿耿于怀，一时间弄得巴西代表手足无措，说话处处被动，无心与美方代表讨价还价，对美方提出的许多要求也没有静下心来认真考虑，匆匆忙忙就签订了合同。

等到合同签订以后，巴西代表平静下来，头脑不再发热时才发现自己吃了大亏，上了美方的当，但已经晚了。

资料来源：毛亮．商务谈判案例分析[EB/OL]．中国网职场频道，http://zhichang.china.cn/zcsy/txt/2006-10/10/content_219641_2.htm.

商务谈判人员要想在全局上控制住整个谈判，同时又能正确处理好谈判过程中出现的诸多问题，就必须把握好谈判的各个阶段以及各个阶段应该采取的策略与技巧。

实际谈判中，从谈判双方见面商议开始，到最后签约或成交为止，整个过程往往呈现出一定的阶段性。具体表现为开局阶段、报价阶段、磋商阶段和成交阶段四个阶段。本章主要简述开局与报价。

6.1 开局

6.1.1 营造谈判开局的气氛

开局阶段主要是指谈判双方见面后，在进入具体交易内容讨论之前，相互介绍、寒暄以及就谈判内容以外的话题进行交谈的那段时间和经过。开局阶段所占用的时间较短，谈论的内容也与整个谈判主题关系不大或根本无关，但这个阶段却很重要，因为它为整个谈判奠定了基调。经验证明，在非实质性谈判阶段所创造的气氛会对谈判的全过程产生作用和影响。因此，谈判人员在此阶段的目的和任务就是要为谈判创造一个合适的气氛，为谈判的后几个阶段打下良好的基础。

谈判内容、形式、地点的不同，其谈判气氛也各不相同，通常商务谈判的气氛有如下几种情况。

(1) 热烈的、积极的、友好的。双方抱着互谅互让，通过共同努力而签订一个皆大欢喜的协议，使双方的需要都能得到满足的态度来参加谈判，使谈判变成一个轻松愉快的事情。

(2) 冷淡的、对立的、紧张的。双方抱着寸土不让、寸利必夺、尽可能签订一个使自己的利益最大化的协议的态度来参加谈判，使谈判变成为没有硝烟的战争。

(3) 平静的、严肃的、严谨的。

(4) 松垮的、慢腾的、持久的。

(5) 介于上述四者之间的气氛。更多的谈判气氛介于上述四种谈判气氛之间：热烈当中包含着紧张；对立当中存在着友好；严肃当中有着积极。一般来讲，通过谈判气氛，我们可以初步感受到对方谈判人员的气质、个性、对本次谈判的态度，以及准备采取的谈判方针。

谈判初期气氛的形成是通过双方见面、相互介绍、寒暄以及对一些题外话的交谈。另外，除了双方交谈的内容以外，双方接触时的姿态、动作和表情，对于形成什么样的谈判气氛都有很重要的影响。

在开局阶段，谈判气氛的建立，应该服务于谈判的方针和策略，服务于谈判的目标。

6.1.2 掌握正确的开局方式

开局的方式是制定开局策略的核心问题。从谈判内容、程序和谈判人员方面来看，谈判人员的所作所为是左右谈判开局的重要因素。这里所说的谈判人员的所作所为是泛指谈判人员之间相互作用的方式，谈判人员的各自性格融和或冲突的方式，谈判人员影响谈判的方式，以及谈判一方对另一方影响的措施，等等。因此，积极主动地调节对方的所作所为，使其与本方的所作所为相吻合，即主动地对谈判人员这个影响谈判的重要因素施加影响,创造良好的谈判气氛,是顺利开局的核心。

谈判人员在开局时切忌过分闲聊,离题太远。话题应相对集中在会谈的目的、计划、速度和人物这四个方面。谈判的目的因各方出发点不同而有不同的类型。例如,探测型,意在了解对方的动机;创造型,旨在发掘互利互惠的合作机会;论证型,旨在说明某些问题;达成原则协定型;达成具体协定型;批准草签的协定型;回顾与展望型;处理纷争型。谈判的计划是指会议的议事日程。速度是指谈判进展的快慢。人物则是指谈判双方的人员组成。总之,如果在开局过程中把话题很自然地集中在这四个方面,则开局结果一定令人满意。

最为理想的开局方式是以轻松、愉快的语气先谈些双方容易达成一致意见的话题。比如,"咱们先确定一下今天的议题,如何?""先商量一下今天的大致安排,怎么样?"这些话从表面上看好像无足轻重,分量不大,但这些要求往往最容易引起对方肯定的答复,因此比较容易创造一种"一致"的感觉,如果能够在此基础上,悉心培养这种感觉,就可以营造一种"谈判就是要达成一致意见"的气氛。有了这种"一致"的气氛,双方就能比较容易地达成互利互惠的协议。可见,良好的开局方式可谓成功的一半。

6.1.3 怎样避免一开局就陷入僵局

商务谈判双方有时会因为彼此的目标、对策相差甚远而在一开局就陷入僵局。这时,双方应努力先就会谈的目的、计划、速度和人物达成一致意见,这是掌握好开局过程的基本策略和技巧,实践证明,适合各种谈判。若对方因缺乏经验而表现得急于求成,即开局一开始就喋喋不休地大谈实质性问题,这时,我们要善而待之,巧妙地避开他的要求,把他引到谈判目的、计划、速度和人物等基本内容上来,这样双方就很容易合拍了。当然,有时候谈判对手出于各种目的在谈判一开始就唱高调,那么我方可以毫不犹豫地打断他的讲话,将话题引向谈判的目的、计划等问题上来。总之,不管出于哪种情况,谈判者应有意识地创造"一致"感,以免造成开局即陷入僵局的局面,为营造良好的开局气氛创造条件。

6.1.4 开局阶段应考虑的因素

不同内容和类型的谈判,需要有不同的开局策略和技巧与之对应。为了结合不同的谈判项目,采取恰当的策略与技巧进行开局,需要考虑以下几个因素。

1. 谈判双方企业之间的关系

根据谈判双方企业之间的关系来决定营造怎样的开局气氛、采用怎样的语言及内容进行交谈,以及采取何种交谈姿态。具体有以下四种情况。

(1) 双方企业过去有过业务往来,且关系很好,那么这种友好关系应该作为双方谈判的基础。这种情况下,开局阶段的气氛应该是热烈的、友好的、真诚的、轻松愉快的。开局时,本方谈判人员在语言上应该是热情洋溢的;内容上可以畅谈双方过去的友好合作关系或两企业之间的人员交往,亦可适当地称赞对方企业的进步与发展;在姿态上应该是比较自由、放松、亲切的。可以较快地将话题引入实质性谈判。

(2) 双方企业过去有过业务往来,但关系一般,那么开局的目标仍然是要争取营造一个比较友好、随和的气氛。但是，本方在语言的热情程度上应该有所控制；在内容上，可以简单地聊一聊双方过去的业务往来及人员交往，亦可说一说双方人员在日常生活中的兴趣和爱好；在姿态上，可以随和自然。在适当的时候，自然地将话题引入实质性谈判。

(3) 双方企业过去有过业务往来，但本企业对对方企业的印象不佳，那么，开局阶段的气氛应该是严肃的、凝重的。语言上，在注意讲礼貌的同时，应该是比较严谨的，甚至可以带一点冷峻；内容上，可以对双方过去的业务关系表示出不满意、遗憾，以及希望通过本次交易磋商能够改变这种状况，也可谈论一下途中见闻、体育比赛等中性的话题；在姿态上，应该是充满正气，并注意与对方保持一定的距离。在适当的时候，可以慎重地将话题引入实质性谈判。

(4) 双方企业在过去没有过任何业务往来，本次为第一次业务接触，那么在开局阶段，应力争营造一个友好、真诚的气氛，以淡化和消除双方的陌生感，以及由此带来的防备甚至略含敌对的心理，为实质性谈判奠定良好的基础。因此，在语言上，应该表现得礼貌友好，但又不失身份；内容上，多以途中见闻、近期体育消息、天气状况、业务爱好等比较轻松的话题为主，也可以就个人在公司的任职情况、负责的范围、专业经历等进行一般性的询问和交谈；姿态上，应该是不卑不亢，沉稳中不失热情，自信但不骄傲。在适当的时候，可以巧妙地将话题引入实质性谈判。

2. 双方谈判人员个人之间的关系

谈判是人们相互之间交流思想的一种行为，谈判人员个人之间的感情会对交流的过程和效果产生很大的影响。如果双方谈判人员过去有过交往接触，并且结下了一定的友谊，那么在开局阶段即可畅谈友谊地久天长。同时，也可回忆过去交往的情景，或讲述离别后的经历，还可以询问对方家庭的情况，以增进双方之间的个人感情。实践证明，一旦双方谈判人员之间发展了良好的私人感情，那么提出要求、做出让步、达成协议就不是一件太困难的事。通常还可降低成本，提高谈判效率。

3. 双方的谈判实力

就双方的谈判实力而言，不外乎以下三种情况。

(1) 双方谈判实力相当。为了防止一开始就强化对方的戒备心理和激起对方的敌对情绪，以致这种气氛延伸到实质性阶段而使双方为了一争高低，造成两败俱伤的结局，在开局阶段，仍然要力求营造一个友好、轻松、和谐的气氛。本方谈判人员在语言和姿态上要做到轻松而不失严谨、礼貌而不失自信、热情而不失沉稳。

(2) 本方谈判实力明显强于对方。为了使对方能够清醒地意识到这一点，并且在谈判中不抱过高的期望值，从而产生威慑作用，同时，又不至于将对方吓跑，在开局阶段，在语言和姿态上，既要表现得礼貌友好，又要充分显示出本方的自信和气势。

(3) 本方谈判实力弱于对方。为了不使对方在气势上占上风，从而影响后面的实质性谈判，开局阶段，在语言和姿态上，一方面要表示出友好，积极合作；另一方面也要充满自信，举止沉稳，谈吐大方，使对方不至于轻视我们。

CASE 案例　“双赢”的报价

日本某公司向中国某公司购买电石，此时是两家公司相互交易的第五个年头。去年谈价时,日方压低中方30美元/吨,今年又要压低20美元/吨,即从410美元压到390美元/吨。据日方讲,他已拿到多家报价,有430美元/吨、370美元/吨,也有390美元/吨。据中方了解,370美元/吨是个体户报的价,430美元/吨是生产能力较小的工厂供的货。供货厂的厂长与中方公司的代表共4人组成了谈判小组,由中方公司代表为主谈。谈前,工厂厂长与中方公司代表就价格达成了共同的意见,工厂可以在390美元成交,因为工厂需订单连续生产。公司代表讲,对外不能说,价格水平我会掌握。公司代表又向其主管领导汇报,分析价格形势;主管领导认为价格不取最低,因为我们是大公司,讲质量,讲服务。谈判中可以灵活,但步子要小。请工厂配合。

中方公司代表将此意见向工厂厂长转达,并达成共识和工厂厂长一起在谈判中争取该条件,中方公司代表为主谈。经过交锋,价格仅降了10美元/吨,在400美元成交,比工厂厂长预期的成交价高了10美元/吨。工厂代表十分满意,日方也满意。

资料来源:林勇.商务谈判实务案例分析[EB/OL].商业世界,Bizwo.com,2006-08.

6.1.5 掌握“破冰”期

开局阶段通常也被称为“破冰”阶段。谈判双方在这段时间内相互熟悉、了解,对于正式谈判的开始起到了良好的铺垫作用。那么到底“破冰”期应该控制在多长时间才比较合适呢?这要根据谈判性质和谈判期限的长短来区别对待。一般来说,“破冰”期控制在谈判总时间的5%之内是比较合适的。例如,长达5个小时的谈判,那么用15分钟的时间来“破冰”就足够了。如果谈判要搞很多轮,并要持续数日,则“破冰”的时间相应也要增加。在这段时间里,双方应按照一定的可行方式进行交往,也可以谈一谈天气,或去娱乐场所,以增进彼此之间的了解。

“破冰”期掌握的好与坏,对谈判的进程影响很大。俗话说:“良好的开端是成功的一半。”把握好“破冰”期,良好的谈判气氛就很容易形成,谈判全过程就会进行得比较顺利。

6.2 报价

报价阶段就是谈判开局阶段结束后,谈判进入实质性阶段的前期。所谓实质性阶段是指开局阶段结束,到最终签订协议或败局为止,双方就交易的内容和条件所进行谈判的时间和经过。实质性阶段是整个谈判的主体。随着谈判的顺利进展或从其本身的逻辑关系来看,实质性阶段可细分为三个阶段,其前期即为报价阶段。

在报价阶段,双方各自提出自己的交易条件。谈判双方往往是经过各自互探对方的底细,在明确了交易的具体内容和范围,以及讨论磋商的基本议题之后,提出各自的交易条件,表明自己的立场和利益需求。

商务谈判中的报价是指有关整个交易的各项条件,并非仅指价格条款。

报价和磋商是谈判过程中的两个核心问题,因为:一方面,报价和磋商的策略与技巧的应用很大程度上决定了生意是否能够成交;另一方面,一旦生意成交,还将在很大程度上决定是盈利还是亏损。为此,掌握报价阶段的策略与技巧,是商务谈判人员必须做到的。

报价阶段的策略与技巧主要体现在谁先报价、怎样报价和怎样对待对方的报价这三大方面，下面就进行具体的阐述。

6.2.1　先报价的利与弊

商务谈判双方在结束了非实质性交谈之后，就要将话题转入有关交易内容的正题上来。一经转入正题，双方即开始相互摸底。摸底的内容不外乎了解对方对本次谈判的态度、兴趣、交易的大致内容和范围、谈判的议题等。摸底的目的就是为提出本方的交易条件即报价做准备。经过摸底之后，双方即开始报价。应该由哪一方先报价呢？换句话说，本方到底是先报价还是后报价？那要看先报价的利弊关系如何。

就一般情况而言，先报价有利也有弊。

1. 先报价的有利之处

一方面，先报价对谈判的影响较大，实际上等于为谈判划定了一个框架或基准线，最终协议将在这个范围内达成。例如，卖方报价某种计算机每台 FOB 1 000 美元，那么经过双方磋商之后，最终成交价格一定不会超过 1 000 美元这个界限。另一方面，先报价如果出乎对方的预料和设想，往往会打乱对方的原有部署，甚至动摇对方原来的期望值，使其失去信心。例如，卖方首先报价 FOB 某货物 1 000 美元一吨，而买方却只能承受 400 美元一吨，这与卖方报价相差甚远，即使经过进一步磋商也很难达成协议，因此，只好改变原来部署，要么提价，要么告吹。总之，先报价在整个谈判中都会持续地起作用，因此，先报价比后报价的影响要大得多。

2. 先报价的弊处

一方面，对方听了我方的报价后，可以对自己原有的想法进行最后的调整。由于我方先报价，对方对我方的交易条件的起点有所了解，他们就可以修改原先准备的报价，获得本来得不到的好处。正如前面所举的例子，卖方报价每台计算机 FOB 1 000 美元，而买方原来准备的报价可能为 1 100 美元一台。这种情况下，很显然，在卖方报价以后，买方马上就会修改其原来准备的报价条件，其报价肯定会低于 1 000 美元。那么对于买方来讲，后报价至少可以使他获得 100 美元的好处。另一方面，先报价后，对方还会试图在磋商过程中迫使我方按照他们的路子谈下去。其最常用的做法是：采取一切手段，调动一切积极因素，集中力量攻击我方的报价，逼迫我方一步一步地降价，而并不透露他们自己究竟肯出多高的价格。

6.2.2　何时先报价利大于弊

先报价有利也有弊，那么什么时候、什么情况下先报价利大于弊呢？一般来讲，我们要通过分析双方谈判实力的对比情况来决定何时先报价。

如果本方的谈判实力强于对方，或者说与对方相比，本方在谈判中处于相对有利的地位，那么本方先报价就是有利的。尤其是当对方对本次交易的行情不太熟悉的情况下，先报价的利更大。因为这样可为谈判先划定一个基准线，同时，由于本方了解行情，还会适当掌握成交的条件，对本方无疑是利大于弊。

如果通过调查研究，估计到双方的谈判实力相当，谈判过程中一定会竞争得十分激烈，那么，同样应该先报价，以便争取更大的影响。

以上仅就一般情况而言，何时先报价利大于弊。有些国际及国内业务的谈判，谁先报价几乎已有惯例可以遵循。比如货物买卖业务的谈判，多半是由卖方首先报价，然后买方还价，经过几轮磋商后再告成交。相反，由买方先出价的情况几乎是不存在的。

CASE 案例　　超出的30多万元

爱迪生在做某公司电气技师时，他的某项发明获得了发明专利。一天，公司经理突然派人把爱迪生叫到经理室，表示愿意购买爱迪生的发明专利，并让爱迪生先报价。

爱迪生想了想，回答说："我的发明对公司有怎样的价值，我是不知道的，请您先开个价吧。"

"那好吧，我出40万，怎么样?"经理爽快地先报了价。

谈判顺利结束了。

事后，爱迪生这样说："我原来只想把专利卖5 000美元，因为以后在实验上还要用很多钱，所以再便宜些我也是肯卖的。"

让对方先报价，使爱迪生多获得了30多万元的收益，经理的开价与他所预料的价格简直是天壤之别。在这次谈判中，事先未有任何准备，对其发明对公司的价值一无所知的爱迪生如果先报价，肯定会遭受巨大的损失。在这种情况下，最佳的选择就是把报价的主动权让给对方，通过对方的报价传递的信息，来探查对方的目的、动机，摸清对方的虚实，然后及时地调整自己的谈判计划，重新确定价格。

6.2.3 报价应遵循的原则

1. 对于卖方来讲，开盘价必须是"最高的"，相应地，对买方来讲，开盘价必须是"最低的"，这是报价的首要原则

(1) 若我们为卖方，开盘价为我方的要价确定了一个最高限度。一般来讲，除特殊情况外，开盘价一经报出，就不能再提高或更改了。最终双方成交的价格肯定是在此开盘价格以下。若我们为买方，开盘价为我方的要价确定了一个最低限度。一般来讲，没有特殊情况，开盘价也是不能再降低的，最终双方成交的价格肯定在此开盘价格之上。

(2) 从人们的观念来看，"一分钱、一分货"是多数人信奉的观点。因此，开盘价较高，会影响对方对我方提供的商品或劳务的印象和评价。

(3) 开盘价较高，能够为以后的讨价还价留下充分的回旋余地，使本方在谈判中更富有弹性，便于掌握成交时机。

(4) 开盘价的高低往往对最终成交水平具有实质性的影响，即开盘价高，最终成交价的水平也就比较高；开盘价低，最终成交价的水平也相应地比较低。

2. 开盘价必须合情合理

开盘价要报得高一些，但绝不是指要漫天要价、毫无道理、毫无控制，恰恰相反，高的同时必须合乎情理，必须能够讲得通才成。可以想象，如果报价过高，又讲不出道理，对方必然会认为你缺少谈判的诚意，或者被逼无奈而中止谈判扬长而去；或者以其人之道

还治其人之身，相对地来个“漫天要价”；抑或一一提出质疑，而我们又无法解释，其结果只好是被迫无条件地让步。在这种情况下，有时即使你已将交易条件降低到较公平合理的水平上，对方仍会认为尚有“水分”可挤，因而还是穷追不舍。可见，开盘价脱离现实会自找麻烦。

3. 报价应该坚定、明确、完整，且不加任何解释和说明

开盘价的报出要坚定、果断，不保留任何语尾，并且毫不犹豫。这样做能够给对方留下我方是认真而诚实的好印象。要记住，任何欲言又止、吞吞吐吐的行为，必然会导致对方的不良感受，甚至会产生不信任感。

开盘报价要明确、清晰而完整，以便对方能够准确地了解我方的期望。实践证明，报价时含混不清最容易使对方产生误解，从而扰乱本方所定步骤，对己不利。

报价时不要对本方所报价格作过多的解释、说明和辩解，因为对方不管我方报价的水分多少都会提出质疑。如果在对方提出问题之前，我们便主动加以说明，会提醒对方意识到我方最关心的问题，而这种问题有可能是对方尚未考虑过的。因此，有时过多的说明和解释，会使对方从中找出破绽或突破口，予以猛烈的反击，有时甚至会使我们十分难堪，无法收场。

以上是就一般情况而言的报价原则和策略。必须指出的是，报价在遵循上述原则的同时，必须考虑当时的谈判环境和与对方的关系。如果对方为了自己的利益而向我方施加压力，则我方必须以高价向对方施加压力，以保护本方的利益；如果双方关系比较友好，特别是有过较长期的合作关系，那么报价就应当稳妥一点，出价过高会有损双方的关系；如果我方有很多竞争对手，则必须把要价压低到至少能受到邀请而继续谈判的程度，否则会连继续谈判的机会都没有，更谈不上其他了。因此，除了掌握一般性报价的原则和策略外，还需要灵活地加以运用，不可教条主义。

CASE 案例　刚柔并用

日本某株式会社拥有的农业加工机械正是中国几家工厂急需的关键设备。为了进口这些设备，中方某公司代表与日本方面在上海举行谈判。按惯例，日方首先提出 1 000 万日元的报价。中方对这类产品的性能、成本及在国际市场上的销售行情早已了如指掌，推算出对方的报价大大超过产品实际价格，便回复说：“根据我们对同类产品的了解，贵公司的报价只能是一种参考，很难作为谈判的基础。”

日方代表没料到我方会马上判断出其价格的不确定性，有点措手不及，便答非所问地介绍产品的性能质量如何如何的优良，远胜于某某国的同类产品。我方代表深知他们在自夸，但不明确点破，只是故意问道：“不知贵国生产此种产品的公司有几家？贵公司的产品优于某某国的依据是什么？”此种问话，柔中带刚，使对方欲进无力，欲罢不能，它虽貌似请教，实际上却暗示出生产厂家并非独你一家，非你莫属。

中方代表的问话令对方吃惊，不便回答，也不能回答。其主谈借故离开谈判桌，另一位谈判代表也装着找什么东西低头不语。为了摆脱困境，日方主谈回到谈判桌上，询问他的助手：“这报价是什么时候定的？”其助手当即省悟过来，灵机一动地回答是以前定的。日方主谈笑

了笑,忙做解释。当双方休会之后重又坐在谈判桌前时,对方称经与其总经理做了成本核实,同意削价 100 万日元。中方根据掌握的信息,并且以对方不经请求就可擅自降价 10% 的信息作为还盘依据,提出削价为 750 万日元的要求,但马上遭到日方拒绝,谈判又陷入了僵局。

为了打破谈判的僵局,使日方接受中方条件,中方代表郑重指出:"这次引进,我们从几个厂家中选中了贵公司,这已经说明了我们想成交的诚意。你们说价格太低,其实不然。此价格虽比贵公司销往某国的价格稍低一点,但由于运费很低,所以总的利润并没有减少。更为重要的是某某国和某某国出售同类产品的外商,还正等待我方的邀请,希望同我方签订销售协议。"说完,中方主谈随手将其他外商的电传递给了日方。日方代表被中方所掌握的翔实的谈判信息及坦诚的态度所折服,他们感到中方的还盘有理有据,无可挑剔,只好握手成交。

6.2.4 选择报价术

在国际商务谈判活动中,有两种比较典型的报价术,即西欧式报价术和日本式报价术。

西欧式报价术与前面所讲到的有关报价原则是一致的。其一般的模式是,首先提出留有较大余地的价格,然后根据买卖双方的实力对比和该笔交易的外部竞争状况,通过给予各种优惠,如数量折扣、价格折扣、佣金和支付条件上的优惠(如延长支付期限、提供优惠信贷等)来逐步软化和接近买方的市场和条件,最终达到成交的目的。实践证明,这种报价方法只要能够稳住买方,往往会有不错的结果。

日本式报价术一般的做法是,将最低价格列在价格表上,以求首先引起买方的兴趣。由于这种低价格一般是以对卖方最有利的结算条件为前提的,并且在这种低价格交易条件下,各个方面都很难全部满足买方的需求,如果买方要求改变有关条件,则卖方就会相应提高价格。因此,买卖双方最后成交的价格,往往高于价格表中的价格。

日本式报价在面临众多外部对手时,是一种比较艺术和策略的报价方式。因为一方面可以排斥竞争对手而将买主吸引过来,取得与其他卖主竞争中的优势和胜利;另一方面,当其他卖主败下阵来纷纷走掉时,这时买主原有的买方市场的优势不复存在了,原来是一个买主对一群卖主,谈判中显然优势在买主手中,而当其他卖主不存在的情况下,变成了一个买主对一个卖主的情况,双方谁也不占优势,从而可以坐下来细细地谈,而买主这时要想达到一定的需求,只好任卖主一点一点地把价格抬高才能实现。

聪明的谈判人员是不愿陷入日本式报价的圈套的。避免陷入日本式报价的最好做法就是,把对方的报价内容与其他客商的报价内容一一进行比较,看看它们所包含的内容是否一样,从而判断其报价与其他客商的报价是否具有可比性。不可只看表现形式,不顾内容实质,而误入圈套。如果在对比中发现内容不一致,则从中判断其内容与价格的关系,不可盲目从事。需要指出,如果报价内容不具备直接的可比性,则要进行相应的调整,使之具有可比性,然后再作比较和决策。切忌只注意最后的价格,在对其报价所包含的内容没有进行认真的分析、比较的情况下,匆忙决策,造成不应有的被动和损失。另外,即使某个客商的报价的确比其他厂商优惠,富有竞争力,也不要完全放弃与其他客商的接触与联系,要知道这样做实际上就是要给对方一个持续的竞争压力,迫使其继续做出让步。

虽说日本式报价较西欧式报价更具有竞争力，但它不适合买方的心理，因为一般人总是习惯于价格由高到低，逐步降低，而不是不断地提高。因此，谈判高手会一眼识破日本报价者的计谋，而不至于陷入其制造成形的圈套。

6.2.5　报价解释应遵循的原则

通常情况下，一方报价完毕之后，另一方会要求报价方进行价格解释。在做价格解释时，必须遵循一定的原则，即不问不答，有问必答，避虚就实，能言不书。

1. 不问不答是指买方不主动问及的问题不要回答。其实，买方未问到的一切问题，都不要进行解释或答复，以免造成言多有失的结果。

2. 有问必答是指对对方提出的所有有关问题，都要一一做出回答，并且要很流畅、很痛快地予以回答。经验告诉人们，既然要回答问题，就不能吞吞吐吐、欲言又止，这样极易引起对方的怀疑，甚至会提醒对方注意，从而穷追不舍。

3. 避虚就实是指对本方报价中比较实质的部分应多讲一些，对于比较虚的部分，或者说水分含量较大的部分，应该少讲一些，甚至不讲。

4. 能言不书是指能用口头表达和解释的，就不要用文字来书写，因为当自己表达中有误时，口述和笔写的东西对自己的影响是截然不同的。有些国家的商人只承认书面信息，而不重视口头信息。因此要格外慎重。

CASE 案例　胸有成竹

我国某冶金公司要向美国购买一套先进的组合炉，派了一名高级工程师与美商谈判。为了不负使命，这位工程师做了充分的准备工作，查找了大量有关冶炼组合炉的资料，花了很多的精力，对国际市场上组合炉的行情及这家美国公司的历史和现状、经营情况等了解得一清二楚。谈判开始，美商一开口要价 150 万美元。中方工程师列举各国成交价格，使美商目瞪口呆，终于以 80 万美元达成协议。当谈判购买冶炼自动设备时，美商报价 230 万美元，经过讨价还价压到 130 万美元，中方仍然不同意，坚持出价 100 万美元。美商表示不愿继续谈下去了，把合同往中方工程师面前一扔，说："我们已经做了这么大的让步，贵公司仍不能合作，看来你们没有诚意，这笔生意就算了，明天我们回国。"中方工程师闻言轻轻一笑，把手一伸，做了一个优雅的请的动作。美商真的走了，冶金公司的其他人有些着急，甚至埋怨工程师不该抠得这么紧。工程师说："放心吧，他们会回来的。同样的设备，去年他们卖给法国只有 95 万美元，国际市场上这种设备的价格 100 万美元是正常的。"果然不出所料，一个星期后美方又回来继续谈判了。工程师向美商点明了他们与法国的成交价格，美商又愣住了，没有想到眼前这位中国商人如此精明，于是不敢再报虚价，只得说："现在物价上涨得厉害，比不了去年。"工程师说："每年物价上涨指数没有超过 6%。一年时间，你们算算，该涨多少？"美商被问得哑口无言，在事实面前，不得不让步，最终以 101 万美元达成了这笔交易。

资料来源：http://wenku.baidu.com/view/6a37fd1652d380eb62946d67.html.

6.2.6 对待对方报价的策略

在对方报价过程中，要认真倾听并尽力完整、准确、清楚地把握对方的报价内容。在对方报价结束之后，对某些不清楚的地方可以要求对方予以解答。同时，应尽可能地将本方对对方报价的理解进行归纳和总结，并力争加以复述，在对方确认自己的理解是正确无误的之后，方可进行下一步骤。

在对方报价完毕之后，比较策略的做法是，不急于还价，而是要求对方对其价格的构成、报价依据、计算的基础和方式方法等做出详细的解释，即所谓的价格解释。通过对方的价格解释，可以了解对方报价的实质、态势、意图及诚意，以便从中寻找破绽，从而动摇对方报价的基础，为我方争取重要的便利。

在进行完价格解释之后，针对对方的报价，有两种选择：一是要求对方降低其要价。这是一种比较有利的选择，因为这实质上是对对方报价的一种反击，如果反击成功，即可争取到对方的让步，而本方既没有暴露自己的报价内容，也没有做出任何相应的让步。二是提出自己的报价。这种做法不十分讲究，除非特殊情况，否则采用此法会对己方不利。

CASE 案例　　出口红豆

本谈判发生在中国出口商和日本进口商之间(以下简称中方和日方)。由于日本当年红豆歉收，所以日本一家公司急需从中国进口一批红豆。而中方这边的情况是，红豆的库存量虽然不小，但其中有相当一部分是前一年的存货。自然，中方希望先出售旧货，而日方希望得到新货，双方由此展开谈判。

谈判一开始，日方首先讲述了自己目前所面临的种种困难，希望得到中方的帮助。中方问日方需要的订购量，而日方回答说，我们肯定是要订的，但确切的数量取决于你们红豆的品种、质量和价格等因素，所以我们首先想听听你们的介绍。于是中方开诚布公地说，今年的红豆由于气候的影响质量不如往年，而且现有存货量中，今年的量并不充裕，从价格方面考虑今年的也比去年的价高，所以，建议日方购买去年的存货。但是，虽经再三说明，日方仍然坚持要新货，谈判陷入僵局。

第二天，双方再次回到谈判桌前。日方首先拿出一份最新的官方报纸，指着上面一篇报道说："你们的报纸报道今年的红豆获得了大丰收，所以，不存在供应量的问题，我们仍然坚持昨天的观点。"

但中方不慌不忙地指出，"尽管今年红豆丰收，但是我们国内需求量很大，政府对于红豆的出口量是有一定限制的。你可以不买旧货，但是如果等到所有旧的库存在我们国内市场上卖完，而新的又不足以供应，你再想买就晚了。我建议你再考虑考虑。"日方沉思良久，仍然拿不定主意。为避免再次陷入僵局，中方建议道："这样吧，我们在供应你们旧货的同时，供应一部分新货，你看怎么样？"日方经过再三考虑，也想不出更好的解决办法，终于同意进一部分旧货。但是，究竟订货量为多少？新旧货物的比例如何确定？谈判继续进行。

日方本来最初的订货量计划为2 000吨，但称订货量为3 000吨，并要求新货量为2 000吨。中方听后连连摇头："3 000吨我们可以保证，但是其中2 000吨新货是根本不可能的，我们最多只能给800吨。"日方认为800吨太少，希望能再多供应一些。中方诚恳地说，考虑到你们订货量较大，才答应供应800吨，否则，连800吨都是不可能的，我方已尽力而为了。日方说，既然你们不能增加新货量，那我要求将订货量降为2 000吨，因为那么多的旧货我回去也没法交代。中方坚决表示不同意。谈判再次中断。

过了两天，日方又来了，他没有找到更合适的供应商，而且时间也不允许他再继续拖下去。这次，日方主动要求把自己的总订货量提高到2 200吨，其中800吨新货保持不变。

中方的答复是，刚好有一位客户订购了一批红豆，其中包括200吨新货(实际那位客户只买走100吨)。这下日方有些沉不住气了，抱怨中方不守信用，中方据理力争："这之前，我们并没有签订任何协议，你本人也并未要求我们替你保留。"日方自知理亏，也就不再说什么，过了一会儿，他借口出去一下，实际是往总部打电话。回来后，一副很沮丧的样子，他对中方说："如果这件事我不能办好，那么回去后我将被降职、降薪，这将使我很难堪，希望您能考虑我的难处。"

中方本来很强硬，听他这么一说，心就软了下来，况且刚才所说的卖掉200吨也是谎称，何不拿剩下的100吨作个人情，这对以后的合作也是有益无害的。于是，中方很宽容地对日方说："其实我们做生意的都很不容易，这样吧，我再想办法帮你弄到100吨新货，你看这样行吗?"日方一听喜出望外，连连感谢。最后，双方愉快地在合同上签了字。

思考题 QUESTIONS

1. 通常商务谈判的气氛有哪几种情况?
2. 谈判开局阶段应考虑的因素有哪些?
3. 简述先报价的利与弊。
4. 报价应遵循的原则有哪些?
5. 西欧式报价术和日本式报价术的区别何在?
6. 报价解释应遵循的原则是什么?

案例讨论 Case discussion

怎样开局很重要

Q品牌出身浙江义乌，是一个相对成熟的皮具品牌。2003年秋，Q牌男装正式启动上市。我当时恰在Q牌休闲男装任区域经理一职，负责横贯东西七省的业务。在市场调研以后的3个月里，我始终没有出差，只是礼节性地电话回访和寄邀请函，力图获得以静制动的效果。其实在市场调研过程中，我已经拜访过了各地比较好的服饰代理商，并建立了初步友谊。

2003年11月23日，品牌发布会暨招商会正式召开。公司将会议搞得很隆重，请中央级官员来现场指导，请咨询师上课，请形象代言人，还请了广东一家文化传播公司负责服饰秀。会议地点安排在邻近Y市的一家度假山庄。会议当天晚上是欢迎酒会，为意向客户接风。

酒会上,很多区域经理都特意将同一个市场的意向客户座位分开,严格保密。我则相反,有意无意将同一个区的意向客户安排在一起,并逐一介绍。表面上看,这顿饭吃得有些尴尬,但效果却出奇的好,因为第二天下午就有几位客户要与我谈。

第二天,品牌研讨,政策说明,参观公司,答谢晚宴,时间非常紧张。

晚饭刚过,山东的Z先生与陕西的L先生就已经站在我的商务房门前。这两个客户是我非常看好的。山东的Z先生是位天生的商人,他与L先生一见面,就如胶似漆地跟着,用他的话说,L先生做Q牌,他就做Q牌。到底该以什么样的方式与他俩谈判呢?我心里也没个底,只是不断思忖,希望找到良策。索性先拖延一下时间。泡好茶,寒暄几句,说:"我先去和其他客户打个招呼,然后我们再详谈好不好?"征得同意后,我就去了几个重要客户那里,对每个人都说晚上有点忙,过半小时后来详谈。

大约40分钟后,我回到商务房,他们二位已经等急了。谈判很快就开始了。首先我抛出自己的想法,"我只是一个区域经理,真正有权签约者是营销副总C,我们今天只是谈谈,山东与陕西来的客户比较多,公司还是要有所选择的……当然,在我个人心目中,你们二位是最优秀的。你们做不好的市场,别人也不可能做得好。"

山东Z先生说:"以我们的市场经验,我们做不好的市场,恐怕别人也很难操作。今天我们也看了Q牌产品,说实话,产品缺陷还是比较大的,时尚的太前卫,常规的太保守,价格又高,而且你们的政策一点都不优惠……不过,既然我们来了,而且和您也很投缘,所以如果条件宽松,还是可以考虑做一下的。"

陕西L先生马上附和,并举了两个福建品牌的例子,大致是条件多优惠。Q牌这次产品组合得确实不是很成功,但这些都已经是不能更改的。顺着他们的话题谈下去,势必会把自己逼进死胡同。

于是我岔开话题:"你们认为加盟一个品牌,是一季产品重要、优惠政策重要,还是品牌的可持续发展重要?"他们没有话说,最后达成了对我方有利的合同。

资料来源:http://wenku.baidu.com/view/6a37fdl652d380eb62946d67.html.

讨论题:

1. Q牌休闲男装区域经理是如何营造谈判开局气氛的?
2. 针对两个客户的开局方式你还有更好的应对方法吗?

第7章 CHAPTER 7

磋商与成交

本章要点

- □ 常见的理想让步策略
- □ 迫使对方让步的策略
- □ 成交阶段的策略
- □ 成交阶段的技巧

引例　　该放手时要放手

曾有一位企业高管向我咨询一个谈判案子。此案虽已了结，交易双方合作也还算顺当，但那位高管对这桩买卖还是心存芥蒂，用他的话来说，就是："想起来就不爽，我怎么也闹不明白，我们前期做了那么多准备和调研，预计能以更低的价格成交，未曾想，不仅没有达到预期目标，反而以高出对方最后让步价一毛钱的价格成交……"

听其言，我感到其中必有隐情，在向其了解了更多情况后，我告诉他："之所以会有这样的结局，问题多多。譬如，不该与权限不对等的对手谈判；不该让对方知道你的行程表等，但最大的问题就出在，你没有做好退出谈判的准备。你希望晚上6点飞机起飞前，能拿着合约高高兴兴回家，这种志在必得的心理袒露无遗，而这是谈判中的大忌，不仅大大削弱了你的谈判优势，还让对方巧妙地利用了你的这种心理弱势，使其在不占优势的情况下却位居上风，从而导致你节节挫败。"

我又告诉他："如果你能做好退出谈判的心理和工作上的准备，大可不必限定于此次就得有一个结果。其实当谈判结果不如意，或超出己方底线时，不谈成比谈成更好。假设机票无法改签，或非得回去，不妨高高兴兴回去吧，或许这是个不错的战术——拖延战术！冷战！此后肯定是对方急而你不急了。因为对方主谈人员身为总经理刚到公司不久,急等着出业绩,来保全其地位,并树立个人威信,可见时间对他极为宝贵而紧迫,你的冷战和拖延,对他是最大的威胁。他势必在你的强硬姿态下,妥协退让,结果自然会朝着理想的状态发展。"

遗憾的是,大多数人在投入了太多时间、精力、财力和物力,而谈判依然没有太多进展,或向己方有利的方向发展时,不去分析这笔交易是否还有继续下去的价值,而是不肯放弃、不愿收手,没有一种舍得的平和心态,结果吃到嘴里、揽入怀中的,往往是一块"鸡肋"。这就是胜者的不幸!当然,有些时候,人们又由于意气用事,为了保全可怜的"自尊心",把一桩看起来不错的买卖给丢弃了。呜呼,哀哉,可悲呀!

资料来源:谭晓珊. 中国营销传播网.

商场如战场,我们和对方谈判时最精彩的就是磋商与成交阶段。如果我们想在这个阶段顺利进行,并使自己处于主动地位,最后谈判成功,我们最理想的状态就是"知己知彼,百战百胜"。无论是在磋商还是成交阶段,本章提供了大量的工具和策略,使我们能够方便地了解对方的心理状态和行为举止,把握整个谈判的局势,最后赢得整个谈判的胜利。

7.1 磋商

磋商阶段也就是双方讨价还价的阶段。在这个阶段,谈判的策略与技巧是最丰富多彩的。磋商阶段的策略与技巧主要体现在让步、阻止对方进攻以及迫使对方让步三个方面的策略与技巧上,具体地讲有以下一些内容。

7.1.1 常见的理想让步策略

在实际商务谈判过程中,谈判双方都是需要做出让步的,可以说让步是谈判双方为达成协议所必须承担的义务。让步,无可非议,也是不可避免的,但是怎样让步就大有学问了。有经验的谈判高手往往以很小的让步就可换取对方较大的让步,并且会使对方感到心满意足,愉快地接受。相反,有人即使做出大幅度的让步,对方还不高兴。可见,让步的艺术性是大有研究的。

那么到底应该怎样让步呢?实践中,行家们普遍认为:谈判中的让步是要达到某种预期的目的和效果,为此,必须把握好让步的尺度和时机。如何把握让步的尺度和时机,没有既成的公式和程序可以遵循,只能凭借谈判者的经验、直觉和机智来处理。但这并不是说谈判中的让步是随心所欲,无法从科学的角度去认识、把握、计划和运筹的;恰恰相反,有经验的行家无不于谈判之前就已经成竹在胸,只不过在进入实际让步阶段后,再凭借自己的经验、直觉和机智来临阵发挥,变换和发展自己胸中已有的让步方案罢了。

在商务谈判实践中,人们总结出常见的八种理想的让步策略。不同的让步策略给对方传递的信息不同。人们有这样一个共同特征,那就是对经过自己艰苦奋斗而得到的成果总是倍加珍惜,而对轻易就可获得的东西则往往不那么看重。因此,在谈判中,对于某一项让步,谈判各方会做出何种反应,不仅仅取决于让步的绝对值的大小,还取决于彼此的让步策略,即怎样做出这个让步,以及对方是怎样争取这个让步的。

通常我们在准备做出让步时,要考虑对方可能会有什么样的反应,以及本方希望对方的反应。总的来讲,我方做出让步给对方的影响和反应不外乎有三种情况:一是对方很看重我方所做出的让步,并感到心满意足,甚至会在其他方面也做些松动和让步来作为回报,这当然是我们所希望的结果;二是对方对我方所做的让步不以为然,因而在态度上及其他方面没有任何改变或松动的表示;三是我方的让步使对方认为,我方报价中有很多的水分,甚至认为只要他们再经过一番努力,我方还会做出新的重大的让步。即我方的让步不但没有使对方心满意足,反而鼓起了对方向我方争取更多的让步的勇气和决心。显然,这与我方做出让步的初衷是完全相反的,是比较可怜的。上述三种结果,最理想的当然就是第一种,后两种均不足取。

下面以卖方的让步策略为例,说明常见的八种理想让步策略的不同情况。首先以表格的方式(见表 7-1)将这八种让步策略做总的介绍,然后再分别介绍每种策略的特点及优点。

表 7-1　八种常见让步策略　　单位:元

让步策略	限定让步值	初期让步	二期让步	三期让步	四期让步
1	18	0	0	0	18
2	18	18	0	0	0
3	18	4.5	4.5	4.5	4.5
4	18	2.4	0.9	5.1	9.6
5	18	9.6	5.1	0.9	2.4
6	18	7.8	5	3.4	1.8
7	18	14.7	0.3	0	3
8	18	15	3	3	−3

7.1.1.1　第一种让步策略

这是一种在让步的最后阶段一步让出全部可让利益的让步方法。该策略给对方的感觉是一直没有什么妥协的希望,因此也有人称之为坚定的让步策略。如果买方是一个意志比较薄弱的人,当卖方采用此策略时,买方可能早就放弃讨价还价了,因而得不到利益;如果买方是一个意志坚强、坚持不懈、不达目的不罢休的人,那么买方只要不断地迫使对方让步,即可达到目的,获得利益。这种策略在运用时,买卖双方往往都要冒着形成僵局的危险和可能。

1. 特点

让步方态度比较果断,往往被人认为有大家风范。这种策略是,在开始时寸步不让,态度十分强硬;到了最后时刻,则一次让步到位,促成和局。

2. 优点

(1) 在起初阶段寸利不让,坚持几次"不"之后,足以向对方传递己方的坚定信念。如果谈判对手缺乏毅力和耐性,就有可能被征服,使己方在谈判中获得较大的利益。

(2) 在坚持了几次"不"之后,一次让出己方的全部可让利益,对方会有险胜感,因此会特别珍惜这种让步,不失时机地握手言和。

(3) 会给对方既强硬,又出手大方的强烈印象。

3. 缺点

由于谈判让步的开始阶段一再坚持寸步不让的策略,可能失去伙伴,具有较大的风险性。同时,易给对方传递己方缺乏诚意的信息,进而影响谈判的和局。

4. 适用情况

这种让步策略一般适用于对谈判的投资少、依赖性差,因而在谈判中占有优势的一方。实践证明,谁在谈判中投资少、依赖性差,谁就有承担谈判失败风险的力量,或在某种意义上说,不怕谈判的失败。总之,这种让步策略有利也有弊。有时在卖方一再坚持"不"的情况下,还有可能迫使恐惧谈判的买方做出较大的让步。

7.1.1.2 第二种让步策略

这是一种一次性让步的策略,即一开始就拿出全部可让利益的策略。

1. 特点

这种让步策略的特点是:态度诚恳、务实、坚定、坦率。谈判进入让步阶段后,一开始就亮出底牌,让出全部可让利益,以达到以诚制胜的目的。

2. 优点

(1) 由于谈判者一开始就向对方亮出底牌,让出自己的全部可让利益,比较容易打动对方采取回报行为,以促成和局;

(2) 率先做出让步榜样,给对方以合作感、信任感;

(3) 这种率先的大幅度让步,具有强大的诱惑力,会在谈判桌前给对方留下美好的印象,有利于获取长远利益;

(4) 由于谈判者一步让利、坦诚相见,提高了谈判效率,有益于速战速决、马到成功,降低谈判成本。

3. 缺点

(1) 由于这种让步操之过急,对于买主会有极强的影响和刺激,可能给买方传递一种尚有利可图的信息,因而导致买主期望值大大提高,从而继续讨价还价;

(2) 由于一次性的大幅让利,可能失掉本来能够力争到的利益;

(3) 在遇到强硬而又贪婪的买方的情况下,在卖方一次让步后,可能会再接再厉,以争取重大的让步,这时,卖方显然会拒绝买方的要求,因而可能导致买方的不理解,这样一来僵局就难以避免了。

4. 适用情况

这种让步策略一般适用于己方处于谈判的劣势或谈判各方之间的关系较为友好的谈判。处于谈判劣势的一方,往往是谈判的被动方,但不一定是被提议一方。为此,该方在谈判中的让步,应当表现得积极、坦诚,以诚动人,用一开始就做出最大让步的方式感召对方以同样的方式来回报。在双方关系比较友好的谈判中,更应该以诚相待。有时,卖方采用此种策略还会得到对方大量的回报。也可谓利弊并存,事在人为。

7.1.1.3 第三种让步策略

这是一种等额地让出可让利益的让步策略。这种方法只要遇到耐心等待的买方,就会不断鼓励买方期待进一步的让步。

1．特点

这种让步策略的特点是：态度谨慎，步子稳健，极富有商人的气息。在商务谈判让步的过程中，不断地讨价还价，像挤牙膏一样，挤一步让一步，让步的数量和速度都是均等、稳定的，国际上称这种让步策略为“色拉米”香肠式谈判让步策略。

2．优点

（1）由于这种让步平稳、持久，本着步步为营的原则，因此不易让买方轻易占了便宜；

（2）对于双方充分讨价还价比较有利，容易在利益均沾的情况下达成协议；

（3）遇到性情急躁或无时间长谈的买方时，往往会占上风，削弱买方的议价能力。

3．缺点

（1）每次让利的数量相等、速度平稳，类似马拉松式的谈判，给人的感觉平淡无奇，容易使人产生疲劳厌倦之感；

（2）这种让步效率极低，通常要浪费大量的精力和时间，因此谈判成本较高；

（3）买方每讨价还价一次，都有等额利润让出，这样会给对方传递一种信息，即只要耐心地等，总有希望获得更大的利益。

这种“色拉米”香肠式的让步策略，就像切香肠一样，把自己的让步总值切成小片，切得越薄越好。这样可以给对方以虚假的印象，似乎我们很强硬。因为双方好像都无法确认哪个是最后的一片香肠。因此，双方都拭目以待，这样就进一步拖长了谈判的时间。因为双方消磨了过多的时间、精力，都志在必得，所以压力也就不可避免地越来越大，甚至很容易使谈判双方走火，超出慎重的界限，变得脱离了谈判现实。

等额让步策略目前在商务谈判中极为普遍。在缺乏谈判知识或经验的情况下，以及在进行一些较为陌生的谈判时运用，往往效果比较好。对于一些商务性质的谈判，讨价还价比较激烈，分利必争，在价格问题上常常采取步步为营的原则，因此人们普遍愿意使用该策略。另外，对于没有谈判经验的人，以及进行较为陌生的谈判时，因为不熟悉情况，所以不宜轻举妄动，以防因急于求成而在谈判中失利。因此，人们运用这一策略往往比较慎重，而且在试探中前行，也是十分必要的。

7.1.1.4　第四种让步策略

这是一种先高后低，然后又拔高的让步策略。

1．特点

这种让步策略的特点是比较机智、灵活、富有变化。在商务谈判的让步过程中，能够正确处理竞争与合作的尺度，在较为恰当的起点上让步，然后缓速减量，给对方传递一种接近尾声的信息。这时，如果买方已经知足，即可收尾。如果买方仍要穷追不舍，卖方再大步让利，在一个较高的让步点上结束谈判。

2．优点

（1）让步的起点比较恰当、适中，能够给对方传递可以合作并有利可图的信息。

（2）谈判中富有活力。如果不能在缓速减量中完成谈判，则采取大举让利的手法，易于谈判的成功。

（3）由于在二期让步中减缓一步，可以给对方造成一种接近尾声的感觉，容易促使对方尽快拍板，最终能够保住己方的较大利益。

3. 缺点

(1) 由于这种策略表现为由少到多,且不稳定的特点,因此容易鼓励对方得寸进尺,继续讨价还价。

(2) 由于二期让步就已向买方传递了接近尾声的信息,而后来又做了大步让利,这样做往往给对方的感觉是我们不够诚实,因此,对于友好合作关系的谈判来说往往是不利的。

(3) 由于初期让步比较恰当、适中,因而给对方留下了很好的印象,可二期让步却向对方传递了一个不真实的信息,反而影响了初期留下的美好印象。

4. 适用情况

这种谈判一般适用于在竞争性较强的谈判中,由谈判高手来使用。该种策略在运用时要求技术性较强,又富有变化,同时,又要时刻观察谈判对手对己方让步做何反应,以调整己方让步的速度和数量,实施起来难度较大。对于缺乏谈判经验的谈判人员来讲,如果使用此策略,往往容易出现破绽。另外,在一些友好关系的合作性谈判中,更加注重的是诚实、可信,因此不宜采用该策略。

7.1.1.5 第五种让步策略

这是一种从高到低,然后又微高的让步策略。这种让步策略往往可以显示出卖方的立场越来越坚定,表示卖方愿意妥协,但是防卫严密,不会轻易让步;也提示买方,可挤的东西越来越少了,到最后,以一个适中的让步结束谈判。

1. 特点

这种让步策略的特点是合作为首,竞争为辅,诚中见虚,柔中带刚。这主要是在谈判初期就以高姿态出现,并做出较高的礼让,向前迈进两大步,然后再让微利,以向对方传递已无利再让的信息。这时如果买方一再坚持,则以较为适中的让步结束谈判,效果往往不错。

2. 优点

(1) 由于谈判的让步起点较高,富有较强的诱惑力,一般的买方都会较为满意,因此谈判的成功率较高。

(2) 由于经过大幅度的让步之后,到三期仅让微利,给对方传递了已基本无利可让的信息,因此比较容易使对方产生优胜感而达成协议。

(3) 如果三期所做微小让步仍不能达成协议的话,再让出最后稍大一点的利润,往往会使对方很满意而达成协议。

3. 缺点

(1) 因为这种让步策略一开始让步很大,容易给强硬的买方造成我方软弱可欺的不良印象。因而容易加强对手的进攻性。

(2) 头两步让大利与后两步让小利形成了鲜明的对比,容易给对方造成一个印象,即我方的诚心可能不足。

4. 适用情况

这种让步策略一般适用于以合作为主的谈判。由于这种策略的双方是建立在互利互惠基础之上的,因此开始时做出较大的让步,有利于营造良好的合作气氛和建立友好的伙伴关系。尽管后两步让利较少,但终究是做出了让步。这时如果买方能够正确看待我方所做出的让步,或许也会给予相应的回报。

7.1.1.6 第六种让步策略

这是一种由大到小、渐次下降的让步策略,即先让出较大的利益,然后再逐期减让,到最后一期让出较小的利益。

1. 特点

这种让步策略的特点是比较自然、坦率,符合商务谈判活动中讨价还价的一般规律。在业务谈判的让步过程中,以较大的让利作为起点,然后依次下降,直到可让的全部利益让完为止。因此,这种让步策略往往给人以和谐、均匀、顺理成章的感觉,是谈判中最为普遍采用的一种让步策略。

2. 优点

(1) 给人以顺乎自然、无须格外劳神之感,同时也易为人们所接受。

(2) 由于让利的过程中是采取先大后小的策略,往往有利于促成谈判的和局。

(3) 由于采取了一次比一次更为审慎的让步策略,一般不会产生让步上的失误,同时也可以防止对方猎取超限的利益。

(4) 有利于谈判各方在等价交换、利益均沾的条件下达成协议。

3. 缺点

(1) 这种让步由大到小,对于买方来讲,越争取利益越小,因而往往使买方感觉不太好,故终局情绪不会太高。

(2) 这是谈判让步中的惯用方法,缺乏新鲜感,也比较乏味。

4. 适用情况

这种让步策略一般适用于商务谈判的提议方。通常情况下,谈判的提议方对谈判的和局更为关切,理应以较大的让步做出姿态,以诱发对方从谈判中获利的期望。相反,如果谈判的提议方在谈判的让步过程中不肯率先让出足以吸引对方的利益,对方就更不会做出相应的让步了。这种策略的技巧之处就在于此。

7.1.1.7 第七种策略

这是一种开始时大幅度递减,但又出现反弹的让步策略,即在初期让出绝大部分可让的利益,以表示己方的诚意的一种技巧。

1. 特点

这种让步策略的特点是给人以软弱、憨厚、老实之感,因此成功率较高。这种策略在让步初期即让出了绝大部分利益,二期让步到己方可让利益的边际,到三期则原地不动,这就向对方传递了能让的利已基本让完了的信息。如果对方仍一再坚持,再让出己方保留的最后一步,以促成谈判的成功。

2. 优点

(1) 以求和的精神为先,开始就让出多半利益,因此有可能会换得对方回报的较大的可能性。

(2) 三期让步时做出了无利再让的反应,这有可能打消对方进一步要求我们再一次让利的期望。

(3) 最后又让出小利,既显示了己方的诚意,又会使通达的谈判对手难以拒绝签约,因此往往收效不错。

(4) 尽管其中也藏有留利的动机,但客观上仍表现了以和为贵的温善态度,是比较艺术的做法。

3. 缺点

(1) 由于开始时表现软弱,大步让利,在遇到贪婪的对手时,会刺激对手变本加厉,得寸进尺。

(2) 这种让步策略可能在三期让步遭受拒绝后,出现谈判僵局或败局。

4. 适用情况

这种让步策略一般适用于在谈判竞争中处于不利境地,但又急于获得成功的谈判。由于本方处于劣势,于是初期即让出较大的利益,可能会尽快地促成谈判的成功。同时,由于这种让步较早、较大,可能会使对方得寸进尺,所以到三期时采取了固守的策略,这样会给对方传递"该收场了"的信号。最后再让出小利,更坚定了自己的立场,同时又给对方以台阶,就会促成谈判尽快地结束。

7.1.1.8 第八种让步策略

这是一种在起始两步全部让完可让利益,三期赔利相让,到四期再讨回赔利相让部分的谈判策略。这在谈判中是最具有特殊性的一种让步策略,也是最富有戏剧性的一种策略。

1. 特点

这种让步策略的特点是风格果断诡诈,又具有冒险性。这种让步策略首先果断地让出绝大部分可让利益,二期让步时再让出一小部分利益,使己方可让的利益全部让完。三期时并不消极地拒绝,而是诱惑性地让出本不该让的一小部分利益,然后再从其他角度进行讨价还价,以收回不该让的部分利益,以换取自己所需的部分。可见,这是一种具有很高技巧的让步策略,只有非常富有谈判经验的人才能灵活运用。

2. 优点

(1) 由于开始两步即已让出了全部可让的利益,因此具有很大的吸引力,往往会使陷入僵局的谈判起死回生。

(2) 如果前两部分让利尚不能打动对方,再冒险让出不该让出的利益,这样就会产生一种诱惑力,使对方沿着我方思路往前走。

(3) 对方一旦上路,并为谈判付出了代价,再借口某种原因,从另外一个角度讨回自己所需的利益,就容易促成和局了。

3. 缺点

(1) 由于开始两步就已让出了己方的全部可让利益,会导致对方的期望增大,这在心理上强化了对手的议价能力。

(2) 在此种让步的三期让步时,让出了不该让出的一步,如果在四期中不能讨回,就会损害己方的利益。

(3) 在四期向回讨利时,是有一定的风险性的,因此处理不当,往往会导致谈判的破裂。

4. 适用情况

这种让步策略一般适用于陷于僵局或危难性的谈判。由于己方处境危险，又不愿使已经付出的代价付之东流，因此不惜在初期就大步相让，并以牺牲自己的利益为代价来挽救谈判，以促成谈判的和局。

综上，我们将常见的八种让步策略从数量化的角度给予了介绍，有利于谈判人员在实践中灵活运用和掌握。实际谈判中，如果谈判人员对让步策略理解较深，并能够选择好恰当的让步策略，就可以从对方的让步策略中获取一定的谈判信息，进而强化己方的议价能力，促成有利于己方的谈判和局。

上述八种让步策略各有其特点和利弊，分别适用于不同特点、内容和形式的谈判。谈判人员应根据自己的实际需要，在谈判的让步阶段恰当地进行选择。通常，在货物买卖的谈判中，买方最好是采用缓慢而有节奏的让步策略，而卖方则适宜选择先稍大一点的让步，然后再缓减。实践证明这样做既有利于成交，又可以少做让步。另外，作为谈判提议的一方，往往是迫切要求谈判和局的一方，因此也应先做出较大的让步才能吸引对方。相反，作为谈判提议的接受方，在谈判让步的开始阶段，最适宜选择少做让步，以强化己方的议价能力，维护己方在心理上的优势。总之，技巧来源于理论与实践的最佳组合，谈判的失效和失误就是这种实践与理论之间所形成的差距，为此，要注意灵活地掌握和运用。

7.1.2 影响让步策略选择的因素

实际商务谈判过程中，让步是客观存在的，也是不可避免的。在某种意义上，让步是谈判成功的保障，换句话说，没有让步就没有成功的谈判。

实际上，谈判往往是双方或多方讨价还价的过程。不同的让步策略给对方传递不同的信息，选择、采取哪种让步策略，取决于以下几个因素：

（1）谈判对手的谈判经验；

（2）准备采取什么样的谈判方针和策略；

（3）期望让步后对方给予我们何种反应。

7.1.3 予远利谋近惠的让步策略

就问题的实质来看，谈判中的让步就是给对方一种利益需求上的满足，这种满足表现为两种形式，即现实的满足和未来的满足。比如，在激烈运动过后，某人又热、又累、又渴，这时我们拿出一把椅子，并送上一杯凉茶，使他能立刻坐下并饮用这杯茶，这就是现实地满足了他的需求和欲望。又比如，贫困山区的农民之子，听说希望工程将向该山区捐助 10 万元人民币，用于盖一所小学，到明年 7 月孩子们就可以上学了。孩子们上学不是现在，而是明年 7 月，但从心理上讲，该山区的家长和孩子们的需求已得到了满足或部分地获得了欣慰和满足。

在商务谈判实践中，参加谈判的各方均持有不同的愿望和需求。有的对未来很乐观；有的则很悲观；有的希望马上完成交易；有的却希望能够先等上一段时间再说。因此,谈判者自然也表现为对谈判的两种满足形式,即对现实谈判交易的满足和对未来交易的满足,而对未来的满足程度完全凭借谈判人员自己的感觉。谈判的理论与实践证明:商务谈判过程中客观地存在对谈判需求的两种满足方式,而对于有些谈判人员来说,可以通过给予其期待的满足或未来的满足而避免给予其现实的满足,即为了避免现实的让步而给予对方以远利。当对方感觉较好时,即可放弃现实的争取而对未来抱有希望。比如,当对方在谈判中要求我方在某一问题上做出让步时,我方即可通过强调保持与我方的业务关系将给对方带来长期的利益,而且本次交易对于能否成功地建立和发展双方之间的这种长期业务关系是至关重要的。同时,能够策略而有说服力地告诉对方,像这种交易,远利比近利更为重要。如果对方通情达理,则会采取弃近利取远惠的做法,因而避免了我方现实的让步。日本商人就具有注重远期利益的特点,而港商则往往是比较注重近惠。其实,对于我方来讲,采取予远利谋近惠的让步策略,并未付出什么现实的东西,却获得了近惠,因此,何乐而不为!

7.1.4 互利互惠的让步策略

从本质上讲,双方或多方坐在一起进行商务谈判,就是希望能够达成一个对双方或多方均有利的协议。事实上也不存在谈判结果仅仅有利于某一方或几方的现实;同样,要在谈判过程中让对方向我方做出让步也是不可能的,即便对方做出了让步,也会相应地希望我方对此有所补偿,或因此而获得我方更大的让步。这其实就是互利互惠让步的实质。

互利互惠的让步策略是指以本方的让步,换取对方在某一问题上的让步的策略。从理论和实践的综合角度来看,能否争取到这种互利互惠的让步方式,很大程度上取决于我们进行商谈的方式:一种是横向式商议,即采取横向铺开的方法,将几个谈判议题同时加以讨论,也就是每个议题同时取得进展,然后再统一向前推进;另外一种是纵向深入式商谈,即先集中谈判重要的原则,再开始解决其他议题的纵向前进的方式。显然,采用纵向商议方式,比较容易使双方产生对某一问题的纠缠,容易争执不休,在经过一番努力之后,往往会出现单方让步的局面。相对地,进行横向商谈方式商谈时,因为该种方式把整个谈判的内容、议题集中在一起同时展开商谈,所以双方很容易在各个不同的议题上进行利益交接,从而达到互利互惠的让步。

人们所需要的满足并不能简单地表现出来,因此,在没有做出让步之前,要先仔细想想应该怎样做。让每次让步都给对方某种好处,同时,每次让步又能使我们自己有所得。适当的让步,有时会有互利互惠的收获,比如令对方人员之间发生分歧,这是实际谈判中较为常见的现象。

争取互利互惠的让步,不仅仅要看谈判议题的商议方式,还需要谈判者有开阔的思路和视野。除了某些本方必须得到的利益须坚持以外,不要太固执于某一个问题的让步,在一个问题上卡死。要将谈判看成一盘棋,即整个合同的各个具体问题更加重要。要分清楚利害关系,避重就轻,向对方阐明各个问题上所有的让步要视整个合同是否令人满意而定。因此在进行让步时,要灵活地使本方的利益在其他方面得到补偿。

为了能够顺利地争取到互利互惠的让步,从商务谈判的实践来看,通常可以采用下列技巧。

（1）如果对方要求我方让步，我方谈判人员首先表示在某个问题上可以让步，但这种让步的做出是与我公司政策、规定或公司主管本次谈判的领导的愿望与指示相矛盾的，因此我们所做的这次让步是有条件的，即贵方在接受我方让步的同时应该给予相应的回报，以便我们在谈判结束后对公司有个交代，这也是情理中的事情，想必贵方是会接受的。

（2）如果双方同时要求对方做出让步，可以把本方的让步和对方的让步直接联系起来，就是当对方要求我方做出让步时，我们可以表示让步是没有太大障碍的，只要在我方要求对方的让步上双方能够意见统一起来就一切都不成问题了。

这是两种最为常用的技巧，实际运用当中，第一种比较容易取得对方的理解，因为给人的感觉是言之有理，且言中有情，因此比较容易取得成功。第二种方法则给人以坦率、交易色彩浓厚，并且比较生硬、人情不足之感，运用起来技巧性较第一种差些，但在环境及谈判气氛适当时运用，也会起到较好的效果。

CASE 案例　在适当的时候让利

广州市某外贸公司同新加坡某电器公司商洽进口电子产品事宜，双方在广州举行谈判。

由于订货数量多，交易标的额大，所以双方对这次谈判都十分重视，特别是作为买方的中方，在谈判之前，已做好了充分的国际市场行情预测，并对日本、韩国和我国台湾地区同类产品的价格做了调查摸底。由于新加坡公司的产品质量比较好，所以把谈判重点放在同新加坡公司的交易上。

谈判一开始，按照国际惯例，首先由卖方报价。卖方谈判代表深谙报价之道，他们深知报高了会给买方一种没有诚意的印象，甚至会把对方吓跑；报低了，则会让买方轻而易举地占了便宜。卖方谈判代表先发制人，报盘单价每件 300 美元，这一报价实际偏离正常价格许多，卖方以此作为讨价还价的基础。中方谈判代表单刀直入，明确指出这一价格过高，中方绝对不能接受。卖方知道中方对国际市场行情已经做了调查了解，因而自己的目标过高恐怕很难实现，于是便采取迂回前进的方法来支持自己的报盘，开始详细介绍产品的特点、性能及质量，证明自己所要价格并不高。这种手段十分巧妙，既回避了正面冲突，又宣传了自己的产品。最后又表示诚意，说："我们充分考虑到了贵公司的要求，为了我们合作愉快，我们决定对贵公司提供最大限度的优惠，每件价格降至 280 美元。"

卖方谈判代表以为这样一来，我方就会做出欢迎的表示，然而我方谈判代表毫不买账，明确提出，经中方调查了解到的情况，卖方报价 280 美元一件仍然过高，中方只能接受单价 200 美元的价格。卖方代表想不到中方如此还价，顿时陷入了为难的境地，但经过片刻沉默，老练的卖方谈判代表立刻放弃了"友好"姿态，转而采取了强硬的态度，反复强调，280 美元是最便宜的价格，在此基础上，不能再低，希望中方能从产品的性能、质量着眼，接受这一价格。

第二轮谈判开始，卖方谈判代表的态度有所缓和，提出如果中方同意增加订货量，降价问题可以考虑。中方谈判代表看出卖方的意图，在我方增加订货量的基础上降价，卖方实际上利润仍然毫不受损。卖方实际上是在利用迂回前进策略，但中方谈判代表佯作不知，而是将计就计，答复道："如果贵公司有这样的要求，我方可以考虑，但我方增加订货的基础是贵公司首先提出一个令我方容易接受的价格。"卖方谈判代表再次降价,单价为260美元,以为我方会满意应允,谁知我方代表又说:"我们对贵公司的进步表示欢迎,但是并非我方无理压价,最近,我们连续接到日本、韩国公司的要约邀请,请看价目表。"说完,中方谈判代表将日本、韩国公司的要约邀请材料出示至卖方谈判代表面前。卖方谈判代表大吃一惊,深知碰上了对手,提出关于价格问题要请示总公司,请求暂时中止谈判。

休会期间,中方谈判人员认真分析了形势,认为卖方代表请示的结果,将会对我们有利,但仍然不会接受我方200美元的回盘价,因为日本、韩国公司的同类产品价格虽然是200美元,但质量、功能远不及新加坡公司。为了争取主动,中方应主动做出让步,换取对方更大的让步,争取双方互利互惠、达成协议。

3天后,第三轮谈判开始。中方谈判代表首先发言,提出中方同意增加订货40%,但要卖方将单价降至220美元。卖方谈判代表当即表示同意,说:"中方的态度和总公司的指示相符,虽然总公司指示单价只能降至230美元,但由于中方增加了订货量,所以谈判代表有权接受这一条件。作为对中方友好态度的回报,卖方愿意承担全部运输、保险费。"卖方谈判代表的话音刚落,会议室里顿时响起了一片热烈的掌声。

在这次谈判中,中方谈判代表运用互惠互利的让步策略,不仅说服了对手,而且获得了更大的回报。

7.1.5 己方丝毫无损的让步策略

在商务谈判实践中,任何让步都意味着要牺牲自己的一部分利益,于是有人便开始寻找一条能够做到不牺牲自己的利益又达到让步效果的途径,即让对方像得到我方让步一样而感到满意。其实,在一定条件下,人们是完全可能做到这一点的。这种策略通常被称为己方丝毫无损的让步策略。

丝毫无损的让步是指在谈判过程中,当谈判的对手就其一个交易条件要求我方做出让步时,在我方看来,其要求的确是有一定道理的,而且对方又不愿意在这个问题上做出实质性的让步,这时,可以采取这样一种处理办法:首先认真倾听对方的诉说,当然,这也是商务谈判中必须做到的一点,在认真倾听的同时,向对方表示这样一个意思,我方已充分地理解了贵方的愿望和要求,我们也同样认为贵方的要求是具有一定的合理性的。但是,根据我方目前状况来看,因为受到种种原因的限制,实在难以接受贵方的要求。不过我们能够保证,我们给贵方在这个问题上的交易条件一定是最优越的,不会有任何一个其他用户会享受比贵方更好的待遇,这一点请贵方放心,同时也请贵方能够谅解我们。通常情况下,如果不是什么原则性很强的问题,对方往往会通情达理,接受我方的想法而放弃让步的要求。

人们之所以能够通过上述技巧达到己方丝毫无损的让步,道理也是比较简单的。因为人们对自己争取某个事物的行为的评价,往往并不完全取决于最终行为的结果如何,还取决于人们在争取过程中的感受,有时感受可能比结果更为重要。如果能够调动本方的谈判技巧,让对方感受良好而放弃对我方让步的要求,那就是谈判的艺术。

从心理学的角度来看,当我们认真倾听对方诉说和要求,肯定其要求合理性的时候,实质是对对方的一种尊重,或者说是对其受人尊敬的要求的满足。同时,我们又向对方保证给其待遇不低于其他客户，这又进一步强化了这种受人尊敬需求的效果。这样一来，就会使对方觉得与其他客商相比，自己本身并没有吃亏。这就迎合了人们普遍存在的一种心理：互相攀比、横向比较。以此来避免让步，实可谓艺术。

7.1.6　利用限制性因素阻止进攻的策略

前面已经提到，商务谈判中让步是必需的，没有适当的让步，谈判就无法进行下去。但事实上，谈判的任何一方都不可能一味地让步，因为这是根本不现实的，也是有害于己方利益的，因此，必须掌握一些能够阻止对方进攻的常规策略。

限制性因素是人们用以阻止对方进攻的上策，实可谓坚固的盾牌。常用的限制性因素主要有权力限制和资料限制，也有其他方面的一些限制性因素。

在商务谈判过程中，如果遇到对方的有力进攻而又无法充分予以反驳，为了避免让步，保卫本方的利益，可以以受到某种客观因素或条件的制约而无法满足对方的要求为理由，拒绝对方的要求，从而使得这种客观因素对本方的限制，转变成为对对方进攻的限制，因而成为本方阻止对方进攻的上策。

1. 权力限制因素

就一般情况而言，参加商务谈判的所有人员，其所拥有的权力都是有限的。这种权力的大小主要取决于三个方面：一是上司的授权。上司给予其多大权力，他就有多大权力，不能超过权力界限来处理。二是国家的法律和公司的政策。任何谈判人员都不能不顾国家法律和公司的政策来与外商谈判。三是一些贸易惯例。任何谈判人员都不可违反贸易惯例来决定某件事。其实，在某种意义上讲，一个在权力上受到限制的谈判人员要比大权独握、一个人即可拍案签约的谈判人员处于更有利的地位。谈判人员在权力受到限制的时候，往往立场更加坚定，更能够自然地说出"不"字。的确，在商务谈判中，受到限制的权力才是真正的权力。因为任何一个谈判人员在受到诸如上司授权、国家法律规定、公司政策、贸易惯例等限制的时候，任何一个谈判对手都不能强迫要求对方不顾国家法律、公司政策的规定，超越其权力而答应本方的要求。

如果谈判对手采用此技巧来阻止我方进攻，我们应细致地分析，做到心中有数。因为事实也的确如此，即谈判对手到底真正拥有多大的权力，只有他自己最为清楚。

在我方以权力限制为借口阻止对方进攻时，对方往往十分烦恼，因为这时他只有三种选择。一是根据我方权限来考虑停止进攻，接受这笔交易。因为我方权力有限，只能在有限权力范围内考虑成交。二是既然我方不能满足他的要求，那么就去找权力更大的上司来说吧。但这样往往又需要重新建立关系，甚至会直接损坏双方的关系。三是由于我方权力太小，因而只好中止谈判而使交易宣告结束，但这样一来前面已投入的人力、物力、财力和时间等谈判成本就会付之东流了。

谈判经验告诉我们，任何一位在谈判桌上声明自己可以做出一切决定的谈判者，都是不聪明、不理智的举动，是很危险的。因为这时如果对方指出确实而充分的理由要求其让步，他就只能是接受让步，而无法找借口来回绝了，这其实等于丢掉了自己的保护伞，是不可取的做法。但利用权力限制因素来阻止对方进攻的技巧也不能频繁使用，用多了对方会怀疑我们的诚意，甚至会置之不理，因此，必须掌握时机恰当地运用。

2. 资料限制因素

在运用权力限制因素不方便时,可利用资料限制因素来阻止对方的进攻。在商务谈判过程中,当对方要求我们就某一个问题进行进一步解释,或要求我方让步时,我们可以用抱歉的口气告诉对方:实在对不起,有关这个问题的详细资料我方手头暂时没有,或者没有备齐,或者这属于本公司的商业机密,概不透露,因此暂时还不能做出答复。这就是利用资料限制因素阻止对方进攻的常用策略。当对方听了这番话之后,即可暂时将问题放下,这就很简单地阻止了对方咄咄逼人的攻势,因而化解了对方的进攻。

同样,利用资料限制因素来阻止对方进攻的策略也不能经常使用,经验证明:使用的频率与效率是成反比的。显然,如果我们一会儿说资料不全而怎么样,过会儿又说资料不全而怎么样,就会使对方怀疑我们无诚心谈判,或者请我们将资料备齐后再来参谈,这就很被动了。

3. 其他方面的限制因素

除了常用的权力限制和资料限制以外,人们还常用自然环境、人力资源、生产技术要求、时间因素等作为阻止对方进攻的工具,如果运用得当,效果也非常不错。

7.1.7 以攻对攻的策略

谈判实践告诉我们:只靠防守是不能有效地阻止对方的进攻的,因此,有时还需要以进攻来对付对方的进攻,从而达到阻止对方进攻的目的。

运用以攻对攻的策略来阻止对方进攻的基本做法是:当对方就某一个问题逼我方让步时,我们可以将这个问题与其他问题联系在一起加以考虑,在其他问题上要求对方做出让步,从而达到以攻对攻的效果。例如,在货物买卖谈判中,如果对方要求我们将价格再一次降低,这时我们就可以要求对方增加订购数量,或延长交货期限,或改变支付方式,或改换其交货币种等,这样一来,其结果,或是双方都做出让步,我们也不损害己方利益,或是双方都不让步,从而避免了让步。谈判实践中经常运用这种策略,效果始终不错。

7.1.8 迫使对方让步的策略

在商务谈判过程中,对于己方本应必须坚持利益的取得是不容易的,往往要经过激烈的讨价还价,迫使对方让步才能实现。通常,能够帮助我们成功地迫使对方让步的策略较多,常用的有运用“脑际风暴”来迫使对方让步,分化对手来重点突破,利用竞争逼对方让步,以及最后通牒等,这些策略在实践中都很有效,人们也一直在运用。

1. 如何迎战对方“脑际风暴”的战术

在商务谈判过程中,人们常常为了达到自己的谈判目的而有意识地进行情绪发作,即所谓的情绪表演,这只是一种谈判的策略。有时我们也会利用这种“脑际风暴”的技巧来迫使对方让步。可是如果对方用同样的办法来迫使我方让步,我们应该如何迎战对方“脑际风暴”的战术呢?

(1) 要泰然置之,冷静待之,妥善处理。当对方使用此战术迫使我方让步时,我们要尽量避免与对方进行情绪上的争执。要知道用对方有意识的情绪换得我方无意识的情绪，是最不足取的。我们应该在避免争执的同时，把话题尽量引回实际的问题上，并且，一方面要表示我方充分地了解对方的观点，另一方面又要耐心细致地解释不能接受其要求的理由，以便对方在倾听我方有道理的陈述之后，降下火来。

(2) 可以宣布暂时休会，给对方以冷静平息的时间，让其自己平息下来，然后再指出对方行为的不妥，以便重新进行新一轮的实质性问题的谈判。

2. 如何处理对方的“最后通牒”战术

当谈判进行到一定程度之后，双方均已付出了一定的谈判成本，这时，如果我方谈判实力弱于对方，而对方采用了“最后通牒”的战术，而且这个“最后通牒”一发出，就让我们感到对方是坚定、明确、毫不含糊的，而且没给我方留有任何余地。在这种情况下，我方应采用下列办法。

(1) 分析和判断对方“最后通牒”策略中的真假成分。为此，主要应通过分析本次谈判中双方实力的对比，特别是交易对对方的重要性这一变量进行仔细研究，以便搞清楚万一谈判真的破裂了，哪一方将损失更大，因为利益损失小的一方远比另外一方更能接受谈判中止的结局。如果经过分析判定对方的目的是讹诈，那么我们应该坚强起来，以表示自己针锋相对、绝不让步。同时，也可表示自己将要退出谈判的态度。在这样表示之后，一定不要忘记给对方留有台阶下，以便能够打好圆场。

(2) 也可置对方的“策略”于一边，改变交易条件及交易方式，试探对方在新的条件下作何反应，能否重开谈判，以缓和这种紧张局面。

(3) 如果经过分析判断后认为对方的“策略”是真的，那么就要认真权衡利弊，看看接受让步达成协议与拒绝让步宣告终止谈判两者哪个更经济，再做出最后的决定。

7.2 成交

谈判进入成交阶段以后，并非可以松上一口气，恰恰相反，应该更加注意策略与技巧的运用，以圆满地完成谈判任务。

成交阶段商务谈判的主要目标有三个方面：一是力求尽快地达成交易；二是尽量保证本方已取得的谈判不要丧失；三是争取获得最后的利益。为了达到这三个方面的目标，我们可以采用如下的谈判策略与技巧。

7.2.1 成交阶段的策略

成功地运用成交策略，解除对方的犹豫和顾虑，抓住时机促成交易，是谈判过程中的关键环节。在成交阶段，周围环境对成交与否有重要影响。一般来说，对于成交环境主要有以下几项要求：①成交环境应安静舒适；②成交环境要能保证单独谈判；③在安排成交环境时，要注意迎合对方的心理。

在现代买方市场条件下，买方处于主动地位，卖方往往需要采取更多的策略来更快地促成交易。因此，下面主要站在卖方的角度探讨成交策略。

1. 直接成交法

直接成交法是最简单也最常见的一种建议成交的方法。它是指在接到顾客购买信号后,用明确的语言向顾客直接提出购买建议,以求适时成交的方法。一般来说,销售人员和顾客在经过一番谈判以后,就主要问题一般已经达成一致的看法,这时销售人员应抓住时机,主动向对方提出成交请求。比如销售人员对客户说:"既然没有什么问题,我看我们现在就把合同签了吧。"这种方法一般适用于销售人员对最后成交很有把握,或顾客已有购买意图,但因某种原因而不便主动开口的情况。当然,若对方是非常熟悉的老主顾,也可采取这种方法。该方法运用的关键是要把握恰当的时机,注意运用语言技巧,要让对方感到顺理成章,而不要带有勉强之意。

2. 局部成交法

局部成交法又称小点成交法,是销售人员利用局部成交来促成整体成交的一种策略。一般来说,顾客在做出重大决策时往往存在较大的心理压力,对于成交决策也比较慎重,迟迟不肯决定。而相对较小的成交问题,顾客做决策时心态往往比较轻松,容易下定决心。为了减轻顾客的心理压力,帮助顾客尽快下定决心,销售人员可以采取化整为零的方法,将整体性的全部决定变为分散性的逐个决定,先争得对方部分同意,让顾客逐个拿定主意,最后再综合整体,以促成购买决策的达成。

3. 假定成交法

假定成交法又称假设成交法,是指在尚未确定成交,对方仍持有疑问时,销售人员就假定顾客已接受销售建议而直接要求其购买的一种策略。例如,你已将一部汽车开出去给顾客看过了,并感到完成这笔交易的时机已经成熟,这时你就可以进一步解决这个问题,使顾客能真正地签下订单。你可以这样对他说:"杨先生,现在你只要花几分钟就可以将换取牌照与过户的手续办妥,再有半个钟头,你就可以把这部新车开走了。如果你现在有别的事情要办,那么就把这一切交给我们吧,我们一定可以在最短时间内把它办好。"经你这样一说,如果顾客根本没有决定买,他自然会向你说明;但如果他觉得换取牌照与过户等手续相当麻烦而仍有所犹豫的话,那么你的这番话应该可以使他放心了,说明手续不成什么问题。这种方法重要的是那种推动力。尽管顾客迟早总会下决心,但如果没有这种推动力,也许会拖延一阵子,或者根本不想买了。采用假定成交法有利于节省销售时间,并提高销售效率。

4. 选择成交法

选择成交法是销售人员向顾客提供几种可供选择的购买方案来促成交易的策略。这种方法的前提是假定顾客已下决心买,但尚未确定买哪一个,在这种情况,销售人员提出几种选择,敦促顾客下决定。这种方法在现实生活中比较常见。例如,商场某个柜台正在甩卖T恤,一位顾客好奇地上前瞧瞧。一位销售人员上前招呼:"怎么样?买一件吧。要黑色的、蓝色的、红色的,还是白色的?"这就是选择成交法。若顾客作出回答,就表示他已告诉你他要购买你的商品了;如果他迟疑片刻而向你表示他尚未作最后决定,你也没有半点损失,仍然可以继续提出新的方式进行你的销售工作。采用选择成交法,可以避免令顾客感到难以下决心是否购买的问题,而使顾客掌握一定的主动权,即选择权,从而比较容易做决定。

5. 限期成交法

限期成交法是指销售人员通过限制购买期限从而敦促顾客购买的方法。例如,许多商店贴出"存货有限,欲购从速""三周年店庆,降价三天"等广告,都是典型的限期成交法的实例。它是利用了顾客"机不可失,时不再来"的心理,来推动顾客购买商品。人们往往对各种各样的机会,特别是那些一去不复返的机会给予极大的关注,而且特别希望抓住这样的机会,因而采取限期成交法往往能营造有利于成交的环境氛围,吸引顾客的注意力。而且,采取这种方法往往确实能给顾客带来实际的好处,因此比较受顾客的欢迎,从而能取得较好的效果。

6. 从众成交法

从众成交法是指销售人员利用大众购买行为促进顾客购买的方法。从众行为是一种普遍的社会现象。顾客在购买一件商品前,往往会询问销售人员买这种产品的人多不多。销售人员也往往利用人们的这种从众心理来敦促顾客下定购买决心。例如,一位服装店的销售人员在销售服装时说:"您看这件衣服样式新颖美观,是今年最流行的款式,颜色也合适,您穿上一定很漂亮。我们昨天刚进了四套,今天就只剩下两套了。"采用从众成交法,可以用一部分顾客去吸引另一部分顾客,从而有利于销售人员提高销售的效率。由于产品已取得了一些顾客的认同,使销售人员的说辞更加有说服力,有利于顾客消除怀疑,增强购买信心。

7. 保证成交法

保证成交法是指销售人员向顾客提供某种成交保证来促成交易的方法。顾客在考虑购买产品时,往往因害怕受骗上当而心存疑虑,甚至最后放弃购买。保证成交法就是由销售人员向顾客提供某种保证,以打消顾客的顾虑,增强其成交信心来促成交易。例如,一位顾客不放心,怕买亏了,为此迟迟不肯成交。销售人员提出:"你放心,我这儿绝对是全市最低价,如果你发现别家的货比我的货便宜,我可以立即给你退货。"这就是保证成交法的实例。保证成交法通过提供保证使顾客没有了后顾之忧,增强了购买信心,从而可以放心购买产品。

8. 优惠成交法

优惠成交法是指销售人员通过提供某种优惠条件来促成交易的方法。它利用了顾客在购买商品时希望获得更大利益的心理,实行让利销售,促成交易。最为通俗的说法是:"××先生,如果你现在就签字并采购我的产品,我可以给你特别优待,再降价3%。"销售行业目前普遍采用的"买一赠一""送货上门"等,也是这种方法的实例。正确地使用优惠成交法,利用顾客的求利心理,可以吸引并招揽顾客,有利于营造良好的成交气氛。而且利用批量成交优惠条件,可以促成大批量交易,提高成交的效率。

9. 饥饿成交法

饥饿成交法是通过让产品处于一种供不应求的状态来促成交易的方法。事实上,未必产品果真供不应求,只是在供求之间始终保持时间差,用几天的时间来敦促顾客作出购买决定。这种方法一般只适用于名优产品。只有这类产品才会使顾客耐心等待,一般产品是没有这种吸引力的。因此,在采用此方法时,首先要考虑产品条件如何;其次要把握好让顾客保持"饥饿"状态的时间,避免时间过长,使顾客"饥不择食"而去选购其他产品,这就违背了采用此法的初衷。

10. 激将成交法

激将成交法是指销售人员用激将的语言刺激顾客购买,来促成交易的方法。这种方法利用了顾客自尊自强、要面子的心理,刺激顾客的购买欲望。例如,当销售人员察觉到顾客因嫌商品价格高而犹豫不决时,就对顾客说:"上周,面粉厂王厂长的夫人也看上了这个,简直爱不释手,但因为嫌价格太高没有买。"这位销售人员就是采取了激将成交法的话语来刺激顾客的自尊心,从而促使其购买。采用激将成交法时一定要注意给顾客留面子。聪明的销售人员绝不会逼问顾客"你到底是买还是不买"之类的问题。

7.2.2 成交阶段的技巧

1. 巧用场外交易

在谈判学里所谓的场外交易是指谈判双方在谈判桌以外的某些场合,如酒宴上、游玩场所等,对谈判中某些问题取得谅解和共识,从而促进和完成交易。当谈判进入成交阶段,双方在绝大多数议题上均已取得了一致意见,只在某一个问题上相互之间存在分歧、相持不下而影响成交时,即可考虑采取场外交易的策略来解决。事实上,某些谈判的问题,特别是进入成交阶段以后的尚存问题,摆到谈判桌上来解决已经让人很烦很闷了,而且会影响解决的效果。因此,不妨采用到游玩场所游玩时或放到酒宴桌上去解决。

场外交易之所以有助于解决成交阶段的问题,原因就在于:在谈判桌上,紧张、激烈、对立的气氛及情绪影响和控制着谈判人员,促使谈判人员自然地去迫使对方让步。因为人们都认为这样做才是正常的,而且认为自己一旦做出让步与求和,还会被对方视为战败方,自己一方将丢掉面子。即使某一方主谈或领导人头脑冷静清楚,认为做出适当的让步以求尽快达成协议是符合本方利益的,但因同伴的态度坚决、情绪激昂而难以当场做出让步的决定。如果这时提议到场外去,这种紧张、激烈、对立的气氛和情绪就将被轻松、友好、融洽的气氛和情绪所代替。在这种情况下,如果能够巧妙地将话题引回谈判桌上遗留的问题上,双方往往会很大度地相互做出让步而达成协议,这往往是非常有效的做法。

需要指出的是,在运用场外交易时,一定要注意谈判对手的不同习惯。例如,有的国家的商人就特别忌讳在酒桌上谈生意。因此,要事先弄清楚,以防弄巧成拙。

2. 不忘争取最后的收获

通常,在双方大致确定了交易的内容、条件,即将签约的时候,精明的谈判人员往往还要利用最后的时刻,去争取最后的一点收获。

在成交阶段争取最后收获的常规做法是,在签约之前,突然提出一个小小的请求,要求对方再让出一点点。由于谈判已进展到签约阶段,人们已付出很大的代价,也不愿为这一点点小利而伤了友谊,更不愿为这点小利而重新回到磋商阶段,因此往往会很快答应这个请求,以求尽快签约。

3. 注意为双方庆贺

在商务谈判即将签约或已经签约的时候,可谓大功告成。此时,我们可能心中暗喜,以为自己在交易中比对方得到了更多,但这时我们一定要注意为双方庆贺,强调谈判的结果是我们共同努力的结晶,满足了双方的需要。同时,不要忘记称赞对方谈判人员的才干。这样做会使对方心理得到平衡和安慰。相反,如果我们只注意自己高兴,并沾沾自喜,喜形于色或带有讥讽的语气与对方交谈,则纯属自找麻烦。因为如果我们这样做了，定会遭受一些本不应有的回报：要么卷土重来，要么对方会突然提出其他要求而停止签约……不论什么结果对我方均是不利的。

CASE 案例　最后的友谊

20 世纪 80 年代，中日出口钢材谈判中，尽管我方提出了合理报价，经过反复磋商，仍未与日方达成协议，眼看谈判要不欢而散。我方代表并没有责怪对方，而是用一种委婉谦逊的口气，向日方道歉："你们这次来中国，我们照顾不周，请多包涵。虽然这次谈判没有取得成功，但在这十几天里，我们却建立了深厚的友谊。协议没达成，我们不怪你们，你们的权限毕竟有限。希望你们回去能及时把情况反映给你们总经理，重开谈判的大门随时向你们敞开。"

日方谈判代表原以为一旦谈判失败，中方一定会给予冷遇，没想到中方在付出巨大努力、精力而未果的情况下，一如既往地给予热情的招待，非常感动。回国后，他们经过反复核算、多方了解行情，认为我方提出的报价是合理的。后来主动向我方投来"绣球"，在中日双方的共同努力下，第二次谈判终于取得了圆满成功。

4. 慎重地对待协议

谈判的成果要靠严密的协议来确认和保证。协议是以法律形式对谈判结果的记录和确认，它们之间应该完全一致，不得有任何误差。但实践中，常常有人有意无意地在签订协议时故意更改谈判的结果，比如故意在日期上、数字上，以及关键性的概念上做文章，以掩人耳目。我们对此一旦疏忽，在有问题的协议上签了字，生了效，那么协议就与以前的谈判无关了，双方的交易关系一切都应以协议为准，再想后悔已经是没有办法了。因此，在将谈判成果转变为协议形式的成果时需要花费一定的力气，不能有任何松懈。所以，在签订协议之前，应与对方就全部的谈判内容、交易条件进行最终的确定。协议签字时，再将协议的内容与谈判结果一一对照，在确认无误后方可签字。

思考题 QUESTIONS

1. 八种常见的让步策略之间的区别是什么？分别具有什么优缺点？
2. 阻止谈判对手进攻的限制性因素包括哪些？
3. 如何迎战谈判对手的"脑际风暴"战术？
4. 如何处理谈判对手的"最后通牒"战术？
5. 在成交阶段企业应该运用的策略有哪些？
6. 成交阶段的技巧包括哪些？

案例讨论 Case discussion

一场与消夜卖场的谈判

下面这个案例是我亲身经历的一件事情(整个谈判过程都是我亲自谈)，当时是和成都生意最火爆、规模最大的一个夜场谈判,经过3个月的销售收回全部投资。整个谈判过程历时4个小时,准备工作做了3天。写出来和大家研究,不想写太多理论性的东西,只是想把一些实实在在的东西与大家探讨。也不想加入太多的修辞(毕竟不是文学作品),只希望它是平实的。时间是12月。当时将一个新品牌引入成都,必须找一个大的消夜卖场(晚上消费)作为制高点。

谈判往往是双方心理的较量,无论哪个行业,很多都是相通的,关键看人怎么"领会"。

(一) 准备工作

准备要很详尽,包括主要竞争对手的销售情况和对该场所的投入情况(主要是第一品牌和第二品牌的基本情况),这方面通过经销商、行业信息和自身对该零售场所的亲自观察反复论证。估计自己的产品在该场所可能的大概销量。

(二) 确定自己的位置

进入场所的目的是挤掉第二品牌的销售量,不要碰第一品牌(那简直是找死),短期内很难撼动。可场所往往以第一品牌的销售状况与你的产品相比较来对你施压。但事实上他们在第一品牌那里往往拿不到什么资源(那可是强势品牌,消费者认可场所也没办法)。

(三) 开始谈判

1. 进场费

对方第一时间要求进场费:"没个三五万别想进我这个场子!"

答:"呵呵!这么高!谈了这么多场子你这可是最高的。我考虑一下。不过你这也太高了。"

"怎么?看不起我这个场子啊?别的品牌进入我这个场子都是这个数。"

答:"哦!A品牌和B品牌都是这个数吗?是真的吗?它们销量挺高的嘛!我这个品牌在你这有多少销量呢?你可别一棒子打死我啊!"

"那你给多少?"

答:"你认为我应该给多少?"

"给多一点大家都好做,我这个场子大家又不是不知道。"

答"按照行规吧!你不要令我难做。"

"那多少?"

答"你说吧!总不能不听你的嘛!"

"那2万。"

答:"能少点吗?反正我们合作是长期的。"

"到底多少?"

答(脸上露出迟疑):"1万块,大家都好。"

"不行,这太少了。"

答"不少了,而且我准备在你这做促销活动也要花钱。呵呵!"

"那太低了,不行、不行、不行。"

答(态度突然强硬起来):"我只能给这个数,不能再高了。"

“那你给多一点嘛！”(对方口气开始软了下来)

答:“1 万已经不少了,现在还有哪个品牌能给得起这笔钱。没错,这个是新品牌但很多还要看以后呢!”

“那好吧！怎么支付？我要现金。”

答“我这里只是办事处,没有财务权。给现金可要总部批时间够长的,而且你又不能提供发票很难报账。”

“反正我要现金。”

答“那咱们变通一下,你在这个月底经销商的货款里扣除,反正又不会欠你的,是吧!”

“那好吧!”

就这样进场费基本搞定,在当个销售月底经销商的货款中扣(我补酒给经销商),这很关键。对夜场绝对不能给现金,这里面风险很高(在其他渠道也一样)。必须令卖场先进货而且要进够进场费金额的货(防止其突然反悔,将控制权掌握在自己手里)。而且在货款里扣除可以保证经销商的第一笔货款的安全。

2. 价格

“你的供货价格太高了!”

答:“是吗？这可是我们的全国统一价。”

“不行。A 品牌在我这里供货价是这个数字。”

答:“呵呵,我现在不清楚我在你儿这销量是多少。”

“对我这儿没信心吗？我这个场子 A 品牌能做到这个数。”

反问对方:“那我这个品牌能做多少量?”

对方迟疑不肯回答。

这时候趁机说:“你这个场子一个月 A 品牌多少(数字),B 品牌多少(数字),其他品牌多少(数字)。”一口气说完停顿看对方反应。两分钟后说:“据我估计,我的销量大概是这么多(数字,这个数字很关键,为你的基本量)。”

“你也太看不起我这个场子了吧!”

反问:“那你到底能做多少量?”

对方又迟疑。

这时候语气放松说:“我说的这个量大家都好做,对于你来说是轻而易举的事。”

“你的价格还是太高！这样你的零售价格很难定。”

答:“这样吧,你能做什么量就享有什么样的价格,大家有个量化标准都好做。低于基本量就没有优惠(间接要求包量)。至于零售价格嘛！场子是你的,怎么定价你说了算。”

对方迟疑了一段时间说:“那好吧！零售价和 A 品牌一样。”

问题很快就解决了,“快刀斩乱麻”,很多细节随之解决。

3. 促销时间

“促销时间呢？别的品牌都要花钱买促销时间,你出多少?”

答:“你认为呢？我的促销小姐进场促销可是帮你销售啊。你只有完成任务才能拿到折扣,她们可是帮你完成销量的。当然她们在你这里要服从你们的管理,是吧?”

“这也是,你想我怎样安排呢?我场子的促销时间可是安排得满满的。”

答:“估计一下一晚我的销量能有多少,一个月我这个品牌的销量有多少。反正促销时间都是你安排的,你说了算。”

对方想了一会儿,说:“那就一周7天全上,帮你们冲冲销量。”

答:“谢谢你了,有空喝酒!”

过了一会儿再说:“在你这喝酒能不能你签单?”

“你小子也太那个了吧!”

“呵呵,好吧!这次我请客,下次你可要签单。”这主要是为了活跃气氛,为下一次谈判做好铺垫。整个谈判过程结束!

其实作为具有一定销售额的零售商都具有这样的心态。

(1)零售商一般不敢得罪市场第一品牌和第二品牌,虽然从这些品牌身上拿不到什么利益,但消费者认可该产品零售商也没办法,它们毕竟为零售商带来营业额、消费人群,在一定程度上影响零售场所的商业氛围。同时零售场所又不希望销售额过于受制于强势品牌。所以在进入场所的时候你必须考虑自己的产品到底处于哪个位置。一般来讲,刚进入时首先要吃掉第三品牌和第四品牌的份额(首先要求生存)。然后再向第二品牌发起冲击,最后使自己的产品占据第二位。领导品牌的份额短期内真的很难撼动,需要很长的一段时间。很多的数据分析也证明了这一点。在进入场所之前你必须很清晰地给自己的产品定位,一般都是将自己的产品定位在第二品牌的挑战者。

(2)任何一个场所的销售总量都是有个限度的(定值),零售场所往往在维持一种平衡,希望从每个品牌都能拿到利益。你的产品进入必然引起其他品牌的销量下滑,这时其他品牌就会投资,场所也乘机从中得益。场所很多时候会挑起品牌之间的竞争,所以对自己产品的销量应有个清楚的估算。

(3)新品牌和弱势品牌通常是零售场所欺负的主要对象,可场所又不希望这些品牌消失,总是希望不断索取。所以在刚开始时不要一下把资源用尽。“假如你有10块钱,那你开始只能用两块,剩下的要留着以后用。”

(4)零售场所对品牌施压的常用手段是调整零售价和进货时限量,所以很多时候要沉住气。尽可能保护自己的利益(采取一些反牵制的手段)。而且某些时候态度要很强硬。因为双方是平等的(尽管你有求于他但不能太过表露出来),一味地付出、退让只能让别人得寸进尺地把你榨干。很多时候要显示一下“霸气”。

总结:

(1)首先要将自己和对方放在一个“平等”的位置,这一点很重要。心理不能调整好往往会使自己处于被动位置。

(2)谈判时对方提出很多要求时首先要沉住气(毕竟这是礼貌),等对方把条件罗列出来。第一步表示默许(为下一步做准备),跟着说你提的条件我都可以答应你,但是你能带给我什么?销量还是其他?毕竟你拿了这么多钱,你能为我做些什么?(毕竟我不是钱多了压身子)这时尽量用反问语气或者双重否定的句子。务求把对方的气势压住。

(3)通过你了解的行业规矩和竞争对手对该零售点的投入向对方陈述。这时对方才会发现你对该行业很了解而不会随便开价。

(4) 谈论自己产品的同时尽量不要提及主要竞争对手的产品,这样容易引起比较。主要是陈述"我"带给"你"什么。并不断暗示合作是持续的(我有很多钱就看你有没有本事拿,而且是长期的,同时我的产品也能给你带来营业额)。这一点很重要,如果让对方感觉到你只是短期行为,肯定会一下大捞一笔,然后踢你出场。

(5) 在谈判进入僵局时尽量分散对方的注意力,并有所暗示并不一定要进你的场(可能有很多场我都可以进,关键是条件能否谈拢)。

(6) 在谈论价格时尽量不要涉及竞争对手的产品,表明态度我就这个价格,不过在坚持原则的前提下可以灵活。至于怎么灵活你可要做给我看!你拿了好处当然要付出!

无论怎样刚进入场所只是个开始,上面所提到的3个月收回所有投资为以后的销售继续深入打下了良好的基础,但很快到了"销售"瓶颈。毕竟建立一个品牌需要长时间和持续的工作。

案例来源:瑞峰.网络营销手册[EB/OL].www.tomx.com.

讨论题:

1. 在这个案例中,零售商采用了什么让步策略?这种策略有什么特点?

2. 你认为作者在成交阶段的表现如何?为什么?

第8章 CHAPTER 8

驾驭谈判进程

本章要点

- □ 主谈人在谈判进程中的作用
- □ 准备阶段的驾驭
- □ 首场开场的驾驭
- □ 续场开场的驾驭
- □ 谈判过程的驾驭
- □ 收尾阶段的驾驭
- □ 合同签字过程的驾驭
- □ 联合型外贸谈判的驾驭

引例　迟到的把控

日本一家知名的汽车公司刚刚在美国“登陆”，急需找一家美国代理商来为其推销产品，以弥补他们不了解美国市场的缺陷。当日本公司准备同一家美国公司谈判时，谈判代表因为堵车迟到了，美国谈判代表抓住这件事紧紧不放，想以此为手段获取更多的优惠条件。日本代表发现无路可退，于是站起来说：“我们十分抱歉耽误了您的时间，但是这绝非我们的本意，我们对美国的交通状况了解不足，导致了这个不愉快的结果，我希望我们不要再因为这个无所谓的问题耽误宝贵的时间了。如果因为这件事怀疑我们合作的诚意，那么我们只好结束这次谈判。我认为，我们所提出的优惠条件在美国是不会找不到合作伙伴的。”日本代表的一席话让美国代表哑口无言。美国人也不想失去一次赚钱的机会，于是谈判顺利进行了下去。

资料来源：http://wenku.baidu.com/view/6 a37 fd1652 d380 eb62946 d67.html

作为商务谈判的一方，必须掌握驾驭谈判进程的策略与技巧。因为不同类型、不同内容、不同目的的谈判项目，对其谈判进程的驾驭，或称作调控，不可能是完全一样的，倘若完全一样就绝不会有最佳的谈判效果。那么应该怎样对不同的谈判进行调控，以取得最佳的谈判效果呢？这是摆在谈判小组主谈人面前的一个既客观实际又十分重要的话题。本章旨在帮助主谈人寻找到一些驾驭谈判进程的策略与技巧，以便实际商务谈判时少走弯路。

8.1 主谈人在谈判进程中的作用

通常，谈判一方是由主谈人来调控本方谈判时的所作所为。因此，身为主谈人，其肩负的责任是非常重大的，其在驾驭谈判进程中的作用主要有以下几个方面。

8.1.1 主谈人是谈判小组与其所属单位的纽带

商务谈判小组往往是受命于其所属单位，而接受所属单位赋予的使命之后，由谁来负责统一，协调具体谈判工作，完成使命呢？这个任务自然地落到了主谈人的身上。由于主谈人一方面掌握其所属单位领导的意图，并使其在谈判小组从事的谈判工作中得以实现；另一方面又可使谈判小组能够随时得到单位领导的指示，在这其中，主谈人起到了驾驭谈判进展情况的纽带作用。

8.1.2 作为驾驭谈判进程的指挥者，起挂帅作用

主谈人不仅是所属单位的代表，而且是本方谈判过程中的指挥员。作为主谈人员要对整个谈判小组成员的任务、分工、进度进行安排、督促、检查，以形成统一的谈判力量，并且要按整体的意愿共同议定谈判策略，调动全体谈判人员的积极性。另外，面对谈判对手，作为驾驭谈判进程的指挥者，起挂帅的作用。作为本方的代表，主谈人需要与对方讨论诸如谈判日程、议题、互换意见等问题，并且要注意对方的动向，分析形势，与全体谈判人员共同研究对策，以及向所属单位汇报由小组谈判人员共同研究的看法、问题、请示意见等，以便在谈判遇到困难时及时得以上下沟通，如此反复直至谈判结束。

作为小组指挥员、表率，其作用的发挥不是任何一个主谈人都能够做到的。作为主谈人，要想指挥好一场又一场的谈判，必须能够很好地自我约束。首先，指挥者应勤于动脑、善于观察分析问题且有主见、有足够的业务实力对形势做出判断和预见。另外，要善于组织周围的人共同工作，包括处理自己与他人以及他人之间的意见分歧。对于与自己持不同见解，并且态度生硬的同事，要能平心静气相待，认真分析其意见中有益的成分，努力创造出一个良好的共事环境。在遇到困难或众说纷纭的情况下，能够不慌不乱，带领大家克服困难并能够理出思绪。在自己因做法或意见处于被批评和孤立的地位时，能够忘却自我的得失，把虚荣、地位置之度外，集中全力去思考引导谈判的策略与布置。诸如这些约束，如果主谈人都能做到，定能很出色地完成谈判任务，当好指挥者，充分发挥其挂帅作用。

8.1.3 在双方信息交流方面起接口作用

按照礼宾传统、工作习惯、实践效果来确定主谈人在谈判中的地位和作用，他自然而

然地成了双方互通信息的接口。这里所说的接口,是指在谈判桌上,双方需交换正式意见时,只有通过主谈人亲自出面并发表见解,彼此才会有信任感或正式感。虽然某一方的其他谈判人员可能与主谈人的见解相同,但另一方若不经对方主谈人确认,完全可以予以否认。因此,主谈人作为信息交流的接口,其权威性、服从性、可靠性、契约性都是由于其地位的效应而自然生成的。所以主谈人是其他小组成员所不能替代的。在许多谈判中,对方可能从各种不同场合或人员那里探求谈判信息资料、打探其底细,但最终要达成合同协议,还是要到主谈人那里索取意见,以主谈人的见解作为最终结论。有经验的谈判人员往往希望对手的主谈人多发表见解并能够始终在场。

恰恰因为如此,主谈人作为接口应做到谨慎细致、言出必行,善于听取对方意见,且保证应答的流畅。也就是说,对于自己发表的意见应具有连续性,不可反复无常,以避免对方担心我方言而无据,琢磨不定。对于对方的意见能够予以关照,并加以提炼,使对方感到本方通情达理,从而愿通力合作解决双方的冲突与矛盾。在听取对方意见和表述本方观点时要及时,不应给人以沉闷之感,因为谈判双方通常均希望及时了解对方对自己意见的反应如何。主谈人能够做到这些,也是不容易的,这同样是对合格主谈人的要求。

8.1.4 在掌握双方利益分界点上起关键性作用

主谈人在驾驭谈判进程的过程中,对于双方利益的划分,亦即在掌握双方利益分界点问题上起关键性作用。但在实际谈判过程中,并不能明显地意识到这一点。谈判初期,双方对利益的认识犹如两个相互独立的圆,在经过谈判之后,两个圆在不断地相交,其重叠部分为双方共同拥有的利益,但是对于这个共同区域,其形状的确定则取决于谈判的结果,也就是各方主谈人所掌握的利益分界点。

认识到利益分界点的存在,主谈人的谈判点就会放在精心注意对手的利益范围与自己的利益追求之间的差值上,以便兼顾双方情绪来驾驭谈判。

CASE 案例 与KA店谈判:三项准备,六个注意

面对像家乐福这样的KA(Key Account,重点客户)卖场,许多业务员在谈判时,都感觉自己总是一味地让步,因为买手会依仗卖场的巨大影响力,同时利用业务员对产品尽早进入卖场的迫切心理,不断施加压力,迫使自己再三让步。

在这种情况下,作为厂家或者商家的业务主谈人在与KA店谈判进程中应该如何应对?

一、准备:面面俱到,知己知彼

精心的准备不但能使谈判者在"知己知彼"的基础上主导整个谈判的进程,而且可以大大减少意外变故的发生,从而有助于达成合理协议。

(一) 周密调查,重在知彼

1. 费用情况。卖场各种名目的费用很多,一般包括店庆费、节庆费、单品费、特价扣点费、终端堆码陈列费和场外促销费等。对各项费用的标准及其下限,业务员事先要做详细了解。

2. 结算方式。结算方式有账期、翻单结算、送二结一、抽单结算和铺底等,通常情况下,

业务员应尽量缩短账期,减少铺底。

3. 竞品在卖场的销售价格、销售情况和投入情况。进场前,业务员要详细了解竞品在卖场的销售和投入情况,以此来预测自身产品进场后的销量,增加谈判筹码。当有同类产品被退场时,往往也是本公司产品进场的时机。

4. 了解卖场的组织结构、买手采购权力的大小和谈判的程序。

5. 了解卖场感兴趣的促销宣传活动及其对新品的要求,以便在做促销宣传计划时,为卖场量身定做,增加计划吸引力。

6. 了解卖场谈判者的情况,包括其个人背景、爱好、工作任务以及目前上司和同事对其的评价等。

7. 谈判前通过多种途径向其他供货商打听该卖场的销售情况、买手的谈判策略等,获悉其他供货商谈判中的经验和教训。

(二) 列举谈判内容,做到心中有数

谈判人员与卖场买手谈判一般分两个阶段:谈产品进场与产品进场后的陈列、促销和货款结算等。

业务员在和卖场买手谈产品进场事宜时,谈判内容主要包括以下 12 个方面。

1. 采购产品:质量、品种、规格和包装等。

2. 采购数量:采购总量和采购批量(单次采购的最高订量与最低订量)等。

3. 送货:交货时间、频率、交货地点、最高与最低送货量、验收方式以及送货产品的保质期等。

4. 陈列:陈列面积和陈列位置等。

5. 促销:促销保证、促销组织配合和导购员的进场等。

6. 价格及价格折扣优惠:新产品价格折扣、付款折扣、促销折扣、单次订货数量折扣、累计进货数量折扣、年底返利、季节性折扣和提前付款折扣等。

7. 付款条件:付款期限、付款方式等。

8. 售后服务:包换、包退、包修和安装等。

9. 各种费用:进场费、新品费、店庆费、陈列费、节日费、促销费和广告费等。

10. 退货:退货条件、退货时间、退货地点、退货方式、退货数量和退货费用分摊等。

11. 保底销售量:每月产品的最低销售量、末位淘汰的约定和处理办法等。

12. 违约责任、合同变更与解除条件等。

对以上列举的内容,业务员应了解公司的底线,对于谈判中如何进行置换要做到心中有数。

(三) 携带谈判资料与工具

在进场谈判前,业务员还需准备好相关的谈判资料与工具。例如,业务员要准备好企业营业执照复印件、企业简介、产品样品、价格表、宣传单以及售点广告、堆头陈列和促销活动的照片、针对卖场撰写的市场推广方案、近期的大型促销活动方案、大众媒体广告投放计划、以前的报纸广告和市场概况分析报告等。这些书面资料可使买手全面了解企业及产品,有助于买手树立产品畅销的信心。

此外,书面文字、销售数据和图片等生动的演示工具会使业务员的介绍更具说服力,这比口头的“自我赞美”更形象、更能打动买手。

前期的准备工作对业务员厘清谈判思路大有裨益,是业务员实现“先胜而后求战”最关键的一步。

二、谈判:六项注意,技巧高于内容

在与买手具体的谈判过程中,有哪些谈判技巧呢?

(一) 让买手感到自己的诚心诚意

业务员对没有把握的事不要轻易承诺,同时,要评估买手对各种情况的熟悉程度,提出的谈判条件要让买手感觉是真实的。业务员在谈判过程中如果遇到对谈判不利的因素,如言语不合、气氛紧张和条件不一致等,除了要适当调节气氛之外,最重要的是要始终保持诚恳的态度。

(二) 注意倾听

听往往比讲更重要,业务员在谈判时要仔细倾听对方的意见,坚持多听少说。多听少说可以了解对方的动机,预测对方的行动意向,并以此确定相应对策。有时候,买手的谈话可能很刺耳,即使这样,业务员也要坚持听下去,要从对方的谈话中找出破绽,逐步改变自己被动的局面,从而实现谈判的预定目标。

(三) 要多问假设性的问题

如果业务员使用假设性问题提问,可以避免让买手觉得你在做具体的承诺,这类问题可以暗示你有做某些事情的意向,却没有承诺要实际去做。通过使用假设性的问题,可以帮助业务员用较为稳妥的方式来测试买手对这个方案的兴趣,然后根据买手的反应,做出相应的调整。例如,“如果我请示公司答应你们把返利提高1个点,你是否能确保马上签合同?”

(四) 保持耐心

业务员在谈判过程中不要操之过急,特别不要让买手知道你急着让产品进卖场。如果把真实想法暴露给了买手,买手就会抓住这一点,态度变得很坚决、强硬,业务员就会由此处于极为被动的局面。谈判往往是一个漫长的过程,与买手谈判不要指望一次就谈妥。注意每次谈判所涉及的问题不要太多,但每次谈判都要确定一些具体问题。

(五) 报价要为自己留有余地

业务员在报价时,报价中要有足够的利润空间,为谈判留下回旋余地,并承担得起高额进场费。卖场谈判强调最多的就是要求提供市场最低供货价,如果发现业务员的供货价比给其他卖场的供货价高,就会要求其无条件退场,所交的费用一分钱不退,而且有的买手要求把这个条款写入合同中。

其实,这只是卖场谈判的策略而已,如果业务员真的一开始就把自己的底牌亮出来,买手仍会不断要求增加其他费用和返利,这时候业务员就会无路可退。所以,业务员并不见得要报市场最低价,而要根据市场的零售价,报一个合理的价格,让买手即使经过市场调查,也会认为这个可能是市场最低供货价。

业务员的报价态度要坚决,一旦承诺是市场最低供货价,就绝不能在供货价上轻易让步,因为越让步买手越觉得报价有水分。谈判是一个讨价还价的过程,因此,业务员在报价时,要为讨价还价留下一些空间。业务员报价既不能欺骗买手,但也不能一点技巧都不讲究,这需要业务员有高超的谈判技巧,并把握好度。另外,厂家要注意大卖场的交易条件不能和中小卖场差别过大,否则容易扰乱整个市场价格体系。

（六）僵局处理，适时叫停

在谈判陷入僵局前，业务主谈人员要果断地适时叫停。如果谈判难以进行下去，聪明的办法是业务员在双方对立、陷入僵局之前，适时地叫停并重新约定下次谈判时间。这样不但可以避免出现僵持的局面，而且可以使双方保持冷静，有足够的时间来调整策略，心平气和地考虑对方的意见，从而达到顺利解决问题的目的。对于陷入僵局的谈判双方来说，在再次谈判前的这段时间是十分宝贵的。一方面要保持联络，强调双方已达成的共识部分；另一方面要告诉对方双方调整各自的方案，让对方选择或者在次要问题上考虑适当让步，使后续的谈判得以顺利进行。

案例来源：陈晓然，http://www.5 i-training.net/doc/marketing/negotiation/body/0081.html.

8.2 谈判各阶段的驾驭

作为主谈人，其在驾驭谈判进程各阶段中的策略与技巧是不同的。

8.2.1 准备阶段的驾驭

作为主谈人，准备工作落实的好与坏会直接影响谈判的效果。准备得充分即可在谈判桌上掌握主动权，对自己的辩论十分有利，反之则容易陷入被动局面，处处显得理由不充足，明明知道自己有理可就是难以说清楚。为了避免不良现象的出现，应抓好以下两项工作。

1. 始终专注谈判对手，以保证信息畅通

当今世界，信息交流速度之快是令人难以想象的。有时刚刚说好某件事，第二天就可能发生变化。因此，为了万无一失，主谈人应始终专注谈判对手（如出口时的商品供应户、进口时的商品用户，以及合作时的企事业合作项目代表等），并且要与他们建立通畅的联络关系，使各种信息能够及时地交流，直至谈判开始。

2. 请对方将其具体要求写成“正式的文字”

在准备阶段，要请谈判对手提前将其要求实现的技术条件、经济条件等写成“正式的文字”。所谓“正式的文字”，是指有其单位领导审阅并有公章的文件。必须要求对手备齐这一资料，它是我们日后进行谈判的工作依据。因为它可被视作“单位的正式意见”，是主谈人也不能随意更改的。

目前实际谈判中，由于企事业内部工作的安排，往往不能派主管领导参与某项具体业务的谈判，前来参与谈判的人可能是技术专家、商务工作人员等，其授权是有限的，常常负不起经济责任。为了避免造成经济上、信誉上的损失，这种代表所发表的见解只能认为是代表其个人的意见。但若这种代表能够持有会函或其主管领导的书面授权书，那么他们的意见即可视为“单位正式意见”，我们才可与之进行商谈。如果忽视了这一环节，可能会使谈判成本上升，严重时还会影响谈判的顺利进行。实践证明，由于主谈人想当然或自作主张，因而不符合企事业的要求，抑或因企事业代表自以为是而下决心更改了其单位的主张，此时对内对外就会产生矛盾，造成不良的影响和损失。这样一来，即使谈成签了合同，合同也不可能得以顺利执行，最终的结果是使一定的贸易目的付之东流。

8.2.2 首场开场的驾驭

某些商务谈判往往要经过几个回合的谈判,每一回合的开始阶段都被称为开场。实际谈判过程中,开好第一场及以后各场的头,是十分重要的。为了掌握驾驭开场阶段的策略与技巧,需从首场会谈,亦称第一场会谈和续会两种情况加以考虑。

对于首场开场驾驭的策略与技巧,人们经过不断的概括和总结,得出许多经验,现综述如下。

作为主谈人首先应该清楚要做的第一件事就是:介绍本方在场人员,以便双方相互沟通得知与谁对话,即双方各自的参谈人员都有谁。接下去,需要回顾双方往来的背景,包括信函往来和电传往来等,以反映双方所持的立场。再就是要引导对方共同确定谈判目标,即谈判的内容及程序,使双方有共同的节奏和工作目标,为下一步谈判开好头。

不管是作为东道主还是客方参与谈判,主谈人都应以尊重谈判对手的态度出现,因为许多实例证明:这样做得到的回报是对方的尊敬和配合。切忌高傲自大,否则会拒人千里之外,对谈判有百害而无一利。

首场开场要努力营造友好、合作的气氛。实践证明,和谐的气氛对谈判百利而无一害。万万不可摆架子、态度生硬而且面无表情。切不可认为表现友好是在"求人、有损身份和地位"或"态度冷淡、生硬就意味着不求人",这在实际过程中都是有害的。首场的开场中所表现出的良好的合作态度可以表明我们的文化修养较高,且有谈判的诚意,从而可以驾驭谈判继续下去。

首场开场白的内容要依谈判繁简而定,时间一般可长可短,切忌给人以松垮懈怠之感。如果开场内容及任务已完成,首次谈判亦可包括实质性谈判的内容。如果开场所占时间不超过1小时,可以不经过休息而直接转入实质性的技术及商务条件的谈判。如果超过1小时,即可休息10分钟,再往下进行。

8.2.3 续场开场的驾驭

谈判在进入第二轮、第三轮会谈的开场时,不外乎有两种可能:一种是无尖锐分歧的正常开场;另一种是在分歧比较严重情况下的紧张开场。

对于正常情况下的续场,其开场往往比较容易,也比较轻松。主要的方法是:归纳总结上次谈判所遗留的问题,待双方认可后,即可视为本次谈判所需共同谈判的问题。然后,可根据遗留问题的难易程度,本着先易后难的顺序逐一加以解决。

对于双方紧张情况下的续场,其开场时要讲求技巧。首先应缓和一下紧张的气氛,然后再进行下一步的内容。针对如何缓和气氛这一话题,大致有两种,即设问式和列账单式。

设问式即采用汉语中设问句的方式来缓和气氛。比如下列对话方式。

问:"某某先生或小姐,昨天您顽强地坚持某某立场(或观点、条件等),一夜休息是否有所松动?您那强硬的态度能否灵活一点儿使大家能够找到出路?"

回答:"贵方的态度不也是一样吗!几乎逼得我夜不能眠,坐立不安的感觉实在让人不舒服呀。"

这时，发问方万万不可用过激的语言回击对方，而应报以爽朗的笑声，使气氛和谐起来。又比如下列对话方式。

问："某某先生或小姐，您的眼睛怎么这么红？昨夜没有睡好觉吧？"

回答："是的，您出的难题让人绞尽脑汁呀！"

应答："对不起，这是误会。我本来希望您能够很好地休息，以便有足够的精力解决双方的困难。那么我们现在就来努力吧！争取今晚睡个好觉！"

列账单式即采用将未解决问题一一列出的方式来缓和紧张气氛。比如，在开场时可以说："经过我们上一轮紧张艰苦的工作后，还有某某问题没有解决，贵方准备在这一轮从哪儿开始？"这就是将账单一一列出，把球踢给对方，让对方进行选择。又比如："上次会谈就某某问题贵方的表现十分精彩，这么顽强！我深表敬佩。但是这已经阻碍了我们双方顺利地达成协议。贵方的意思如何？有没有解决的办法？"这样列一下账单，又把球踢给对方。这时如果对方回答："如果上次会谈您能同意我们的观点，问题不就已经解决了吗！"这时应这样应答："但愿我们双方经过本次会谈，能够使问题得到很好的解决。"这样可使比较紧张的气氛得以放松，从而继续开始谈判。

总之，开场的方式不仅仅如上所述，还有许多其他方式方法。但不管以什么方式开场，都要避免呆板机械的开场方式。"好啦，会谈开始吧""贵方人齐了吗？可以开始吗？"诸如此类开场方式往往会使人感到沉闷。因此，主谈人在开场时，在语调和情绪上应明朗、乐观、有信心，以感染参谈对手，尽快找到双方利益的分界点。

8.2.4　谈判过程的驾驭

经过开场阶段后，如何使谈判工作得以进一步的深入，是主谈人驾驭谈判进程的关键。为此，作为主谈人，要想成功地展开谈判工作，需要掌握以下几个方面的策略与技巧。

1. 明确达到目标需要解决多少问题

为了很好地驾驭谈判的进程，主谈人必须明确达到目标需要解决的问题有哪些，不论大小问题均应仔细考虑到，不可遗漏。实际谈判中，由于主谈人经验不足，常常出现遗漏问题的现象。从表面上看似乎所有问题都已达成了一致，而在协议书写时，甚至签约后的执行中，又发现有漏列或隐藏在合同字句中的不同理解点，从而使双方都感到处境十分窘迫，也可能由此而产生经济纠纷等。因此，主谈人有责任将所有的大小问题列入脑海中，做到心中有数。这也是成功地展开谈判工作的基本要求。

2. 抓住分歧的实质是关键

因为人的文化修养、个性品格各不相同，故在谈判中，对于一个问题的回答往往会有多种策略和技巧，有时也会让人难以理解，甚至出现离题太远的现象。这就需要主谈人能够抓住分歧的实质，把握住谈判发展的方向，切忌于慌乱中迷失方向，误入歧途。主谈人应具备平息混乱、厘清本方谈判人员的思路、促使谈判向目标方向发展的能力。具体应采取如下措施。

(1) 善于及时清理已有的各种观点。通过清理可以告诉谈判成员，哪些是有关的、哪些是无关的，以便保留和重视有关的观点。

(2) 对于有关的问题,要善于指出各种观点的分歧点。对于具有共同点的各种问题,要善于对其进行合并同类项,从而归纳出真正的分歧点。

(3) 对分歧点的实质性进行分析。通过论证要提出分歧所反映的实质,以使后面的谈判能够击中要害。

(4) 提出应该讨论的新问题。根据分歧所反映的实质,抓住围绕实质的有关方面,从而找到未解决实质性分歧的有关问题,以便进一步加以解决。

3. 不断小结谈判成果,并能够提出任务

主谈人及时小结谈判成果是提高谈判效率的重要手段。无论谈锋千变万化,所涉及之处应有一定的目的。一旦讨论了一些问题,应及时检查效果并对其做出评价和结论。同时认证双方是否一致同意该结论。若是则应予以小结,作为一个问题的结束;不是,则尚需进一步磋商。这样做可达到两个目的:一是向大家展示劳动成果,以振奋士气;二是避免重复劳动、打乱仗而浪费时间和精力。

为了能够齐心协力、振奋人心,主谈人应适时地提出新的谈判任务,使全体人员能够将散乱的注意力再次集中起来,避免松垮,这也是谈判得以深入展开的必要手段。

4. 掌握谈判的节奏

谈判的节奏主要反映在时间的长短和问题安排的松紧程度两个方面。谈判展开后,双方条件已经亮出,何时拿、何时让、争什么、让什么都有个节奏问题。谈判时态度强硬与否、谈判时间安排的松紧程度也是节奏问题。实践证明,整个谈判节奏安排得好与差会直接影响谈判的效果。

谈判按时间和谈判要完成议题的数量来划分,可以有多种不同的划分方法。例如,双方预计谈判要一周的时间,则可大致以两天为一期。这样预计要谈三个回合。若谈判的议题有九个,则可视三个议题为一个时期。若谈判程序为技术、合同条文和价格三个部分,也可视其为三个时期。实际上,还可依谈判内容来进行划分,即全面交换技术、合同条文、价格条件为谈判的初期;在初期基础之上厘清各方面的分歧并就此进行谈判为谈判的中期;对技术、合同条文和价格三个方面余留的关键性问题进行最后一揽子的谈判为后期。总之,谈判各阶段的划分可依项目的大小、谈判内容的难易而各不相同,但基本原则是一样的。因此,掌握好划分阶段的技巧,就能够熟练地把握谈判的节奏。

例如,在谈判的初期,在掌握节奏方面应基于一个"快"字。具体表现在:技术性谈判要抓紧,日程安排也要满,态度要热烈、明朗而坚定。这样做旨在争取时间为更艰巨的谈判做准备。应尽力早日暴露双方的分歧,以便早做准备。热烈而坚定的态度,要给对方深刻的心理影响,动摇对手的决心,以营造争取良好谈判条件的气氛。

在谈判的中期,在掌握节奏方面要稳健。该阶段是解决分歧的关键时期。由于广泛地交换意见,各种分歧均已暴露出来。主谈人要掌握"分歧的总分量"。将一些非原则的、影响不大的分歧,争取在友好、和平、平等的交换条件中解决,从而使谈判不至于全面僵化,也不使自己全线退却。在此阶段保留一部分欲软化立场的非原则条件的目的是在最后的磋商阶段讨价还价时使用。此外,还必须掌握对手的态度和诚意如何,如果对方态度很强硬,自己的条件也不可过快地让掉,适当相持为好;如果对方有成交的诚意,也可主动选择先行退下,以做姿态。不论实际属于哪一种情况,均需做到有的放矢。

在谈判的后期，在掌握节奏方面要快慢相结合。在谈判后期，多为主要分歧或分量较重的矛盾，这些矛盾引起的原因也往往比较复杂，但不论哪一种原因引起的，在日后往往矛盾均比较突出。为此，解决时，谈判态度及节奏掌握在能快则快上，不能快则要有耐心，及时捕捉对方与己方利益的分界点。只有这样才能成功地驾驭谈判。

8.2.5　收尾阶段的驾驭

谈判收尾主要是指谈判的结束方式，包括每一场谈判的结束方式和整个谈判的结束方式。

每场谈判的结束方式可根据时间、内容和气氛来定。按时间看，可依据议定的工作时间，自然结束。通常像上午 11:30、下午 4:30 均可视为自然的结束时间。若按时间来结束谈判，主谈人应小结在什么内容上暂停，并提出续场的时间及首要讨论的议题。若按内容来看，可依据讨论中的议题，以得出结论作为中止。若按内容以得出结论方可结束的方式，有时延长谈判时间也是在所不惜的，直到通宵达旦的现象也是有的。若是这种情况，必须将讨论的成果予以小结，并以双方同意的方式记录下来，以避免付出的劳动在一夜之间付之东流。按气氛来看，如果由于尖锐的观点相对立，加之个人情绪过于激动，延续谈判并无益处时，主谈人可以不论时间、不论议题内容完成与否，即宣布暂停会谈。只是一旦决定结束谈判，主谈人一定要讲明原因，为继续开谈留有后路。

整个谈判的结束有两种可能：一种是谈判破裂；一种是达成协议而成交。主谈人在把握整个谈判结束的策略与技巧时应该注意谈判的气氛和可能的转机。

当对方主谈人宣布其最后立场和观点后，我方主谈人应设身处地为对方分析其立场的利弊，并言辞友好、态度诚恳，使对方感到我方的诚意。

一般情况下，应该回避促其退却的语句。“行，我们就此结束”“随便你，我们是不会改变立场的”“你不谈，要走，我欢送”等言辞听起来均带有情绪化的成分，让人接受不了，只能加速关系破裂的进程。相反，应积极分析对方已亮出的观点和立场，应以类似“这是我方的看法，贵方可以三思”“如果贵方还有合作的可能，我们愿意陪贵方继续谈判下去”“我方的大门总是敞开的，贵方什么时候有新的想法可以通过某某与我方联系”“贵方目前的态度我方是可以理解的，但请贵方与领导汇报一下，若有什么新的建议，我们将十分乐意听到”等来与对方相应，也可给对方一个释放肝火的机会，或给对方一个台阶下。经验证明，给对方台阶的做法对于那些以强硬语句相要挟的对手来说，可以网开一面，留个活路，有时复谈也是可能的。相反，如果处理不当，粗糙无理，往往会使假性破裂变成真性破裂。一旦进入真性破裂，关系就会更加紧张进而可能影响未来的交往，再想弥补是可望而不可即的。

当谈判成交时，双方应及时握手以结束谈判。但在握手时，主谈人应对达成一致的所有问题加以清理，以防止遗漏，为日后最后的谈判做好准备。这时可以讲：“很高兴双方达成协议，使艰苦的谈判得以结束。让我们双方清理一下已达成的协议，以便形成文字。若有遗漏允许补充。”“我们很高兴与贵方达成协议，我们将向上级汇报我们的谈判结果，若有什么问题再商量，请贵方原谅。”这样讲既留有余地，又不失礼节。

最后，应将所有谈判的结果形成文字，即包括技术附件和合同文本，并约定好签约的时间与方式等具体操作性问题。

CASE 案例 谈判的成功在于正确地驾驭

荷兰某公司向中国某工厂“一揽子”出售一条窗式空调机生产线，总价近400万美元。在这种“交钥匙”方式下，技术有保证，对于买方倒也省事，就是价格不菲。买卖双方就此进行了谈判。

买方提出，交易形式不重要，可以“一揽子”出售全线设备，也可不“交钥匙”，关键是“价廉物美”。卖方解释，不了解中方情况，“交钥匙”较为简单，交易风险也小。

买方又指出，卖价太高。卖方的“一揽子”价格内容让人不易理解，仅看最终结果不行。卖方介绍其公司习惯和信誉，并保证一定会货真价实，让买方别担心。

买方希望将“一揽子”价中的技术费和设备费给分出来。卖方推托一阵后拿出了技术价和设备价。买方进一步要求卖方将技术费按工艺流程或单项技术分成单项价，将设备按清单所列单台设备分出相应单价。对此，卖方以公司秘密、工作量大、难以分解、这次不行以后再说进行推脱。而买方很客气地坚持阐述己方的观点：卖方为大公司，应有信誉；报价自己做，分解自然也容易；总价看似无理，分解了易于理解；既然谈交易条件，分项价即不为秘密；不按分项谈，谈判破裂得快……经过反复推敲，荷兰卖方同意了买方要求。

两天后，卖方交来了分项技术价和设备单价。买方十分高兴，赞扬了卖方的工作效率和谈判诚意，表示将认真研究卖方报价。经过对工艺技术的逐项评估，又按卖方提供的设备清单向制造商询价，结果发现主要生产线的设备售价仅需160万美元。

当恢复谈判时，买方先向卖方谈了对技术费的看法。由于空调机系传统技术，且深度仅在机械、电气、制冷系统之下，因此，技术费不应很高。然后，将调查到的设备总价告诉了卖方。买方介绍的信息，有理有据，介绍的态度诚恳坦率，成交的希望真诚热切，表明的困难真实可信。买方的上述做法使卖方感到十分惊讶，但又不能不佩服买方的调查研究工作。

卖方开始只表示佩服，但并不接受买方的调查条件，认为160万美元的设备不含卖方的采购费用、组建生产线费用及保证费用。买方对此表示理解。作为补偿，买方可以分担部分工作，如按卖方清单要求自己采购生产设备，可承担部分组建生产线的工作。双方对这几项工作又进行了讨论，并以此引申到中方采购设备后，组线及技术保证的分工与责任等问题的谈判上。为了确保生产线顺利投产，买方确认了卖方必须承担的工作。

在分清责任的基础上，就可以谈价格条件了。卖方想做这笔生意。这是其进入中国家电市场的“桥头堡”。买方有意要这条线，但投资有限。既然由“交钥匙”改为“拼盘”建设生产线，卖价应该降低。双方最后协议为：共同采购设备，其价限在250万美元以内。卖方保证生产线技术，由买方配合建生产线。为此卖方提供技术指导和对买方人员的培训，其总价不超过50万美元。

上例反映买方成功运用了“化整为零”的策略。首先将“一揽子”方案化解出技术与设备两个主要构成因素，进而细化出“工艺流程技术费”和“单台设备价”。调查研究后，先按细分内容分别谈，以实现分项突破。然后，集中谈，使总价在保证原交易目标的前提下，由400万美元降到250万美元。卖方得到了合同，买方得到完整的技术及生产线，节省了投资。

当然，上例有其特殊性，主要是将“拼盘”方式导入技术项目时，虽有节省投资之利，但必须谈好技术保证。请注意上例中，买方将技术保证责任放到了卖方身上，因此为技术费、服务费和保证义务而支付了近 50 万美元。

8.3 合同签字过程的驾驭

商务谈判结束后，要经过大量的文字处理工作。有时可能不像人们想象的那么简单，即在文字工作中又产生新的谈判内容。凡是大原则均已达成一致，文字表达则易于一致。凡是以条件交换而达成的一致，撰写文字时，有些律师或商人总想通过这一环节的文字处理，再捞回一些利益。因此，作为主谈人应把好这一关，掌握好合同签字过程的驾驭策略与技巧，为我方做好工作。

8.3.1 签字人的选择

商务谈判结束后的合同签字人不一定是主谈人。那么到底由谁来负责签字呢？通常情况下，商务合同一般应由企业法人代表来签字，而政府部门代表一般不负责签字。若商务合同需由企业所在国政府承诺，可与商务合同一起拟定协议、议定书或备忘录，由双方所属政府部门代表签字。该文件可与商务合同一起作为不可分割的组成部分。

签字人的选择主要出自对合同履行的保证。对于涉及面较广的复杂合同，上级及有关政府部门了解、参与后，执行中若产生问题容易解决，对合同的顺利执行有所保证。

有些国家或地区的厂商习惯在签约前让签约人出示授权书。授权书由其所属企业最高领导人签发。若签字人就是公司或企业的最高领导，可不出具授权书，但应以其他形式证实其身份。

我国对外经贸活动中，往往也给企业或事业单位的代表留有签字的权力，如签成套项目的引进合同、出口合同、工程承包合同等，用放权的方法来表示尊重和责任。特别是技术附件，商务人员有时也无力谈判，技术代表的签字也可谓中方能力的补充，对外商来讲增强了合同的可靠性，也是可取的。

8.3.2 签字前的遗漏审核

在签字之前，应做好两件事：一是核对合同文本（两种文字时）的一致性或文本与谈判协议条件的一致性（一种文字时）；二是核对各种批件，如项目批件、许可证、设备分交文件、用汇证明、订货卡片（视交易内容、文件有所不同）是否完备以及合同内容与批件内容是否一致，如出口计划、出口配额等。

经验无数次证实，凡是认为成交了谈判即告结束的人，往往会自找苦吃。因为实践中两种文本、同一文本与所谈条件不一致的现象屡见发生。有故意的，也有无意的。不管什么原因，这种不一致现象是确实存在的。

审核文本时，应仔细认真，不漏一章、一节、一页、一句话。有时问题往往就出现在一句话上。在审核打印好的文本时，务必对照“原稿”。有的人只是凭自己的记忆，采取阅读式审核。这种方法可以理解，因为文字固然出自自己的手，但实践证明：这么做虽然道理上行得通，但往往查不出遗漏。若审稿人自己掉字、短句而又使文章仍能保持通顺，就有可能引起遗漏等现象。为了做到万无一失,审核文本最好由两人进行。

当审核中发现问题时,应及时互相通告,并调整签约时间使双方互相谅解,切不可因此而造成误解。对于文本中的问题,一般的问题指出即可解决。有的复杂问题需经过双方主谈人商量后再谈判。对此,我们自己思想上要做好准备。不过,当发现问题时,应注意自己的态度,对属于谈好的条件而对方故意歪曲的地方,自然可以明确地指正,应以信誉相压,决不可退却。否则,对方可能会得寸进尺,全面反扑,以争取更多的条件,这时我们就显得被动了。

谈判实践中,有的单位为了急于做成某项交易,总是催促外贸部门对外谈判,但手续却未办全。为了尽早做成生意,于是便答应边谈判边办齐手续,并且常常不断地在外贸领导面前汇报办理进展情况,但到底办得是否与其所讲一致呢?在签约前必须严格检查全部的批件,否则不予签约。这样做对交易各方都有好处。因为如果没有许可证,货物进出就成问题;如果没有用汇批件,合同就无法支付。诸如此类,若合同内容与批件内容不相符,政府会予以干预。事实证明,那些在签约后再去办理相应手续的做法极易出现问题,从而影响企业的信誉,实可谓得不偿失。

8.3.3 选择恰当的签字仪式

为了表示合同的不同分量和影响,签字的仪式也有所不同。

通常情况下,对于一般性合同的签订,主谈人与对方主谈人签字即可。地点选在谈判间或在宴请的饭店均可。签字仪式简单,与会者可站到签字人身后,也可不站。具体在主场谈判时视对方的要求而定,若双方一致同意,亦可摄影留念。

对于较大型的合同签字,应由领导出面签约时,仪式应稍微隆重一些。这时要做些签字仪式方面的准备工作。例如,备有专门签字的桌子,桌上要盖有装饰布,并选择好适当的签字场所。有时可在谈判间设置签字桌,有时在宴请的宾馆设桌签字。宴请要排好桌次,席间最好安排祝酒活动。

特别重大的合同,即涉及政府参与合同签字的仪式,需选择较高级的饭店,如北京饭店、长城饭店等。亦可选择较为隆重的会堂,如人民大会堂等作为签字仪式举办的地点。另外,签字可在一个厅,宴会应另选一个厅。亦可安排部级或国家领导等官员会见对方代表团成员。在签字时,应专设签字桌,后排站领导及双方贵宾,并请新闻界记者参加。宴会前,双方代表应致辞,席间应祝酒。宴会桌次、座次要严格按照来宾身份进行排列,并在席桌上列有人名标识牌。

签字仪式的繁简并无绝对规定,要视双方的态度而定。我方原则上要按照国家规定办事,但当对方提出要求时,我们也应尽力配合,最好不要在这个阶段为签字仪式问题产生误会或不快。问题是要注意礼宾程序,不可擅自做主,并要向上级主管部门及时汇报情况。

此外,由于经济的限制,仪式也可从简。有时双方为了扩大影响,以利其股票上市或别的竞争事宜,宁愿出钱办得隆重一些。比如某公司为了与另一公司竞争,自己出钱租用人民大会堂两个厅举办签字仪式。

大型签字活动,一定要注意安全。入场的凭证、交通的调度、安全警卫均要妥善安排。对新闻稿件的发布要注意审稿。如果签约双方均想在各自国家的报刊上发稿，事先应征求对方同意，或双方统一稿件的内容。

对于大型商业企业的签字活动，如有使领馆的代表参加，或有国家领导人出面，抑或使馆高级外交官参加，联系工作最好由外事部门经办。若自己与有关使领馆官员较熟，也可以直接联系，但也应向外事部门汇报，请求他们的指导。实践证明：这样做不仅不失礼节，而且便于全面地做好工作。

8.4　驾驭联合型外贸谈判的技巧

在外贸商务谈判的实践中，总是有许多新的问题需要我们不断地发现和研究。否则，联合型外贸谈判就不能顺利地进行。因此，从实务的角度来看，要想真正驾驭好联合型的外贸谈判，确实有许多技巧需要掌握。

8.4.1　如何对待联合谈判前已与外商谈妥的条件

在外贸谈判中，联合型外贸谈判是比较多见的。因为联合前各单位工作进度不可能完全相同，有些单位可能已在某些项目上与外商谈得较深，而且或许已经达成了某些协议。那么应该怎样看待和处理这些情况呢？

从原则上讲，对于上述情况应从其固定的法律形式来考虑。对于已经将某些项目中的某些条件签成了合同，并已批准生效的，应按合同执行，切不可因为要联合谈判而不加任何分析就将已生效的合同予以否定，这样做会损害我们对外的信誉。但是如果根据合同条文的规定，或考虑到联合对外谈判后，该合同签约时经济背景相差很大，那么根据英美法的规定可允许重新谈判，甚至在新的条件下重建合同。

对于已签约尚未生效的合同，在法律上的灵活性要比上述情况大，应具体问题具体分析。比如原合同是在不利于我方的条件下谈成的，那么就应利用联合谈判的机会重新谈判。从法律和国际贸易惯例的角度看，也允许在重新谈判时要求修改对我方的不利点，甚至可推翻原合同，与原契约当事人或新的契约当事人重建一个新合同。

不管怎样，应切忌对重谈合同的必要性和可能性不加分析的做法，要提倡实事求是、讲求实效的态度。

8.4.2　如何处理外贸公司代表与行政部门代表之间的意见分歧

事实上，外贸人员与行政管理部门之间在谈判中，常常对外商的选择、方案的制订、策略与技巧的运用等问题发生分歧，必须对此进行很好的处理，否则就会给谈判带来障碍。

目前，处理这类分歧有三种不同的观点。第一是不问究竟，只要行政部门说了就严格照办。有时即使已发现不妥之处，也不提出异议，以免使关系变僵，导致对自己业务开展的不利。第二是采取一种听之任之的态度，即有自己的观点和看法，并能够提出自己的见解，但是否采纳不管。采取一种既不参与自己不赞同的事，也不对别人决定的事情负责任的态度。第三是认真理解行政部门的决议，开诚布公地谈自己的看法，对组织的决议表示服从,但积极采取措施予以补救实际对效果有害的做法。采用边工作、边汇报、边宣传自己主张的方式。经过几个回合与行政部门反复交换意见,从而达到一致。不难看出,三种观点其工作效果是截然不同的,最佳的当然是第三种。但第三种在实际操作中,需要花费很大的精力,通常只有在具有良好的业务能力和工作作风的情况下,才有可能做到。

8.4.3 如何处理外贸部门代表之间的意见分歧

由于参加谈判的代表可能来自多家外贸公司,往往发生意见分歧,应妥善处理。在处理时应当考虑自己所处的地位与分歧的性质这两种因素。

从自己所处的地位来看,如果自己是外贸方面的主谈单位或牵头单位,那么一定要注意发扬民主作风,多听取其他单位的意见,再做决定。如果自己不是主谈单位,要注意在发表意见的同时积极协助主谈单位,搞好工作,但最终要服从主谈单位的意见。切忌因为存在意见分歧,而背离联合谈判的原则搞自由行动。

从分歧的性质来看,如果是一般谈判策略的分歧,应很好地加以商量和解决。如果是价格决策或合同条件方面的分歧,应具体问题具体分析,不可粗略对待,应当十分小心地处理。例如,从价格决策方面来看,如果外商报价 7 700 万美元,一个单位估计成交价为 6 400 万美元,另一单位则估计为 6 000 万美元,那么自然就会产生分歧。对于这类分歧,需要用论证的方法论证清楚。应由持不同意见的外贸公司代表来论证其依据并拿出可行性的研究和实现结论的措施。最后再由行政部门及承接项目的单位来决定。关键的问题还在于谁提出方案就需要由谁在谈判桌上予以实现。因此,对于价格决策、合同条件等重大分歧,不仅需要加以论证,更重要的是要敢于亲自实践,以实效来证实,即用事实说话。这是解决分歧的最好办法。

8.4.4 如何对付外商有意击破我们买方联合的情况

有时,在外商谈判经验比较丰富时,往往会出现设法击破买方联合的情况,这也是外商成熟谈判的必然现象。

如何对付外商有意击破我们买方联合的情况呢?这要从击破联合的不同方式来区别对待。

一种情况是:多家外商相互串通,将交易条件统一起来对付买方。对于这种以卖方联合对抗买方联合的情况,需要首先对外商进行分析。如果外商联合的各方属于同一地区或国家,可通过其政府机构来做些工作,以解决某些关键性的障碍。也可选择与我方关系较为密切、条件又不错的一家,综合其历史与未来的发展前景,如果也比较看好,那么就可对其进行重点突破,以分化其联合。还可以抓住其联合中互相竞争的一面,激发矛盾,以破坏其平衡的局面,加剧竞争的形势和气氛。另外,亦可把地区或国家重点转移,暂时冷落某个联合的地区或国家的外商,以调动其他地区或国家的外商参与竞争的积极性。通常情况下,这种外商之间的联合并不多见,即使发生了这种情况,也很容易利用他们各自的弱点予以分化,或利用他们的长处挑起竞争,抑或利用外交途径予以解决。

另外一种情况是:一家外商对多个买方故意区别对待,如专门在三家中优惠一家,以排挤另外两家，从而使得到优惠的这一家自动脱离联合，这样一来外商就达到了分化我方联合的目的。对于这种情况，应注意抓住多家买主均能积极改善某个项目的条件，这样便仍可保持竞争的局面。也就是说，各自在某个方面有优势，形成优势的分散化。如果能够保持局部优势的买主有两个以上，那么外商使用这种区别对待的策略就不会伤害到我方的根本利益，只不过对我方联合的原则产生了一个挑战。这时，为了反压外商改善条件，可以用"不改变联合的原则"，或"没有明显的优惠条件，不能改变联合的原则"，抑或"如果有特别优惠的竞争条件，我方愿意向有关部门反映贵方意见"等理由来对付外商。一旦各家外商的条件均大幅度改善到比较有利的情况，即可达到联合对外的目标，也就是各家相对的项目条件都在目标范围内。这时，可再全局权衡总的目标是否已基本实现，如果已基本实现，那么原定的总的联合原则就可以考虑通融，即可由只选一家改为两家，或三家。这样一来，各承接项目单位均可得到较好的条件，问题也就解决了。

8.4.5　如何有效地评价多家外商各不相同的条件

参加联合谈判各方对外商情况了解的程度、交往的深度各不相同，这是客观存在的事实。同时，各方对外商各方面知识掌握的宽窄程度也各不相等。因此，评价选优往往是众说纷纭，难以统一说法。但是尽管有实际困难，仍然可以找到统一评价的办法。目前，比较常用的评价方法有三种，即评分法、综合评价法和根本需求判定法。下面具体介绍这几种方法，以供参考。

1. 评分法

评分法是指列出各种条件，根据其优劣再加上重要性系数来评分的方法。列出的条件通常包括技术水平、供货水平、服务水平、投资水平、工程进展情况、外商资信情况和国别政策等，当然，具体的每项条件中又可细分为许多小的项目。划分得越细，就越能使评分结果接近实际情况。实践中，评分法虽然比较有效，但不能凭打分说明所有的问题。这就引出了综合评价方法，以弥补评分法的不足。

2. 综合评价法

综合评价法是指综合分析评分法罗列的因素，从而评出优秀者的方法。分析的内容包括：初期目标与未来可达到的目标、可供的货物与实际所需货物，以及货物的寿命；可培训的人月数与可保证的专家人月数；外商可实现的进度与国内进度的要求；一次性外汇与人民币投资、维持性外汇投资以及投资的回收速度；买方与卖方各自承担的风险大小等。根据这些条件来推定谁对买方更有吸引力。但是综合评价法里包含人的因素较多，结论也常常出现分歧。于是人们又采用根本需求判定法来弥补综合评价法的这一不足。

3. 根本需求判定法

根本需求判定法是指以需求的根本目标为准绳来判断方案优劣的方法。比如某种技术产品，其中一家技术水平很高，货物量也充足，但是要价很高，因此难以进入我方的成交线。另外一家技术水平居中，货物量虽然有限，但能够满足技术要求价格，也便宜，而且经过谈判有可能进入我方的成交线。这时如果从根本需求来考虑，就会确定后者。

上述三种方法根据具体情况，可单独使用，也可交错使用，以便能够尽可能地反映客观真实。实践证明,这几种方法掌握得越熟练,判断外商的优劣就会越准确、迅速。

8.4.6 如何收盘并结束谈判

联合对外的统一谈判,其收盘方式有两种,即自然收盘和强行收盘。自然收盘即竞争无力者自动退出,优胜者中选后而收盘。强行收盘是指经过激烈的竞争后,仍有两家以上厂家坚持不退,由买方通过给所剩各家规定最后一次报盘时间或给出自己的最终还盘,视其结果选定一家之后收盘。

对于强行收盘应注意:两者的条件应设法拉开差距,最后报盘时间不宜过长,自己还盘时幅度要大而难,从而达到惊退一家的目的。

CASE 案例 正确收盘

A公司与B公司的报价原来相差150万美元,在收盘时,为与B公司相拼,A公司调价近150万美元,于是两家条件极为接近。为了最后选择一家,买方还盘:一要制造某关键设备技术;二要增加培训人时数;三要再降××万美元。结果B公司被击败了。至此,我们自然会问:该怎样还盘?确实,像上述那种盘的确不好还,但是并非无任何办法,我们可以取几个参照物:第一,在与两家谈判时,要求纠缠很久均未答应过的条件;第二,虽不计数,但从条件性质上也属经济利益;第三,看在最终还盘前各家调整价格的次数与幅度,次数多幅度大,还盘价点低,反之则高。高与低的数量应视其报价中含水分的情况而定,不能主观臆断。

结束谈判的方式视收盘的方式不同而不同。自然收盘时,可能通过领导人会谈或宴会的形式与竞争失败者话别。要友好、礼貌、大度,买卖不成友谊存。话别时,要尽量肯定其合作的诚意和其所作的努力。同时,要指明其失败的原因,态度要友好,开诚布公,但要注意不可泄露商业秘密。强行收盘时,应慎重收局。首先应注意让各方将话说完,把条件都说清楚,不宜主动劝某一方退出谈判,更不能以宴会方式强行送客。在运用最终还盘而强行收盘时,要向失败者细致分析其条件的优劣,且敞开大门允许其再争一次。同时要注意与另一家的态度,不向其许诺,以保持自己地位的机动。最后总会有一家宣布自己退出,这时再收局也不迟。

需要指出的是,任何怠慢和冷落竞争失败者的做法都是不可取的。因为他们是我们的朋友,没有他们的帮助,也不会有我们所取得的谈判效果。任何过河拆桥的做法均不可取。

8.4.7 如何处理好合同契约

对于联合型谈判的合同契约,国家有关部门有明确规定,即联合谈判,分别签约。应严格按照这一规定执行,不可联合谈判而后由一家签约,而是应依原来项目的委托情况,由各外贸部门分别为其用户签约。由于谈判的主要调控机构是行政管理部门,因此就出现了在总协议条件下,分别签订合同的模式和可能性。

在总协议分合同的模式下,总协议应包括哪些内容,由谁来签,是应该予以研究的。通常情况下,若总协议只用作备忘录则可由行政部门代表签字;若有准合同(即带有先决条件的合同)性质,则由行政和外贸部门代表联合签字,使其内容与未来的合同有法律上的自然联系。鉴于总协议与合同的法律效力不同,仅仅作为一个参考或过渡性文件而存在,其约束力有限。其内容宜粗不宜细,用词不应重于合同,更不应有限制合同效力的语句。应尽力避免因其存在而影响合同的法律效力或合同双方当事人的义务。

思考题 QUESTIONS

1. 主谈人在谈判过程中具有什么作用?
2. 主谈人在谈判的准备阶段应该做什么?
3. 如何驾驭谈判首场的开场?
4. 在续场开场时应该采用什么策略比较好?
5. 在具体的谈判过程中应该采取什么策略和技巧?
6. 在谈判的收尾阶段应如何驾驭?
7. 如何驾驭合同签字过程?
8. 在联合型外贸谈判中应该注意什么问题?

案例讨论 Case discussion

中巴石油谈判台前幕后

每一项重要的谈判,总会有一些鲜为人知的幕后故事。

这一回的主角是中国石油化工集团(以下简称"中石化")、国家开发银行(以下简称"国开行")和巴西国家石油公司(以下简称"巴西石油")这三家重量级企业。

2009 年 5 月 19 日,巴西石油与国开行达成了为期 10 年的 100 亿美元双边贷款协议,中石化则与巴西石油签署了另一份长期原油出口协议。

谈判中,各方曾在供油数量、贷款方式上有过不同见解。

几经周折,彼此终于握手,达成了"石油+贷款"的里程碑式合作。

日供标准翻倍

巴西石油与中石化全资子公司——联合石化亚洲公司 19 日签署的长期出口协议规定,2009 年巴西石油向中方每日出口 15 万桶原油,今后 10~19 年,每日出口 20 万桶,后一数字相当于年供油 1 000 万吨。

"按照巴西目前的对外出口量来看,1 000 万吨的数额确实已很大,它占据了巴西目前全年向海外出口总量的 2/3。当然,未来随着巴西石油的勘探和开发进程,肯定要增加供应量。"一位中石化人士昨日对 CBN 记者表示。

然而上述数字与 2 月巴西石油对外公布的数据有很大出入。

根据该公司当时的消息,中石化获得的原油量将为每日 6 万~10 万桶(即最高每年 500 万吨),而中石油每天取自巴方的原油为 4 万~6 万桶(即最高每年 333 万吨)。

当时甚至有媒体称,巴西石油与中石化之间的远期年石油贸易量将达到 3 000 万吨。

“该出口数量对于巴西石油是不成立的。”上述中石化人士否定了这个说法。

不过,中巴石油公司之间谈判的核心焦点之一,确实曾集中于出口量的多寡。

上述中石化人士告诉记者,一开始,巴西石油期望的最高供应限额是向中方供应10万桶/日,但这个额度中方并没有同意。

在5月的协议中,中石油的名字已隐去。

国开行的角色

该中石化人士称,谈判期间巴西石油一度不想再谈下去了。

“但巴西方面有一个问题:他们很缺钱。”

这家南美最大石油公司在金融危机的不利局面下,正面临业绩不佳又要加速投资的矛盾。

2008年第四季度国际油价重挫,巴西石油当季净利只有21.6亿美元,为全年贡献净利不过11%。

而让巴西石油欣喜的是,该公司近些年先后在巴西东南沿海发现了特大油田——图皮、卡里奥卡油田。这些地区的石油可采储量高达90亿~140亿桶。

巴西石油也计划,2012年前投资总计1 124亿美元。

巨大的资本支出压力下,国开行的重要性凸显出来。

根据中石化向CBN提供的资料,2008年巴西石油高层主动拜访了中石化和国开行,提出希望中方给予100亿美元的融资支持。这引起了中方两家企业的高度重视,三方就此进行了一系列的探讨。

尽管巴西的原油供应占现在中石化总量的10%左右,但依然是中国重要的供油伙伴。

另外,巴西方面也认为,企业在勘探开发上的主要风险是供应链,如钻井、供给、海底系统等设备是否能如期到位。

中石化向CBN记者介绍,尽管现在双方只是原油供应合作,但未来不排除在原油装备、巴中油气资源开发上的探讨。而且,国开行也会支持巴西石油从中国进口液化天然气站、钻井平台、运输船等。

中巴双方都合算

事实上,两家企业都在最后做了让步:巴西石油方面最终接受了20万桶/日的10年长期协议。

按照巴西石油的说法,巴方提出的是以石油作为“贷款抵押物”,并用现金偿还的方式。

“使用石油作为贷款抵押物,存在一定的市场风险。在此前提下,关于贷款抵押物的具体条件协定,包括定价、处置、制约等条款十分重要。”一位国内银行信贷及资本部门的负责人对CBN记者说。

他告诉记者,根据石油市场近期表现,及对美国纽约商业交易所石油期权持仓量变化情况的分析,自2008年年底以来看涨期权对看跌期权比例持续明显上升,石油价格走势呈稳步上扬态势,在中短期内市场风险相对可控。

此外,巴西石油首席执行官加布埃利透露,双方商定贷款利率低于6.5%。

上述银行人士分析指出，在国内外，美元贷款利率是各家银行根据国际市场上LIBOR（伦敦市场同业拆借利率）利率上下浮动一定点数制定的。

“贷款利率的确定，还需考虑借款人的信用等级、抵押物价值高低、贷款期限等因素。综合来看，此次贷款 6.5%的利率水平是比较合理和公平的。”上述银行人士认为。

另一位基金公司研究员则指出，6.5%的利率要比美国 10 年期国债收益率高，这笔贷款对中方而言是合算的。

记者从美国财政部网站查询到，目前，10 年期美国国债的最新收益率为 3.21%。

“对巴西而言，这个贷款利率也很有利。因为巴西当地的贷款利率非常高。”该基金研究员称。

商务部的公开数据显示，巴西目前的年基准利率为 10.25%。

资料来源：http://finance.ifeng.com/news/industry/hy/20090522/692924.shtml

讨论题：

1. 在这一石油进口谈判中中石化是如何驾驭谈判进程的？

2. 国开行在这一谈判促成中扮演着什么角色？

第 3 篇

商务谈判策略

第9章 CHAPTER 9

打破谈判僵局

本章要点

- □ 商务谈判僵局的种类
- □ 商务谈判僵局的成因
- □ 打破商务谈判僵局的策略

引例

添加剂进口谈判僵局

辽宁省盘锦市A公司从事某添加剂业务，在2008年金融海啸导致许多工业原材料价格暴跌时，决定以低价从国外大量购进该产品。

A公司做了大量的市场调研工作，首先通过互联网搜寻该添加剂主要生产国的信息，并通过对各国产品的性价比对确定英国B公司为谈判对象。我方A公司还通过电子邮件等方式与B公司进行沟通，把我方的基本情况和所需产品信息传递给对方，也进一步获取了对方的信息。

在谈判过程中，双方在确定谈判地点时就出现了僵局。B公司要求我方派人员赴英国谈判，而我方要求对方来华谈判。双方都清楚在本国谈判的优势——有助于控制谈判。在金融危机使全球经济不景气的大环境下，我方利用买方市场优势，使B公司主动找上门来谈判。

双方初次面谈富有成效，确定了要进口产品的品种、数量、进口时间等，并在其他方面也达成了基本共识。但在接下来的价格谈判上又出现了僵局，挑战来自多方面。首先，双方初次合作缺乏信任，交易金额大，交货分批进行，合同履行时间长达两年。其次，合同的定价涉及未来两年该产品世界市场价格的波动与走势以及汇率波动的影响等问题。双方都想采用对己有利的价格条款以规避风险。经过多次反复面谈，最终以一个折中但对我方更优惠的价格达成协议。

资料来源：http://zixun.iefang.com/news/20111111118045711534_1.html

不论是国内还是国际实际商务谈判中,人们都有这样一个感觉,即谈判十分顺畅的时候很少,多数谈判到一定阶段,总会出现进退两难的局面,这就是我们通常所说的谈判陷入了僵局。

僵局之所以经常产生,其原因就在于来自国内不同的企业,以及其他不同国家或地区的谈判者,都有自己的利益出发点。当谈判进展到一定的时期时,这种对利益的各自期望或对某一问题的立场和观点很难形成共识,甚至相去甚远,且各自又不愿再做进一步的让步,从而形成了僵局。

当僵局出现以后,必须进行迅速的处理,否则就会对谈判的顺利进行产生影响。打破僵局,必须对僵局的性质、产生原因等问题进行透彻的了解和分析,才能正确地加以判断,从而进一步采取相应的策略和技巧,选择有效的方案,重新回到谈判桌上来。

9.1 商务谈判僵局的种类

谈判中僵局的种类按照人们对谈判本身的理解角度不同,有不同的分类方法。

9.1.1 从狭义谈判上的分类

多数人认为,谈判就是交换意见、达成一致看法、签订协议的过程,这是对谈判所做的狭义上的理解。从这种狭义的角度来理解谈判,那么其僵局的种类不外乎包括谈判初期僵局、中期僵局和后期僵局三种。

谈判初期主要是双方彼此熟悉、了解,建立融洽气氛的阶段,双方对谈判都充满了期待。但是如果由于误解,或由于某一方谈判前准备得不够充分等,使另一方感情上受到很大伤害,就会导致僵局的出现,以至于使谈判匆匆收场。

谈判中期是谈判的实质性阶段,双方需要就有关技术、价格、合同条款等交易内容进行详尽的讨论、协商。在合作的背后,客观地存在各自利益上的差异,这就可能使谈判暂时向着双方难以统一的方向发展,产生谈判中期的僵局。而且,中期僵局常常具有此消彼长、反反复复的特点。有些中期僵局通过双方之间重新沟通,矛盾便可迎刃而解,有些则因双方都不愿在关键问题上退让而使谈判长时间拖延,问题悬而未决。因此,谈判中期是僵局最为纷繁多变的,也是谈判破裂经常发生的阶段。

谈判后期是双方达成协议的阶段。在已经解决了技术、价格等关键性问题之后,还有诸如项目验收程序、付款条件等执行细节需要进一步商议,特别是合同条款的措辞、语气等经常容易引起争议。但是谈判后期的所谓僵局不像中期那样难以解决,只要某一方表现得大度一点,稍做些让步便可顺利结束谈判。需要指出的是,后期阶段的僵局也不容轻视,如果掉以轻心,有时仍会出现重大问题,甚至使谈判前功尽弃。因为到了后期,虽然合作双方的总体利益及其各自利益的划分已经通过谈判确认,但是只要正式的合同尚未签订,总会有未尽的权利、义务、责任、利益和其他一些细节需要确认和划分,因此不可疏忽大意。

9.1.2 从广义谈判上的分类

其实,谈判不仅仅是从交换意见到签订合作协议的过程,而是伴随整个合作过程自始至终的全过程。

在商务谈判中，双方观点、立场的交锋是持续不断的，当利益冲突变得不可调和时，僵局便出现了。所以，从广义上讲，僵局的发生是伴随整个合作过程随时随地都有可能出现的。比如，项目合作过程分为合同协议期和合同执行期，因此，谈判僵局就分为协议期僵局和执行期僵局两大类。协议期僵局是双方在磋商阶段意见产生分歧而形成的僵持局面；执行期僵局是在执行项目合同过程中双方对合同条款理解不同而产生的分歧，或出现了双方始料未及的情况而把责任有意推向他人，抑或一方未能严格履行协议引起另一方的严重不满等，由此而引起的责任分担不明确的争议。这就是从广义角度来理解的僵局。

9.1.3　从谈判内容上的分类

按照谈判内容的不同，谈判僵局的种类也不同。也就是说，不同的谈判主题会有不同的谈判僵局。

一般来讲，不同的标准，不同的技术要求，不同的合同条款，不同的项目合同价格、履约地点、验收标准、违约责任等，都可能引起不同内容上的谈判僵局。需要提出的是，在所有可能导致谈判僵局的谈判主题中，价格是最为敏感的一种，是产生僵局频率最高的一个方面。因此，从内容上讲，不论是国内还是国际商务谈判，价格僵局都是经常存在的。

9.2　商务谈判僵局的成因

不论是谈判中的何种僵局，其形成都是有一定原因的。只要我们能够准确地判断与适度地把握这些原因，打破僵局也就有的放矢了。当我们认真而冷静地对僵局的成因进行分析时，就会发现，其原因不外乎包括以下几个方面。

9.2.1　立场观点的争执

综观许多谈判实践，其产生僵局的首要原因就在于双方所持立场观点的不同，因而产生争执，形成僵局。

谈判过程中，如果对某一问题各持自己的看法和主张，并且谁也不愿做出让步，往往容易产生分歧，争执不下。双方越是坚持自己的立场，双方之间的分歧就会越大。这时，双方真正的利益被这种表面的立场所掩盖，而且为了维护各自的面子，非但不愿做出让步，反而会用顽强的意志来迫使对方改变立场，于是，谈判变成了一种意志力的较量，谈判自然陷入僵局。

经验证明，谈判双方在立场上关注越多，就越不能注意调和双方利益，也就越不可能达成协议。甚至谈判双方都不想做出让步，或以退出谈判相要挟，这就更增加了达成协议的困难。谈判时间的拖延，容易致使谈判一方或双方丧失信心与兴趣，最终使谈判以破裂而告终。立场观点的争执所导致的谈判僵局是比较常见的，因为人们最容易在谈判中犯立场观点性争执的错误，这也是形成僵局的主要原因。

9.2.2 有意无意的强迫

谈判中,人们常常因有意无意地采取强迫手段而使谈判陷入僵局。特别是涉外商务谈判,由于不仅存在经济利益上的相争,还有维护国家、企业及自身尊严的需要。因此,某一方越是受到逼迫,就越是不会退让,谈判的僵局也就越容易出现。

强迫造成的谈判僵局是屡见不鲜的。比如在国际业务交往中,有些外商常常要求我方向派往我国的外方工作人员支付高薪报酬,或要求低价包销由其转让技术所生产的市场旺销产品,或强求购买其已淘汰的设备,如此等等,都属强迫行为。如果我方不答应,就反过来以取消贷款、停止许可证贸易等相威胁。有时,我国有些公司或企业也用同样的方法强迫那些渴望与我们合作的外商接受其难以理解的条件。诸如此类,都是导致僵局出现的原因,因此而形成形形色色的僵局。

9.2.3 人员素质的低下

俗话说:"事在人为。"人的素质因素永远是引发事由的重要因素。谈判也是如此。谈判人员素质不仅始终是谈判能否成功的重要因素,而且当双方合作的客观条件良好、共同利益较一致时,谈判人员素质高低往往是起决定性作用的因素。

事实上,仅就导致谈判僵局的因素而言,不论是何种原因,在某种程度上都可归结为人员素质方面的原因所致。但是,有些僵局的产生,却往往很明显地由于谈判人员的素质欠佳,在使用一些策略时,因时机掌握不好或运用不当,也往往导致谈判过程受阻及僵局的出现。因此,无论是谈判人员作风方面的原因,还是知识经验、策略技巧方面的不足或失误都可导致谈判的僵局。

9.2.4 信息沟通的障碍

谈判本身就是靠"讲"和"听"来进行沟通的。事实上,即使一方完全听清了另一方的讲话内容并予以了正确的理解,而且也能够接受这种理解,但这并不意味着他就能够完全把握对方所要表达的思想内涵。恰恰相反,谈判双方信息沟通过程中的失真现象是时有发生的。实践中,由于双方信息传递失真而使双方之间产生误解而出现争执,并因此使谈判陷入僵局的情况屡见不鲜。这种失真可能是口译方面的,也可能是合同文字方面的,都属于沟通方面的障碍因素。

信息沟通本身,不仅要求真实、准确,而且要求及时迅速。但谈判实践中却往往由于未能达到这一要求而使信息沟通产生障碍,从而导致僵局。这种信息沟通障碍就是指双方在交流彼此情况、观点,洽商合作意向、交易的条件等的过程中所能遇到的由于主观与客观的原因所造成的理解障碍,主要表现为:双方文化背景差异所造成的沟通障碍;由于职业或受教育程度等所造成的一方不能理解另一方的沟通障碍;由于心理因素等原因造成的一方不愿接受另一方意见的沟通障碍等。这些都可能使谈判陷入僵局。

9.2.5 合理要求的差距

从谈判双方各自的角度出发,双方各有自己的利益需求。当双方各自坚持自己的成交条件，而且这种坚持虽相去甚远，但却是合理的情况时，只要双方都迫切希望从这桩交易中获得所期望的利益而不肯做进一步的让步，那么谈判就很难前行，交易也没有希望成功，僵局也就不可避免了。这种僵局出现的原因就在于双方的合理要求差距太大，不能形成共识。在商务谈判实践中，即使双方都表现出十分友好、真诚与积极的态度，但是如果双方对各自所期望的收益存在很大差距，那么就难免会出现僵局。

以上是造成谈判僵局的几种因素。谈判实践中，很多谈判人员害怕僵局的出现，担心由于僵局而导致谈判暂停乃至最终破裂。其实大可不必如此，谈判经验告诉我们，这种暂停乃至破裂并不绝对是坏事。因为谈判暂停可以使双方都有机会重新审慎地回顾各自谈判的出发点，既能维护各自的合理利益又注意挖掘双方的共同利益。如果双方都逐渐认识到弥补现存的差距是值得的，并愿意采取相应的措施，包括做出必要的进一步妥协，那么这样的谈判结果也真实地符合谈判原本的目的。即使出现了谈判破裂，也可以避免非理性的合作，即不能同时给双方都带来利益上的满足。有些谈判似乎形成了一胜一负的结局。实际上，失败的一方往往会以各种各样的方式来弥补自己的损失，甚至以各种隐蔽方式挖对方墙脚，结果导致双方都得不偿失。所以说，谈判破裂并不总是以不欢而散而告终的。双方通过谈判，即使没有成交，但彼此之间加深了了解，增进了信任，为日后的有效合作打下了良好的基础，从这种意义看来，也并非坏事，在某种程度上倒可以说是一件有意义的好事。

因此，僵局的出现并不可怕，更重要的是要正确地对待和认识它，并且能够认真分析导致僵局的原因，以便对症下药，打破僵局，使谈判得以顺利进行。

CASE 案例　莫斯科奥运会转播权的谈判权术

1974 年 10 月，国际奥委会第七十五届会议决定，莫斯科击败了美国洛杉矶，获得了 1980 年夏季奥运会的主办权。而在当时，伴随奥运会而来的大多数是政治领域的机会而已，至于商业机会，则是不甚乐观，甚至大多数商人认为举办奥运会不但赚不到什么，还可能会大亏一笔。据外电报道，苏联为主办这届奥运会，总共耗费了 90 亿美元左右。这在当时的奥运会史上是创纪录的数字。

尽管这届奥运会没有在商业上获得较大的利益，而且由于苏联入侵阿富汗，导致了包括中国在内的诸多国家的抵制，显得不甚完美。不过，苏联人在莫斯科奥运会转播权的经营方面，却打了一个极其漂亮的商业战役。从此以后，奥运会的广播电视转播权成为一项极其重要的收益。

在苏联获得奥运会主办权之前，奥运会广播电视转播权的最高转让价格纪录是 ABC（美国广播公司）购买蒙特利尔奥运会转播权时产生的，具体的金额是 2 200 万美元。

苏联人在获得莫斯科奥运会主办权之后，就马上开始了各种商业行为的运作，其中奥运会转播权更是在 1976 年蒙特利尔奥运会期间就已经开始了。

在蒙特利尔奥运会期间，苏联人派出商务人员在蒙特利尔与美国最大，当然也是全球最有影响力的三大广播网络运营商 ABC（美国广播公司）、BBC（全国广播公司）和 CBS（哥伦比亚广播公司）进行了接洽。并且随后邀请三大广播网负责人到苏联会谈。这些广播电视业的巨头们被邀请到停泊在圣罗伦河的亚历山大·普希金号船上。苏联方面举办了一个盛大的晚会盛情招待了这些来宾,并与每一个广播网的负责人进行了单独会谈,分别向他们报出了莫斯科奥运会转播权的起点价2 100万美元,意在引起三家的激烈竞争。事后证明,这种拍卖式的询价策略取得了显著的成效。

其实,ABC、BBC和CBS为了拿到莫斯科奥运会电视转播权,都花费了不少心思,试图引起苏联奥组委的重视。ABC在其早晨节目时间里安排了共10小时的系列节目,介绍苏联的情况。一位ABC官员甚至有点沮丧地说,他们"把莫斯科变得看起来像是没有滑雪者的松柏园一样"。CBS则播出了一部有关苏联拾趣的纪录片,以及由美国电视巨头玛丽·泰勒·摩尔(Mary Tyler Moore)主持的有关著名的莫斯科大剧院芭蕾舞团的专题。而NBC则先期投入120万美元,购买了从未播放过的一系列描述苏联农村劳动者、伐木场及集体农场生活的影片。

经过多方面的谈判、沟通,三家广播电视巨头不断博弈,最终NBC报价7 000万美元、CBS报价7 100万美元、ABC报价7 300万美元。这样看来,似乎ABC的报价较高,同时鉴于ABC在以往的奥运会转播工作中积累了丰富的经验,ABC获得莫斯科奥运会转播权是顺理成章的事情。

此时,CBS坐不住了。他们花钱雇佣了德国籍的谈判高手洛萨·卜克居中斡旋。卜克是一位精明的谈判者,很快获得了苏联奥组委的信任和赞赏。

1976年11月,苏联谈判代表和CBS主席威廉·派利达成协议:CBS以高出ABC的价格购买转播权。

本来,事情到了这个时候,就应该尘埃落定了。不过往往总是有出人意料的事情发生。

1976年12月,苏联奥组委重新出人意料地将三家广播公司负责人请到莫斯科。他们宣布,之前谈判的结果,其实是每一家获得最后阶段的谈判资格的第一阶段。而现在则开始最后的谈判,由三家重新出价,再次竞争。

感到被苏联奥组委愚弄了的三家广播公司恼怒异常,经过三家的内部沟通,他们集体退出了这次谈判,全部人员回到美国。毕竟,奥运会转播权还是需要出售的,如果买家都走了,苏联也不好受。谈判就此陷入僵局。

苏联人显然为此做好了思想准备,他们很快就找到了SATRA公司作为第四个谈判对象。这样一家名不见经传的小公司居然能坐到奥运会转播权的谈判席上,本身就是一个极大的笑话。这个笑话也等于给了ABC、BBC和CBS一个巨大的耻辱,当然也让他们看到了一些残存的机会和希望。

接下来,苏联人请出了之前结识的德国谈判高手洛萨·卜克,请他出面与ABC、BBC和CBS分别进行接洽和游说。在这些谈判过程中,各种的小道消息、传闻、暗示不断。最后,已经被愚弄得精疲力竭的三家广播公司终于为奥运会转播权低下了头,再次回到了莫斯科的谈判桌前。

当然,这时候SATRA公司就逐渐淡出了人们的视线。在卜克的多次劝说、交涉下,终于使NBC广播网以8 700万美元买下了莫斯科奥运会的转播权,而卜克本人也从该公司获得了大约600万美元的酬金。

不过事实上,苏联对最初的9 000万美元高额要价从来没有认真过,他们原本打算以6 000万~9 000万美元出售转播权。当NBC获知这一情况后,后悔莫及。而莫斯科奥运会的电视转播权的总收入达到了历史新高1.01亿美元,占该届奥运会总收入的95%。

苏联人在这场谈判中取得了巨大胜利。他们何以能取胜呢?

首先，苏联人对自己手上的产品有非常深入的理解，因而采用了非常强硬、不讲道理甚至不讲诚信的谈判态度。毕竟举办奥运会只有莫斯科一家，没有别的国家与其竞争，这就是产品稀缺性。

其次，这三家广播公司都是具有丰富商业经验的机构，他们深知，如果能获取奥运会转播权，那么他们将会获得巨大的经济效益和社会效益。同时，他们也非常清楚，在这种竞争中输给主要的竞争对手是一个非常难以忍受的结果。因此他们才会全力争夺转播权。这种心理被苏联奥组委掌握并利用了，因此，这三家广播公司从谈判一开始就注定是被动的。

最后，苏联人拍卖式的询价策略取得了最终成果。正如我们所了解的拍卖会形式一样。当多家买主共同竞拍一件卖品时，往往会获得较高的收益。现在看来，如果苏联人不让这三家广播公司见面，而是分别谈判，恐怕就不太可能会有这样的结果了。

企业的运作过程中，往往会有一些大宗的采购、销售、合作的谈判。在谈判的实施过程中，谈判的前期准备和分析以及正确的谈判策略的选择，是实现谈判最重要的保障。这些往往比仅仅派出几名能言善辩的谈判家要重要得多。

当然，我们也看到，其中的德国谈判高手洛萨·卜克也是一个不折不扣的获益者。他巧妙地运用自己的专业技能，斡旋在各方之间，居间协调，起到了关键的促动作用。

这也提示我们，在现实的商业谈判过程中，如果能巧妙地利用好居间的协调人，可能收到奇效。

至于这中间出现的 SATRA 公司则完全是一个不自量力的“陪太子读书”的角色，花费了不少，却成为一个笑柄。当今的不少招标会上也有类似 SATRA 公司这样的“陪标者”，留下的往往是一声叹息。要知道，一家企业要去竞标，没有对自己和局势的理智分析，只是被商业利益冲昏头脑，恐怕只能是白忙乎。

资料来源：孙志强. www.emkt.com.cn.

9.3 打破商务谈判僵局的策略

在谈判遇到僵局的时候，要想打破僵局，不仅要分析原因，而且要搞清分歧的所在环节及其具体内容。比如是价格条款问题、法律合同问题，还是责任分担问题等。在分清这些问题基础上，进一步估计目前谈判所面临的形势，检查自己曾经做出的哪些许诺和可能存在的不当之处，进而认真分析对方为什么在这些问题上不愿意让步，困难之所在，等等。特别是要想方设法找出造成僵局的关键问题和关键人物，然后再认真分析在谈判中受哪些因素的制约，并积极主动地做好与有关方面的疏通工作，寻求理解、帮助和支持，通过内部协调，我们就可对自己的进退方针、分寸做出大致的选择。然后，我们就要认真研究打破僵局的具体策略和技巧，以便确定整体行动方案，并予以实施，最终打破僵局。

9.3.1 商务谈判僵局的处理原则

商务谈判者的经验证明，打破僵局要注意以下基本原则。

1. 符合人之常情

真正的僵局形成后，谈判气氛随之紧张，这时双方都不可失去理智，任意冲动。必须明确冲突的实质是双方利益的矛盾,而不是谈判者个人之间的矛盾,因此要把人与事严格区分开来,不可夹杂个人情绪的对立,以免影响谈判气氛。

2. 努力做到双方不丢面子

面子就是得到尊重,人皆重面子。在商贸谈判中没有绝对的胜利者和失败者,商贸谈判的结果都是在各有所得和各有所给的条件下共同努力取得的。因此任何一方都必须尊重对方的人格,在调整双方利益取向的前提下,使双方的基本需求得到满足,不可让任何一方下不了台,而造成丢面子、伤感情的局面。

3. 尽可能实现双方的真正意图

僵局的解决,最终表现为双方各自利益的实现,实际上是实现了双方的真正意图。做不到这一点,对方利益完全得不到保证,就不会有僵持局面的结束。

因此,谈判双方必须遵循这些原则,主动积极地打破僵局,采取一定的策略,争取及时缓解。

9.3.2 打破谈判僵局的策略

常见的用来打破谈判僵局的策略主要有以下几种。

1. 从客观的角度来关注利益

在谈判陷入僵局的时候,人们总是自觉不自觉地脱离客观实际,盲目地坚持自己的主观立场,甚至忘记了自己的出发点是什么。因此,为了有效地克服困难、打破僵局,首先要做到从客观的角度关注利益。

在某些谈判中,尽管主要方面双方有共同利益,但在一些具体问题上双方存在利益冲突,而又都不肯让步。这种争执对于谈判全局而言可能是无足轻重,但是如果处理不当,由此而引发的矛盾,当激化到一定程度即形成了僵局。由于谈判双方可能会固执己见,从而找不到一项超越双方利益的方案,因此很难打破这种僵局。这时,应设法建立一项客观的准则,即让双方都认为是公平的,既不损害任何一方面子,又易于实行的办事原则、程序或衡量事物的标准,这往往是一种一解百解的枢纽型策略,实际运用效果很好。

在客观的基础上,要充分考虑到双方潜在的利益到底是什么,从而理智地克服一味地希望通过坚持自己的立场来"赢"得谈判的做法。这样才能回到谈判的原始出发点,才有可能打破谈判的僵局。

CASE 案例　避免激烈的价格谈判

日本A公司与中国B公司在北京就某家电用器件生产线的交易条件进行谈判。由于是成套项目交易,作为卖方的日本A公司做了全面报价,含生产设备、备件、技术、培训、技术指导、试车试生产原材料等的价格。这样一来交易总价就显得高了。买家分析了卖方报价,认为报价内容是对生产线建设有利,但价格水分太多,于是决定先挤卖方报价水分,然后再讨论供货分工的问题。

谈判中,买方重点揭示卖方的价格水分。卖方时而解释,时而故作姿态地做点微调。当然,这点"微调"不足以满足买方需要。卖方看买方穷追不舍,就改变谈判手法。他不正面回答买方的批评，而是说：“贵方嫌贵，我理解。但只让我方做努力也不公平。况且这是一条生产线，我方必须保证其正常运行。价格是难以分成一台设备或一台仪器进行评估的。贵方对我们的报价觉得贵，可以告诉我方贵方的预算，我方可按预算做方案。”买方说：“贵方先调价，合理后再谈预算问题。”卖方：“这么谈太花时间，若双方诚意合作，我们根据贵方预算重做方案更快。”买方：“重做方案降低技术水平是不允许的！”卖方：“我们不会降低器件技术水平，但生产线自动化水平会有所改变。”买方：“生产线的完整性和保证会不会降低？”卖方：“不会。我们这么做也是为了降低总价。”买方：“降低价格不在预算高低，而是贵方报价水平。”卖方：“贵方的意见很明确，我也很理解，在贵方告诉我预算后，我会兼顾贵方的要求。”买方沉吟了。卖方进而说道：“贵方的目标是要生产符合家用电器用的器件，我们把这作为共同目标。若能按贵方预算建成一条能满足该目标的生产线，对贵方来讲岂不更好？贵方告诉我预算也是为了贵方好，对于我方来讲，还是省不了要做新方案，也免不了贵方的评头论足。我们这么要求实则是站在贵方立场上为贵方着想。”

一席话让买方没有推却的余地，于是买方报出了预算总额。卖方知道该数后，试着按其点菜，把该笔款用于购买关键设备。钱不够的部分，均让买方自己从国内采购。这个方案确实在技术上保证了买方生产线的需要，但在供货上充分利用了买方的外汇预算。结果，卖方赢得了合同，避免了与买方激烈的价格谈判，在可能的限度内也赚了钱。

2. 从不同的方案中寻找替代

商务谈判过程中，往往存在多种可以满足双方利益的方案，谈判人员经常简单地采用某一方案，而当这种方案不能为双方同时接受时，僵局就会形成。实践中，这种例子不胜枚举。

事实上，不论是国际商务谈判，还是国内业务磋商，都不可能总是一帆风顺的，双方之间磕磕碰碰是很正常的事情。这时，谁能够创造性地提出可供选择的方案，谁就能掌握谈判的主动权。当然这种替代方案必须既能有效地维护自身的利益，又能兼顾对方的利益要求。不要试图在谈判开始时就确定一个唯一的最佳方案，因为这往往阻止了许多其他可供选择的方案的产生。相反，在谈判准备期间就构思出对彼此有利的更多方案，往往会使谈判如顺水行舟，一旦遇到障碍，只要及时调拨船头，即能顺畅无误地到达目的地。

3. 从对方的无理要求中据理力争

有时，当商务谈判陷入僵局时，客客气气商议、平平和和谅解往往并不一定是解决问题的唯一的好办法。如果这种僵局完全是由于对方理屈所致，那么我们就要勇敢地据理力争，从而主动打破僵局。

如果僵局的出现是由于对方提出的不合理要求造成的，特别是对方在一些原则问题上表现得蛮横无理，则要做出明确而又坚决的反应。因为这时任何其他替代性方案都将意味着无原则的妥协，且这样做只会助纣为虐，增加对方日后的欲望和要求，而我们自身却要承受难以弥补的损害。因此，要同对方展开必要的争执，让对方自知观点难以成立，不可无理强争，这样就可能使他们清醒地权衡得失，做出相应的让步，从而打破僵局。

需要指出的是，当我们面对对手的无理要求和无理指责时，采用一些机智的办法对付，往往比直接进行正面交锋要有效。因为这同样可以起到针锋相对、据理力争的作用，这也是谈判的艺术所在。

CASE 案例 看邢先生如何打破僵局

中国K公司与法国G公司就计算机制造技术的交易在北京进行谈判。K公司接触一些厂家后,认为G公司的技术很适合需要,有意与G公司成交。G公司也认为自己的技术不错,有竞争性,同意与K公司谈判。

经过技术交流与谈判后,中方专家表现的赞许态度使法方感到极为自信、自得。当进入商务条件谈判时,G公司主谈人杜诺先生的态度变得非常强硬,而且不大尊重K公司主谈人邢先生,对邢先生的说理和友善的态度全然不当回事。意思是:我就这条件,同意,就签合同;不同意,就散。对此局面,K公司邢先生不能说同意,更不能说散。怎么办呢?

邢先生设计了一个方案:让助手继续与杜诺先生谈判,把参与人员减少了一半,原则是能往前谈就往前谈,谈不拢也陪着杜诺先生谈。一天过去了,杜诺先生没见到邢先生,问其助手:"邢先生去哪儿了?"助手答:"无可奉告。"第二天上午谈判仍无大的进展。杜诺先生要求见邢先生。助手答应下午安排。

下午邢先生见了杜诺先生后问:"谈判进展如何?"杜诺说:"不大。"并问邢先生:"为什么不参加谈判?"邢先生一笑说:"我有我的事。"杜诺问:"我们的交易怎么办?"邢先生说:"我的助手有能力与您谈判所有问题。"杜诺先生说:"可到目前为止进展不大呀!"邢先生回答:"原因一定不在我助手这方面。"杜诺一笑,说:"我希望您能参加我们的谈判。"邢先生说:"我也乐意,等我安排好时间再说。"并说:"我还有事,希望您与我的助手合作愉快!"随即告辞。

随后的谈判,中方再调整谈判时间,一天改为半天,半天时间还安排得靠后。这样断断续续又过了两天,杜诺先生要求与邢先生面谈。

邢先生与杜诺见面了。杜诺先生抱怨:"K公司不重视G公司的谈判。"邢先生认为:"不对。K公司一直很重视,尽管工作很忙,也未断过与G公司的谈判。"杜诺先生反驳说:"如果重视,为什么您本人不参加谈判了?贵公司参加谈判的人都没有决定权,而且时间安排也不紧凑。"邢先生说:"有可能您的问题太复杂,他们一时难以答复。时间不紧凑是误会。我们可是忙得很,没闲着。"杜诺先生追问:"您忙什么?有什么比与我公司谈判更重要的吗?"邢先生诡秘地笑了:"杜诺先生,这可是我公司内部的安排,我得服从啊!"杜诺先生沉默了一会儿,很严肃地对邢先生讲:"我公司来京谈判是有诚意的,不论贵方有多忙,我希望应先与我公司谈。"邢先生:"是呀!我最早是与您谈的,不正反映我方的重视吗?""可贵方现在没有这么做。""可当我与贵方谈时,贵方并未注意我方的意见,我公司也不能浪费时间呀!""我希望邢先生给我讲实话,是不是贵公司正在与别人谈。"说着在黑板上画了一幅图:一个大楼写着K公司的名字。楼内有一个乌龟,背上写着E公司。后门等着一个乌龟,背上写着W公司。然后,笑着问邢先生:"是不是这样?"邢先生乐了,说:"您的消息真灵通。"杜诺先生马上严肃起来,庄重地说:"邢先生,不管事态是否如此,我公司强烈要求给我们机会,我本人也希望与您本人直接谈判。"邢先生收住笑容,也认真地回答:"我理解贵方的立场,我将向上级汇报,调整我的工作,争取能与您配合谈判该项目。"

邢先生与杜诺先生恢复了谈判。双方一改过去的僵持,很通情理地进行了相互妥协,最后达成了协议。

4. 站在对方的角度看问题

谈判实践告诉我们，谈判双方实现有效沟通的重要方式之一就是要设身处地，从对方的角度来看问题，这同样是打破僵局的好办法。

当谈判陷入僵局时，如果我们能够做到从对方角度思考问题，或设法引导对方站到我方的立场上来思考问题，就能够多一些彼此之间的理解。这对消除误解与分歧，找到更多的共同点，构筑双方都能接受的方案，有积极的推动作用。

的确，当僵局出现时，首先应审视我们所提的条件是否合理，是不是有利于双方合作关系的长期发展，然后再从对方的角度看他们所提的条件是否有道理。实践证明，如果善于用对方思考问题的方式进行分析，会获得更多打破僵局的思路。可以肯定地说，站在对方的角度来看问题是很有效的，因为这样一方面可以使自己保持心平气和，可以在谈判中以通情达理的口吻表达我们的观点；另一方面可以从对方的角度提出解决僵局的方案。这些方案有时确实是对方所忽视的，所以一经提出，就会很容易为对方所接受，使谈判顺利地进行下去。

5. 从对方的漏洞中借题发挥

谈判实践告诉我们，在一些特定的形势下，抓住对方的漏洞，小题大做，会给对方一个措手不及，这对于打破谈判僵局会起到意想不到的效果，这就是所谓的从对方的漏洞中借题发挥。

从对方的漏洞中借题发挥的做法有时被看作一种无事生非、有伤感情的做法。然而，对于谈判对方某些人的不合作态度或试图恃强欺弱的做法，运用从对方的漏洞中借题发挥的方法做出反击，往往可以有效地使对方有所收敛。相反，不这样做反而会招致对方变本加厉的进攻，从而使我们在谈判中进一步陷入被动局面。事实上，当对方故意在为难我们，而我方又不便直截了当地提出来时，采用这种旁敲侧击的做法，往往可以使对方知错就改，主动合作。

6. 当双方利益差距合理时即可釜底抽薪

谈判陷入僵局时，如果双方的利益差距在合理限度内，即可采用釜底抽薪策略来打破僵局。釜底抽薪同孤注一掷、背水一战相似，是一种有风险的策略。它是指在谈判陷入僵局时有意将合作条件绝对化，并把它放到谈判桌上，明确地表明自己无退路，希望对方能让步，否则情愿接受谈判破裂的结局。

运用釜底抽薪策略解决僵局的前提是：双方利益要求的差距不超过合理限度。只有在这种情况下，对方才有可能忍痛割舍部分期望利益、委曲求全，使谈判继续进行下去。相反，如果双方利益的差距太大，只靠对方单方面的努力与让步根本无法弥补差距，就不能采用此策略，否则只能使谈判破裂。

需要指出的是，这一策略不可轻易采用，只有在符合上述前提条件时方可运用。但是，当谈判陷入僵局而又实在无计可施时，这一策略往往是最后一个可供选择的策略。在做出这一选择时，我们必须做好最坏的打算，否则就会显得茫然失措。切忌在毫无准备的条件下盲目滥用这一做法，因为这样只会吓跑所有的对手，结果将是一无所获。另外，在整个谈判过程中，我们应该严格地遵守商业信用和商业道德，不能随意承诺，一旦承诺就要严格兑现。因此，如果由于运用这一策略而使僵局得以打破，我们就要兑现承诺,与对方签订协议,并在日后的执行中,充分合作,保证谈判协议的顺利执行。

7. 有效的退让

对于谈判的任何一方而言,坐到谈判桌上来是为了成功,达成协议,而绝没有抱着失败的目的前来谈判的。因此,当谈判陷入僵局时,我们应清醒地认识到,如果促使合作成功所带来的利益要好于因坚守原有立场致使谈判破裂的结果,那么有效的退让也是我们应该采取的潇洒的一策。

实际谈判中,达到谈判目的的途径往往是多种多样的,谈判结果所体现的利益也是多方面的。当谈判双方对某一方面的利益分割僵持不下时,往往容易轻易地使谈判破裂。这实在是一种不明智的举动。因为之所以会出现这种结果,原因就在于没有掌握辩证地思考问题的方法。一个成熟的谈判者此时应该明智地考虑在某些问题上稍做让步,而在另一些方面去争取更好的条件。比如,在引进设备的谈判中,有些谈判人员常常会因为价格上存在分歧而使谈判不欢而散。其实,像设备的功能、交货时间、运输条件、付款方式等问题尚未涉及,就匆匆地退出谈判并非明智之举。事实上,作为购货的一方,有时完全可以考虑接受稍高的价格,这样在购货条件方面就有更充分的理由向对方提出更多的要求。比如,增加相关的功能,缩短交货期限,或在规定的年限内提供免费维修的同时,争取在更长的时间内免费提供易耗品,或分期付款等。这样做比起匆匆而散的做法要经济得多。

经验告诉人们:在商务谈判中当谈判陷入僵局时,如果对国内、国际情况有全面了解,对双方的利益所在又把握得恰当准确,那么就应以灵活的方式在某些方面采取退让的策略,去换取另外一些方面的收益,以挽回本来看似已经失败的谈判,达成双方都能够接受的协议。

综上列举了一些打破谈判僵局的策略,谈判实践中还有许多策略,在此不可能一一列举。其实有些策略要凭谈判人员自己去感知,是难以用文字来表达清楚的。但是,不管怎样,要想打破谈判僵局,就要对僵局的前因后果做周密的研究,在分析比较了各种可能的选择之后,才能确定实施某种策略或几种策略的组合。其运用的成功,从根本上讲,还是要归结于谈判人员的经验、直觉、应变能力等素质因素。从这种意义上讲,打破僵局是谈判的科学性与艺术性结合的产物,在分析、研究及策略的制定方面,谈判的科学成分大一些,而在具体运用上,谈判的艺术成分大一些。需要指出的是,在具体谈判中,最终采用何种策略应该由谈判人员根据当时当地的谈判背景与形势来决定。一种策略可以有效地运用于不同的谈判僵局之中,但一种策略在打破某次僵局中运用成功,并不一定就适用于其他同样起因、同种形式的谈判僵局。只要僵局构成因素稍有差异,包括谈判人员的组成不同,各种策略的使用效果都有可能是迥然不同的。问题还在于谈判人员本人的谈判能力和本方的谈判实力,以及实际谈判中的个人及小组的力量发挥情况如何。应变能力强,谈判实力也强的一方配以多变的策略,就能够应付所有的谈判僵局。

CASE 案例　销售谈判如何水到渠成

"不行!"当囚犯向狱警要支烟时,遭到狱警粗暴的拒绝。囚犯不紧不慢地说:"如果你不给,我就用头撞铁门,头破血流,我会控告你殴打囚犯,你将被审讯,还会砸了饭碗……你看值不值?"

不用说,囚犯得到了他想要的烟。为什么? 他站在了对方的立场考虑问题,利弊如何,一目了然。

这个小故事给我的启示可不小,我还用这招攻下了一笔大业务。

站在采购部的立场,突出质优价廉

站在客户公司的大门口,我深深地吸了口气。我要面对的是家外资企业,对产品质量要求高。他们对我公司的焊丝需求量很大。不过,被我公司最主要的竞争对手抢先了一步。对手的产品质量、规模都是同行业领跑者之一。我们两家没少交手,几乎都是平分秋色。

这次,为了虎口夺食,我做好细致的准备工作后,首先拜访了采购部的汪先生,赠送产品书籍、介绍我公司情况以及国内有名的大客户(证明产品质量一流)。汪先生似乎挺感兴趣,我就顺势推荐先试用,认可质量后再协商价格,汪先生点头赞同。可到质检部拜访时,我遇到了麻烦。"现在使用的焊丝质量相当不错,重新用你们的有风险!"主管该项目的工程师陈先生一句硬梆梆的话把我打发了。

苗头不好! 要把产品推销进去,首先必须得到技术方面的认可,采购部才能大批量采购。如果没有技术部门的"通行证",任何产品都不可能进入,特别是正规企业,这一点不容置疑。

推销似乎到了死胡同,无路可走了,怎么办? 我转悠到了客户的生产现场,没准儿能有什么收获呢。这一转悠,我高兴得差点没跳起来。首先,他们正在使用的焊丝根本不是我们竞争对手的"亲骨肉",而是他们收购的其他企业生产的,质量比我们的低。其次,不仅对方的产品品质差,还经过经销商加价,价格比我们的高出好几百元。

有了这两点,我就像握了尚方宝剑,胆子大了,信心足了,再次找到了汪先生。这回,我站在对方的立场考虑,把他们最关心的问题说透。

"你们都说自己的质量是一流的,究竟谁高谁低?"汪先生有点分不清了。于是,我坦诚地说:"不错,他们总厂的焊丝品质的确不错,这一点不可否认,和我们公司装备一样,都是引进日本先进设备生产的。"我指着说明书上的一幅照片说,"但我们的焊材用于三峡大坝永久船闸闸门焊接,获此殊荣仅我们公司一家独享,品质不言自明。三峡主体工程大坝、四川二滩水电站、大亚湾岭澳检电站、全球最大的集装箱制造厂中集集团、林德厦门叉车公司、西气东输工程等都选用我们的产品,他们的选择不会错吧?"我又翻出一沓证书,说:"公司质量管理体系通过 ISO 9001 认证,公司主要产品采用国际标准,并经中、英、美、法、德、挪威、日本七国船机构及加拿大焊接局质量认证。我们公司的焊材是国内知名品牌,焊材产品质量绝对放心!"

俗话说"不比不知道"。紧接着,我又拿本公司和对手做了个比较。"贵公司目前使用的焊丝产品品质低于我们公司的产品,而价格还高于我们公司的焊丝产品。我们品质高而价格低,原因在于薄利多销。如果采购我们公司的产品,你们一年就能降低成本近 20 万元,这可不是一个小数目啊。另外我们公司在当地设了 300 平方米的仓库,现在不是都时兴零库存吗? 贵公司只要一个电话,我们保证 24 小时随叫随到……"质量、价格、送货快捷,这些优势都谈完之后,汪先生流露出满意的神色。他同意试用焊丝样品,并向领导汇报。

站在对方老总的立场,道明事情原委

焊丝样品送过去了,我请陈先生试用。可他一口回绝,说没必要。我又找到汪先生,他说焊丝试用报告已出来了,结论是焊渣较多,不符合他们的工艺要求。

不可能! 我火了。多少大公司都采用我们的产品,质量绝对没问题。我们不在现场,试用结果怎么能保证公正？说我们的产品不适合，哪不适合？说原来的好用些，好用在何处？渣多，有没有详细的对比数据？我要求看试焊工件样品。面对我的咄咄逼问，陈先生也说不出个所以然。技术主管不认可，眼看着要进门槛的脚又被挡住了。我再去找陈先生时，他不是说质量差距，就是借故离去，反正不松口。看来这张"通行证"是遥遥无期了。

为了打破僵局，我决定给他们公司老总写一封信。这封信看似简单的一招，但也是决定成败的关键一步。用得好阳光灿烂，用不好便是冰天雪地。因为从与陈先生的接触来看，竞争对手已经把陈先生"收买"了。如果站在老总的立场考虑问题，人为的阻力就会消失。谁想做手脚阻止，谁就会面临丢掉饭碗的可能。

于是，我在信中介绍了我公司产品的品质、价格优势以及降低成本、人为因素等情况。在信的最后我写道：说实话，如果我们公司提供优质的焊丝产品，而且价格合理，却因为个别人为因素而没被贵公司采用，的确是一种不幸，但有幸的是我们还能够通过信件沟通、交流，把最优质的焊丝产品提供给贵公司……并附了一份采用我们公司产品的一家知名外企的工艺评定报告复印件。信由特快专递直接寄给老总。

过了几天，采购部汪先生来电话，通知重新送焊丝样品做工艺评定，公司要重新招标。再后来采购部汪先生通知送小批量焊丝产品试用。后来，陈先生对我们产品的态度似乎有很大转变。陈先生逐渐认可我们产品的质量，把以前的评判归纳为工人不习惯所致，我知道原委，也不反驳。不久，他们下了一个月20吨的订单。

一封信，看似简单，但它却是一块敲门砖，敲开了一条推销的大门。

站在技术主管的立场，化解误会以和为贵

事情看似结束了，但真正的工作才刚刚开始。如果不消除陈先生的误解，那么我们的焊丝产品虽然暂时做进去了，客户依然会在鸡蛋里挑骨头，工作也不会顺畅。要解决症结，以和为贵，只有化解误解、理顺关系才能实现双赢的结局。

所以，我约陈先生吃饭。他犹豫了一下还是答应了。在饭局上，我开诚布公地说了自己的想法：我们老总发了指令要我尽快把产品做进去，希望陈先生能理解我的难处。以前如有不对之处，还望陈先生原谅哦！

陈先生点点头，说："只要你们公司产品的质量好，价格合理，我们合作一定会愉快的。"我拿起酒杯和陈先生一饮而尽。

其实陈先生已经知道我给老总写信的事了，采购部汪先生也转达了老总的意思，就是要用我们的产品。试想，如果陈先生依然一意孤行，阻止我们产品进入的话，我们就做工艺评定，到市质检部门做检测。那样的话，陈先生很可能会丢掉饭碗。当然我并不挑明这些，大家都心知肚明。

一杯杯的酒饮尽后，我和陈先生都明白以和为贵，误会化解了，新的合作机会开始了。

站在采购部、老总、技术部各自的立场上，分明利弊，成功推销自然是水到渠成。

资料来源：李朝新. 市场营销案例，2006，3.

思考题 QUESTIONS

1. 商务谈判中会出现哪些僵局？

2. 在商务谈判过程中，为什么会出现僵局？
3. 处理商务谈判僵局的基本原则有哪些？
4. 常见的用来打破商务谈判僵局的策略有哪些？
5. 在什么情况下可采用釜底抽薪策略来打破谈判僵局？

案例讨论 Case discussion

海信与西门子关于注册商标的谈判

商标意识的淡薄再次让中国企业蒙受损失，而此次遭遇不幸的是国际化风头正劲的中国知名企业青岛海信集团。

沸沸扬扬的海信和西门子商标纠纷有了最新进展。

据未经双方否认的消息，海信和西门子已坐回谈判桌前。这意味着，双方争执的"Hisense"商标案谈判有望通过私下转让而解决。此前，国内没有人会想到会如此横生枝节——"Hisense"商标在欧盟的使用权不属于海信，而是属于被法律保护的西门子。

1999 年 1 月，海信参加了在德国科隆召开的中国机电商会主办的中国家电展。其后不到 1 个月，西门子旗下子公司博世—西门子集团公司(以下简称博西公司)在德国注册了"HiSense"商标，该商标和海信的"Hisense"极其相似，细微差别仅在于其中"S"字母的大小写不同。对此，海信愤怒指称西门子的行为是恶意抢注，并表示"商标一定要讨回来"。

还有一个不曾为大家注意到的事实是，就在西门子注册"HiSense"商标的前不久，1999 年 1 月 5 日，"Hisense"成为中国驰名商标。

海信的无可奈何

2003 年，海信在德国参加柏林 IFA 展(欧洲最高级别的电子消费产品展)时，西门子向海信出具了"不准在 IFA 展上使用'Hisense'商标"的律师函。使用该商标达 10 年之久的海信感到不可理解，因为在这种原创性商标上发生如此相近的雷同的概率几乎为零。海信有关部门对欧盟境内居然能出现大体一致的商标而表示怀疑："我们这个商标使用的词是我们自己创造的，在任何课本或者辞典上从来没有同样的词语，出现同样的两个这样的商标是不太可能的。"

虽然愤怒，但西门子在欧洲抢先注册"HiSense"商标却是不争的事实。所以，海信当务之急要解决的问题是西门子到底是否恶意抢注商标，以及由此可能引起的法律纠纷。为此，海信把山东大学知识产权专家郭庆存请来出任负责技术创新和知识产权工作的副总裁，并专门成立了技术创新和知识产权工作部。

为了了解西门子的真实目的，海信开始四处寻找"HiSense"的影子。海信进出口公司的副总张秀红告诉《IT 时代周刊》："我们开始在欧盟市场上、在国际市场上搜集大量的资料，还有通过中国大使馆、商务会馆、我们在德国的客户以及中国驻外的一系列机构来验证西门子商标的使用范围。我们一旦有出差到国外的任何机会都在寻找贴有这个商标的产品，我们甚至对包括博西公司出资方之一的博世公司在网站上的商标记录也进行了搜索。”但海信并没有在市场上发现“HiSense”的任何线索。

1994年,海信合并几个工厂后决定统一商标,随后在全厂进行招标并确定了字母组合“Hisense”。自此以后,该商标一直是海信公司的英文名称,同时也是海信的国内注册商标。

“我们在1999年西门子注册这个商标之前已经和西门子有过交流,1996年他们就来我们这里帮我们培训过员工,他们不可能不知道我们的品牌。”张秀红回忆说,“除了发来两张广告图片外,西门子方面没有向我们提供更多的证据。关于这个品牌的产品和数据我们都没有,我们也不知道图片的真实性。”于是,海信方面更加怀疑西门子的做法具有相当的功利性。

在保证不刊发样片的前提下,记者见到了西门子方面出示的“HiSense”洗碗机广告样片。

样片一共两张,明显出自同一本德文杂志,分别刊发于2001年和2003年。在不同的广告样片中,记者注意到,2001年版上的“Simense”和“HiSense”标志比较明显,但前者出现的次数3倍于后者,且其醒目程度远非后者所能及;而2003年版上仅有的“HiSense”商标很不起眼。若不放大观看,不一定能识别出该洗碗机的品牌。

西门子方面认为凭此广告样片足以成为博西公司拥有“HiSense”商标的证据。虽然海信方面表示怀疑,但苦于一时拿不出具有说服力的证据,因此双方形成了对峙格局。

海信浪费不起时间

20世纪90年代中期,固守中国市场的海信需要更大的市场空间,决定出征国际市场。

海信把欧洲的登陆点放到了位于南欧的意大利。如何让欧洲消费者相信中国产品成了他们必须直面的问题。鉴于市场形势,在经过几个月的调研之后,海信决定先走渠道,绕过当地的进口商,直接在意大利设立分支机构。这样一来,海信产品开始进入终端消费者家庭,获得的市场份额开始扩大。接下来,海信开始向欧洲市场的腹地进军,并把旗下更多的产品推向欧洲。

2002年欧盟结束对中国彩电的反倾销,2003年,海信开始在欧盟销售自己的彩电。为了不让商标问题影响海外市场的进展,海信在欧洲启用了备用商标“Hsense”。但是,因为商标被抢注,海信的等离子电视、液晶电视、变频空调等产品不能“名正言顺”地进入德国市场。

“由于西门子和海信力量对比的悬殊,长期这样下去海信肯定吃亏。”一位有着丰富跨国商务纠纷办案经验的律师告诉记者,“如果寻求法律手段解决,因为纠纷发生的属地位于欧洲,这起官司只能在欧盟境内立案,海信不敢保证能够百分之百地取得胜利;再者,正急欲进军欧洲市场的海信打不起消耗战,他们最浪费不起的是时间。海信不想因为商标成了制约自身在欧洲发展的瓶颈。”

或许正是基于这种考虑,海信一方面不得不启用了新商标Hsense,另一方面抓紧与西门子谈判。

价格成为问题核心

为了不影响海信国际化战略的大局,海信集团自2003年春季就开始与西门子谈判合理转让的事情。

按照商标方面的评估标准，商标的价值主要和此商标项下的商品所攫取的利润成正比，攫取的利润越高，商标价值越高，其他的费用（如注册费用等）占据的比例都不大。按照惯例，遵照双方的意愿，双方会寻找一个第三方来对标底进行评估，交易的协议价格基本上是围绕这个来的。但是如果双方中有一方不想以此价格出让的话，法律不能实行强制。也就是说，最后总的协议价格主要还是靠双方的谈判。

据知情人士透露，海信和西门子最初的谈判因后者要价过高不欢而散。在那次谈判中，西门子向海信方面提出了 4 000 万欧元（约合 4 亿元人民币）的转让价。

西门子方面认为自己的开价完全合理。西门子（中国）公司公共关系部王君燕向《IT 时代周刊》转述西门子方面的立场：西门子转让该商标的转让价中不仅包括博西家电在欧盟和其他一些国家的商标注册费用，同时还应该考虑包括博西家电已经为该商标项下产品支出的市场推广和分销的成本在内的其他因素，但她拒绝提供“HiSense”洗碗机销售方面的数据和这款洗碗机的情况。王君燕说：“我们会在跟海信的谈判中提供相关信息，不会向媒体提供。”

海信怎么也不会理解一个产品上的副商标要值这么多钱，西门子的漫天要价激起了海信方面的强烈反弹。“他们这是敲诈！”郭庆存愤怒地说，“并且，‘HiSense’商标并没有大规模地用于产品，西门子将它束之高阁。”据此，海信方面认为这足以证明西门子是在恶意抢注，他们在等待海信进一步成长，并以此来要挟作为一个市场竞争的砝码，即使出让这个商标也要增加对方的成本。

因此，海信认为，就“HiSense”商标的范围和影响力而言，它只值几万欧元。过于悬殊的差距使得双方的谈判暂时告停。

然而，2004 年 9 月 9 日，通过向外界彻底披露了自己和西门子长达 5 年的商标之争，海信不仅赢得了中国市场的同情，更激起了中国媒体对西门子的不满。意欲更深层次介入中国市场的西门子感受到了来自各界的压力，因此，两家公司已于近期重开谈判。海信进出口公司总经理助理申贵平也向本刊证实谈判正在进行。

据本刊记者了解，西门子和海信双方虽然都对当前的谈判感到乐观，但都不愿过多透露谈判细节。西门子有关部门仅向记者表示“只想冷静处理和海信公平的谈判”。

申贵平也坚决拒绝向本刊透露谈判进展情况。他解释说：“任何信息都要经过专门小组商讨并通过以后才可以向外传递，我们不希望外界的报道影响谈判进程。”

不过，记者从其他途径了解到，海信对近来西门子的积极表现给予肯定，并希望很快会有结果。此外，海信集团内部对商标问题的看法也趋向务实。他们向本刊表示：幸亏问题发现得早，如果海信出口值的比例超过公司收入 10%的话，事情的解决就不那么容易了。最后双方以一个相对合理的转让价格达成了一致。

资料来源：崔海燕. 海信，为何吃了商标的哑巴亏[J]. IT 时代周刊，2005-09-15.

讨论题：

1. 海信与博西公司进行谈判的关键要素有哪些？

2. 海信与博西公司谈判陷入僵局，你认为海信可以采用哪些方法来打破僵局？

第10章 CHAPTER 10

回避商务风险

本章要点

- □ 非人员风险的内容
- □ 人员风险的内容
- □ 商务风险的预测和控制
- □ 回避商务风险的战略选择
- □ 回避商务风险的策略

引例　中澳公司技术交易谈判破裂

中海油某公司欲从澳大利亚某研发公司(以下简称C公司)引进“地层测试仪”,双方就该技术交易在2000—2002年间举行了多次谈判。地层测试仪是石油勘探开发领域的一项核心技术,掌控在国外少数几个石油巨头公司手中,如斯伦贝谢、哈利伯顿等。这些公司对中国实行严格的技术封锁,不出售技术和设备,只提供服务,以此来占领中国广阔的市场,赚取高额垄断利润。澳大利亚C公司因缺乏后续研究和开发资金,曾在2000年之前主动带着其独立开发的、处于国际领先水平的该设备来中国寻求合作,并先后在中国的渤海和南海进行现场作业,效果很好。

中方于2000年年初到澳方C公司进行全面考察,对该公司的技术设备很满意,并就技术引进事宜进行正式谈判。考虑到这项技术的重要性以及公司未来发展的需要,中方谈判的目标是出高价买断该技术。但C公司坚持只给中方技术使用权,允许中方制造该设备,技术专利仍掌控在自己手中。它们不同意将公司赖以生存的核心技术卖掉,委身变成中方的海外子公司或研发机构。双方巨大的原则立场分歧使谈判在一开始就陷入僵局。

中方向C公司表明了立场之后,对谈判进行“冷处理”,回国等待。迫于资金短缺的巨大压力，C 公司无法拖延谈判时间，2000—2002 年间，就交易条件多次找中方磋商，试图打破僵局。由于种种原因，中澳双方最终未能达成协议，谈判以失败告终。但中海油科技工作者走出了一条自力更生的技术创新之路。

资料来源：http://zixun.iefang.com/news/20111111118045711534_1.html

各种商务活动中，谈判双方存在共同的利益是合作的基础，但在某些方面双方又存在利害冲突，也是无须回避的事实。事实上，商务活动中的风险对于谈判双方来讲都是同样存在的，只是有些风险是需要双方共同承担的，有些则可能是在双方之间相互转换的，还有一些则仅是一方所独有的。

从整个国际、国内市场来看，可谓瞬息万变、风云莫测，影响商务活动盈亏的因素十分广泛而复杂。有时，一个细微的变化可能造成企业财产的大起大落。所以，在商务往来过程中，我们首先要知道一个事实：商务交往中风险是不可避免的。因此，我们要对风险有一个正确的认识，即有风险并不一定是坏事，有时，风险与效益是成正比的。但是，我们也必须注意量力而行，不冒不必要的风险。也就是说，在实际商务活动中，要尽量寻求增加有相对稳定收益的机会，减少未来各种损失的可能。

商务活动以及商务谈判进行当中，都实实在在地存在商务风险。对此，我们必须弄清楚在商务谈判中去做与不去做某些事情会造成哪些直接和间接的经济损失，原因与程度如何，以及在谈判中可以采取怎样的对策来避免和减少这种风险所带来的损失。为此，我们一方面要努力寻找增加双方共同收益，减少风险的途径；另一方面要虚心学习，谨慎从事，尽可能避免由于商务活动经验不足、自身企业机制不够完善等原因所带来的风险；再就是要提高警惕，提倡公平合理地分担风险，增强防范某些国内外客商趁机转嫁风险的意识，最终使风险降到最低程度。

10.1　商务活动中的风险分析

仅就国际商务活动而言，其活动范围、内容，远比国内商务活动要广泛和复杂得多，由此带来的额外风险也就相应地复杂得多，因此，我们以国际商务活动为例来进行风险分析。也正是由于这种复杂性的存在，我们从商务谈判开始时就应予以重视。

给国际商务活动带来损益变化的，不仅有其环境因素，也有谈判过程中的各种具体环节的问题，如区域战争、贸易摩擦、不可抗力等，这些都是谈判人员所无法控制的风险因素，它们既难以预测，也难以对付，使谈判人员只能做出被动的滞后反应，这种情况人们称之为谈判中的非人员风险。相对应的，就有所谓的谈判中的人员风险。人员风险是指在挑选交往对手不慎、对专业问题的无知、不合理的合作条件等问题上，往往可以由谈判人员预先了解并予以控制，因此，完全可以将风险消除在萌芽状态。

在区分了非人员风险和人员风险之后，为了能够进一步探究风险的原因、特征、具体内容和可能造成的损害，并以此为找出相应的对策提供条件，我们进行如下具体研究。

10.1.1　商务活动中的非人员风险

具体地说，非人员风险包括政治性风险和市场性风险等。

10.1.1.1 政治性风险

经济作为社会生活的基础,决定着政治格局,而政治反过来又推动或抑制着经济的发展。古往今来,两者之间的这种辩证关系不断反映在国际政治、经济生活之中。远的不说,20 世纪以来,由于经济利益冲突带来的地区战争此起彼伏。另外,出于政治上的原因而实行对友好者的经济援助、经济同盟,对敌对者的经济封锁、终止贸易往来等做法更是屡见不鲜。这些都是政治与经济密不可分的表现。

在国际商务谈判中,政治性风险一方面是指由于政治局势的变化或国际冲突给有关商务活动的参与者带来可能的危害和损失;另一方面也包括由于商务合作上的不当或者误会给国家间的政治关系蒙上阴影。政治因素确实与商务活动有着千丝万缕的联系,而且这种联系决定了政治性风险的客观存在,一旦造成不良后果,往往难以挽回消极影响,损失亦难以弥补。因此,提高预见和防范政治性风险的能力是开展国际商务合作的重要问题,必须予以高度重视。

10.1.1.2 市场性风险

国际市场上各种因素的交互变化,不可避免地给市场参与者带来各种损益的可能性。其风险主要有以下几个方面。

1. 汇率风险

汇率风险是指在较长的付款期限内,由于汇率变动而造成结汇损失的风险。

在国际贸易市场上,各种货币之间汇率的涨落时刻发生。然而,当这种涨落十分微小而货币交易量又不大时,对于交易双方来说其损益状况可能都是微不足道的。当这种涨落在一段时期内变得十分明显,且涉及巨额货币交易量时,其结果往往是一方欢乐一方愁。

2. 利率风险

利率是金融市场的杠杆。利率的变动制约着资金的供给与需求的方向和数量。利率风险是指在国际金融市场上,由于各种商业贷款利率的变动而可能给当事人带来损益的风险。

如果贷款以固定利率计息,则同种贷款利率升高或降低就会使放款人损失或得益、受款人得益或损失。这种利率风险对于借贷双方是同时存在并反向作用的。自 20 世纪 70 年代以来,由于各国受日益严重的通货膨胀的影响,国际金融市场利率波动的幅度较大,金融机构很少贷出利率固定的长期贷款,因为放出长期贷款需要有相应的资金来源支持,由于资金来源主要是短期贷款,短期贷款利率接近于市场利率。因此,在通货膨胀情况下,借入短期贷款而放出长期贷款的机构显然要承受风险损失。为了避免这种损失,在国际信贷业务中逐渐形成了在长期贷款中按不同的利率计息的方法,主要有变动利率、浮动利率和期货利率三种。这些利率都有按金融市场行情变化而变化的特点。因此在通货膨胀情况下,放出贷款的机构可由此降低损失。

通过以上分析,因开展国际商务活动而需筹措资金者应根据具体情况采取相应的办法。如果筹资时市场利率估计已达顶峰,有回跌趋势,则以先借短期贷款或以浮动利率借入长期贷款为宜。这样在利率回跌时,就可再重新短期借款。如果筹资时市场利率较低,并有回升的趋势,则应争取设法借入固定利率的长期借款。

由于对国际金融市场行情观察的角度不同,认识深度不一,对行情趋势分析也就不可能相同。因此,利用国际商业贷款从事商务活动,其承担的利率风险是不可避免的,要预先做好充分的估计和预测。

3. 价格风险

这里所指的价格风险是从狭义的角度来理解的。它撇开了作为外汇价格的汇率和作为资金价格的利率的风险问题,而且,它主要是对于投资规模较大、延续时间较长的项目而言的。由于大型工程所需要的某些设备往往要在项目建设后期才能提供,而在项目建设初期,甚至在合同谈判阶段就要把主要设备的价格确定下来,并予以固定,因此是具有风险的,因为市场行情是不断变化的,甚至是难以预测的。

影响工程设备远期价格的因素主要有以下几个。第一,原材料价格。一般情况下,钢材、有色金属、木材等价格随时间的推移总是要上升的。第二,工资。工资也是一项不断增长的费用。第三,汇率和利率风险。第四,国内外其他政治经济情况的变动。这些都将影响工程设备的远期价格。因此,在合同标的金额较大、建设周期较长的情况下,如果硬性要求外商以固定价格形式报价,就会使外商片面夸大那些不确定因素,并把它全部转移到固定价格中来,使固定价格最终偏高,从而构成一种价格性风险。

通常,价格形式除了固定价格以外,还有浮动价格和期货价格。就期货价格而言,它既有避险的动因,也有投机的动因,然而不管是何种情况,都表明了期货价格隐含的风险性。当我们对国际期货市场买卖缺乏经验时,采用浮动价格形式不失为一种积极的、稳妥的方法。采用浮动价格形式,虽然不能同时避免汇率风险、利率风险,但至少可以在决定原材料、工资等方面更具客观性、公平性和合理性。因此,在一些大型涉外项目合作中,对于那些需要外商在项目建设开始后五年、十年才能提供的有关设备,就可以采用浮动价格形式,这样可以避免外商夸大原材料价格、工资等上涨因素,相对节约了项目投资。

国际商务往来中的价格性风险,不仅存在于硬性价格形式中,而且存在于软性价格形式之中。而我们的一些涉外商务工作者却往往忽视软性方面的投资,这是十分有害的。然而,真正计算出较为合理的软性价格却是十分困难的。我们虽然可以在理论上将机会成本、市场占有率等因素的分析作为计算依据,但是受市场供求关系的影响,确定软性价格的弹性很大。因此,我们可以充分利用国外著名的管理咨询公司、专利事务所、律师事务所、会计师事务所等的帮助来确定软性价格,以便少走弯路,规避风险。

需要指出的是,市场供求的起伏波动决定着国际市场中外汇、资金、生产资料和劳务的价格变动,其中的风险时时处处存在着。值得注意的是,汇率、利率、价格的变动往往不是单一的,它们既可能归之于某一种共同因素的影响,又可能在它们之间构成互为因果的作用。汇率风险、利率风险、价格风险常常是错综复杂地交织在一起的。因此,我们不能孤立地只谈一种风险,要综合起来,全盘考虑。

10.1.2　商务活动中的人员风险

在商务活动中,人员风险主要有素质性风险、技术性风险等。

10.1.2.1 素质性风险

在国际商务活动中,参与人员的素质欠佳往往会给谈判造成不必要的损失。人们把造成这种损失的可能称为素质性风险。其实,除了由于环境因素决定的非人员风险以外,从根本意义上讲,各种状况的风险均可视为由于人员素质欠佳造成的。这主要是由于谈判人员经验不足,管理水平、谈判水平亟待提高造成的。另外,项目实施与管理过程中表现出来的人员内在素质缺陷,在很多情况下也构成了对商务合作潜在利益的威胁。具体地讲,人员素质性风险主要表现为以下几个方面。

(1) 有些谈判人员在谈判中表现出急躁情绪,如急于求成,好表现自己,或者拖泥带水、迟缓犹豫、怕承担责任等,因此不能真正地把握时机,争取到最佳的获益。事实上,造成这种风险固然有谈判人员先天的性格因素,但更多的往往是谈判作风方面的问题。

(2) 有些谈判人员不承担责任,一遇到来自对方的压力或来自自己上司的压力,就感到难以适从,不能自主。具体表现为:有时在未与对方充分交涉商洽的情况下,就匆忙做出承诺,使经过努力争取可能获取更大利益的局面丧失殆尽;有时则久拖不决,不从工作出发,而是沉湎于谈判结果对于个人进退得失影响的考虑之中,不能争取更有吸引力的合作前景。

(3) 有些谈判人员刚愎自用,自我表现欲望过强,在谈判中坚持一切都要以他的建议为合作条件,寸步不让,从而使某些合作伙伴不得不知难而退。

(4) 有些谈判人员缺乏必需的知识,又没有充分地进行调查与研究,也没有虚心地向专家请教,因此也会带来风险。

实际上,在国际商务合作中,对客观环境不够了解、对专业问题不够熟悉是很正常的事,关键是谈判人员如何去正确地正视自己的这种不足。那些应该掌握的情况、可以预知的知识缺陷,是可以通过一定的途径、方式来加以了解和弥补的,否则,就有可能蒙受不必要的经济损失。

如果我们所面临的未知因素是事先无法预测和控制的,即主要是由外界环境的意外变化引起与决定的,那么我们自然也只能被动地应付。但是,如果是由于我们专业知识方面存在不足所反映的一些情况,则需要我们事先能够充分地进行调查研究和分析,认真全面地做好可行性研究,特别是聘请一些专家顾问(如工程技术人员、律师、会计师等)参与可行性研究,从而有可能对这些客观因素的影响做出"预先"估计,并可相应地采取措施。

可见,在国际商务活动中,我们要不断地保持风险意识,积累实践经验,悉心观察,虚心求教,以降低风险的发生概率,这是我们每位谈判人员都应该做到的。

10.1.2.2 技术性风险

商务谈判中技术性风险所反映的内容很多,如技术项目本身的风险、过分奢求引起的风险、合作伙伴选择不当引起的风险等。总之,技术性风险主要是指技术项目本身和谈判中技术操作不当而可能带来的风险。

1. 技术上过分奢求引起的风险

在涉及引进技术、引进设备等项目谈判中,引进方在进行项目技术谈判时,常常有不适当地提出过高技术指标的情况，这种情况对于发展中国家的谈判者来讲比较普遍，特别是那些参与谈判的工程技术人员总是希望对方提供的技术越先进、越完善、功能越全越好，这样做实际上也为项目成本的大幅度增长埋下了伏笔。我们要清楚一分钱一分货的道理。在项目合作中，我们在向外方提出任何技术要求时，都要有承受相应费用的准备，而且需要明白的是费用的上升幅度有时会大大超过功能、精度提高的增加幅度，事实上我们会发现这些要求中相当部分在实际运用中是不必要的。而这样做却为外商提供了转嫁风险的条件，实践中这类例子不胜枚举。

过分奢求无疑会带来风险。所以，我们的工程技术人员、谈判人员在提出有关要求时，应考虑这些要求既要符合我方的需求，又要符合对方的技术规范。这样不仅在技术上可行，而且在经济上也可以达到合理的目标，并且有助于商务谈判的顺利进行。

2. 由于合作伙伴选择不当引起的风险

发展中国家在开展国际经济合作活动时，常常以引进资金、技术、设备及管理为主要内容，但能否如愿以偿地从发达国家的合作伙伴中得到这些东西，却往往是十分难以确定的。因为不能简单地认为对方是发达国家企业，拥有先进技术，就一定能够保证合作的顺利成功。因此，在国际商务合作项目中，除了考虑合作伙伴的技术状况之外，还要考察其资信条件、管理经验等方面的情况。

实践证明，只有选择了合适的伙伴，才有可能保证项目合作达到预定目的。特别是对于那些重要的、敏感的工程，我们更要寻找信誉良好、有实力的合作伙伴，而且为此承担稍高的合同价格也是完全值得的。相反，合作伙伴选择不当，不但会使项目在合作进程中出现一些难以预料甚至是难以逆转的困难，造成不可挽回的损失，而且在项目尚未确定之时，就有可能使我们蒙受机会成本的损失。由此可见，国际商务活动中，合作伙伴的选择是隐含着相当大的风险的，为此，必须十分慎重。

CASE 案例　一次有风险的谈判

A国某进出口公司与B国某技术公司就某项技术交易以及相关设备的交易达成协议，签订了合同，但在B国的审批过程中遇到了阻力，使合同不能履行。于是A国公司与A国有关政府官员以及技术人员组成谈判组赴B国进行交涉与谈判。

A国谈判组组长为政府高级官员，组员有公司的领导、商务主谈、技术主谈、译员等8人。

B国谈判组组长为政府高级官员，组员有工艺技术主管、外交部官员、商务主谈、技术主谈、译员等9人。

谈判地点在B国的外交部大楼的大会议室。双方人员坐定之后，就合同审批问题进行谈判。A国代表团首先重温了合同约定及A国政府的态度，希望B国采取措施尽快让合同生效。B国代表对延迟审批的理由做了解释，大意是政府是支持的，但需要与盟国成员商量，因为该项交易有违同盟国之间的某些规定。通过第一轮谈判，双方知道了使合同生效的重要性及影响生效的客观原因。应该怎么解决面临的问题呢？双方又进入第二轮的谈判。

围绕如何办的问题，双方进行了认真严肃的讨论。B国提出了三个方案。方案一，B国外交部将派使者与其盟国协商，争取获得支持，但需要时间且不能保证结果。方案二，请A国变通合同方案,B国保证目标仍不变。方案三,请A国考虑降低技术等级,避免第三方的限制。对此,A国代表认为:方案一是B国政府的事,A国公司并未与第三方签约。B国需与谁商量,我们不反对。但合同生效时间应有保证,否则对A国公司损失太大。方案二虽没有降低合同涵盖的技术水平,但变成了“拼凑”的技术工艺生产线,这将会存在技术可靠性、稳定性问题。对于双方的合同来讲,仍属修改,对A国企业来说仍有技术风险。方案三纯属降技术和设备水平以屈从第三方要求,这是以A国的利益去满足B国政府对其盟国的承诺,明显不公平,也算B国单方违约。在第二轮的谈判过程中,双方基本点十分对立。

第三轮谈判时,双方就放弃方案三达成了一致,即不能降低合同技术和设备的水平。于是方案一和方案二就成为讨论的焦点。

方案一,A国谈判代表同意B国政府与盟国协商,但必须有时限。B国代表认为时限不能明确,因为协商结果没把握。对方案一,双方观点陷于对峙之中。为了减少不愉快,双方把议题又转入方案二。

方案二,A国代表认为,不降低技术和设备水平为前提,拼凑这条生产线也有问题。谁去拼线,谁去采购设备,技术许可证怎么办?设备许可证是否就没有问题?未知数太多。B国代表讲,可由他们负责拼线。双方配合,采取一定措施,有可能获取技术许可证,设备许可证大部分没问题,尤其B国生产的设备。不过,少数几种设备由第三方生产,其中有盟国的产品,该部分的许可证需要时间。A国代表听后,认为B国负责拼线,双方配合,采取措施,获取技术许可证均没问题,但少数第三方即盟国生产的设备不能没把握。因为,当其工作、土建、绝大部分设备、人员均到位后,仅因几台设备使技术不能贯通全线,生产不能进行,造成的损失更大,该方案也存在极大风险。B国必须承诺解决全部问题的时间表。B国代表无法回答,显得十分尴尬。怎么办呢?B国代表建议大会暂时休会,请A国谈判组长(政府高级官员)与其政府代表单独交换意见。

大会休息,A国谈判组长带着翻译与B国谈判组长离开大会议室,到办公大楼的一个走廊尽头的沙发处,三人坐下促膝而谈。

B国代表说:“贵方的意见,我明白,我想了解一下贵方最终的立场。”A国代表说:“原合同内容对我方很重要,必须全面履约。唯一可以通融的是,允许贵国政府走应有的程序,但结论应是肯定的。”

B国代表面有难色。A国代表问:“贵国政府到底能不能保证获得盟国许可?”B国代表说:“外交部过去已派员与有关盟国协商,暂无结果。在完成该程序前,我们不会批准合同生效。”A国代表:“若我理解没错的话,贵方近期不可能获得盟国的赞同。”答:“是的。”“那贵国政府可否独自行使政府的权力批准呢?”答:“不能。这么做会引起外交事件。”“这么说,双方所签合同近期不会批准?”“我会尽力而为。”“我方认为这么做不符合贵国政府的一贯政策,也有损两国之间经济贸易合作。”“我方注意到贵方说法,我会将此看法向我国政府转达。”

双方直截了当地交换了“底牌”,均知谈判不会有结果。结束时,B国谈判组长提出:“刚才所言,建议双方均不对外讲,权当没说,忘掉它。”A国谈判组长:“可以,我希望贵国政府能坚持自主原则,尽快批准合同。”

回到大会议室,双方组长让专家继续交换一阵技术性意见后,即宣布散会。会后,A国谈判组成员问组长:“谈了什么,谈得怎样?”组长回答:“准备去A国,探讨别的可能。”再往下问,组长只说:“他们同意再努力。”

3. 强迫性要求造成的风险

在国际商务活动中，一些发达国家的企业在与发展中国家企业交往中，利用发展中国家的企业有求于发达国家的特点，如希望给予政府贷款、要求转让某些技术等，在项目合作条件中，对发展中国家提出了苛刻要求的事也时有发生。这样一来，发展中国家的企业就面临"强迫性风险"，其结果要么接受不公平的条件，承受利益分配上的不平等，要么就是拒绝无理要求，承受机会成本损失。可见，对于发展中国家来说，既要维系与发达国家企业的合作，又要维护自己的合理利益，这确实是有相当难度的事情。与此相反，发展中国家的某些企业在开展对外商务合作时，作为接受技术和设备的一方，显示出"皇帝"的"自傲"，对外商的合作条件横加挑剔，强迫对方做一些他们根本做不到或做不好的事情，甚至还以为这是理所当然的。殊不知，这样做只能使谈判陷入窘境，其结果，要么是外商一走了之，要么就是虽然外商勉强接受协议，最终还是要"秋后算账"。因为商人是不会做亏本生意的，外商虽然暂时接受了勉为其难的协议，但日后合作中，他们一定会寻找机会补回损失的，这种明亏暗补的常见做法就是偷工减料、减少工艺流程环节等，最终会对整个项目造成危害，这类例子也是不胜枚举的。

因此，发展中国家在国际商务谈判中采取"强迫"的做法与"过分奢求"的思想是一脉相承的。事实上，当奢求的愿望变得愈加强烈，并且自恃有利地位逐步在态度上变得强硬起来时，"强迫"也就伴随而生了，与此同时，风险也就出现了。由此看来，在涉外商务合作中，我们既要警惕外商的那种恃强凌弱的做法，也要提防我们自身的某些强人所难的态度和做法可能给合作带来的危害和风险。

10.2 商务风险的预测与控制

所谓回避风险并不意味着完全消灭风险，我们所要回避的是风险可能给我们的商务活动造成的损失。这一方面要降低这种损失发生的概率，主要是指采取事先控制的措施；另一方面要降低损失程度，包括事先预控和事后补救两个方面的内容。

10.2.1 纯风险和投机风险共存

商务风险不仅可以从宏观上区分为人员风险和非人员风险，同时还可从微观上具体地区分为纯风险和投机风险两种，而且这两种风险往往是共存的。

纯风险是指纯粹造成损失却没有任何受益机会的风险。比如货物运输途中，货主即将面临船沉货毁的风险就是纯风险。投机风险是指会带来受益机会又存在损失可能的风险。比如在国外举办合资企业，这既为我们开拓海外市场提供机会，也有产品或许不够畅销的可能。可以具体地说，纯风险是令人望而生畏的，而投机风险却具有诱惑人的特性。通常情况下，这两种风险是同时存在的，比如房主就同时面临诸如火灾之类的纯风险和经济发展可能会引起房价上涨或下跌的投机风险。

10.2.2 风险的预测与控制

对商务风险的预测与控制是商务活动的重要组成部分。我们对商务风险的评价主要应集中在对损失程度的估计和对事件发生概率大小的估计两个方面。如果未来损失程度对整个事件是无足轻重的,那么事件发生的概率再大,花费很大的精力和财力去对付它也不值得。相反,即使事件发生的概率再小,可一旦发生了就会导致惨重的损失,则需要认真地考虑对策,并不惜承担必要的成本。因此,必须对商务风险做出比较可靠的预测与控制。

通常,人员风险大多比较容易预测,也比较容易控制。而对于非人员风险的预见和控制则往往难度较大,因为其发生常会令人难以适从,因此,只有采取事后补救的办法,但实际损失的绝大部分将是无可挽回的。但这绝不是说对于非人员风险就听之任之,而是要采取积极主动的态度,对于那些根据已经观察到的事实而判断出来的政治风险和自然灾害风险,完全可以采取回避风险的策略。比如,取消对战争或动乱可能持续下去的国家或地区的投资计划,停止在洪水泛滥的河谷地带建厂等,这些都称得上是明智的选择。

在国际保险业日益发达的今天,运用保险来转移自然风险所造成的损失已成为一种普遍的选择。同时,对政治风险的保险也已成为一种现实,只是这种保险业务的内容尚被严格地限制在一定的范围之内。

不难得出一个结论,即风险越不容易被预见,就越难以得到应有的控制;相反,风险一经被识别和衡量,相应的对策和措施也就会很容易地被找到。比如,对于非人员风险中的市场风险,包括汇率风险、利率风险、价格风险,我们都可以通过加强预防措施来达到减少风险的目的。例如汇率风险,如果我们能够通过对历史资料的分析及今后国际外汇走势的预测,确信某种外币对本国货币将升值,我们就可采取远期交易的方式以现汇汇率或约定汇率来买入未来某个时刻的外币,这样外币价格就被锁定。如果该种外汇汇率果真上升,不仅损失能够得以避免,而且相对而言等于有了一笔额外收益。同时,在国际商务谈判中,积极地采取其他一些风险转移策略,或让合作伙伴分担风险,或向国际保险商投保,都不失为对付商务风险的一种有效的好办法。

10.2.3 回避商务风险的战略选择

从现代风险管理理论上得知,要想有效地回避商务活动中可能出现的风险,通常有如下几种战略选择。

1. 完全回避风险

完全回避风险是指通过放弃或拒绝合作,停止业务活动来回避风险源。虽然潜在的或不确定的损失能就此避免,但与此同时,获得利益的机会也会因此而丧失殆尽。

2. 风险损失的控制

风险损失的控制是指通过减少损失发生的机会来降低风险损失,即通过降低损失发生的严重性来对付风险。

3. 转移风险

转移风险是指将自身可能要承受的潜在损失以一定的方式转移给第三者,包括保险与非保险两种方式。在商务活动中,普遍采用保险方式就是出于转移风险的需要;而让合作方的担保人来承担有关责任风险就是一种非保险的风险转移方式。

4. 风险自留

风险自留是指通过将风险留给自己的方式来回避。风险自留可以是被动的，也可以是主动的；可以是无意识的，也可以是有意识的。当风险在没有被预见，因而没有做出处理风险的准备时，风险自留就是被动的或者是无计划的，这种风险自留的方式是较为常见的，而且在一定程度上不可避免。所谓主动的或有计划的风险自留，通常是采取建立一笔专项基金的做法，以此来抵补可能遭遇的不测事件所带来的损失。

在某些情况下，风险自留可能是唯一的选择。因为，有时完全回避风险是不可能的或明显不利的，这时采取有计划的风险自留不失为一种回避风险的方式。

综上所述，处理风险主要有完全回避风险、风险损失的控制、转移风险和风险自留四种方式。对于政治风险、自然风险这类纯风险而言，有时采取完全回避风险的策略而终止商务活动的做法是有积极意义的，而被动的风险自留的做法往往也是迫于无奈的。但采用完全回避风险的方式来对付汇率风险这种投机风险，则无疑是一种因噎废食之举，而且即使以有计划的风险自留方式来对付它，也是一种绥靖主义的表现。针对汇率风险所隐含投机可能的特性，我们可以采用外汇的期货交易或期权交易方式，因为它不仅是一个争取套期保值的过程，也是一个伴随可能获利的过程。也就是说，风险的回避，从广义上理解，不仅不是指消灭风险，而且要在寻求减少未来可能的损失的同时，寻求未来收益增长的机会，这才是回避风险的真正含义，也是应对风险的更为积极的做法。

10.3　回避商务风险的策略

在国际商务谈判活动中，用来回避商务风险的策略通常有如下内容。

10.3.1　切实提高商务谈判人员的素质

商务合作过程中，风险是无处不在、无时不有的。事实上，谈判主题一经明确，谈判人员一经确定，风险也就已经形成了。所以，对于谈判人员的选择应当着重依照一定的素质要求从严把握。虽然谈判人员的素质是在谈判实践磨炼中不断提高和发展的结果，但是由于涉外商务谈判的责任重大，因此必须对谈判人员，特别是首席谈判代表提出严格的要求，最终被选定的谈判人员应该以事业为重，有较强的自我控制能力，不图虚荣，敢于负责。只有这样才能避免由于人员的素质所带来的风险。

为了切实提高商务谈判人员的素质，应该从以下几个方面入手。

(1) 谈判人员应该努力拓宽自己的知识面，在谦虚好学的同时要注意求教他人，这样一来有些风险就可能回避。

(2) 谈判人员应该深入细致，洞察力强，信息渠道广，善于营造竞争局面，多方择优。这样可以克服伙伴选择方面的风险隐患。

(3) 谈判人员要懂得一分钱一分货的商业道理，在谈判中既能坚持合理的要求，又不会提出过分条件。这样即可回避奢求所带来的风险。

(4) 谈判人员应该对政治与经济的辩证关系有较为深刻而清醒的认识。特别是从事国际商务活动者，应不断努力提高对国际政治形势的分析预测能力，这样即可提高对政治风险的控制能力。

总之,国际商务谈判人员要试图避免或减少由其素质条件引发的各种谈判风险,只有通过不断地提高自身的素质,才能做到真正回避风险。

CASE 案例 谈判人员的自信心

1992年年底,N国Y公司某代表团抵达我国X公司。X公司主要领导均有要事在身,李先生被指定负责接待和第一阶段的谈判。原以为像往年一样,只是就服务上的细小问题交换一下意见,探讨来年如何改进服务、加强合作。未料,该代表团并不是为沟通感情而做的礼节性访问,谈判一开始就进入实质性阶段。

双方代表坐定没寒暄几句,对方的一位亚太地区经理就开宗明义地说:"我们此行只有一个目的,修改代理协议,降低分成比例。"接着他陈述了这样做的理由:"合作几年来,我公司发到贵公司的货物有几千吨了,并且我们的海外分公司也常向贵公司发货,而贵公司几乎没给过我们什么货。我们之间签订的看似平等互利的代理协议,实际上只对贵公司一方有利,这是不合理的。"

听了这话,李先生一时语塞,原有的自信荡然无存。因为他十分清楚,代理协议的终止或修改将给X公司的业务带来重大损失,当然希望继续维持原协议。然而,他又觉得对方修改协议的理由很充足:"Y公司是跨国集团公司,实力雄厚,运输网络遍布世界各地,这些都非X公司所能比。X公司发给Y公司的货物,确实不及Y公司给X公司货物的十分之一,并且这种状况在可以预见的将来也不会有太大的改观。"由于底气不足,在对方居高临下等待答复时,李先生他们只能唯唯诺诺,一味地说明自己的困难和修改协议可能对己方造成的损失,恳请对方不要急于修改协议。在整个谈判中,X公司始终处于被动地位,在对方凌厉的攻势面前,连招架之功都没有,更谈不上还手之力了。

第一轮谈判后,李先生向总经理详细汇报了情况。总经理对他们在谈判中的表现很不满意,指出自己一方在谈判中陷于被动的主要原因是心理素质差,缺乏应有的自信心,同时为李先生他们找到了心理支点:"首先,我国对N国的出口额(尤其是空运出口)本来就低于N国对我国的出口额,这是我国实行对外开放政策,不搞贸易保护主义的结果,而现在要求双方发给对方的货物基本相等是不合情理的。其次,Y公司发到X公司的货物尽管是从N国的出口商手中承揽的,但有相当一部分是FOB货物,运费实际上是我国的进口公司支付的,只是我国的进口公司放弃了运输指定权而已,希望Y公司把货运业务放到两国贸易关系的大局上来考虑。"

遵照总经理指示的谈判要点,李先生他们在第二轮谈判时不卑不亢、有理有节,既承认他们在服务和推销方面有欠缺,同时陈述了不能修改代理协议的理由。Y公司代表经过冷静的思考后表示完全理解。

这次谈判以维持原协议而告结束,不仅没有破坏两家公司的业务合作,反而加深了理解,促进了合作。李先生也从中真正明白了,要使谈判取得成功,必须不卑不亢,而要做到这一点,首先必须找到心理的支点。在缺乏自信、失去平衡的心态下,靠恳切的请求是不可能得到你所期盼的一切的。通过这次谈判,李先生也进一步领悟出,当自己面对的是实力雄厚的外国大公司,自愧自己的实力和各方面的条件都不如对方时,首先要想到自己的国家,她是强大的后盾,是我们心理的支点。

10.3.2　审时度势，当机立断

在国际商务谈判中，对于某些具体方面必须相当谨慎细致地反复推敲权衡，但在总体上，不能过于计较细节。一旦条件基本成熟，就应当机立断。对于大项目谈判尤为如此。

谈判人员能否做到审时度势、当机立断，很大程度上要归结于心理素质的优劣，以及谈判的准备是否充分。如果能够做到审时度势、当机立断，即可回避一些风险。然而实际情况往往是纷繁复杂的，要进行反复比较，最终做出最佳选择往往是非常困难的。决策理论及实践告诉我们，生活中很少存在对某一事物进行处置的绝对最佳方案，或者说，即使人们花了大量的时间、精力、钱财，经过反复的研究、演算、论证找到了这样一个理想的方案，似乎据此便可以做出最优决策，但事实上极可能由于决策成本过高，或者由于贻误时机，使这种决策最终丧失了其优化的特性，甚至变得一文不值。因此，必须能够审时度势、当机立断。

的确，对于商务谈判而言，既不可急于求成，也不可当断不断。有些外商利用我们有求于他们的心理，在谈判中往往提出苛刻的合作条件，这时，如果我们急于求成，就必然要承受价格不合理的风险。相反，在谈判中如果表现得过于犹豫，想把方方面面的情况都考虑周到全面之后再做决策，就得承受失去合作机会的风险，实可谓当断不断，必留后患。

CASE 案例　　风险的背后

从第二次世界大战以后到今天，日本松下电器公司的迅猛发展已成为日本战后经济发展中的一个奇迹。作为当今世界上最大的电器公司之一，日本松下公司能有辉煌的今天，离不开公司创始人松下幸之助当年艰辛的创业。

1952 年，日本松下电器公司为了引进荷兰飞利浦公司的先进技术，与飞利浦公司进行谈判。当时谈判双方的实力很悬殊，飞利浦公司作为世界驰名的大公司，凭借其雄厚的财力与技术优势，在谈判中态度强硬，气势逼人。虽然松下幸之助经过很大的努力，把飞利浦公司所要求的占销售额 7%的技术援助费压低到 4.5%，但飞利浦公司将专利转让费定为 55 万美元，并且必须一次付清。而且所草拟的合同几乎完全偏向荷兰一方，如规定日方若违反合同，或在执行合同时出现泄漏的话，要求受某种处罚，甚至被没收机器等。而飞利浦公司的违约责任则含糊不清。因此，合同的条件对松下电器公司来说是相当苛刻的。

当时，松下电器公司的资本总额不过 5 亿日元，而 55 万美元的专利转让费已相当于 2 亿日元，几乎占到松下电器公司全部家底的一半。这样，松下幸之助就陷入了一种两难选择：如果答应对方的谈判条件签署合同的话，那么将使松下电器公司陷入极大的风险之中，一旦出现意外，就有可能使松下电器公司元气大伤，一蹶不振；但如果不答应对方的谈判条件，使谈判破裂的话，那么公司将失去这次良好的合作机会，以后的发展将更加举步维艰。

松下幸之助不愧为“经营之神”，经过深思熟虑，他终于下定了决心，决定冒险。飞利浦公司的研究机构力量十分雄厚，拥有 3 000 名研究人员和先进的设备，一旦双方签订合同，松下电器公司就可以充分利用这一技术资源，而这一技术资源是 2 亿日元的代价绝对买不到的。

一时的妥协与退让可以换来自己长期的需要与利益,虽然风险巨大,但冒险也是值得的。因此,松下幸之助毅然决定与飞利浦公司签约。这2亿日元和巨大的风险代价,就成为松下公司日后迅猛发展的基础。

松下幸之助与飞利浦公司的这场谈判,形势对日方来说是非常不利的。松下运用了以退为进的策略,做出了极大的妥协与让步,接受了对方的苛刻条件,满足了对方的需要,但同时也为松下公司长期利益与需要的实现,开辟了一条曲折但又充满希望的道路。

10.3.3 利用保险市场和信贷担保工具

在国际商务活动中,向保险商投保已成为一种相当普遍的转移风险的方式。与价格浮动、汇率风险这种投机风险不同,保险一般仅适用于纯风险。然而不管怎样,面对是否要就项目中存在的纯风险投保、向哪家保险公司投保、承包事项如何确定、选择什么档次的保险费、如何与合作方分担保险费等问题,谈判人员还需虚心求教,获得保险专家的指导。

另外,信贷担保不仅是一种支付方式,在某种意义上讲,也有回避风险的作用。在大型工程项目中,为了预防承包商出现差错,延误工程进度,业主为了保护自己的利益,可以要求承包商或供应商在签订合同时提供银行担保。这类担保目前有投标保证书、履约保证书和预付款担保三种形式,通常由银行做此类担保。

10.3.4 面对不测风险要公平负担

在商务活动中,特别是有些项目的合作过程中,风险的承担往往并不是非此即彼的简单归属,它常常是需要合作双方共同面对和承担的。因此,如何分担这些风险,常常成了谈判的一个重要内容。

对于不测风险的出现,如何处理共同的风险损失,需要双方进行进一步的磋商方可定论。但是谈判经验告诉我们,在这样的谈判过程中,坚持公平负担的原则是能够带来合理结局的唯一出路。

10.3.5 主动向专家咨询和请教

有时,为了避免谈判专业方面的缺漏,或理解和把握得不透,请教专家或聘请专家做顾问常常是国际商务谈判取得成功的必不可少的条件。

这里所指的专家,既包括国内的有关专业外贸公司、同行业企业,也包括国外特别是项目所涉及的有关国家的政府部门、行业机构,甚至还包括国内银行等金融机构、外国驻我国使领馆和我国驻外使领馆等,特别应该强调的是,以往我们不太重视从银行渠道获得开展国际商务活动所需要的信息,实际上,金融机构之间频繁的业务往来往往使银行成为各种商务信息的天然集散地,不充分利用实在可惜。

谈判经验告诉人们,专家不仅可以帮助谈判人员了解客观环境,而且可在选择谈判对手等方面提供参考意见。特别是对于政治风险、自然灾害风险等纯风险来讲,它们确实难以被预测,而且一旦造成损失,后果将非常严重。对此,请教有关方面的专家,可能会得到有价值的信息与启示。比如,到海外投资,就要请国际政治问题专家考证当地政治环境是否稳定，以及该国家或地区与周边国家或地区的关系状况等。

总之，专家虽然不能保证完全帮助我们消除某种风险，但总要比外行人更了解这种风险。

10.3.6　运用技术手段回避风险

商务活动中的市场风险，包括汇率风险、利率风险和价格风险等，是可以通过一定的财务技术手段来调节和转移的。

由于受国际政治、经济等因素的影响，未来市场的供求关系将不断发生变化，由此而引起的价格波动必将对买卖双方产生不利的影响。为了减少这种风险，交易者完全可以通过期货期权这种商品交换的高级形式，在期货期权市场上公开竞争，以其认为最适当的价格随时转售或补进商品，与现货交易相对冲，从而将价格波动的风险转移给第三者，达到保值的目的。因此，期货交易价格反映了市场参与者对未来一段时间里供求关系、价格走势的综合判断。

随着世界期货期权交易的蓬勃发展，交易商品的种类也日趋多样化，目前已发展为商品期货交易、黄金期货交易、金融工具期货交易和外汇期货交易等。尽管诸如远期买卖、期货买卖、期权买卖这些调节和改变市场风险的手段的运用本身就隐含着风险，但是如果能够有专家提供建议与指导，就会使这种风险大为降低。因为汇率、利率、价格的波动总是相互联系的，就其波动的频率范围多大，连锁波动的次序与时滞效应如何，今后变化趋势怎样等问题，请教财务或证券、金融方面的专家做指导，是比较明智的选择。

如今，国际金融界已有越来越多的专业人士把期货、期权市场看作避免市场风险的最理想的场所。为此，我们也不应落后，在发展商务合作方面，不仅要在确定利率形式、价格形式、选择借贷或结算币种等问题上求教于专家，而且应在专家的指导下，大胆地尝试利用。

思考题 QUESTIONS

1. 商务活动中的非人员风险主要有哪些？
2. 如何正确认识商务活动中的人员风险？
3. 如何对商务活动中的风险进行预测和控制？
4. 回避商务风险的战略选择在哪几种？
5. 回避商务风险的策略有哪些？

案例讨论 Case discussion

中欧光伏反倾销争端贸易谈判

在经历了长时间的谈判后，大多数中国光伏企业不必再缴纳高达 47.6% 的反倾销税了。欧盟委员会 2013 年 8 月 2 日正式批准了中欧双方就光伏产品达成的“价格承诺”协议,该协议于8月6日起正式实施,有效期至2015年年底。

94家承诺企业可免征反倾销税

根据欧盟委员会发布的公告,从8月6日起,94家承诺企业按照“价格承诺”协议要求对欧盟出口硅片、电池、组件可免征反倾销税。未承诺企业对欧盟出口上述产品将被征收47.6%(非承诺的应诉企业)或67.9%(非应诉企业)的反倾销税。该“价格承诺”的有效期至2015年年底。

另外,按照程序,欧盟还将在2013年12月6日决定是否接受将此次价格协议作为此案件的终裁结果。

对于这个友好解决方案,业内人士均认为,此结果得到了28个成员国的一致支持,是中欧光伏“双赢”的最佳方案。

商务部新闻发言人沈丹阳8月5日也表示,上述决定意味着欧盟内部关于妥善解决中欧光伏贸易争端方案的相关程序已经完成,希望中国光伏企业珍惜谈判成果,有效执行“价格承诺”协议,维护光伏产品良好的出口秩序。

“过去的惩罚性关税,意味着出口欧盟窗口关闭,新达成的和解缓和了这个情况,有助于消化中国巨大的光伏产能。”卓创光伏分析师王晓坤对《中国能源报》记者说。这次谈判助推本身已经出现危机的中国光伏企业整合转型,向着更健康的方向发展,同时也将改善产品结构,增加产品附加值。目前中国光伏产品结构极为不合理,国内高附加值、高转化率的光伏产品还主要依靠进口,国内企业更多的是生产低端的光伏产品。

“这次谈判结果非常理想,体现出我国的综合经济实力在不断提高,国际地位在不断增强。”中国可再生能源学会副理事长孟宪淦接受《中国能源报》记者采访时说。这次谈判结果不仅将促进光伏产业结构调整,而且将加强光伏企业自身的抗风险能力。

谈判结果影响如何还有待观察

据了解,该“价格承诺”协议设定了每年出口欧洲的中国光伏产品限额,超出限额的中国光伏产品还需要缴纳47.6%的反倾销税。没有参与签订的中国光伏企业,将向欧盟缴纳高达47.6%的反倾销税。

《中国能源报》记者采访时发现,有些企业认为这次谈判结果并不理想。“价格或许可以谈判到更低。”

目前,协议的关键内容——承诺价格和出口配额均没有公布。

“业内一直传言中方最低承诺价格为0.56欧元/瓦,出口欧盟的太阳能电池板不超过7 GW。但是还没有得到商务部官方回应。”王晓坤表示。

“之所以一直没有公开最低限价和出口年限额的具体数字,就是怕人为操控市场价格。”孟宪淦说,根据征收关税的条文,是不是能够达到双方规定的7 GW,还有待观察。欧盟只是和我国签订了贸易协定,和其他很多国家都没有签署协议,像马来西亚等光伏企业的产品是没有价格承诺的,如果这些企业降价,相比之下国内光伏企业的竞争力将大幅降低。这次谈判结果如何还不好说,还需要再观察。

数量分配方案正在协商中

商务部新闻发言人沈丹阳8月7日称,中国出口欧盟光伏产品价格承诺由商会协调,以企业为主体自主协商确定。

目前中国机电进出口商会正在组织有关企业研究制定相关实施办法和数量分配方案。

“数量分配方案主要是依靠光伏年度出口量是多少、企业出口量是多少、企业占欧洲的比例是多少来研究制定。”中国机电进出口商会太阳能光伏分会一位不愿具名的人士对《中国能源报》记者表示。

多位接受采访的业内人士表示，初步拟定的分配方案是631，即将光伏年度出口数量的60%份额按照企业对欧盟出口光伏电池组件占我国对欧盟出口光伏电池组件的份额进行分配；将年度出口数量的30%作为鼓励和重点支持份额分配给参加行业抗辩企业；将年度出口数量的10%份额优先用于扶持出口规模较小企业以及支持自有品牌、科技含量高、财务状况良好的光伏电池出口。

对于份额分配，“现在比较纠结的是怎么分蛋糕。”一位从事光伏组件工作的人士对《中国能源报》记者说，“这种分配方式是一种计划经济，而光伏组件又是市场经济，这是很矛盾的问题。”

就在国内还在协商光伏出口份额的当口，欧盟委员会 8 月 7 日说，对产自中国的太阳能电池及相关部件产品反补贴调查仍将继续。欧盟将在 2013 年底公布反倾销和反补贴调查的终裁结果。

技术进步和科技创新是发展方向

尽管中欧光伏贸易争端暂告一段落，但光伏企业国际环境仍面临诸多不确定因素，未来我国光伏行业应如何发展？

“从光伏发展路线图来看，光伏行业前景非常好，光伏发展的主战场将是国内，即分布式光伏和规模化电站，然后才是国外市场。2015 年最迟 2020 年光伏行业用户侧将实现政策不用补贴。”孟宪淦认为。

“光伏是技术和工艺更新换代很快的一个行业。光伏行业前些年成倍增长的粗放扩张模式不可持续，未来光伏企业发展的方向不是靠规模效益和压低产品价格，而是依赖技术进步和科技创新。”孟宪淦对记者说。

资料来源：http://www.topenergy.org/news_82299.html

讨论题：

1. 中欧光伏反倾销争端贸易存在哪些商务风险？

2. 回避这些商务风险可以采取哪些策略？

第11章 CHAPTER 11

商务谈判要诀

本章要点

- □ 商务谈判中“听”的要诀
- □ 商务谈判中“问”的要诀
- □ 商务谈判中“答”的要诀
- □ 商务谈判中“看”的要诀
- □ 商务谈判中“叙”的要诀
- □ 商务谈判中“辩”的要诀
- □ 商务谈判中“说服”的要诀

引例　在听的基础上下结论

甲方和乙方及丙方就供货合同的谈判已进入了讨价还价的阶段。这时，由作为卖方的甲方首先开价。

甲方：“刚才已经谈到了，我们厂的产品不但在质量方面无可挑剔，而且售后服务也相当完善，现在市场上供不应求。因此，我们认为此次产品的价格应定为2万元。”

这时乙方的反应是：“别开玩笑了，上次价格才1.5万。你们的价格难道是在坐飞机吗？”

这表明乙方对甲方的报价不能接受。这时，甲方就应考虑适当地降低报价。比如：“这不很正常吗？因为在这批产品中我们采用了进口零部件，质量性能都有了很大的提高。不过，咱们也是老朋友了，我们当然可以适当再给一些优惠，1.8万怎么样？”

如果乙方仍不能接受，甲方在不影响本方利益的前提下，还可适当地调整报价。

而丙方的反应是:“哦,太高了吧。能不能再让利一些?”

这表明,丙方对这个报价是有思想准备的,基本上可以接受。这时甲方再稍做让利,双方即可成交。

对于集智力、勇气、体力和脑力、心理素质等于一体的商务谈判活动来讲,谈判人员必须注意捕捉对方思维过程的蛛丝马迹,以便及时跟踪对方动机需求的线索。因此,必须仔细倾听对方的发言,注意观察对方的每一个细微动作。因为对方的仪态举止、神情姿势、重复语句以及说话的语气等都是反映其思想、愿望和隐蔽的需求的线索。所以在谈判桌上必须随时注意听、问、答、看、叙、辩及说服对方的技巧的运用,以便准确地把握对方的行为与想法。

11.1 商务谈判中“听”的要诀

为了保证商务谈判人员能够在谈判中及时、准确、恰当地接受或反馈信息,必须掌握商务谈判中“听”的要诀。

谈判中,我们了解和把握对方观点立场的主要手段和途径就是通过“听”。一方面,实践证明,只有在清楚地了解了对方观点和立场的真实含义之后,我们才能准确地提出我方的方针和政策;另一方面,从心理学和日常的生活经验来看,“听”具有一定的说服作用。显然,当我们专注地倾听别人讲话时,就表示我们对讲话者的观点很感兴趣或很重视,从而可以给对方以满足感,这样就在双方之间产生了一定的信赖感。正如美国科学家富兰克林曾经说过的那样:“与人交谈取得成功的重要秘诀,就是多听,永远不要不懂装懂。”因此,作为商务谈判人员,一定要学会如何“听”,在认真、专注地倾听的同时,积极地对讲话者做出反应,以便获得较好的倾听效果。

11.1.1 “听”的障碍

科学家们曾对“听”进行过科学的研究,认为“听”有两种形式,即积极的听与消极的听。所谓积极的听,就是人们在重要的交谈中,听者全神贯注,充分调动自已的知识、经验储备及感情等,使大脑处于紧张状态,以便在接收信号后立即进行识别、归类、解码,做出相应反应。比如,表示理解或疑惑、支持或反对、愉快或难过等与说话者密切呼应的听即为积极的听。所谓消极的听,是指在一般的交谈中,听者处于比较松弛的状态,即处于一种随意状态中接受信息,如平时家庭中的闲谈、非正式场合的交谈等。积极的听既有对语言信息的反馈,也有对非语言信息,即表情、姿势等的反馈;而消极的听则往往不是同时具有这种明显的姿势反馈和表情反馈。事实上,听一番信息量大、思想活跃、观点新颖的谈话,往往是听者比说者更疲劳。

拉夫·尼可拉斯是位专门研究如何“听”的大学问家。经过多年的研究,他发现,即使是积极地听对方讲话,听者也只能记住不到50%的讲话内容。在商务谈判中,谈判者彼此频繁地进行着微妙、复杂的信息交流。如果谈判者一时疏忽,将会失去不可再得的信息。为什么“听”得完全是这么不容易?一系列试验表明,“听”是存在听力障碍的。为了能够听得完全、听得清晰,就必须了解“听”的障碍。需要克服的“听”的障碍主要有以下方面。

1. 只注意与己有关的讲话内容

谈判业务时,人的大脑处于高度紧张状态,很容易出现只考虑自己头脑中的问题,而不顾对方的全部讲话内容。从心理学的角度来看,人与人之间进行沟通和信息传递最密切的心理过程之一就是"注意"。在谈判中,注意就是指对信息的注意。人们总是自然不自然地只对与自己有关系的事情才加以注意,或者是在对方开始讲话时还能十分注意听,可过一会儿,注意力就转移到与自己有关的问题思维中去了。这就形成了听的一种障碍。

2. 精力分散,或思路较对方慢,或观点不一致所造成的少听、漏听

商务谈判工作是十分耗费精力的,如果谈判日程安排得很紧张,而谈判人员得不到充分休息,那么即使是精力十分旺盛的人,也会因精力不集中而产生少听或漏听的现象。一般来说,谈判人员的精力和注意力的变化是有一定规律的:在开始时精力比较充沛,但持续的时间较短,约占整个谈判时间的8.3%～13.3%;谈判过程中,精力趋于下降,时间较长,约占整个时间的83%;谈判要达成协议时,又出现精力充沛时期,时间也是很短,约占3.7%～8.7%。

另外,由于人与人之间客观上存在思维方式的不同,如果一方的思维属于收敛型的,而另一方的思维属于发散型的,那么由于收敛型的人思维速度较慢,发散型的人思维速度较快,双方就很难做到听与讲的一致,这样就造成了少听或漏听。

3. 凭借感情、兴趣的变化来理解对方的讲话内容,从而曲解了对方的原意

一系列试验表明,积极地听对方讲话,其中只有1/3的讲话内容是按原意听取的,1/3的讲话内容是被曲解地听取的,还有1/3则是丝毫没有被听进去的。特别是在谈判中,人们的思想或意见的表达,有的是很明确的、直截了当的,有的则是比较含糊的,或故意谈此而言彼,甚至还会正话反说或反话正说,因此,最容易出现误解,而形成收听的障碍。

4. 受收听者的文化知识、语言水平等的限制,而听不懂对方的讲话内容

商务谈判总是针对某一具体业务而言的,毫无疑问地会涉及大量的专业知识。因此,如果谈判人员对专业知识掌握有限,一旦谈判中涉及这方面的知识,就会造成由于知识水平的限制而形成的收听障碍。特别是对于国际商务谈判,由于语言上的差别,也会造成收听障碍。因为我国翻译人员往往是从外语学院毕业的,对某些业务知识掌握得比较有限,一旦需要对某些技术含量较高的业务进行全过程的翻译,则很容易对某些精微细小的环节一带而过,或者是只译个大概意思。实际上,正是这些细小环节,有时又恰恰是理解对方讲话的内容、把握对方立场和观点的关键。另外,由于语言的一词多义现象在英语中十分常见,这也会给翻译人员带来困惑,从而形成听的障碍。

5. 环境的干扰形成听的障碍

由于各地环境不同,商务谈判环境也是千差万别,由于环境的干扰,常常会使人们的注意力分散,而形成收听效果障碍。比如,天气突然变化而电闪雷鸣、过往行人及飞过的鸟类、修建房屋的噪声等,都会使收听者分散注意力。生活中也有体验:我们不可能同时听清楚两个人的讲话内容,当我们需要进行复述时,只能复述清楚一个人的讲话内容,而必须放弃另一个,否则,要想兼顾两者的讲话内容,就会什么也没听见。

11.1.2 “听”的要诀

认识了听的障碍的几种情况，要想提高收听效果，就必须掌握“听”的要诀，想尽办法克服听的障碍。

1. 专心致志、集中精力地倾听

专心致志地倾听讲话者讲话，要求谈判人员在听对方讲话时，要特别聚精会神，同时，还要配以积极的态度去倾听。

为了专心致志，就要避免出现心不在焉“开小差”的现象发生。即使自己已经熟知的话题，也不可充耳不闻，万万不可将注意力分散到研究对策问题上去，因为这样非常容易出现讲话者的内容为隐含意义时，我们没有领悟到或理解错误，造成事倍功半的效果。

精力集中地听，是倾听艺术的最基本、最重要的问题。据心理学家统计证明，一般人说话的速度为每分钟 120～180 个字，而听话及思维的速度则大约要比说话的速度快 4 倍左右。因此，往往是讲话者话还没有说完，听讲者就大部分都能够理解了。这样一来，听讲者常常由于精力的富余而“开小差”。那么万一这时对方讲话的内容与我们理解的内容有偏差，或是传递了一个重要信息，这时就聪明反被聪明误，后悔已经来不及了。

因此，我们必须注意时刻集中精力地倾听对方讲话，用积极的态度去听，而不是消极地，或是精神溜号去听，这样的倾听成功的可能性就比较大。在倾听时应注视讲话者，主动地与讲话者进行目光接触，并做出相应的表情，以鼓励讲话者。比如，可扬一下眼眉，或是微微一笑，或是赞同地点点头，抑或否定地摇摇头，也可不解地皱皱眉头等，这些动作配合，可帮助我们集中精力，起到良好的收听效果。

需要特别注意的是，在商务谈判过程中，当对方的发言有时我们不太理解甚至令人难以接受时，万万不可塞住自己的耳朵，表示出拒绝的态度，因为这种做法对谈判非常不利。作为一名商务谈判人员，应该养成耐心倾听对方讲话的习惯，这也是一个良好的谈判人员个人修养的标志。

2. 通过记笔记来集中精力

通常，人们即席记忆并保持的能力是有限的，为了弥补这一不足，应该在听讲时做大量的笔记。记笔记的好处在于：一方面，可以帮助自己回忆和记忆，而且有助于在对方发言完毕之后，就某些问题向对方提出质询，同时，还可以帮助自己充分地分析、理解对方讲话的确切含义与精神实质；另一方面，通过记笔记，给讲话者留下自己重视其讲话的内容的印象，当停笔抬头望望讲话者时，又会对其产生一种鼓励的作用。

对于商务谈判这种信息量较大且较为重要的活动来讲，一定要动笔做记录，不可过于相信自己的记忆力。因为谈判过程中，人的思维在高速运转，大脑接受和处理大量的信息，加上谈判现场的气氛又很紧张，所以只靠记忆是办不到的。实践证明，即使记忆力再好也只能记住一个大概内容，有的甚至忘得干干净净。因此，记笔记是不可或缺的，也是比较容易做到的用以清除倾听障碍的好方法。

3. 有鉴别地倾听

在专心倾听的基础上，为了达到良好的倾听效果，可以采取有鉴别的方法来倾听对手发言。通常情况下，人们说话时是边说边想，想到哪儿说到哪儿，有时表达一个意思要绕着弯子讲许多内容,从表面上听,根本谈不上什么重点突出,因此,听讲者就需要在用心倾听的基础上,鉴别传递过来的信息的真伪,去粗取精、去伪存真,这样就可以抓住重点,收到良好的听的效果。

4. 克服先入为主的倾听

先入为主地倾听,往往会扭曲讲话者的本意,忽视或拒绝与自己心愿不符的意见,这种做法实为不利。因为这种听讲者不是从讲话者的立场出发来分析对方的讲话,而是按照自己的主观框框来听取对方的谈话。其结果往往是听到的信息变形地反映到自己的头脑中,导致本方接受信息不准确、判断失误,从而造成行为选择上的失误。因此,必须克服先入为主的倾听做法,将讲话者的意思听全、听透。

5. 创造良好的谈判环境

人们都有这样一种心理,即在自己所属的领域里交谈,无须分心于熟悉环境或适应环境;而在自己不熟悉的环境中交谈,则往往容易变得无所适从,导致正常情况下不该发生的错误。可见,有利于己方的谈判环境能够增强自己的谈判地位和谈判实力。事实上,科学家的实验也证实了人在自己客厅里谈话,比在他人客厅里谈话更能说服对方这一观点。因此,对于一些关系重大的商务谈判工作,如果能够进行主场谈判是最为理想的,因为这种环境有利于我方谈判人员发挥出较好的谈判水平。如果不能争取到主场谈判,至少也应选择一个双方都不十分熟悉的中性场所,这样也可避免由于客场谈判给对方带来便利和给我方带来不便。

6. 不要因轻视对方、抢话、急于反驳而放弃听

人们在轻视他人时,常常会自觉不自觉地表示在行为上。比如,对对方的存在不屑一顾,或对对方的谈话充耳不闻,等等。在谈判中,这种轻视的做法有百害而无一益。因为这不仅表现了自己的狭隘,更重要的是难以从对方的话中获得我们所需要的信息,如判断对方真伪的信息、反驳对方的信息等。同时,轻视对方还可招致对方的敌意,甚至导致谈判关系破裂。

谈判中,抢话的现象也是经常发生的。抢话不仅会打乱别人的思路,也会耽误自己倾听对方的全部讲话内容。因为在抢话的同时,大脑的思维已经转移到如何抢话上去了。这里所指的抢话是急于纠正别人说话的错误,或用自己的观点来取代别人的观点,是一种不尊重他人的行为。因此,抢话往往会阻塞双方的思想和感情交流的渠道,对营造良好的谈判气氛非常不利,对良好的收听更是不利。

另外,谈判人员有时也会在没有听完对方讲话的时候,就急于反驳对方的某些观点,这样也会影响收听效果。事实上,我们对对方的讲话听得越详尽、全面,反驳起来就越准确、有力;相反,如果尚未全面了解对方谈话的全部内容和动机,就急于反驳,不仅使自己显得浅薄,还常常会使己方在谈判中陷入被动,对自己十分不利。

不管是轻视对方,还是急于抢话和反驳,都会影响倾听效果,必须加以避免。

7. 不可为了急于判断问题而耽误听

当听了对方讲述的有关内容时,不要急于判断其正误,因为这样会分散我们的精力而耽误倾听其下文。虽然人的思维速度快于说话的速度,但是如果在对方还没有讲完的时候就去判断其正误,无疑会削弱本方听话的能力,从而影响倾听效果。因此,切记不可

为了急于判断问题而耽误听。

8. 听到自己难以应付的问题时，不要充耳不闻

商务谈判中，往往会涉及一些诸如政治、技术、经济以及人际关系等方面的问题，有些问题可能会令谈判人员一时回答不上来，但在这时，切记不可持充耳不闻的态度。因为这样回避对方，恰恰是暴露了本方的弱点。在遇到这种情况时，我们要有信心、有勇气去迎接对方提出的每一个问题。只要用心去领会对方提出的每个问题的真实用意，即可找到摆脱难题的真实答案。另外，为了培养自己急中生智、举一反三的能力，应多加训练、多加思考，以便在遇到问题时不乱、不慌。

CASE 案例　听的背后

某世界著名谈判家的邻居是一位医生。在一次台风过后，医生的房子受到了严重的损害。医生希望能从保险公司多获得一些赔偿，但自感自己没有这种能力，于是找到了这位谈判家。

谈判家答应帮忙，并问医生："你希望得到多少赔偿呢？"

医生回答："我希望通过你的帮助，保险公司能赔偿我 500 美元。"

谈判家点点头，然后又问道："那么请你实实在在地告诉我，这场台风究竟使你损失了多少钱？"

医生回答："我的房子实际损失在 500 美元以上。"

几个小时以后，保险公司的理赔调查员找到了谈判家，并对他说："我知道，像您这样的专家，对于大数目的谈判是权威。但这次你恐怕无法发挥才能了，因为根据现场的调查情况，我们不可能赔得太多。请问，如果我们只赔你 300 美元，你觉得怎么样？"

谈判家沉吟了一会，然后对调查员说："你的顾客受到这么大的损失，你居然还有心思开玩笑？任何人都不可能接受这样的条件。"

双方沉默了一会儿，理赔调查员打破了僵局："好吧，你别把刚才的价钱放在心上，不过我们最多也就能赔 400 美元了。"

谈判家回答说："看一看毁坏的现场，你就会知道这点钱是多么可怜。绝对不行！"

"好吧，好吧，500 美元总该行了吧？"

"小伙子，别轻易下结论，我们再一起去看看现场吧。"

在谈判家的一再坚持下，这桩房屋理赔案的谈判最终竟以不可思议的 1 500 美元的赔偿费了结，这大大地出乎医生的预料。

看到这里，读者可能还一头"露水"，谈判家到底从理赔调查员的谈话里听出了什么，以致他放心大胆地与对方讨价还价，甚至当对方已出到他和医生预先设定的价格时仍不让步？

原来，聪明而富有经验的谈判家从理赔员说话时的口气里，发掘出了谈判事实的真相，找到了隐含在对方谈话中的重要信息。理赔调查员一开口就说："如果我们只赔你 300 美元，你觉得怎么样？"注意，关键就在于这个极易被忽视的"只"字上，它显示理赔调查员自己也觉得这个数目太小，不好意思张口。因此，他第一次所出的价格只是一种试探，绝不是最后的出价。在第一次出价后一定还有第二次，甚至第三次。在做出了这种判断后，谈判家在谈判过程中牢牢地控制着局面，决不轻易让步。

可以说，在这次谈判中，善于倾听起到了决定性作用，它使谈判家一下子就摸清了对方的虚实。因此，在与对方磋商交流的过程中一定要全神贯注地捕捉对方言语中传递的信息，并通过对捕捉到的信息进行分析来了解对方不会直接表露的情况。

11.2 商务谈判中"问"的要诀

商务谈判中，如何"问"是很有讲究的。重视和灵活运用发问的技巧，不仅可以引起双方的议论，获取信息，而且可以控制谈判的方向。到底哪些问题可以问，哪些问题不可以问，为了达到某一个目的应该怎样问，以及问的时机、场合、环境等，有许多基本常识和技巧知识需要了解和掌握。为了使谈判人员能够灵活、艺术地运用问的技巧，我们从"问"的方式谈起。

11.2.1 发问的方式

谈判中的发问有以下几种方式。

1. 澄清式发问

这是针对对方的答复，重新措辞，以使对方进一步澄清或补充其原先答复的一种问句。如："您刚才所讲的没有变化，是不是指我们的合作方式?"澄清式问句的作用就在于：它可以确保谈判各方能在叙述"同一语言"的基础上进行沟通，而且是针对对方的话语进行信息回馈的有效方法，是双方密切配合的表现方式。

2. 强调式发问

强调式发问旨在强调自己的观点，强调本方的立场。如："这个协议不是要经过公证之后才生效吗?""怎么能够忘记我们上次合作得十分愉快呢?""按照贵方要求，我们的观点不是已经阐明了吗?"

3. 探索式发问

这是针对对方的答复，要求引申或举例说明，以便探索新问题、新方法的一种发问方式。比如："这样行得通吗? 你说可以如期履约，有什么事实可以说明吗?""假设我们运用这种方案会怎样?"探索式发问不但可以进一步发掘较为充分的信息，而且可以显示发问者对对方答复的重视。

4. 间接式发问

间接式发问是一种借助第三者的意图来影响或改变对方意见的发问方式。比如："某某先生，对你方能否如期履约关注吗?""某某先生是怎么认为的呢?"这种问句中的第三者，必须是对方所熟悉而且是他们十分尊重的人，这样在使用这种问句时对对方将产生很大的影响力；否则，运用一个对方不很知晓且谈不上尊重的人作为第三者加以引见，那么使用这种问句反而会引起对方的反感。

5. 强迫选择式发问

这种问句旨在将本方的意见抛给对方，让对方在一个规定的范围内进行选择回答。比如："我只有今天有空，你说上午还是下午?""原订的协议，你们是本周实施，还是下周给我们答复?"需要注意的是，在使用强迫选择式发问时，要特别注意语调温柔、措辞得体,以免给对方留下专横跋扈、强加于人的不良印象。

6. 证明式发问

证明式发问旨在通过己方的提问,使对方对问题做出证明或理解。比如:“为什么要更改原已订好的计划?”“请说明道理好吗?”

7. 多层次式发问

这是含有多种主题的问句,即一个问句中包含多种内容。比如:“贵国当地的水质、电力资源、运输状况和自然资源情况怎样?”“你能否就该协议产生的背景、履约情况、违约的责任,以及双方的看法和态度谈一谈?”这类问句因包含过多的主题而使对方难以周全把握。许多心理学家认为,一个问题最好只含有一个主题,最多也不能超过两个主题,才能使对方有效地掌握。当然,在有一定目的的情况下,也可以灵活地掌握,比如在发问时可以有超过三个的主题。

8. 诱导式发问

这种问句旨在开渠引水,对对方的答案给予强烈的暗示,使对方的回答符合己方预期的目的。比如:“贵方如果违约是应该承担责任的,对不对?”“已经到期了,不是吗?”这类问句几乎使对方毫无选择余地,必然按照发问者所设计好的答案作答。

需要指出的是,谈判的任何一方都要避免使用盘问式、审问式的问句;当然,威胁或讽刺的问句就更应该回避,以免影响双方的关系。

CASE 案例　巧妙地发问

有一次,华盛顿家里丢了一匹马,他获悉是一位邻居偷走了,就同一位警官去索要。但邻居却声称那是他自家的马,华盛顿灵机一动,走上前去,用双手捂住马的眼睛,然后对邻居说:“告诉我,你的马哪只眼睛瞎了?”“右眼。”邻居答道。华盛顿放开蒙右眼的手,马的右眼并不瞎。“我说错了,马的左眼才是瞎的。”邻人急着争辩道。华盛顿放开蒙左眼的手,马的左眼也不瞎。“我又说错了……”邻人还想狡辩。“是的,你错了。”警官说,“已经证明马不是你的了,你必须把它还给华盛顿先生。”

华盛顿的高妙之处在于,他的问话里“你的马哪只眼睛瞎了”隐含“这匹马有一只眼睛是瞎的”这样一种假定;邻居信了这种假定,瞎猜一气,结果自露马脚。

11.2.2 不应发问的问题

商务谈判过程中提问的目的是要求对方做出回答,通过对方的回答来获取信息、发现对方需求的线索。但是并非可以随便地就任何方面提出问题。一般在谈判中不应提出下列问题。

1. 带有敌意的问题

不应当抱着敌对心理进行谈判,应尽量避免那些可能会刺激对方产生敌意的问题。因为一旦问题含有敌意,就会损害双方的关系,最终会影响交易的成功。

2. 有关对方个人生活、工作方面的问题

对于大多数国家和地区的人来讲,回避询问个人生活和工作方面的问题已是一种习惯。比如,对方的收入、家庭情况、女士或太太的年龄等问题,都是不应涉及的。另外,也不要涉及对方国家或地区的政党、宗教等方面的问题。

对于国内商务谈判来讲,情况是不一样的。中国人比较喜欢介入他人生活圈内,同时也希望别人来关心自己。因此,在商务谈判期间问候一下对方个人生活及家庭情况等,往往容易拉近关系,从而可以博得对方的信任感和亲切感。

3. 指责对方品质和信誉方面的问题

切忌直接指责对方在某个问题上不够诚实等,这样做不仅会使对方感到不快,而且会影响彼此之间的真诚合作。有时,这样做非但无法使他变得更诚实,反而会引起他的不满,甚至是怨恨。事实上,商务谈判双方的真真假假、虚虚实实,很难用是否诚实这一标准来评价。其实,若真的需要审查对方是否诚实,可以通过其他途径来进行。如果我们发现对方在某些方面不够诚实,我们可把我们已经了解到或掌握的真实情况陈述给对方,对方自然会明白我们的用意了。

4. 为了表现自己而故意提问

为了表现自己而故意提问,会引起对方的反感。特别是不能提出与谈判内容无关的问题,以显示自己的"好问"。要知道,故作卖弄的结果往往是弄巧成拙,被人蔑视。

11.2.3 "问"的要诀

为了获得良好的提问效果,需要掌握以下发问要诀。

1. 应该预先准备好问题,以期收到意想不到的效果

一些有经验的谈判人员往往是先提出一些看上去很一般,并且比较容易回答的问题,而这个问题恰恰是随后所要提出的比较重要的问题的前奏。这时,如果对方思想比较松懈,突然面对我们所提出的较为重要的问题,其结果往往是使对方措手不及,收到出其不意之效。因为对方很可能在回答无关紧要的问题时即已暴露其思想,这时再让对方回答重要问题,对方只好自成体系,按照原来的思路来回答问题,或许这个答案正是我们所需要的。

2. 在对方发言时,不要中止倾听对方的谈话而急于提出问题

在倾听对方发言时,有时会出现马上就想反问的念头,切记这时不可急于提出自己的看法,因为这样做不但影响倾听对方的下文,而且会暴露我方的意图,这样对方可能会马上调整后面的讲话内容,从而使我们可能丢掉本应获取的信息。

3. 要避免提出那些可能会阻碍对方让步的问题

事实上,这类问题往往会给谈判的和局带来麻烦。提问时,不仅要考虑自己的退路,也要考虑对方的退路,要把握好时机和火候。

4. 如果对方的答案不够完整,不要强迫地问,要有耐心和毅力等待时机的到来

5. 可以将一个已经发生,并且答案也已知的问题提出来,验证一下对方的诚实程度,以及其处理事物的态度

同时,这样做也可给对方一个暗示,即我们对整个交易的行情是了解的,有关对方的信息我们也是掌握很充分的。这样做可以帮助我们进行下一步的合作决策。

6. 既不要以法官的态度来询问对方,也不要问起问题来接连不断

要知道像法官一样询问谈判对手,会造成对方的敌对与防范的心理和情绪。因为双

方谈判绝不等同于法庭上的审问，需要双方心平气和地提出和回答问题。另外，重复连续地发问，往往会导致对方的厌倦、乏味而不愿回答，有时即使回答也是马马虎虎，甚至会出现答非所问的情况。

7. 提出问题后应闭口不言，专心致志地等待对方做出回答

通常的做法是，当我们提出问题后，应闭口不言，如果这时对方也是沉默不语，则无形中给对方施加了一种压力。这时，我们保持沉默，由于问题是由我们提出的，对方必须以回答问题的方式来打破沉默，或者说打破沉默的责任将由对方来承担。必须掌握这种发问技巧。

8. 要以诚恳的态度来提出问题

当直接提出某一问题而对方或是不感兴趣，或是态度谨慎而不愿展开回答时，我们可以转换一个角度，并且用十分诚恳的态度来问对方，以此来激发对方回答问题的兴趣。实践证明，这样做会使对方乐于回答，也有利于谈判者彼此感情上的沟通，有利于谈判的顺利进行。

9. 注意提出问题的句式应尽量简短

在商务谈判过程中，提出问题的句式越短越好，而由问句引出的回答则是越长越好。因此，我们应尽量用简短的句式来向对方提问。因为当我们提问的话比对方回答的话还长时，我们就将处于被动的地位，这种提问显然是失败的。

以上几点技巧是基于谈判者之间的诚意与合作这一命题提出来的，旨在使谈判者更好地运用提问的艺术来发掘问题、获取信息、把握谈判的方向。切忌将这些变成限制谈判者为了自己的利益而进行竞争的教条。

CASE 案例　固执的矿主

一次，美国谈判家荷伯受人之托，代表一家大公司到俄亥俄州去购买一座煤矿。矿主是一个强硬的谈判对手，在谈判桌上，他开出了煤矿的价格——2 600 万美元。荷伯的还价是 1 500万美元。

“先生，你不会是在开玩笑吧？”矿主粗声粗气地说。

“绝对不是，但是请你把你的实际售价告诉我们，我们好予以考虑。”

“没有什么好说的，实际售价就是 2 600 万美元。”矿主的立场毫不动摇。

谈判继续下去。荷伯的出价逐渐升高，从 1 800 万美元到 2 000 万美元到 2 100 万美元到 2 150 万美元，但是矿主依然是一副泰山压顶不变色的神态，拒绝作出让步。报价在 2 150 万美元和 2 600 万美元之间对峙，谈判陷入了僵局。显然，在此情形之下，只注意结果就无法取得创造性的进展，由于荷伯没有掌握有关对手需要的信息，重拟谈判的内容显得困难重重。

为什么矿主不接受这个显然是公平的价格呢？荷伯冥思苦想，终不得其解。于是荷伯只得一顿接一顿地邀请矿主吃饭，在每次进餐的时候，荷伯都要向矿主解释公司所作出的最后还价是合理的，矿主的态度却总是顾左右而言他。一天晚上，矿主终于对荷伯的反复解释答话了：“我兄弟的煤矿卖了 2 550 万美元，还有一些附加利益。”

“原来如此，”荷伯顿时豁然开朗，“这就是他固守那个价钱的理由。他有别的需要，原来是我们的疏忽。”

掌握了这个重要的信息,荷伯立即与公司有关人员碰头,他说:"我们首先得搞清楚他兄弟的公司究竟得到了多少,然后我们才能商量我们的报价。显然我们必须首先处理对手的个人需要这个重要的问题,这跟市场价格毫无关系。"

公司同意了荷伯的意见,荷伯按照这条思路进行谈判。不久,双方顺利达成了协议,最后的价格并没有超过公司的预算,但是付款的方式和附加条件使矿主感到自己干得远比他的兄弟强。

资料来源:http://wenwen.soso.com/z/q170181215.htm

11.3 商务谈判中"答"的要诀

有问必有答,人们的语言交流就是这样进行的。"问"有艺术,"答"也有技巧。问得不当,不利于谈判;答得不好,同样会使己方陷入被动。我们不能肯定地说学会了答就等于学会了谈判,但是可以肯定地说,不会答,就等于不会谈判。可见,在某种程度上,答比问更为重要。

通常,同样的问题会有不同的回答,不同的回答又会产生不同的谈判效果。有时,对方会故意提出一些尖刻的问题,旨在把对手问倒。这时,较为出色的谈判人员便会用一个妙答,使自己逢凶化吉,起到妙手回春的功效。

CASE 案例 巧 答

汉章帝时司空第五伦,为人正直、淳朴、廉洁奉公。一次有人问他:"你有没有私心?"这话其实是很难用"有"与"没有"来回答的。第五伦深知问话者的动机,便用十分策略的方式回答道:"过去,有一个人送给我一匹千里马,被我拒绝了。事后,每当朝廷让我们三公选荐人才的时候,我心里总是想到这个人,不过我始终没有推荐他。我哥哥的儿子病了,我一夜去探望了十次,回到家就躺下睡觉了。我儿子有病的时候,我虽然不需要去照顾他,可是我一夜都睡不着觉。这样看来,怎么能说没有私心呢?"可见,他的这番回答,一语双关,一方面说明自己也是有私心的常人,另一方面说明自己在处理公事时,又不为私心所左右,所谓情在理中,令人折服。

谈判中的问答,是一个证明、解释、反驳对方或推销己方的观点的过程。为了能够有效地回答每个问题,在谈判前,我们可以先假设一些难题来思考,考虑得越充分,所得到的答案将会越好。许多有谈判经验的国家,比较重要的谈判往往在事先都要进行模拟谈判,自己组织一组人员扮演谈判对手,让对手尽情地发挥,借以发现在一般情况下难以发现的问题。

通常,回答问题不仅应当采取容易接受的方法,而且应当巧立新意,渲染己方观点,强化回答效果。谈判中的回答有其自身的特点,它不同于学术研究或知识考试中的回答,一般不以正确与否来论之。谈判中回答的要诀应该是:基于谈判效果的需要,准确把握该说什么、不该说什么,以及应该怎样说。

为此,在回答问题时应该把握以下要诀。

1. 回答之前，要留有思考时间

商务谈判中所提出的问题，不同于同事之间的生活问话，必须经过慎重考虑后，才能回答。有人喜欢将生活中的习惯带到谈判桌上，即对方提问的声音刚落，这边就急着马上回答问题，这种做法很不讲究。其实，在谈判过程中，绝不是回答问题的速度越快越好，因为它与竞赛抢答是性质截然不同的两回事。

人们通常有这样一种心理，就是对方问话与我方回答之间所空的时间越长，越会让对方感觉我们对此问题欠准备，或以为我们几乎被问住了；如果回答得很迅速，就显示出我们已有充分的准备，也显示了我方的实力。其实不然，谈判经验告诉我们，在对方提出问题之后，我们可通过点支香烟或喝一口茶，或调整一下自己的坐姿和椅子，或整理一下桌子上的资料文件，或翻一翻笔记本等动作来延缓时间，考虑一下对方的问题。这样做既显得很自然、得体，又可以让对方看得见，从而减轻和消除对方的上述心理感觉。

2. 把握对方提问的目的和动机

谈判者在谈判桌上提出问题的目的往往是多样的，动机也往往是复杂的。如果我们没有深思熟虑，在弄清对方的动机前，就按照常规来做出回答，结果往往是效果不佳。如果我们经过周密思考，准确判断对方的用意，便可做出一个独辟蹊径的、高水准的回答。比如，人们常常用这样一个实例来说明：建立在准确地把握对方提问动机和目的基础上的回答，是精彩而绝妙的。美国著名诗人艾伦·金斯伯格有一次在宴会上向中国作家提出一个怪谜，并请中国作家回答。这个怪谜是："把一只五斤重的鸡装进一个只能装一斤水的瓶子里，用什么办法把它拿出来?"中国作家回答道："您怎么放进去的，我就会怎么拿出来。您凭嘴一说就把鸡装进了瓶子，那么我就用语言这个工具再把鸡拿出来。"这可以说是绝妙的回答的典范。谈判人员如果能在谈判桌上发挥出这种水平，就是比较出色的谈判人员。

3. 不要彻底地回答问题

商务谈判中并非任何问题都要回答，要知道有些问题并不值得回答。

在商务谈判中，对方提出问题或是想了解我方的观点、立场和态度，或是想确认某些事情。对此，我们应视情况而定。对于应该让对方了解，或者需要表明我方态度的问题要认真回答，而对于那些可能会有损己方形象、泄密或无聊的问题，谈判者也不必为难，不予理睬是最好的回答。当然，用外交活动中的"无可奉告"一语来拒绝回答，也是回答这类问题的好办法。总之，我们回答问题时可以自己将对方的问话的范围缩小，或者在回答之前加以修饰和说明，以缩小回答范围。

4. 逃避问题的方法是避正答偏

有时，对方提出的某个问题我方可能很难直接从正面回答，但又不能以拒绝回答的方式来逃避问题。这时，谈判高手往往用避正答偏的办法来回答，即在回答这类问题时，故意避开问题的实质，而将话题引向歧路，借以破解对方的进攻。其实，这是应付对方的一个好办法。比如，可跟对方讲一些与此问题既有关系又无关系的问题，东拉西扯，不着边际。说了一大堆话，看上去回答了问题，其实并没有回答，其中没有几句话是管用的。经验丰富的谈判人员往往在谈判中运用这一方法。此法看上去似乎头脑糊涂、思维有问题，其实这种人高明得很，对方也拿这类人毫无办法。例如，一位西方记者曾经讥讽地问周恩来总理一个问题："请问，中国人民银行有多少资金？"周总理深知对方是在讥笑中国的贫困，如果实话实说，自然会使对方的计谋得逞，于是答道："中国人民银行的货币资金嘛，有十八元八角八分。中国人民银行发行面额为十元、五元、二元、一元、五角、二角、一角、五分、二分、一分的十种主辅人民币，合计为十八元八角八分。"周总理巧妙地避开了对方的话锋，使对方无机可乘，被中国人民传为佳话。

CASE 案例 以幽默化解危机

卡普尔任美国电报电话公司负责人初期，在一次董事会议上，众人对他的领导方式提出了许多责问和批评。会议室充满了紧张的气氛，人们似乎都已无法控制自己的情绪。有一位女董事质问道："公司在过去的一年中，用于福利方面的钱有多少？""×百万美元。""哦，我真要昏倒了！"听到如此尖刻的话，卡普尔轻松地回答了一句："我看那样倒好。"会场上意外地爆发出一阵难得的笑声，那位女董事也笑了。紧张的气氛随之缓和下来。卡普尔用恰当的口吻把近似对立的讽刺转化为幽默的力量，同大家一起度过了紧张的时刻，缓解了众人激动的情绪，心平气和地解决问题。

5. 对于不知道的问题不要回答

参与谈判的所有的人都不是全能全知的人。谈判中尽管我们准备得很充分，也经常会遇到陌生难解的问题，这时，谈判者切不可为了维护自己的面子强作答复。因为这样不仅有可能损害自己利益，而且对自己的面子也是丝毫无补。有这样一个实例，我国某公司与美国外商谈判合资建厂事宜时，外商提出有关减免税收的请求。中方代表恰好对此不是很有研究，或者说是一知半解，可为了能够谈成，就盲目地答复了，结果使己方陷入十分被动的局面。经验和教训一再告诫我们：谈判者对不懂的问题，应坦率地告诉对方不能回答，或暂不回答，以避免付出不应付出的代价。

6. 答非所问

有些问题可以通过答非所问来给自己解围。答非所问在知识考试或学术研究中是不能给分的，然而从谈判技巧的角度来研究，却是一种对不能不答的问题的一种行之有效的答复方法。

例如，古代有一个较为精明的骗子，他借来一匹马，便牵去与一个财主进行交换。财主问："你的马是从哪里来的？"他回答道："我想卖马的念头有两年了。"财主又问："为什么要换？"他回答道："这马比你的马跑得快。"这两句话的回答全是答非所问，换马的骗子就是这样运用灵巧的方式，回避了一个事实，即马是他人的，换马是想要骗走财主的马。此人的计谋最终得逞了。谈判中，我们并不主张像这个骗子一样在谈判双方之间行骗，谈判必须是建立在相互信赖的基础上的。但是在双方利益相冲突时，如何巧妙地回答对方有关利益分割方面的问题，倒是可以从这个例子中借鉴点什么。

7. 以问代答

商务谈判中有时可以以问代答。顾名思义，以问代答是用来应付谈判中那些一时难以回答或不想回答的问题的方式。此法如同把对方踢过来的球又踢了回去，请对方在自己的领域内反思后寻找答案。

例如，在商务工作进展不是很顺利的情况下，其中一方问对方："你对双方合作的前景怎样看待？"这个问题在此时可谓十分难回答的问题。善于处理这类问题的对方可以采取以问代答的方式："那么，你对双方合作的前景又是怎样看待呢？"这时双方自然会各自在自己的脑海中加以思考，对于打破窘境起到良好的作用。商务谈判中运用以问代答的方法，对于应付一些不便回答的问题是非常有效的。

8. "重申"和"打岔"

商务谈判中，要求对方再次阐明其所问的问题，实际上是为自己争取思考问题的时间的好办法。在对方再次阐述其问题时，我们可以根本不去听，而只是考虑如何做出回答。当然，这种心理不应让对手有所察觉，以防其加大进攻的力度。

另外，如果有人打岔其实是件好事，因为这可为我们赢得更多的时间来思考。在有谈判经验的国家，有些富有谈判经验的谈判人员由于估计到谈判中会碰到某些自己一时难以回答而又必须回答的、出乎意料的棘手问题，为了能够赢得更多的时间，就事先在本组内部安排好某个人，专门在关键时间打岔。打岔的方式是多种多样的，比如借口外面有先生电话、有紧急文件需要某某先生出来签个字，等等。有时，回答问题的人也可以借口去洗手间方便，或去打个电话等来拖延时间。

总之，在实际谈判中，回答问题的要诀就在于知道该说什么和不该说什么，而不必考虑回答的问题是否切题。谈判桌上的双方是在各方的实力基础上斗智斗勇。谈判过程好比是桥牌的叫牌过程，目的在于尽可能多地通过回答过程来了解对方的实力与信息，而尽量避免过早地暴露自己的底细。因此，在回答问题时要有艺术性和技巧，谈判人员必须熟练地加以掌握和运用。

11.4　商务谈判中"看"的要诀

谈判不仅是语言的交流，同时也是行为的交流。谈判中，我们不仅要听其言，而且要观其行，因为察言观色可以帮助我们在谈判中获得对方的信息。我们可以通过仔细观察对方的举止言谈，捕捉其内心活动的蛛丝马迹；也可以揣摩对方的姿态神情，探索引发这类行为的心理因素。运用这种技巧，不仅可以判断对方的思想变化，决定己方对策，而且可以有意识地运用行为语言传达信息，促使谈判朝着有利于己方的方向发展。

11.4.1　姿态和动作语言所传递的信息

俗话说："此时无声胜有声"，即说明人们通过姿势、动作过程等无声的语言传递的信息，有时可以代替甚至超过有声语言所起的作用。

有声语言与姿态、动作等语言均可传递信息，但是从这两种语言发出者与控制者的角度来看，他们在对这两种语言的控制与利用方面是有很大区别的。发出有声语言来传递信息，是可以控制的。但是通过无声的姿态和动作语言来传递信息，其信息的发出者有时是难以控制的。因为有声语言是人们有目的、有意识地发出来的，而虽然人们也可以有意识地控制姿态和动作语言，但它们更多地处在人们无意识之中，或是在下意识中进行的。按常理，人们的某些习惯动作是这个人心理的长期一致的外在化表现。可以肯定地说,人们在无意识或下意识中完成的姿态和动作语言所传递的信息往往比较真实可信。

军队中的普通士兵都会在眼神中显现出对其首长的某种敬仰,而首长在眼神与姿态方面也会表现出权威性。这些动作语言,可以说是其内心活动的真实表现。

据一位在第二次世界大战期间服役于德国情报局的人讲,他当时抓获了许多美国的情报人员,其依据的线索是:这些美国情报人员在用餐时,往往用右手拿叉子,没有严格地训练成欧洲人吃东西时左手拿叉子的习惯。另外,他们在就座时,两腿交叉的姿势是美国式的,而不是欧洲式的,因此,才被这位德国情报局的人员抓获。因此,对于谈判过程中谈判对手姿态和动作的观察、分析,是我们获得谈判者信息、了解对手的极为重要的方法和手段。

如果需要判断对方通过有声的语言传递的信息是真是假、可信度如何,我们可以通过对对方动作的姿态和表情,特别是讲话时的动作姿态和表情的观察来证实。姿态和动作语言所传递的信息是真实可信的,对对方姿态和动作的观察与分析具有重要的意义。

11.4.2 “看”的要诀

1. 眼睛所传达的信息

“人的眼睛和舌头所说的话一样多,不需要词典,却能够从眼睛的语言中了解整个世界,这是它的好处。”这是爱默生关于眼睛的一段精辟论述。眼睛能反映人们的深层心理,其动作、神情、状态是最明确的情感表现,因此眼睛被人们誉为“心灵的窗户”。眼睛所传达的信息主要有如下几方面内容。

(1) 根据目光凝视讲话者时间的长短来判断听者的心理感受。通常,与人交谈时,视线接触对方脸部的时间,正常情况下应占全部谈话时间的30%~60%。超过这一平均值者,可认为对讲话者本人比对谈话内容更感兴趣。低于这个平均值者,则表示对讲话者和谈话内容都不怎么感兴趣。当然,有些人可能有自己的独特习惯,比如不愿凝视对方,而只是用心倾听,这应另当别论。

(2) 眨眼频率较高,有不同的含义。正常情况下,一般人每分钟眨眼5~8次,每次眨眼一般不超过1秒钟。如果每分钟眨眼次数超过5~8次,可能表示其神情活跃,对某事物感兴趣,也可能表示其个性怯懦或羞涩,因而不敢正眼直视对方,而做出不停眨眼的动作,在谈判中,通常是指前者。从眨眼时间来看,如果超过1秒钟的时间,可能表示厌烦,不感兴趣,也可能表示自己比对方优越,因而藐视对方而不屑一顾。

(3) 根本不看对方,而只听对方讲话,是试图掩饰什么的表现。据一位有经验的海关检查人员介绍,他在检查过关人员填好的报关表时,还要再问一问:“还有什么东西要呈报没有?”这时,他的眼睛不是看着报关表,而是看着过关人员的眼睛。如果对方不敢正视他的眼睛,那么就表明在某些方面可能有情况,否则,可能没什么问题。

(4) 眼神闪烁不定,则是一种反常的举动,常被认为是掩饰的一种手段,亦是性格上不诚实的表现。人们有一个共同的特点,那就是做事虚伪或者当场撒谎的人,常常眼神闪烁不定,以此来掩饰其内心的秘密。

(5) 眼睛瞳孔放大,炯炯有神,表示此人处于欢喜与兴奋状态;瞳孔缩小,神情呆滞,目光无神，愁眉紧锁，则表示此人处于消极、戒备或愤怒的状态。实验证明，瞳孔所传达的信息是无法用人的意志来控制的。有经验的企业家、政治家、职业赌徒，为了防止对方察觉到自己瞳孔的变化，往往喜欢佩戴有色眼镜。如果谈判桌上有人戴着有色眼镜，就应加以提防，因为他可能很有经验。

(6) 瞪大眼睛看着对方讲话的人，表示他对对方有很大的兴趣。眼神传递的信息还有很多，人类眼睛所表达的思想，有些确实是只能意会而难以言传。这就要靠谈判人员在实践中用心加以观察和思考，不断积累经验，争取把握眼睛的动作所传达的种种信息。

2. 眉毛所传达的信息

通常，眉毛和眼睛的配合是密不可分的，二者的动作往往共同表达一个含义，但是仅就眉毛而言，也能反映人的许多情绪变化。

(1) 眉毛上耸，表示人们处于惊喜或惊恐状态。人们常用"喜上眉梢"来形容人的喜悦状态。

(2) 眉角下拉或倒竖，表示人们处于愤怒或气恼状态。人们常说"剑眉倒竖"，即形容这种气恼的状态。

(3) 眉毛迅速地上下运动，表示亲切、同意或愉快。

(4) 紧皱眉头，则表示人们处于困窘、不愉快、不赞同的状态。

(5) 眉毛向上挑起，则表示询问或疑问。

眉毛所传达的动作语言是不容忽视的。人们常常认为没有眉毛的脸十分可怕，因为它给人一种毫无表情的感觉。

3. 嘴的动作所传达的信息

人的嘴巴除了说话、吃喝和呼吸以外，还可以有许多动作，借以反映人的心理状态。

(1) 紧紧地抿住嘴，往往表现出意志坚决。

(2) 撅起嘴是不满意和准备攻击对方的表现。这种情况在影视剧的人物表情上常见到。

(3) 遭受失败时，人们往往咬嘴唇，这是一种自我惩罚的动作，有时也可解释为自我解嘲和内疚的心情。

(4) 在听对方谈话时，如果听者嘴角稍稍向后拉或向上拉，则表示听者是在认真倾听。

(5) 嘴角向下拉，则表示出不满和固执。

4. 手和臂膀的动作所传达的信息

手和臂膀是人体上比较灵活的部位，也是使用最多的部位。人们借助手势或与对方手与手的接触来判断和分析对方的心理活动或心理状态，同时将某种信息传递给对方。

(1) 拳头紧握，则表示向对方挑战或自我紧张的情绪。握拳使人肌肉紧张、能量比较集中，如果同时伴有响声，或用拳击掌，则表示对对方无言的威吓或发出攻击的信号。通常，只有在遇到外部的威胁或挑战时，人们才会紧握拳头，以准备进行抗击。

(2) 用手指或手中的笔敲打桌面，或在纸上乱涂乱画，则往往表示对对方的话题不感兴趣、不同意或不耐烦。这样做，一方面可以打发和消磨时间；另一方面也起到暗示或提醒对方注意的作用。

(3) 双手手指并拢并置于胸的前上方呈尖塔状，表示充满信心。这种动作在西方人中常见，特别是在主持会议、领导者讲话、教师授课等情况下常见这种动作。这种动作通常可表现出讲话者的高傲与独断的心理状态，起到一种震慑听话者的作用。

(4) 手与手连接放在胸腹部的位置，是谦逊、矜持或略带不安的心情的反映。在给获奖运动员颁奖之前，主持人宣读比赛成绩时，运动员常常有这种动作。另外，在文艺晚会或综艺节目中，当主持人介绍嘉宾时，嘉宾们也常有这样的姿势。

(5) 两臂交叉于胸前，往往表示保守或防卫。如果两臂交叉于胸前并握拳，则往往是怀有敌意的标志，要严加提防。

5. 握手所传达的信息

握手的动作来自原始时代的生活，可谓由来已久。早在原始时代，原始人在狩猎或战争时，手中常持有石块和棍棒等武器。如果是没有任何恶意的两个陌生人相遇，常常是放下手中的所有东西，并伸开手掌，让对方摸一摸自己的掌心，以此来表示手中未持武器。久而久之，这种习惯逐渐演变成为今天的"握手"习惯。

原始意义上的握手不仅表示问候，而且表示一种信赖、契约和下保证之意。标准的握手姿势应该是，用手指稍稍用力握住对方的手掌，对方也用同样的姿势用手指稍稍用力回握，用力握手的时间约在1～3秒钟之内。如果双方握手出现与标准姿势不符，便有除了问候、礼貌以外的附加含意，主要包括以下几种情况。

(1) 正常情况下，双方握手时，如果感觉对方手掌出汗，表示对方处于兴奋、紧张或情绪不稳定的心理状态。

(2) 如果对方用力同我们握手，则表明此人具有好动、热情的性格，这类人往往做事喜欢主动。美国人大都喜欢采用这种握手方式，这主要与他们好动的性格是分不开的。如果感觉对方的握手不用力，一方面，可能是对方个性懦弱，缺乏气魄；另一方面，可能是傲慢矜持，爱摆架子的表现。

(3) 握手前先凝视对方片刻，再伸手相握，在某种程度上，这种人是想在心理上先战胜对方，将对手置于心理上的劣势地位。先注视对方片刻，意味着对对方的一个审视，观察对方是否值得自己去同他握手。

(4) 伸手的瞬间，如果是掌心向上伸出与对方握手，则往往表现其性格软弱，处于被动、劣势或受人支配的状态，在某种程度上，手掌心向上伸出握手，有一种向对方投靠的含义。如果是掌心向下伸出与对方握手，则表示想取得主动、优势或支配地位；另外，手掌心向下，也有居高临下的意思。

(5) 用双手紧握对方一只手，并上下摆动，往往是表示热烈欢迎对方的到来，也表示真诚、感谢，或有求于人，或肯定某种契约关系等含义。在荧屏上，或是现实生活中，我们常常可以看到，人们为了表示感谢对方、欢迎对方或恳求对方等，往往会用双手用力去握住对方的一只手，并且边握边说着双方的愉快合作。

6. 腿和足所传达的信息

腿和足部虽然是身体的下端，但却不能忽视，因为它们往往是最先表露潜意识情感的部位，其所传达的信息主要有如下方面。

(1) 坐在椅子上抖动腿部，并带动足部左右抖动，或摇动足部，或用足尖拍打地板，都表示焦躁不安、无可奈何、不耐烦，或欲摆脱某种紧张感之意。通常，在候车室等车的旅客常常有此动作，谈判桌上这种动作也很常见。

(2) 双足交叉而坐，对男性来讲往往表示从心理上压制自己的表面情绪。例如，对某人某事持保留态度，表示警惕、防范，或表示尽量压制自己的紧张或恐惧。对女性来讲，如果再将两膝盖并拢起来，则表示拒绝对方或一种防御的心理状态。这往往是比较含蓄而委婉的举动。

(3) 张开腿而坐，表明此人很自信，并愿意接受对方的挑战。如果无意识将一条腿架到另一条腿上就座，则表示拒绝对方并保护自己的势力范围，不让他人侵犯。如果频繁变换架腿姿势，则表示情绪不稳定、焦躁不安或不耐烦。

以上是谈判及交往中常见的动作语言及其可能传递的信息。当然，这些动作语言仅仅是就一般情况而言的，不同的民族、地区，不同的文化层次及个人修养，其在动作、姿态及所传达的信息方面都是不同的，应视具体环境区别对待。

另外，我们在观察对方的动作和姿态时，不能只从某一个孤立的、静止的动作或姿态去进行判断，而应从其连续的、一系列的动作去分析和观察，同时应结合某人讲话时的语气、语调等进行综合分析，这样才能得出比较真实、全面、可信的结论。

需要指出的是，在商务谈判过程中，对方完全可能利用某些动作、姿态来迷惑我们，这就需要我们观察对方连续一贯的动作，或者与他前后所做的动作以及当时他讲的话的内容、语音、语气和语调等相联系，从中寻找破绽，识别其真伪性，进而采取相应的对策。

11.5　商务谈判中“叙”的要诀

商务谈判中“答”与“叙”既有相通之处，又有很大的差别。“答”是基于对方提出的问题，经过思考后所做的有针对性的、被动的阐述；“叙”则是基于己方的立场、观点、方案等，通过陈述来表达对各种问题的具体看法，或对客观事物的具体阐述，以便让对方有所了解。

商务谈判中“叙”不受对方提出的问题的方向、范围的制约，是带有主动性的阐述，是商务谈判中传递大量信息、沟通情感的方法之一。因此，谈判者能否正确、有效地运用叙的功能，把握叙述的要领，会直接影响谈判的效果。

按照常理，谈判中叙述问题、表达观点和意见时，应当态度诚恳，观点明确，语言生动、流畅，层次清楚、紧凑。但这只是就一般情况而言的，具体地讲，谈判中的叙述应把握以下几项技巧。

1. 叙述应简洁、通俗易懂

商务谈判中的叙述完全不同于写文章，说出来的话要尽可能简洁、通俗易懂，使对方听了立即就能够理解，切忌叙述本方观点和立场时使用隐喻或专业性过强的语句和词汇。这样做可以使对方准确、完整地理解我方的观点和意图。

叙述的目的在于让对方相信本方所说的内容均为事实，并使其接受本方的观点。为了达到这一目的，叙述时一定要简单明了，绝不可借助叙述来炫耀自己的学问有多高深，或卖弄自己学识有多广博，这样做不但达不到目的，反而会令对方生厌。

2. 叙述应注意生动而具体

为了使对方获得最佳的倾听效果，我们在叙述时应注意生动而具体。这样做可使对方集中精神，全神贯注地倾听。

叙述时一定要避免令人乏味的平铺直叙和抽象的说教，要特别注意运用生动、活灵活现的生活用语，具体而形象地说明问题。有时为了达到生动而具体，也可以运用一些演讲者的艺术手法，声调抑扬顿挫，以此来吸引对方的注意，达到本方叙述的目的。

3. 叙述应主次分明、层次清楚

商务谈判中的叙述不同于日常生活中的闲聊，切忌语无伦次、东拉西扯、层次混乱，让人听后不知所云。为了让对方方便记忆和倾听，应在叙述时符合听者的习惯，便于其接受；同时，分清叙述的主次及其层次，这样可以使对方心情愉快地倾听我方的叙说，其效果应该是比较理想的。

CASE 案例 开篇明题

A公司是一家实力雄厚的房地产开发公司，在投资的选项上，相中了B公司所拥有的一块极具升值潜力的地皮。而B公司正想通过出售这块地皮获得资金，以将其经营范围扩展到国外。于是双方精选了久经沙场的谈判干将，就土地转让问题展开磋商。

A公司代表：“我公司的情况你们可能也有所了解，我公司是×公司、××公司（均为全国著名的大公司）合资创办的，经济实力雄厚，近年来在房地产开发领域业绩显著。去年在你们市开发的××花园，收益很不错，听说你们的周总也是我们的买主啊。你们市的几家公司正在谋求与我们合作，想把他们手里的地皮转让给我们，但我们没有轻易表态。你们这块地皮对我们很有吸引力，我们准备把原有的住户拆迁，开发一片居民小区。前几天，我们公司的业务人员对该地区的住户、企业进行了广泛的调查，基本上没有什么阻力。时间就是金钱啊，我们希望能以最快的速度就这个问题达成协议，不知你们的想法如何？”

“很高兴能与你们有合作的机会。我们之间以前虽没有打过交道，但对你们的情况还是有所了解的。我们遍布全国的办事处也有多家住的是你们建的房子，这可能也是一种缘分吧。我们确实有出售这块地皮的意愿，但我们并不急于脱手，因为除了你们公司外，兴华、兴运等公司也对这块地皮表示出了浓厚的兴趣，正在积极与我们接洽。当然了，如果你们的条件比较合理，价钱比较优惠，我们还是愿意优先与你们合作的，可以帮助你们简化有关手续，使你们的工程能早日开工。”

双方的谈判代表都不愧是久经沙场的谈判行家，三言两语的自我介绍，就把己方的实力充分地显示出来。特别是A公司代表的发言，简直就是A公司的“实力宣言”。“×公司、××公司合资创办”的背景已令人刮目相看，而“去年开发的××花园”又把A公司的实力立刻具体化，“几家公司正在谋求与我们合作，想把他们手里的地皮转让给我们”更是让对方感到扑面而来的压力，最后提及的该公司业务人员的调查结果也让人不得不赞叹该公司工作的高效率和无孔不入。

面对如此实力强大的谈判对手，B公司的代表表现得相当镇静，不卑不亢，在对对方的合作愿望予以回应的同时，三言两语地介绍了己方不可小视的实力。“遍布全国的办事处”意味着该公司并不是局限于某市的小角色，而是有着雄厚实力和广泛影响的全国性公司。而更可贵的是，这样意在显示实力的意图却隐藏在一句似乎轻描淡写的意在联络感情的客套话中，足见其谈判技巧的成熟与高超。“我们并不急于脱手”，“兴华、兴运等公司也对这块地皮表示出了浓厚的兴趣”则是针对对方制造的压力，反将一军，增强己方谈判实力的同时给对方以危机感，使己方不至于在未来的讨价还价中处于下风。

4. 叙述应客观真实

商务谈判中叙述基本事实时，应本着客观真实的态度进行叙述。不要夸大事实真相，同时也不缩小本来实情，以使对方相信并信任己方。万一自己对事实真相加以修饰的行为被对方发现，哪怕是一点点破绽，也会大大降低本方公司的信誉，从而使本方的谈判实力大为削弱，再想重新调整，已是悔之无及。

5. 叙述的观点要准确

在叙述观点时，应力求准确无误，力戒含混不清、前后不一致，这样会给对方留有缺口，为其寻找破绽打下基础。

当然，谈判过程中观点有时可以依据谈判局势的发展需要而发展或改变，但在叙述的方法上，要能够令人信服。这就需要有经验的谈判人员来掌握时局，不管观点如何变化，都要以准确为原则。

6. 叙述时发现错误要及时纠正

谈判人员在商务谈判的叙述中，常常会由于种种原因而出现叙述上的错误，谈判者应及时加以纠正，以防造成不应有的损失。有些谈判人员在发现自己叙述中有错误后，还是碍于面子，采取顺水推舟、将错就错的做法，这是要坚决予以反对的。因为这样做往往会使对方产生误解，从而影响谈判的顺利进行。还有些谈判人员，当发现自己叙述中有错误时，便采取事后自圆其说、文过饰非的做法，结果不但没能“饰非”，反而“加非”，可谓越描越黑，对自己的信誉和形象实在是有损而无益，更重要的是可能会失去合作伙伴，后果实在可悲。

7. 重复叙述有时是必要的

商务谈判叙述过程中，时常会遇到对方不理解、没听清楚或有疑问等情况，这时，对方会用有声语言或动作语言来传递信息。这就要求谈判人员在叙述的同时，应注意观察对方的眼神、表情等，一旦觉察对方有疑惑不解的信息传出，就要放慢速度，或重复叙述。当对方持笔记录我们所述内容时，叙述的速度就更要掌握好，必要的关键之处要适当重复叙述。如果经过复述对方还不理解，要耐心地加以解释；如果对方误解我们的原意，也不要烦躁，要耐心地进行引导。

商务谈判人员必须慎重地对待对方在自己叙述时的反应，发现有不理解或误解的地方应及时加以引导和纠正，否则，其后果不可想象。

总之，商务谈判中的叙述，应从谈判的实际需要出发，灵活把握上述原则，以便把握好该叙述什么、不该叙述什么，以及怎样叙述等。

11.6　商务谈判中“辩”的要诀

商务谈判中的“辩”最能体现谈判的特征，谈判中的讨价还价集中体现在“辩”上。

谈判中的“辩”与“听”“问”“答”“看”“叙”不同,它具有双方辩者之间相互依赖、相互对抗的二重性。它是人类语言艺术和思维艺术的综合运用,具有较强的技巧性。

作为一名谈判人员,要想训练自己的雄辩能力,在商务谈判中获得良好的辩论效果,应注意以下几点有关“辩”的技巧。

1. 观点明确,立场坚定

商务谈判中的“辩”的目的,就是论证己方观点,反驳对方观点。论辩的过程就是通过摆事实、讲道理来说明自己的观点和立场。为了更清晰地论证自己的观点和立场的正确性及公正性,在论辩时要运用客观材料,以及所有能够支持己方论点的证据,以增强自己的论辩效果,从而反驳对方的观点。

2. 辩路敏捷、严密,逻辑性强

商务谈判中的辩论,往往是双方进行磋商时遇到难解的问题时才发生的,因此,一个优秀的辩手,应该是头脑冷静、思维敏捷、讲辩严密且富有逻辑性的人,只有具有这种素质的人才能应付各种各样的困难,从而摆脱困境。任何一个成功的论辩,都具有辩路敏捷、逻辑性强的特点,为此,商务谈判人员应加强这方面的基本功训练,培养自己的逻辑思维能力,以便在谈判中以不变应万变。特别是在谈判条件相当的情况下,双方谁能在辩驳过程中思路敏捷、严密,逻辑性强,谁就能在谈判中立于不败之地。这也就是谈判者能力强的表现。

3. 掌握大的原则,不纠缠枝节

在辩论过程中,要有战略眼光,掌握大的方向、大的前提以及大的原则。辩论过程中要洒脱,不要在枝节问题上与对方纠缠不休,但主要问题上一定要集中精力,把握主动。在反驳对方的错误观点时,要切中要害,做到有的放矢。同时切记不可断章取义、强词夺理、恶语伤人,这些都是不健康的,应予以摒弃的。

4. 态度客观公正,措辞准确犀利

文明的谈判准则要求:不论辩论双方如何针锋相对,争论多么激烈,谈判双方都必须以客观公正的态度,准确地措辞,切忌用侮辱诽谤、尖酸刻薄的语言进行人身攻击。如果某一方违背了这一准则,其结果只能是损害自己的形象,降低了本方的谈判质量和谈判实力,不会给谈判带来丝毫帮助,反而可能置谈判于破裂的边缘。

5. 掌握好进攻的尺度

商务谈判中辩论的目的是证明本方的立场、观点的正确性,反驳对方的立场、观点的不足,以便争取有利于本方的谈判结果。切不可认为辩论是一场对抗赛,必须置对方于死地。因此,辩论时应掌握好进攻的尺度,一旦已经达到目的,就应适可而止,切不可穷追不舍,得理不饶人。因为谈判中,如果某一方被另一方逼得走投无路,陷于绝境,往往会产生更强的敌对心理,甚至反击的念头更强烈,这样即使对方暂时可能认可某些事情,事后也不会善罢甘休,最终会对双方的合作不利。

6. 善于处理辩论中的优劣势

在商务谈判的辩论中,双方可能在某一阶段你占优势、我居劣势,可过一阶段又有可能你处劣势、我占优势,因此在处于两种不同境况时,必须处理好辩论中的优劣势,这是衡量商务谈判是否合格的一个条件。

当我们处于优势时，谈判人员要注意以优势压顶，滔滔雄辩，气度非凡，并注意借助语调、手势的配合，渲染己方的观点，以维护己方的立场。切忌在己方处于优势时，表现出轻狂、放纵和得意忘形。要时刻牢记：谈判中的优势与劣势是相对而言的，而且是可以转化的。相反，当我们处于劣势时，要记住这是暂时的，应沉着冷静，从容不迫，既不可怄气，得理不饶人，又不可沮丧、泄气、慌乱不堪。因为这样对于挽救己方的劣势是毫无帮助的。在处于劣势时，只有沉着冷静，思考对策，保持己方阵脚不乱，才会对对方的优势构成潜在的威胁，使对方不敢贸然进犯。

7. 注意个人的举止和气度

在辩论中，一定要注意自己的举止和气度。有些行为，如语调高亢、唾沫四溅、指手画脚等，都是没有气质的表现，更谈不上什么气度了。辩论中良好的举止和气度，不仅会在谈判桌上给人留下良好的印象，而且在一定程度上可以左右谈判辩论气氛的健康发展。有时，一个人的良好形象会比语言更具有诱惑力，这一点是非常好理解的。

11.7　商务谈判中"说服"的要诀

商务谈判中，很重要的工作就是说服，常常贯穿谈判的始终。谈判者在谈判中能否说服对方接受自己的观点，以及应当怎样说服对方，从而促成谈判的和局，就成了谈判能否最后成功的一个关键。

谈判中的说服，是综合运用"听""问""答""看""叙"及"辩"的各种技巧，改变对方的最初想法，接受己方的意见。说服工作做得好，谈判的和局就会随之产生。因此，说服是谈判中最艰巨、最复杂，也是最富技巧性的工作。

谈判之前，任何一方都有设法说服对方的意图。然而实际操作起来，到底是谁能说服谁，或者彼此都没有被说服，或者相互说服达成了一种折中意见，这三种结局往往是事先不好断言的。谈判者只有进入谈判实际中，才能一较高低，得出答案。

CASE 案例　　敢于说"不"

某律师曾经帮助一名房地产商进行过出租房地产的谈判。这名律师由于知道在何时说"不"，以及怎样恰当地说"不"，取得了相当好的效果。

房地产商开发了一块地理位置较好的房产，装修成写字楼准备招租。当时有两家实力雄厚的大公司对此表示出了浓厚的兴趣，两家公司都希望将公司迁到地理位置较好、内外装修比较豪华的地方，以期树立企业形象，壮大自己的声势。

律师思索一番后，先给 A 公司老总打电话说："经理先生，我的委托人经过考虑之后，决定不做这次租赁生意了，希望我们下次合作愉快。"然后，他给 B 公司的老总也打了同样内容的电话。

当天下午，两大公司的老总就同时来到了房地产公司，一番讨价还价后，A、B 两家公司愿意以原准备租用 8 层的价码分别租用了大厦的 4 层。很显然，这样一来，房地产公司的净收入增加了一倍，而相应的律师报酬也就可想而知了。

知道何时说“不”，首先要有一个敢于说“不”的人。一个人会不会说“不”是另外一回事，但会说“不”的前提条件是他敢于这么说，而不是在该说“不”的时候大脑不知还在想些别的什么东西。

生活中，人们常常有这样的感觉：同一件事，不同的人去做，其效果截然不同。有时明明自己的观点是正确的，却不能说服对方，有时甚至还反过来被对方“驳”得哑口无言。其实，要想说服他人，不仅要掌握正确的观点，而且要掌握微妙的交往技巧。在此，我们从谈判者的行为心理角度，结合商务谈判实践，提出以下有关说服的技巧。

11.7.1 说服他人的基本要诀

想要说服他人的人，总是希望自己能够成功，但是如果不讲究手法、不掌握要领，急于求成，往往会事与愿违。人们在说服他人时常犯的弊病是：①先想好几个理由，然后才去和对方辩论；②站在领导者的角度上，以教训人的口气，指点他人应该怎样做；③不分场合和时间，先批评对方一通，然后强迫对方接受其观点。这些做法其实未必能够说服对方。因为这样做，其实质是先把对方推到错误的一边，也就等于告诉对方，我已经对你失去信心了，因此，效果往往十分不理想。说服他人的基本要诀主要包括以下几个方面。

1. 取得他人的信任

在说服他人的时候，最重要的是取得对方的信任。只有对方信任你，才会正确地、友好地理解你的观点和理由。社会心理学家认为，信任是人际沟通的“过滤”。只有对方信任你，才会理解你友好的动机，否则，如果对方不信任你，即使你说服他的动机是友好的，也会经过“不信任”的“过滤器”作用而变成其他的东西。因此说服他人时若能取得他人的信任，是非常重要的。

2. 站在他人的角度设身处地地谈问题

要说服对方，就要考虑对方的观点或行为存在的客观理由，亦即要设身处地地为对方想一想，从而使对方对你产生一种“自己人”的感觉。这样，对方就会信任你，就会感到你是在为他着想。这样，说服的效果将会十分明显。

3. 营造良好的“是”的氛围

从谈话一开始，就要营造一个说“是”的氛围，而不要形成一个“否”的氛围。不形成一个否定氛围，就是不要把对方置于不同意、不愿做的地位，然后再去批驳他、劝说他。比如说：“我晓得你会反对……可是事情已经到这一步了，还能怎样呢？”这样一说，对方仍然难以接受你的看法。在说服他人时，要把对方看作能够做或同意做的。比如，“我知道你是能够把这件事情做得很好，却不愿意去做而已”；又比如，“你一定会对这个问题感兴趣的”，等等。商务谈判事实表明，从积极的、主动的角度去启发对方、鼓励对方，就会帮助对方提高自信心，并接受己方的意见。

美国著名学者霍华曾经提出让别人说“是”的 30 条指南，现摘录几条如下，供谈判者参考。

(1) 尽量以简单明了的方式说明你的要求。

(2) 要照顾对方的情绪。

(3) 要以充满信心的态度去说服对方。

(4) 找出引起对方注目的话题,并使他继续注目。

(5) 让对方感觉到,你非常感谢他的协助。如果对方遇到困难,你就应该努力帮助他解决。

(6) 直率地说出自己的希望。

(7) 向对方反复说明,他对你的协助的重要性。

(8) 切忌以高压的手段强迫对方。

(9) 要表现出亲切的态度。

(10) 掌握对方的好奇心。

(11) 让对方了解你,并非是"取",而是在"给"。

(12) 让对方自由发表意见。

(13) 要让对方证明,为什么赞成你是最好的决定。

(14) 让对方知道,你只要在他身旁,便觉得很快乐。

4. 说服用语要推敲

在商务谈判中,欲说服对方,用语一定要推敲。事实上,说服他人时,用语的色彩不一样,说服的效果就会截然不同。通常情况下,在说服他人时要避免用"愤怒""怨恨""生气"或"恼怒"这类字眼,即使在表述自己的情绪时,如担心、失意、害怕、忧虑等,也要在用词上注意推敲,这样才会收到良好的效果。

11.7.2　说服"顽固者"的要诀

在商务往来过程中,我们相信多数对手是能够通情达理的,但也会遇到固执己见、难以说服的对手。对于后者,人们常常感到难以对付,他们好像让人难以理解,因为他们总是拿着不是当理讲,有时甚至根本"油盐不进",让人左右为难。其实,这种人在很大程度上是性格所致,并非他们不懂道理。事实上,只要抓住他们的性格特点,掌握他们的心理活动规律,采取适宜的说服方法,晓之以理、动之以情,他们是会接受正确的意见的,是完全可以被说服的。

"顽固者"往往会固执己见,这通常是性格比较倔强所致。他们有时心肠很软,但表面上不轻易地"投降",甚至态度十分生硬,有时还会大发雷霆。其实他们自己也往往搞不清谁正谁误,但仍坚持自己的观点。有时他们尽管明知自己已经错了,但由于自尊心的作用,也不会轻易地承认自己的错误,除非你给他一个"台阶"下。因此,在说服"顽固者"时,通常可采取以下几种方法。

1. "下台阶"法

当对方自尊心很强,不愿承认自己的错误,从而使你的说服无济于事时,你不妨先给对方一个"台阶"下,说一说他正确的地方,或者说一说他的错误存在的客观根据,也就是给对方提供一些自我欣慰的条件和机会,这样,他就会感到没有失掉面子,因而容易接受你善意的说服。

2. 等待法

有些人可能一时难以说服,不妨等待一段时间,对方虽然没有当面表示改变看法,但对你的态度和你所讲的话,事后他会加以回忆和思考的。必须指出,等待不等于放弃。

任何事情,都要给他人留有一定的思考和选择的时间。同样,在说服他人时,也不可急于求成,要等待时机成熟时再和他交谈,效果往往比较好。

3. 迂回法

当有的人已经很难听进去正面道理时,不要强迫他,而应该采取迂回前进的方法。就像作战一样,对方已经防备森严,从正面很难突破,最好的解决办法是迂回前进,设法找到对方的弱点,一举击破对手。说服他人也是如此,当正面道理很难说服对方时,就要暂时避开主题,谈论一些对方感兴趣的事情,从中找到对方的弱点,逐渐针对这些弱点,发表己方的看法,让他感到你的话对他来说是有用的,使他感到你是可信服的,这样你再逐渐把话转入主题,晓之以利害,他就会更加冷静地考虑你的意见,从而容易接受你的说服。

4. 沉默法

当对方提出反驳意见或者有意刁难时,有时是可以做些解释的。但是对于那些不值得反驳的抗议,倒是需要你讲求一点艺术手法,不要有强烈的反应,相反倒可以表示沉默。对于一些纠缠不清的问题,如果又遇上了不讲道理的人,只有当作没听见,不予理睬,对方就会觉得他所提出的问题可能没有什么道理,人家根本就没有在意,于是自己也就会感到没趣了,从而可能不会再坚持自己的意见,这样就达到了说服对方的目的。

11.7.3 “认同”的要诀

在商务谈判中要想说服对方,除了要赢得对方的信任、消除对方的对抗情绪,还要用双方共同感兴趣的问题作为跳板,因势利导地解开对方思想的症结,说服才能奏效。事实证明,“认同”是双方相互理解的有效方法,也是说服他人的一种有效方法。

随着现代文明的进步、人际交往的深化,人们都在呼吁要沟通彼此的心灵。心灵的沟通,被视为社会生活的最高境界。“认同”就是人们之间心灵沟通一种有效方式。

所谓认同,就是人们把自己的说服对象视为与自己相同的人,寻找双方的共同点,这是人与人之间心灵沟通的桥梁,也是说服对方的基础。在人与人的交往中,首先应求同,然后随着谈话的深入,即使是对陌生人,也会发现越来越多的共同点。商务谈判更是如此。双方本着合作的态度走到一起来的,共同的东西本来就很多,随着双方谈判的进展,也就越来越熟悉,在某种程度上会感到比较亲近,这时某些心理上的疑虑和戒心也会减轻,从而也就便于说服对方了。同时,对方也容易相信和接受己方的看法和意见。

寻求“认同”可以从以下几个方面入手。

(1) 寻找双方工作上的共同点。比如,共同的职业、共同的追求、共同的目标,等等。

(2) 寻找双方在生活方面的共同点。比如,共同的国籍、共同的生活经历、共同的信仰,等等。

(3) 寻找双方兴趣、爱好上的共同点。比如,共同喜欢的电视剧、体育比赛、国内外大事,等等。

(4) 寻找双方共同熟悉的第三者,作为认同的媒介。比如,在同陌生人交往时,想说服他,可以寻找双方共同熟悉的另外一个人,通过各自与另外一个人的熟悉程度和友好关系,相互之间也就有了一定的认同,从而便于说服对方。谈判活动中也是如此。

(5) 抓住时机、列举实证。谈判成功的一个重要方面在于把握时机。时机会给谈判者的说服工作增添力量。这里所讲的时机包括两个方面的含义：一是己方要把握对说服工作有利的时机，趁热打铁，重点突破；二是向对方说明，这正是接受意见的最佳时机。向对方讲清，人往往由于未能很好地听取别人的意见，而永远地失去了成功机会的道理，对方就会自动做出抉择。在抓住时机的同时，能够列举实证，讲一讲实证例子的具体情节，帮助己方证明自己观点的正确性，也是非常有帮助的。比如，在证明自己能够如期履约的问题时，只靠下保证或表决心是不能说明问题的，对方也不会信服。这时可在适当的时候，列举本方过去与某客商如期履约的实例，特别是如果能够列举自己在比较艰难的情况下仍如期履约的事实，对说服对方相信自己是非常有效的。

(6) 切忌用胁迫或欺诈的手法。说服不同于压服，也不同于欺骗，成功的说服结果必须体现双方的真实意见。采取胁迫或欺诈的方法使对方接受己方的意见，会给谈判埋下危机，因为没有不透风的墙，也没有能包得住火的纸，因此，切忌用胁迫或欺诈的手法进行说服，事实上，这样做也根本达不到真正的说服。

综上，说服工作的关键在于抓住对方的心，在此基础上，结合前面所述"听""问""答""看""叙""辩"的技巧，本着谈判的需求原理，综合地加以运用、统筹兼顾，方能收到良好的效果。

思考题 QUESTIONS

1. 在商务谈判中需要克服的听的障碍主要有哪些？
2. 商务谈判中"听"的要诀主要有哪些？
3. 商务谈判中发问的方式有哪些？
4. 商务谈判中不应发问的问题有哪些？
5. 商务谈判中"问"的要诀有哪些？
6. 在商务谈判过程中，回答问题时应该把握哪些要诀？
7. 商务谈判中要掌握"看"的要诀可从哪几个方面入手？
8. 商务谈判中的叙述应该把握什么技巧？
9. 商务谈判中应该掌握哪些"辩"的要诀？
10. 商务谈判中说服他人的基本要诀包括哪些？
11. 商务谈判中说服"顽固者"要诀包括哪些？
12. 商务谈判中寻求"认同"的要诀包括哪些？

案例讨论 Case discussion

NEC 产品进口价格谈判

我国某电子产品进出口公司与日本著名的 NEC 公司进行谈判，准备订购一批产品投放市场。

当时,消费者对日本NEC公司的产品知道得还很少,尽管它在世界市场上销路不错,但在中国市场上还是一片空白。

在谈判中,双方对产品价格发生分歧。日商代表坚持以当时国际市场的价格报价,而我方则要求其降低售价。双方各执一词,相持不下。

日商认为他们的报价是国际市场的价格,不能让步。

而我方代表则十分诚恳地说:"不错,你们的报价确实是国际市场的价格。但你们是否考虑过,虽然你们的产品在国际市场上已经有了很好的销路,但在中国市场上还没有你们的产品,中国消费者还不了解你们的产品的优点。所以,我方进口你们的产品后,准备先进行一系列的广告宣传,使中国消费者了解你们的产品。一旦宣传成功,中国市场的潜力是非常大的,到那时,NEC产品的需求量将会迅速上升,而作为中国最具实力的电子产品进出口公司,我们也肯定能给贵公司下大量订单。"

"眼下你们提出的价格肯定会影响该产品在中国市场的竞争。"

"因为我们要进行大规模的广告宣传,费用将进入产品的售价中。这样一来,你们的产品价格就会高于其他同类产品,而中国消费者对这个产品的优点还不够了解,这样很可能导致试销失败。"

"如果我们试销失败了,其他公司也不会轻易再作尝试,这个产品在中国市场上相当长的一段时间里仍然会是个空白。希望你们慎重考虑,怎样做才比较合适。"

日方听了我方有理有据且十分诚恳的阐述后,意识到这次谈判并不仅仅是一次普通的商品交易,而是关系到开拓中国市场、长期发展合作的大事。牺牲眼前利益,降低产品售价,做出小的让步,会赢得与日俱增的广阔的市场,孰重孰轻,一目了然。

日方当即表示:为了配合开拓中国市场,可以先以成本价小批量供应一批产品,以后再逐步向国际市场靠拢。为了帮助中方进行产品宣传,日方还愿意提供一笔无息贷款,以解决广告费用问题。

经我方公司的大力宣传,加上NEC产品的优良性能,在很短的时间内,NEC公司的产品就得到了中国消费者的认可,NEC公司获得了丰厚的利润。

资料来源:罗德.谈判不言败[M].杭州:浙江大学出版社,2003:140-141.

讨论题:

1. 这个案例中,谈判双方是如何处理自己在谈判中的优劣势的?
2. 你觉得这个案例中的谈判双方有哪些叙述技巧?

第12章 CHAPTER 12

商务谈判策略与技巧纵览

本章要点

- □ 常见的谈判策略
- □ 常见的谈判技巧

引例

暗度陈仓

杜维诺面包公司生产的面包远近闻名，不仅质量好，而且信誉佳。经营这家公司的杜维诺先生是一个非常精明能干的人，他一直希望把自己的产品推销给当地的一家大饭店。一连4年，他天天给那家饭店的经理打电话；甚至在那家饭店专门包了一间房间，住在那里以便随时同饭店的经理谈判业务，但是他始终一无所获。

杜维诺先生意志坚定，具有不达目的绝不罢休的精神。他当然不会眼看4年的努力付诸流水，于是着手多方打听饭店经理所关心的事情是什么。不久，他了解到这家饭店的经理是美国某饭店协会的会员，并且在最近担任了该协会的会长。他十分热衷于公益活动，不管协会的会议在什么地方召开，都会驱车前往。在获得了这些信息之后，杜维诺先生的心中有了底。

第二天，杜维诺前去拜访饭店经理，在双方会面的时候，杜维诺一反常态，对面包的事只字不提，而是大谈特谈有关那个协会的事情。经理先生非常高兴，邀请杜维诺也加入该协会。杜维诺毫不犹豫地答应了。

几天之后，这家饭店的采购部门给杜维诺打来了电话，请他马上把面包的样品和价格表送去。杜维诺喜出望外地赶到了饭店。饭店采购部门的负责人笑眯眯地对杜维诺说："我难以想象你使用了什么绝招，使得我们的老板对你如此赏识，要知道，我们的经理可是一个非常固执的人啊！"

杜维诺哭笑不得，他感慨万千地想：我们公司的面包远近闻名，价廉物美，我努力了 4 年却连一粒面包屑都没能推销给他,现在仅仅因为我对经理感兴趣的事情表示了关注,形势居然完全变了。

资料来源:http://wenwen.soso.com/z/q170181215.htm

商务谈判是一种合作,又是一种竞争,因此我们一方面要以坦诚、谅解的态度对待谈判,另一方面也要学会谈判中的种种竞争手段。谈判桌上形形色色的人,有各式各样的策略与技巧。处于市场经济中的企业,时刻面临商务谈判这一重要的商务活动。我们只有对古今中外谈判桌上的种种手段予以了解,加以研究,进行归纳和总结,才能识破诡诈,提高我们的谈判技艺,从而成为谈判高手。

商务谈判的策略与技巧是指在谈判的过程中,谈判者为了达到某个预期的目标所采取的一些行动和方法的有机组合。这里所说的行动和方法有别于客观的程序,更能体现主观的能动性,更具有实践性。这种实践性体现在,为了同一个谈判目标的实现,一系列行动和方法的付诸实施。

商务谈判的策略与技巧是多种多样的。这里,我们把一些常见的、有效的谈判策略与技巧加以总结。读者应全面了解、综合运用。这就像学拳术,如果你只学会了几招几式,则很难在格斗中取胜,因为有限的几招几式很容易被识破。而高明的拳师则功底扎实,拳术精湛,手法高超,变幻莫测,令人防不胜防。同样,谈判桌上的高手并不只是简单地使用几个谈判招数,而是从各种谈判策略与技巧中,领悟其真谛,在实践中加以灵活运用。使你成为谈判高手,正是本章的目的所在。

12.1 常见的谈判策略

谈判人员要想参与谈判,就必须了解谈判的基本策略。这样才有可能把握谈判的全局,为灵活处理谈判过程中出现的许多具体问题打好基础。如果谈判人员由于不了解基本的谈判策略而吃亏上当,则可能给国家、企业造成巨大的经济损失,个人也将面临失业的危险。

掌握了最基本、最常见的谈判策略,就可以在谈判活动中灵活地加以运用,同时,对谈判对手的种种策略和手段也会有清楚的判断。因为不管其如何变化,万变不离其宗。

12.1.1 吊筑高台策略

吊筑高台策略是指卖方提出一个高于己方实际要求的谈判起点,来与对手讨价还价,最后再做出让步,达成协议的谈判策略。

一位美国商业谈判专家曾和两千位主管人员做过许多试验,结果发现这样的规律:如果买主出价较低,则往往能以较低的价格成交;如果卖主喊价较高,则往往也能以较高的价格成交;如果卖主喊价出人意料地高,只要能坚持到底,则在谈判不致破裂的情况下,往往会有很好的收获。可见,吊筑高台策略的运用,能使自己处于有利的地位,有时甚至会收到意想不到的效果。

CASE 案例　　高价带来的成功

1984 年，美国洛杉矶成功地举办了第 23 届夏季奥运会，并盈利 1.5 亿美元，创造了奥运史上的一个奇迹。除了其组织者著名青年企业家尤伯罗斯具有出色的组织才能和超群的管理才能外，更重要的是得益于他卓越的谈判艺术。第 23 届夏季奥运会的巨额资金，可以说基本上是尤伯罗斯谈出来的，而他运用的谈判策略正是：吊筑高台，喊价要狠。

当时，尤伯罗斯一开始就对经济赞助商们提出了很高的条件，其中包括每位赞助商的赞助款项不得少于 400 万美元。著名的柯达胶卷公司开始自恃牌子老，只愿出赞助费 100 万美元和一大批胶卷。尤伯罗斯毫不让步，并断然把赞助权让给了日本的富士公司。后来柯达公司虽经多方努力，但其影响远远不及获得赞助权的富士公司。

很高的要价并未吓跑赞助商。由于奥运会的特殊地位和作用，其他各方面的赞助商都纷至沓来，并且相互之间展开了激烈的竞争。最后，尤伯罗斯在众多赞助商竞争者中挑选了 30 家，终于宽松地解决了所需的全部资金，并使第 23 届洛杉矶奥运会成为奥运历史上第一次盈利的奥运会，从而提高了奥运会的身价，也增强了奥运会承办者的信心。

运作这种策略时，喊价要狠，让步要慢。凭借这种方法，谈判者一开始便可削弱对方的信心，同时还能乘机考验对方的实力并确定对方的立场。

12.1.2 抛放低球策略

抛放低球策略是指先提出一个低于己方实际要求的谈判起点，以让利来吸引对方，试图先击败参与竞争的同类对手，然后再与被引诱上钩的卖方进行真正的谈判，迫使其让步，达到自己的目的。

我们知道，商业竞争从某种意义上可分为三大类，即买方之间的竞争、卖方之间的竞争，以及买方与卖方之间的竞争。在买方与卖方之间的竞争中，一方如果能首先击败同类竞争对手，就会占据主动地位。当对方觉得别无所求时，就会委曲求全。

CASE 案例　　好房产的获得

某君从报纸上得到一则卖房信息，据了解房主由于有海外关系准备举家迁居国外，因而变卖房产。当时登门买房的人很多，报价多为 25 万～26 万元，他经过琢磨后报出了一个最高价 26.8 万元。这个报价理所当然地被房主选中，房主便回绝了其他所有买主。当房主要与他办理正式买卖手续时，没想到真正的谈判才刚刚开始。他开始挑毛病，拖延时间。他想只要多拖些时日，房主又急于出国，再想不与他合作而重新登广告寻找新买主已经来不及了。他提出该房在一层，夏天很潮，没有阳台，周围环境不太好，蚊虫较多。另外以前的设计不好，客厅、卫生间过小，现在已没有这种设计了。要重新装修还要花一笔钱。他表示对此住房不很称心，不太愿意买了。卖主出国日期临近，已没有其他买主，最后不得不降价成交。就这样，他运用抛放低球策略，先击败其他买房的竞争对手，然后迫使卖主就范，以较低的价格成交。

12.1.3 红脸白脸策略

红脸白脸策略是指在商务谈判过程中,以两个人分别扮演"红脸"和"白脸"的角色,或一个人同时扮演这两种角色,使谈判进退更有节奏,效果更好。这里的"白脸"是强硬派,在谈判中态度坚决,寸步不让,咄咄逼人,几乎没有商量的余地;这里的"红脸"是温和派,在谈判中态度温和,拿"白脸"当武器来压对方,与"白脸"积极配合,尽力撮合双方合作,从而达成于己方有利的协议。"白脸"一般是"放炮"人物,而"红脸"则是收场人物。

在运用红脸白脸策略时,应注意以下几点。

(1) 从扮相分工来看,一般来说"红脸"由主谈人充当,"白脸"由助手充当,因为收场或拍板最后一般由主谈人来完成。

(2) 从扮相特征来看,两种扮相应基本符合本人的性格特征。扮"红脸"的人应该思路宽广,言语平缓,处事圆滑,经验丰富。扮"白脸"的人应该反应迅速,抓住时机,力主进攻,言辞尖锐。如果让不相宜的人去扮演这两种角色,那么就会出现该"硬"的话说不上去,该"收"的场面收不回来的现象,或者该说的也说了,但与其语气或人物性格特征相距较远,则达不到预期效果。当然,这并不是指从外表上看要与扮相多么一致,如"白脸"就要一副凶相,虎着脸,高门大嗓的,"红脸"就要一副绅士气派。主要是看谈判人员的内在功夫和把握角色的能力。

(3) 这两种角色一定要相互配合好,否则会出乱子。如果"白脸"发起强攻,声色俱厉,"红脸"就要善于把握火候,让"白脸"好下台,及时请对方就范。否则,如果让"白脸"过了头,反而使己方处于被动,就只好暂停、休会,改日再谈了。

(4) 如果一个人同时扮演"红脸"和"白脸",要机动灵活。发动强攻时应给自己留有余地,避免把自己架起来。

12.1.4 趁隙击虚策略

趁隙击虚策略是指捕捉和创造有利的时机,趁对手之隙,攻击其短处或漏洞,变对方的疏忽为我方的利益,从而在谈判中处于有利地位。

"墙坏于其隙,木毁于其节。"这是《鬼谷子·谋篇》中的话,对我们不无启迪。谈判人员应当善于捕捉对手之"隙"和"节",利用对手的点滴失误和遗漏,抢先行动,攻其不备。

在谈判实践中,一定要从全局出发,通盘考虑,不可因小利而失了大利。应事事慎重,不得有小的偏差,以防"千里之堤,溃于蚁穴"。一般说来,急于进攻的一方会主动释放出一些信息,容易露出破绽;谈判另一方要善于发现和利用这些破绽。

12.1.5 疲劳轰炸策略

疲劳轰炸策略是指谈判者为了达到一定的谈判效果,利用消耗对方精力、麻木对方神经的办法,使之在谈判中失利。

当谈判的甲方应邀到乙方处会谈时,常常会遇到这样的情形:一下飞机就被乙方接去赴宴,尔后,乙方大大小小的负责人纷纷亮相与之会面,表现得相当热情,仿佛是多年未谋面的老朋友一样。晚上乙方又为甲方安排了卡拉 OK 舞会及茶点,直至深夜。第二天还没睡醒，乙方就来敲门，可能安排游览当地名胜或拜会更高一级的领导。晚上又是上级部门或相关部门领导宴请，希望建立长期合作关系，乙方人员轮流与之为友谊干杯，为合作干杯。就这样不断地使你处于高度紧张与兴奋状态之中，根本得不到好好休息。当你感到疲劳之时，谈判才真正开始。

商务谈判是一项很艰难的工作，需要有很清晰的头脑和充沛的精力才能胜任。长途跋涉、紧凑的日程安排以及陌生的环境，常给人以很大的压力。研究结果显示，当一个人的精力、体力受到过度干扰之后，其智慧和灵感就处于相对抑制的状态，这时最容易麻痹大意，对他人的用心不假思索，轻率地做出决定，有时甚至会因精力不济而泄露了机密，铸成大错。

12.1.6　走马换将策略

走马换将策略是指在谈判桌上的一方遇到关键性问题或与对方有无法解决的分歧时，借口自己不能决定或其他理由，转由他人再进行谈判。这里的“他人”或者是上级、领导，或者是同伴、合伙人、委托人、亲属和朋友。

运用这种策略的目的在于：通过更换谈判主体，侦查对手的虚实，耗费对手的精力，削弱对手的议价能力，为自己留有回旋余地，进退有序，从而掌握谈判的主动权。作为谈判的对方需要不断向使用走马换将策略的这一方陈述情况，阐明观点，面对更换后的新的谈判对手，需要重新开始谈判。这样会付出加倍的精力、体力和投资，时间一长，难免出现漏洞和差错。这正是运用走马换将策略一方所期望的。

走马换将策略的另外一个特点是能够补救己方的失误。前面的主谈人可能会有一些遗漏和失误，或谈判效果不尽如人意，则可由更换的主谈人采取补救，并且顺势抓住对方的漏洞发起进攻，最终获得更好的谈判效果。

12.1.7　浑水摸鱼策略

浑水摸鱼策略是指在谈判中，故意搅乱正常的谈判秩序，将许多问题一股脑儿地摊到桌面上，使人难以应付，借以达到使对方慌乱失误的目的。这也是在业务谈判中比较流行的一种策略。

研究结果表明，当一个人面临一大堆难题，精神紧张的时候，就会信心不足，甚至自暴自弃。比如，有人就愿意很快把事情搅和到一起。会谈开始没多久就提出质量标准、数量、价格、包装、运输工具、支付方式、送货日期和售后服务等一大堆问题，把事情弄得很复杂。有人会提出一大堆琐碎资料和繁杂的数字，使对方考虑没有思想准备的问题，促使对方屈服或犯错误。防御这一策略的要诀是，在你尚未充分了解之前，不要和对手讨论和决断任何问题。具体说来，要坚持以下几点：

（1）坚持事情必须逐项讨论，不给对方施展计谋的机会。

（2）坚持自己的意见，用自己的意识和能力影响谈判的进程和变化，以防被别人牵着鼻子走。

（3）拒绝节外生枝的讨论，对不清楚的问题要敢于说不了解情况。

（4）当对方拿出一大堆资料和数据时，要有勇气迎接挑战，对这些资料和数据进行仔细研究与分析,既不要怕耽误时间,也不要担心谈判的失败,以免一招不慎,满盘皆输。

(5) 对手可能也和你一样困惑不解,此时应攻其不备。

(6) 将谈判尽量安排在正常的工作时间内,以保持充沛的精力。

12.1.8 以退为进策略

以退为进策略是指在谈判中以做出实际的退让为条件,达到进一步的目的。这里的退,往往是为了进。有的此时退,是为了彼时进;有的在这里退,是为了在那里进;有的暂时退,是为了长远的进。

这一策略的高明之处在于:纵观全局,通盘考虑,不计一时之得失,退一步是为了进两步。在谈判中老练的谈判好手经常使用这一策略。它需要谈判者具有远见卓识和高人一筹的独到见解。

CASE 案例 退中求生存

某新加坡华裔客商与我国山东某进出口公司谈判大蒜生意。第一轮谈判时,中方代表报价为每吨大蒜最低720美元,而外商最高出价为705美元。因双方原则立场坚定,没有谈判协议区,谈判陷入了僵局。

3天之后,双方再次坐到谈判桌前。中方基于当时正值大蒜收获期,如不尽快成交,错过收购时机,不但质量保不住,而且收购价格要看涨。另外,当时美元与人民币汇价日趋上浮,如及时结算,又等于提了价。如果以705美元一吨成交,虽然比上海嘉定蒜卖价便宜些,但也基本符合国际市场行情。

为此,中方公司决定以705美元一吨的价格与之成交,一下让了15美元。不料买主采用逆向行动自行将买价提高了5美元。令我方大为惊讶。

合同正式签字生效以后,他为我方揭开了其中的奥秘。他说,第一,新加坡华人多,而他的老主顾中北方籍人多,对蒜的味道要求越浓越好。上海嘉定蒜虽是名牌,但不如山东蒜味辣。脱手时仍然能卖个好价。第二,他祖籍山东,希望能建立长期友好合作关系。此次每吨多添5美元,少赚了1万美元,相信贵公司会牢记在心,以后一旦有事相求,贵公司恐怕不会拒绝。第三,做生意,并不需要对一点蝇头小利不放过。如果你过于斤斤计较,会令对方产生反感,以后就不会找你做生意。从这一次表面上看是赢家,从长远来看实际上是输家。

果然,发货时,该客商的让价就得到了回报。原来事情是这样的。青岛口岸每月只有一班航船到达新加坡,正好延误了,要再等一个月。这样就很难抢上早市,不仅卖不了好价钱,而且风险很大。为此该客商把自己的处境和盘托出,请我方把发货口岸改为上海,因为上海近期有到新加坡的航船。

中方已领了对方的情,这次也就不好拒绝了。同时中方从运费来看并不亏,从大蒜产地运送到青岛港用的是汽车,而运往上海港可改用火车,运输距离虽远,但运费并没有增加。如果对方当时分利必争,生意即便做成,这次想要求中方改变运输路线也就不那么容易。恐怕要付出更大的代价。

由此可见,为了在谈判中获取更大的利益,适当的让步是一种有效的方法。你退一步，谈判双方皆大欢喜，关系融洽，交易总成本就自然会下降，使再进两步成为可能。在市场秩序日益健全、人际关系日趋融洽的今天，以退为进是一种很值得推崇的谈判策略。

12.1.9　故布疑阵策略

故布疑阵策略是指谈判一方利用向对方泄露己方虚假信息的手段，诱人步入迷阵，以从中谋利的一种方法。这些手段主要有故意在谈判室或走廊上遗失备忘录、便条或文件夹，或者把它们放到对方容易找到的字纸篓里。有时还让第三者打来让谈判对手相信的虚假电话。

故布疑阵策略主要是利用对方想获取有关己方谈判秘密内容的心理，不露痕迹地向对方泄露所谓的秘密材料，陷对方于假象之中。一般人的心理是，由间接途径或偶然得到的消息比直接得到的信息更可信任、更有价值。对间接或偶然得来的信息资料往往会仔细研究，而对直接得来的信息资料则往往都不多瞧上几眼。

不到万不得已，一般不宜采用这种故布疑阵策略，因为它有损己方的诚意。一旦在谈判中被识破，即会影响谈判气氛，甚至导致谈判失败；日后被发现了，也将失信于人。

作为防御者，我们必须了解这种策略。因为目前谈判桌前仍有不少掺诈施假者，我们应从心理上予以重视，在措施上予以反击。

12.1.10　以软化硬策略

以软化硬策略是谈判行家用于破解因对手态度强硬而使谈判陷于危局时的重要方法之一，是指在谈判出现危难局面，或对方拒不相让时，采取软的手法来迎接对方硬的态度，避免正面冲突，从而达到制胜目的的一种方法。这里的软不是软弱、退让、妥协，而只是一种看似软的方法，是一种方案、技巧。其意义在于完成用硬的方法所不能完成的任务，达到出其不意的效果。

CASE 案例　　巧妙避开锋芒

一次一位同伴邀美国谈判专家 I. 尼尔伦伯格一块去参加某飞机制造厂的拍卖会。大家知道，拍卖会的规则是，谁出价最高，拍卖者就与谁成交。他们估计了本次拍卖资产的价值，预想最高出价为 38 万美元。但当他们来到拍卖会现场时，已有 100 多位竞争者了。依据他们的判断，只有 3 位是真正的竞争对手。几轮竞价下来，果然只剩下了 3 家，这时竞价已上升到 12 万美元，对手超出喊价 18 万美元。看来这个对手较为强硬。如此下去，硬碰硬的话，不会占到便宜，应想一个缓兵驱敌之计。这时，尼尔伦伯格的同伴将他拉出场外。尼尔伦伯格有些困惑不解，因为目前场内最高报价离他们预定的最高报价还差 20 万美元，为什么就退出会场呢？其同伴解释说，他读了出售通告，按照这次拍卖的规则，如果拍卖方认为出价不高，将拒绝出售。他们的出价在投标人中位居第二，所以拍卖人一定会与他们联系，说投标人所出价格已被否定，看能否再报个价。到那时，就可以出个较高的价格，再迫使拍卖人让步，便可一举成功。果然，第三天，拍卖人便登门联系。他们轻而易举地击败了对手，以比预计价格低得多的价格与拍卖人成交了。

12.1.11 步步为营策略

步步为营策略是指在谈判中,谈判者试探着前进,不断地巩固阵地,不动声色地推行自己的方案,让人难以察觉,收到以小换大的效果。

在许多谈判中,往往不能一下子就达成协议。在谈判开始之时,买卖双方均有多种方案,但这些方案的转变或让步是在对方施加压力的条件下才释放出来的,双方谈判时都有一个谈判协议区间,在这区间里各部分内容都会有水分,也就是说对方各种要求均可做出让步,但让步的幅度会越来越小。如同挤牙膏一样,不挤不出来,越挤越难。

作为使用步步为营策略的一方应小心谨慎,力戒急躁和冒进,否则不会获得成功。有的多一次合作,就多一份要求,迫使对方不断做出让步,攻不下,就急躁起来,只好半途而废了;有的一次冒进太多,被对手抵挡回来,也收不到应有的效果。所以在运用策略时要注意技巧。任何策略一旦被对方识破,将一文不值,甚至反受其害。

作为防守步步为营策略的一方则应该在每次让步之前,就想好它对买主的可能影响及买主可能会有什么反应。一般说来,买主不会注意让步的本身,即使是一个比较大的让步,买主仍会觉得不够,并向卖主提出更多的要求,会一直如此循环下去。所以卖主让步时必须先问自己,如果你做出了这个让步,对方再有更多的要求时,你该如何应付。这将有助于你决定是否应该让步,怎样抵制步步为营。

12.1.12 最后通牒策略

最后通牒策略是指谈判的一方锁定一个最后条件,期望对方被迫接受这个条件而达成协议的一种方法。这里的最后条件可以指出价,也可以指其他方面,如交货时间、交货地点等。给对方一定的考虑期限,如果在这个期限内对方答应这个条件,即可签订协议;如果对方不答应这个条件,就可能导致谈判破裂。

最后通牒策略也是在谈判时经常运用的策略之一。在谈判中,双方经过长时间的激烈的讨价还价阶段,在许多内容上已经达成共识,只是在最后一两个问题上相持不下。这时谈判的一方就可给另一方提出一个最后的方案,给对方一定的期限。另一方则会考虑自己是否准备放弃这次盈利的机会,是否牺牲前面已投入的巨大谈判成本,权衡利弊,是接受还是放弃,孰重孰轻;或者拒不让步,采取一些破解的办法,争取通过其他途径达成协议。

运用最后通牒策略一定要把握时机,否则可能弄巧成拙,痛失这笔生意。具体说来应注意以下几点:

(1) 本方出最后条件的支撑应强于对方,对方认为该笔交易对他们来说更为重要,绝不会轻易放弃这笔交易。这是运用这一策略的最基本的条件。

(2) 使用最后通牒策略只能在谈判的最后阶段或最后关头。一方面,此时对方已在谈判中投入了大量的人力、物力、财力和时间,耗费了许多成本,一旦谈判破裂,这些成本将付之东流,并且作为谈判代表回去以后还不好向公司交代;另一方面,只有到最后关头,对方才能知道这笔买卖可能给他们带来的利益,当意识到只要在最后一两个问题上做出让步即可获得这些利益时,他们可能接受最后通牒。

(3) 提出最后通牒时，应镇定自若、毫不掩饰，不让对方存在幻想。同时也要做好对方真的不让步的思想准备。

CASE 案例 最后通牒是行之有效的策略

美国一家航空公司要在纽约建立大的航空站，想要求爱迪生电力公司优惠电价。这场谈判的主动权掌握在电力公司一方，因为航空公司有求于电力公司。因此，电力公司推说，公共服务委员会不批准给航空公司提供优惠电价，不肯降低电价，谈判相持不下。

这时，航空公司突然改变态度，声称若不提供优惠电价，它将撤出这一谈判，自己建厂发电。此言一出，电力公司慌了神，立即请求公共服务委员会给予这种类型的用户以优惠电价，委员会立刻批准了这一要求。但令电力公司惊异的是，航空公司仍然坚持自己建厂发电，电力公司不得已再度请求委员会降低价格。到这时，航空公司才和电力公司达成协议。

12.1.13 声东击西策略

声东击西策略是指谈判过程中，当某个问题谈不下去时，巧妙地变换谈判议题，转移对方视线，从而实现自己的谈判目标。

这种谈判策略的特点是灵活机动、富于变化，既不强攻硬战，也不轻易放弃，而是迂回前进，不知不觉地实现自己的意愿。

某公司就是在谈判中运用这一策略而取得了成功。该公司作为买方与卖方就一项业务的软件和硬件达成交易后，觉得软件部分价格仍然偏高。买方想提出不要，又怕卖方说自己无信用、缺乏诚意，也担心卖方会推翻已承诺的有利于买方的条件。这时，买方提出扩大散件的购买，并要求优惠价。卖方觉得买方订货数量可观，表示可以考虑。买方就这样转移了话题，与卖方进行散件的讨价还价。同时又找借口说暂时不购买软件部分。一方面，散件价格比随生产线订的试车料还有所降低；另一方面，软件部分也从订单上撤销了。

声东击西策略是一个值得推荐的谈判策略，为谈判行家所常用，并且效果较好。但由于声东击西策略多为历代军事家所运用，许多人对这一方法较为熟悉，所以有时运作不周很容易被人识破。因此，谈判人员一定要根据具体情况灵活运用，切不可生搬硬套。

12.1.14 欲擒故纵策略

欲擒故纵策略是指在谈判中的一方虽然想做成某笔交易，却装出满不在乎的样子，将自己的急切心情掩盖起来，似乎只是为了满足对方的需求而来谈判，使对方急于谈判，主动让步，从而实现先“纵”后“擒”的目的。

具体做法是，注意使自己的态度保持在不冷不热、不紧不慢的地步。比如在日程安排上，不是非常急迫，主要随和对方。在对方态度强硬时，让其表演，不慌不忙，不给对方以回应，让对方摸不着头脑，制造心理战术。本策略“纵”是手段，“擒”是目的。“纵”不是“消极”的“纵”，而是“积极”、有序的“纵”；通过“纵”激起对方迫切成交的欲望而降低其谈判的筹码，达到“擒”的目的。

在运用这一策略时应该注意以下几点:

(1) 要给对方以希望。谈判中表现得若即若离,每一"离"都应有适当的借口,不让对方轻易得到,也不能让对方轻易放弃。当对方再一次得到机会时,就会倍加珍惜。

(2) 要给对方以礼节。注意言谈举止,不要有羞辱对方的行为,避免从情感上伤害对方,转移矛盾的焦点。

(3) 要给对方以诱饵。要使对方觉得确实能从谈判中得到实惠,这种实惠足以把对方重新拉回谈判桌上,不至于让对手一"纵"即逝。

CASE 案例 时间的运用

深圳一家公司欲从某港商处引进一种比较先进的机械设备。港商得知买方欲更新设备、扩大生产规模,十分需要这种设备,在谈判中提出了很高的开盘价。我方谈判代表在谈判桌上与对方展开了激烈的较量,但由于港商态度坚决,没有取得任何进展。

如果没有这种设备,深圳某公司扩大再生产的计划将无法实现,如果答应港商的条件我方则要被重重地宰一刀,这是我方所不情愿的。就在我方进退两难之际,公司谈判代表突然宣布谈判暂时中止,我方对港商的条件需要请示董事会,请求港商等待我方的答复。谁知一拖就过去了半个月,港商慌了,再三请求恢复谈判,我方均回复说董事会成员一时难以召集,无法达到法定人数,因此无法召开董事会讨论这一问题。又过了一个星期,港商又来催问,我方仍是如此答复,这下港商慌了手脚,急忙派人打听消息,结果令他大吃一惊。原来深圳公司正在着手与日本一家公司商洽同类商品的进口问题,双方对达成这笔交易很感兴趣。须知在商场上时间就是金钱,市场就是生命。

港商眼看着要失去一个十分重要的市场,对自己产品的竞争十分不利,马上转变了态度,表示愿意用新的价格条件同我方继续商谈。我方看着目的已经达到,就同意了港商的要求。在谈判桌上,港商如同斗败了的公鸡,连连退步,谈判达成协议时港商大呼赚头少得可怜,而深圳公司则大大节省了一笔外汇支出,靠施缓兵计取得了重大胜利。

12.1.15 反客为主策略

反客为主策略是指谈判中处于劣势的一方,运用让对方为谈判付出更大的代价的方法,变被动为主动,达到转劣势为优势的目的。

反客为主策略的特点在于,运用了在谈判中谁付出的代价大,谁就不想谈判失败的原理,使占有谈判优势的一方,在人力、物力、时间等方面消耗更大,进而确立自己的主动地位。这一策略与欲擒故纵策略有某些相同之处,但两者的角度和具体内容有一定的区别。欲擒故纵策略是基于谁对谈判急于求成,谁就会在谈判中先让步的原理,主要通过煽动对方的谈判需要而淡漠己方的谈判需要,使对方急于谈判,主动让步。

这种策略也是经济业务谈判中运用得较多的一种。一般说来,谈判的动力在于谈判者的利益需求,但是谈判的各方对利益需求的层次和程度有时是不一样的,这就决定了谈判者在谈判中的地位不同。对谈判需求较大、依赖程度较深的一方处于劣势;而对谈判需求较小、依赖程度较浅的一方则处于优势。处于劣势的一方可运用反客为主策略扭转被动局面。

CASE 案例　形势的转变

1992 年，某电子仪器厂要引进一条电子产品生产流水线。该厂技术人员到日本考察后认为，日本的生产线在质量和技术方面都是世界上最先进的，只是日方自恃技术力量雄厚，要价偏高。我方决定与日方谈判。

第一轮谈判于当年 6 月在该电子仪器厂所在城市举行。电子仪器厂为使谈判能够成功，特意把工厂主管全厂质量工作的电子专家调进谈判组充当主谈人。在谈判开始前，中日双方为此都进行了大量的准备工作，日方专门派精通中国商务会讲汉语的公司中国区课长、公司销售专务和驻华总代理兼翻译等人为主体的谈判班子来同我方谈判。

日方在谈判一开始就给人以盛气凌人的印象，高报底盘，高出中方考察人员所掌握的外汇底盘 210 万美元。中方与之进行了几轮谈判，但日方总是盛气凌人，寸步不让，声称他们的生产线是世界之冠，独一无二，宁可不成交也不降价。谈判陷入了僵局。

这时，中方派往日本考察的技术人员报告了一个重要信息：日方的生产受到韩国几家同类工厂产品的冲击，韩国生产线目前正在与日方争夺市场，日方对此深感头痛。我方谈判代表当即决定中止谈判，请日方等待我方的最后答复，给日方以我方无力支持的假象。而电子仪器厂则另派专家赴韩国考察，结果发现，韩国产品不如日本，价格也不低。尽管如此，中方仍然向韩国厂家发出了谈判邀请，同年 8 月，韩国谈判代表来到中国，受到中方的热烈欢迎，其热烈气氛超过日方代表所享受的待遇，并大造声势，宣布中韩双方已有了初步合作的意向。

日方谈判代表得知这一消息大为震惊，立即把情况向日本公司进行了通报。他们深知这种生产线在中国不止一家需要，失去一笔买卖就意味着失去整个中国市场。日方主动要求恢复谈判，我方以“暂不需要日方产品”为由予以拖延，想不到日方竟派出代表对中方进行游说，表示愿让利销售，中方同意恢复谈判。在谈判桌上，日方的态度来了个 180 度的大转变，大谈中日合作，日方愿支持中国的现代化建设，愿意给予最大的优惠。中方谈判代表听后不紧不慢地说：“我为主谈人的友好表示感到高兴，我们已经注意到了贵公司在生产线价格问题上的转变，平等互利是国际经济交往的基本原则，任何一方都不应当运用优势向对方索要高价，请问课长先生是否赞同？”

日方谈判代表马上表示：“当然，当然。”我方谈判代表语锋一转，针对日方的痛处说道：“平等的竞争与选择是商业贸易的惯例，我们愿意倾听贵方的再次报价。”此话即暗示日方，我方已同韩国开始讨论价格问题，日方谈判代表马上明白了中方的意思，在再次报盘中提出了一个比较合理的价格，我方乘胜追击，最终以满意的价格同日方达成了谈判协议。

12.1.16　大智若愚策略

大智若愚策略是指谈判的一方故意装出糊里糊涂、惊慌失措、犹豫不决、反应迟钝，以此来松懈对方的意志，达到后发制人的目的。

有时候愚笨就是聪明，聪明反而就是愚笨。在回答对方的问题之前，要使自己获得充分的思考时间。为了争取充分的时间，可以让对方重复所提出的问题，或推托要请示领导自己不能决定，或让自己的助手做一些无关紧要、非实质性的答复，或顾左右而言他。有时显得非常果断、能干、敏捷、博学或者理智的人并不见得聪明，或者说占不到什么便宜，如果能了解得缓慢些，少用一点果断力，稍微不讲理些，可能反而会得到对方更多的让步和更好的价格。

大多数人都希望别人认为自己很聪明，而大智若愚策略则需要让别人认为自己较为愚笨。在运用这一策略时应大胆地说，“我不知道”或“请你再说一遍”。

大智若愚策略技术性强，运用起来要求谈判者老谋深算，通过知而示之不知，能而示之不能，在静中观察对方的表演，在暗中运筹自己的方案达到最终大获全胜的目的。

12.1.17 投石问路策略

投石问路策略是指买主在谈判中为了摸清对方的虚实、掌握对方的心理，通过不断地提问来了解直接从卖方那儿不容易获得的诸如成本、价格等方面的尽可能多的资料，以便在谈判中做出正确的决策。

例如，一位买主要购买 3 000 件产品，他就先问如果购买 100、1 000、3 000、5 000 和 1 万件产品的单价分别是多少。一旦卖主给出了这些单价，敏锐的买主就可从中分析出卖主的生产成本、设备费用的分摊情形、生产的能量、价格政策、谈判经验丰富与否。最后买主能够得到比购买 3 000 件产品更好的价格，因为很少有卖主愿意失去数量如此多的买卖。

买主运用投石问路策略，通常都能问出很有价值的资料，这样知道的资料越多，就越能做出有利的选择。一般说来，可提出下面一些问题：

如果我们订货的数量加倍，或者减半呢？

如果我们建立长期合作关系呢？

如果我们同时购买几种产品呢？

如果我们增加或减少保证金呢？

如果我们分期付款呢？

如果我们自己运输呢？

如果我们淡季订货呢？

如果我们要求改变规格式样呢？

如果我们提供原材料呢？

每提出一个问题，就要像投出一块石头，一掷千金，落地有声。每块“石头”都会使卖主感到心烦，但是对这些并非无礼的问题要拒绝回答又是很不容易的。所以卖主有时宁愿降低价格，也不愿接受这种无休止的询问。

作为卖主，面对买主如此多的问题，一定要沉着冷静，看看怎样才能给买方更好的答复。精明的卖主可以将买主所投出的“石头”变成很好的机会。可乘机向买主提出建议，说明什么样的交易对买主更有利，以促成更大的交易。对付投石问路策略，卖主应注意以下几点：

(1) 找出买主的真正需要。因为买方提出那么多“如果”，绝不会有那么多选择。

(2) 并不需要回答每一个问题，并且不要对对方提出的“如果”马上估价。应该给自己留出充分的时间，问清楚对方到底需要什么样的订货，能出价多少。

(3) 立即反问对方是否准备马上订货。如需订货，可要求买主提供保证，以利于交易的顺利实现。

CASE 案例　土产公司的报价

某食品加工厂为了购买某种山野菜与某县土产公司进行谈判。在谈判过程中，食品加工厂的报价是每公斤山野菜 15 元。为了试探对方的价格"底牌"，土产公司的代表采用了投石问路的技巧，开口报价每公斤山野菜 22 元，并摆出一副非此价不谈的架势。

急需山野菜的食品加工厂的代表急了："老兄，市场的情况你都清楚，你怎么能指望将山野菜卖到每公斤 18 元以上呢？"

食品加工厂的代表在情急之中暴露了价格"底牌"，于是土产公司的代表紧追不放。

"那么，你是希望以每公斤 18 元的价格与我们成交？"

这时，食品加工厂的代表才恍然大悟，只得无奈地应道："可以考虑。"

最后，双方真的以每公斤 18 元的价格成交。这个结果比土产公司原定的成交价格要高出 3 元钱。

如果土产公司的代表不是巧妙地运用投石问路的技巧揭出对方的"底牌"，是很难找到一个如此合适又使本方利润最大的价位与对方成交的。

12.1.18　化整为零策略

化整为零策略是指谈判的一方在整体项目不好谈的情况下，将项目分成若干块，分块议价，最终达成交易。

这种策略的特点在于以大化小，具体明确，处理灵活，为打破谈判僵局找到一个口子。买卖双方均可运用。

买方使用该策略时，若将带技术的整体项目化整为零，应以卖方提供技术保证为前提。例如，在技术设备引进中，由于嫌卖方的个别设备贵而自己搞"拼盘"，如果自己技术不过关，对方又不提供技术保证的话，一旦出了问题，反而花钱更多。因此买方将整体技术项目化整为零时，只要搞清楚了每个分解设备或项目的价格，并且其价格水平大体符合市场行情，就应尽量购买整个技术项目。这样设备好维修保养，也可让对方提供技术指导。

卖方使用该策略时，应根据买方的要求，将其整体工程或成套设备标出"分项价"。标价应基本合理，便于买主做同类比较。这样能给买主以信任，吸引买主，提高买卖谈判的成功率。

12.1.19　折中调和策略

折中调和策略是指在商务谈判中，谈判双方你让我一步、我让你一步，以平摊分歧的分量，共同向对方靠拢缩小谈判差距，最终达成协议点。

这是一种相互妥协的谈判方法，有利于形成和平友好的谈判局面，建立良好的合作关系。这种策略简单易行，也很有效，能够抵制谈判桌上其他手段的运用。谈判双方以折中为证,相互让步,不偏不倚,有利于谈判的成功。

折中调和的方法有价格折中、条件折中和以条件换价格的折中。例如,买卖双方的价格条款仅差60元,最后各让30元成交,就是完全的价格折中。又如,在合同条文的谈判中,买卖双方罗列条文的分歧点共有8处,最终各让4处,就是条件折中。再如,买卖双方的价格条款分歧为100元,买方答应自己取货,卖方让价50元成交,就是以条件换价格的折中。

运用该策略时,应注意折中的基本条件。也就是说,要掌握好到什么情况下可以进行双方折中调和。并不是说双方存在较大分歧陷入谈判僵局时就应实行折中调和,你觉得对方价格离你的预期价格比你目前的出价离预期价格更远就不应接受,而应该再与对方谈条件,拉近对方的距离。因此,这个策略应在一定的谈判成果基础之上才开始实行,一般在谈判接近尾声时。如果对方不顾你方要求,在差距还很远、对方"水分"还很大的时候要求对折,你就应该拒绝或提出其他附加条件,争取以条件换折中。总之,运用这个策略自己应该多得才行,至少不应该吃亏。绝不要中对方的圈套,不搞实际不利于自己的表面折中。

有一位擅长使用这个策略的买主在介绍经验时说,一般在谈判刚开始的时候,他就先提出很低的价钱,稍后再略微提高一点,然后就提出折中平均分担。一般卖主在这个时候对于这个看似合理的要求很难拒绝。而接受这个策略的卖主事后常常会发现自己让步让得太多了。

此外,当对方突然提出折中调和时,不要马上给对方肯定答复而要仔细考虑中间价对你是否有利,如果不合适,就应该勇敢地拒绝。事后你会惊喜地发现,你得到的更多。

12.1.20 旁敲侧击策略

旁敲侧击策略是指在谈判过程中的场外交涉时,以间接的方法与对方互通信息,与对方进行心理与情感的交流,使分歧得到解决,从而达成协议。

每种商务谈判都有两种交换意见的方式:一种是在正式会谈时直接把问题提出来讨论;另一种是在非正式会谈的场外交涉中与对方间接地沟通信息。

在谈判中,谈判者一般都面临双重压力:一方面必须装出很不妥协的姿态给己方的人看;另一方面又必须在对方认为合理的情况下和对方达成交易。因此,在正式会谈前应不断地试探对方,了解底细,争取向己方的谈判目标靠拢。在非正式交涉中,能使信息在最少摩擦的情况下传达给对方,同时也能趁对方高兴时了解其真实意图。此时倘若提出的一些条件被对方拒绝,既不会有失掉面子的忧虑,也不至于引起对方的指责,而导致谈判出现僵局甚至破裂。并且可以此为依据对原有的有些偏差的目标进行修正,为进行最后阶段的会谈做好充分的准备。

在非正式的场外交涉中,大家可以无拘无束地谈话。可以谈时局,可以谈足球,可以谈妻子和孩子,可以谈双方公司不合理的规章制度,以引起共鸣,增进彼此的感情。这些谈话就像润滑油一样,可使问题得到顺利解决。

由此可见,旁敲侧击有时能成"大气候"。旁敲侧击策略的内容和方式是多种多样的,但关键是要制造友好的谈判氛围,当对方感到亲切、轻松、温暖、自在时,提出一些条件或问题,争取满意的结果。莎士比亚曾经说过:“人们满意时,就会付出高价。”因此,我们应不断地给对方在心理上和精神上制造“满意感”,以换取对方“出高价”。

作为旁敲侧击策略的防御方,则应当提高警觉,不要做单方面的告白。因为对方制造友好轻松的气氛可能不是真心的,主要是为了使你轻易地做出让步。爱喝酒的谈判者应当三思而行。目前在中国内地谈判宴会上仍然少不了要喝酒,特别是在中国北方喝得更凶,东北就有“感情深,一口闷;感情铁,喝出血”之说。如果你没有足够的酒量喝过对方,就应该尽量不喝或意思一下,以来日方长相推托,以免酒后吐真言,泄露了己方的商业秘密。可喜的是,在我国南方广州、深圳及其他开放城市已出现了谈判宴会上酒类饮料自选的局面,因此旁敲侧击不需要过多地在酒类上下功夫。

优秀的谈判者应该认识到,并非所有的事情都必须在谈判桌上提出讨论,场外的非正式交涉占有极重要的地位。运用旁敲侧击策略,可以沟通信息,了解对方的要求,及时研究出可行的解决办法。

12.2　常见的谈判技巧

掌握了各种基本谈判策略之后,还要对各种谈判技巧进行了解,这样在进行谈判实践时就会觉得如鱼得水、游刃有余。下面对谈判实践中经常运用的谈判技巧进行详细的介绍。

12.2.1　互利互惠不等于均等获利

任何一种谈判均会有某种程度的合作和冲突。为了让谈判能达成协议,谈判各方必须具有一定程度的合作性;但各方为了获取最大利益,势必处于一定程度的对抗状态。优秀的谈判者能够适度地把握合作与冲突,坚持互利互惠的原则。

讲究互利互惠,并不是说谈判各方获利的多少一定是均等的。例如,某加工厂需要调整产品结构,购置新设备,不得不将原有设备卖掉。原有设备还有九成新,但与买主谈判的时候,买主抓住其急需资金转产、出售心切的心理,只肯出原价的 50%。经过协商,最终以原价的 60%成交。就这个谈判案例来说,仍然是遵守了互利互惠的原则,但双方让利的程度是不一样的。就买方来说,以较低的价格购买了价值较大的设备,应该说是占了一些便宜。就卖方来说,卖出了闲置的设备,换回了急需的资金,为调整产品结构并尽快盈利提供了有利条件。

一般来说,有三个指标能衡量一次谈判是否成功。

(1) 自身的需求是否因谈判而得到满足。如果自身的需求已基本得到满足,谈判目标已基本实现,那么谈判就是成功的;反之,则是不成功的。当然这里的自身需求是合理的,不宜过高也不宜过低。过高,是很难得到满足的;过低,即便达成了协议,也是不可取的。

(2) 谈判的效益如何。有时谈判目标虽然达到了,但花费的时间、精力和资金太多,仔细权衡,仍然不合算。因此在谈判过程中或谈判结束以后,要拿自己的谈判成本和代价与谈判收益进行比较分析,来决定谈判的取舍和补救。

(3) 谈判后与谈判对手之间的关系如何。在现代社会的经济交往中,信誉已显得越来越重要了。有道是,"诚招天下客,信从誉中来"。谈判者需要精明,但不能坑人。切忌因小失大,不可因一次谈判而断送了将来一系列的谈判机会。

当然,一次成功的谈判,也不大可能在"需要""效益"和"关系"三个方面都获得圆满的结果,它们确实很难同时得到。尽管如此,我们仍然可以从这三个方面来衡量,成功的谈判者应在这三者之间做适当的取舍,尽可能保持三者的适度均衡状态。

12.2.2 把利益摆在明处,把压力塞给对方

谈判人员不仅要对自己的情况了如指掌,而且应该清楚所提的建议能给对方带来什么利益,并且最好把能给对方带来的利益用具体的数字清晰地摆在明处。如果你只是说"我们产品的价格绝对优惠""我们产品的质量绝对没问题",恐怕起不到什么作用,因为这些话顾客都听惯了,而且认为大多是夸大其词。如果你说,"您购买了我公司的设备后,一年即可收回投资,第二年即可获利 100 万元。""我们的产品终身免费维修,将免去您的后顾之忧。"然后你再拿出一些数字或事实来加强你的说服力,效果肯定会好得多。同时还可以告诉对方如果对方不做这笔生意,将会有什么损失,给对方一些压力。作为买方,则可对比各家供应商的产品和价格等条件,择优选择,把某些有利的信息适当地透露给比较中意的卖方,给他制造竞争对手,以形成一定的市场压力,迫使对方向自己的意愿靠近。

如果你是买主,则可以告诉你的卖主一些关于他的竞争者的情况,主要是指那些产品质量比他高,或产品价格比他低,或提供条件比他优越的卖主,说明有很多卖主准备供应你之所需,给你的对手造成一种紧张的气氛。

如果你是卖主,也可采取类似的方法,如可以透露一些提供产品比你次,或价格比你高,或提供条件比你差的同行的情况给买主。还可以制造有很多买主来购买你的产品的情形,给人以产品畅销、存货不多、欲购从速的印象。

谈判确实是一件很艰苦的工作,也可以说是竞争十分激烈的战场。它要求在有限的时间内,准备好谈判所需的信息资料,确定谈判的动机和目的,对谈判对手有尽可能多的了解,调动自己全部的知识、水平、经验、技巧和智慧,进行一场高水平的较量。

12.2.3 谈判桌上人人平等

在重视身份地位的社会里,在谈判时往往会受到地位差异的干扰。地位高的人总希望以气势服人,难免居高临下,以强示弱。地位低的人谈话时,常常会忸怩不安,精神上背负着压力,行动上不免会流露出自惭形秽的神色。

实力雄厚的交易方在以强者的地位谈判时,应该放下架子,富于热情并且平易近人,使对方不会有太多的抵触情绪,把他吸引到谈判桌上,而不是吓跑他们。强者以低姿态出现,可以鼓励和推动对方显露其真实面目,说出其真正的希望和顾虑。为此,地位高的人应适当减少一些力量,掩饰一些锋芒,让对方神经松弛,把更多的信息透露出来。事实上,如果你是强者,没有必要特意以某些行动表现出来,你的身份地位,你的经济实力足以说明一切。对方再放松,也会感到你的无形中的压力。并不是说地位高的一方应放弃

谈判的攻势，而是可以在以后阶段逐步加强，慢慢地降低对方的期望。聪明的强者会做出一点让步，以合作的态度分享对手所渴望得到的东西，并能赢得对方，达到自己的目的。

地位高的人与地位低的人交涉时易犯轻敌的毛病，往往以自我为中心，以势压人，武断专横，自恃为强者，以至于松懈、怠慢，对于相关的这项业务没有充分的了解和准备。当对方把你当成一个平等的谈判对手来看待时，就会借此取胜于你。

作为一名地位较低的谈判者则应当不为对手的权势所压倒、不为对手的身份地位所左右，大胆地进行对等的谈判。在商务谈判中，谈判双方在法律上地位是完全平等的。只要消除心理上的障碍，一般情况下就能克服身份地位的差异给你带来的困惑。为了摆脱自己的紧张感，可以从一些小事上想办法。如请对方到你的所在地或办公室进行谈判，这样至少环境对你是有利的。带上一两个助手或秘书，身着上流水准的服装，形态气质均保持最佳状态，使对方相信，你看起来是有气势的，不是好欺负的。这些表面上的东西，可以给对方留下深刻的印象，在谈判伊始，对方就不会怠慢。

12.2.4　保全对手的面子

谈判中谈判一方及其谈判者因不愿忍受个人受到羞辱或可能失去尊严而顽固地拒绝妥协，即使代价高昂也在所不惜的现象并不少见。因此在谈判中，要求对方让步时应给对方一个台阶，使对方在不感到困窘的情况下改变原先的主张或做出额外的让步。人们观察到谈判面对固有的矛盾既要做到坚定而不过于死板，又要能够让步而不过于调和。这使得保全面子的需要成了谈判的基本要素。让对方不失面子地改变其主张的方法有很多，下面介绍几种常用的方法。

(1) 对对方声称所提立场是最后的，不可谈判的说法置之不理。你继续与之谈判其他的内容就像对方从没有提过一样。这样对方可能不再重申最后立场的威胁，从而偷偷地撤销这一主张。

(2) 提供有关争议事项的新信息。这样可以给对方以新的和现实的理由来改变其原有的僵硬的主张；或者对方可以这些新信息为借口，宣称对问题有了新的了解，来改变以前的主张。

(3) 提出实际上是象征性的或没有实质性内容的让步，以换取对方实际主张的改变。对方似乎增加了讨价还价的筹码，从而保全了面子。

(4) 把对方的主张解释成与其实际说法有所不同，对方就不必表明他改变了主张。

比如，对方掌握决策所需的一切信息你知道得很清楚，但是在回答对方提出的过于苛刻的提议时，你可指出对方或者是表达有误或者是不了解情况。例如，可以说："我想你可能表达有误，或者没有得到有关重要的信息，请允许我对此做进一步的说明。我相信，你将会同意，我们可以对提议做些调整，这样有利于双方达成协议。"这样可以让对方以情况不明为借口，不失面子地改变某些属实的做法。

你显得越是威胁较少，对方越容易保全面子，使事态朝着有利的方向发展，特别是在对方已认识到自己的主张不尽合理时。在某项提议能与对方价值观及自我形象保持一致的情况下，对方比较容易接受这项提议而不感到有失面子。

12.2.5 以漏斗方式获取更多的信息

有些谈判者经常在无意中打断对方的回答,从而失去进一步了解信息的机会。有时在一般性信息仍需掌握,对方也愿意提供更多信息的时候,他们就已将提问的方向转向过于狭隘的方面。他们不是设法启发对方全面地叙述问题,而急于采用一问一答的方式,让对方提供是或不是的回答,这样获取信息的困难更大且效果更小。

因此,我们主张以漏斗方式获取信息。漏斗方式是指先提出一般化问题,寻求叙述式的回答,在从宽泛的回答中获取足够的信息之后,再将提问方向逐步转入狭窄化,以便从中发现更为具体的信息。

很多时候,一个看上去很随意的一般性问题也许是谈判中有效地收集情报的手法。如果对方不警觉,也许会把关键信息泄露出来,这对分析自己的处境很有帮助。

漏斗方式的第一阶段一般是运用非直接的探寻手法,听上去就好像是惯常的客套话,如“最近生意怎么样?”而不像在进行真正的谈判。漏斗方式也可以从更直接的问题开始,但仍然是一般性探寻,如“你对该项谈判的成功与否怎么看?”“为了做成这笔有利于双方的最佳交易,能否将你们的目标和需求告诉我?”“你是否基本同意眼下的这项建议?”等。

在随意性的第一阶段之后,便会出现大量具体而直接的问题,它能使你探测到信息中的真实内容。下面以房屋承租人与房东的谈判提问为例。

某房东提出的租约中租金包括相应的房屋经营管理费和不动产税,总额超过 17 万元。承租人可提出如下问题:

“经营管理费中包括哪些费用?”

“经营管理费在 4 年租赁期内是否一样?”

“财产税是否会上涨?”

“最近一年的经营管理费总额是多少?各项费用各占多少比重?”

“最近经营管理费和财产税有没有变动?”

“在租赁期内是否会有维修、大修、更换等事项?”

然后承租人要求对上述报来的数字进行验证。

“我们能否得到一份关于房屋的最近 3 年的资产负债表,或至少是关于经营管理部分的?”

可见,漏斗方式可用于探寻真实的问题。谈判者可以从获取的信息中清楚地看出问题之所在。信息必须经过检验,如果可行的话,还应该使用更具体的验证技术,至少都应该运用漏斗法加以筛选。

12.2.6 以理服人

谈判的过程可以说是以理服人的过程。可以说,不会阐述道理,就不会谈判。准备谈判,就要准备说理。客观理由明显,要善于运用;客观理由不明显,要善于挖掘。只有以理由开路,谈判才有可能顺利地抵达协议的彼岸。

在论理的过程中,有的真是很有理,有的不太有理,这许多的真理、强理和弱理在整个谈判过程中要坚持一致。有时，从策略的角度需要用做戏来弥补某些资料的不足、证据的不足或道理的乏力。在这种理论的性质下，说理与做戏要始终如一，所持之理、所做之戏切不可中途变卦。出言可信才可以创造说服力，戏已开始就要做到底，才有说话权。

说理的目的是服人，我有理则你应让步，你有理则我应让步。所以在谈判桌上谁都想说服对方，双方均振振有词，各持各的道理，有时是真的大道理、小道理，有时是虚拟的大道理和小道理。这时就要以理评理，去伪存真，以价论价，打虚求实。说服对手必须从其所持之理出发，分析其理中的真伪，揭去其神秘的面纱露出其真面目，把其所含的水分与虚头都挤掉。只有这样才能使对手采用务实的态度，积极真诚地与你合作。以理服人、以价论价是谈判中的必循之道。

12.2.7　利用时间的紧迫性

时间是永远不会停止的，无论我们做什么事，时间会永远向前走。所以我们必须了解时间的转变对谈判的影响。一般说来，谈判也应该是有时间限制的。我们假设谈判开始的时间为 A，预计谈判结束的时间为 D，那么从 A 到 D 的这段时间，可称之为谈判期限。那么让步的行为会发生在什么时刻呢？是 A、D，还是 B、C？实际上，在每次谈判中，让步与妥协一直要到 D 时刻甚至于超过 D 时刻的 E 时刻才会发生。

试想一下，如果让秘书在 7 天内打一份报告，这份报告在什么时候打好呢？给一个月的时间让学生写报告，他们会在什么时候完成呢？即便在美国国会里，大多数立法也都是在快要休息的时候才通过的。

作为谈判者要记住，只要你在结束前达到目的，你就永远不要觉得太迟。因为大多数的同意和决定都是在接近截止时限才发生的。假如你知道我的期限，而我不知道你的期限，那你肯定能在谈判中赢得胜利。当你看到别人坐立不安时，便拒绝做任何让步，以超过他的期限，逼他让步。

CASE 案例　为什么会被动

一位美国朋友科肯讲述了他是如何经历了深刻的教训才懂得时间观念的。他曾受雇于一家国际性公司，担任很重要的管理职务。不久后他向上司请求，见识一下大场面，出国谈判业务，使自己成为真正的谈判者。机会终于来了，上司派他去日本。他高兴得不得了，认为这是命运之神赐给他的好机会。他决心要使对手全军覆没，然后再进攻其他的国际团体。

一踏上日本国土，两位日本朋友便迎了上来，护送他上了一辆大型轿车。他舒服地靠在轿车后座的丝绒椅背上，日本人则僵硬地坐在前座的两张折叠椅上。

“为什么你们不和我坐在一起？后面很宽敞。”

“不，你是一位重要人物。你显然需要休息。”

“对了，你会说日语吗？在日本我们都说日语。”

“我不会，但我希望能学几句。我带了一本日语字典。”

“你是不是定好了回国的时间？我们到时候可以安排轿车送你回机场。”

“决定了，你们想得真周到。”

说着他把回程机票交给了日本人,好让对方知道何时去接他。当时他并没在意,可是日本人就此知道了他的期限。

日本人没有立即安排谈判,而是让这位美国朋友花一星期游览了整个国家,从日本天皇的皇宫到东京的神社都看遍了,向他介绍日本的文化,甚至让他了解日本的宗教。每天晚上花四个半小时,让他半跪在硬板上,接受日本传统的晚餐款待。当他问及何时开始谈判时,日本人总是说,时间还很多,第一次来日本,先好好了解一下日本。

到了第12天,他们开始了谈判,并且提早完成去打高尔夫球。第13天,又为了欢送晚会而提前结束。第14天早上,正式重新开始谈判,就在谈到紧要关头时,时间已不多了,要送他去机场的轿车到了。他们全部上车,继续商谈,就在轿车抵达终点的一刹那,他们完成了这笔交易。

你知道美国朋友的收获了吧。多年以后,他的上司每次谈到此事时总是说:"日本人获得了自偷袭珍珠港后的第一次大胜利。"

美国朋友惨败的原因就在于对手知道了他的期限,并很准确地预料到他绝不会空手而归。另外,他毛毛躁躁的表现,使别人一眼就看出他不会改变返程的航班日期。

即便是最有经验的谈判者,也要谨防掉到类似的陷阱里。谈判时应当保持镇静,等待有利的时机予以反击。一般说来,有耐心的人必定会有所回报。当你不知道要做什么时,你就什么也别做。只有保证你必定得到利益时,才能采取快速的行动。如果你不能很快地得到很好的结果,就要不屈不挠坚持到最后,要知道对方同样面临期限问题。

CASE 案例 主动制造时间限制

有位保险公司的承办人在接待一个保险索赔人时,态度十分热情,一口答应了对方提出的索赔请求,并告知对方自己星期天要去度假,让他马上把全部索赔资料找来,保险公司会立即查清结账赔偿的。索赔人因担心这位承办人去度假,就按对方的要求,仓促地把全部索赔资料送到保险公司。但那位承办人接过资料却说:"哎呀,这么大的赔偿数目已超过我的职权范围,我得向上级请示一下。"等他请示上级回来,竟改口说:"领导只同意赔偿其中的一半,原因是你提供的资料有很多不实。我马上要去度假了,你看要么接受保险赔偿金,要么先搁置起来,等我度完假再说。"索赔人听后无可奈何,后悔莫及。他为了赶送这批资料,忙了一夜,不料露出了不少破绽,让对方抓住了把柄,只好答应了承办人的条件。其实,保险公司承办人根本就无意度假,只是利用了选择时间的策略,借助一个虚假的时间限制,强迫对手在来不及准备的情况下仓促应战,从而赢得了这场谈判的成功。可见,提出时间限制,对于尽快达成协议、尽快签约不失为一种非常好的策略。

12.2.8 识破低价诱惑

在商务谈判时,我们决不能只看表面上单价,在单价以外还有质量等许多因素要考虑。有些卖主就专门以低价来诱惑买主购买,其真正目的是以降低品质或增加额外费用来赚取更多的钱。

交易往往是这样实现的:卖主先以低价标出合约,给买主以特别合算的感觉,这时买主就会到处打听，主动上门。但是待交易结束以后，买主就会发现产品的改变，零部件的更换与搭配和连续不断的维修保养等方面付出的远远超出意料。这种不断的改变会给卖主不断地创造利润，使卖主赚到更多的钱。典型的计划或工程经理常常因为预算的原因而选择最低底价的卖主，但到最后，却必须付出许多额外的费用来改变、修理、装配所购的产品或工程。这种低价诱惑对那些不知道自己需要的买主特别有效。

买主有时也采取同样的方法来诱骗卖主。他们口头上许诺根本无法实现的大批量订货，然后再要求降低价格，对质量提出近乎苛刻的指责等，目的是让卖主上钩，再把线收紧使卖主就范。

在与外商的谈判中，我方经常陷入对方的圈套。因为我方谈判人员一般都非常注意商品的单价，而很少考虑其他方面的问题。这方面的教训是很多的，如我们采购了一大批多种花色品种的工厂设备和机器，已使中国积累了一批品种规格等互不一致的机器设备，用这些机器设备制造出一批品种规格等互不一致的产品。我们在过多考虑产品单价的同时，却没有考虑标准化等一些长期问题，留下了很多后遗症。

中国人在采购或赊购设备时，习惯于倾向两个变量即单价和基本利率，而对于与价格有关的交货速度、服务水平、数量折扣等方面却很少考虑。

因此，在对外经济贸易谈判中，对卖方提供的价格要进行详细分析，要求卖方详细地说明其价格的构成，列出价格明细表，不要冲动地接受并不需要的交易或并不合适的产品，应从多方面加以考虑，揭穿对方低价诱惑的阴谋。一旦发现上当受骗，要及时处理，如果可能，应不惜为了避免更大的损失而停止交易。要知道低价一定是有原因的，没有甘愿吃亏的商人。

12.2.9　勇于认错会转危为安

俗话说，“金无足赤，人无完人”“智者千虑，必有一失”。谈判人员虽然都很精明，但是在复杂的谈判过程中，气氛紧张，头绪繁杂，难免会出现一些差错。这些都是正常现象，问题在于如何对待错误。如果你能诚实地、急切地、热心地承认错误，会收到惊人的效果；否则，如果你还矢口否认，或为自己辩护，则反而会失信于人。

任何人都愿意与诚恳、值得信赖的人打交道。能承认自己的错误说明你有魄力，敢作敢当，有足够的自信和勇气，从一这点看应该是值得信赖的。如果你存有侥幸把自己的错误之处掩盖起来，那么就有可能毁坏你的形象和声誉。精明的对手会揪住你经不起打击的地方提出异议，你就站不住脚，只好敷衍塞责。

为挽回错误造成的影响，谈判人员应主动承担责任，向对手诚恳地道歉。在承认错误时，应强调错误点，而勿谈及其他，更不要扩大影响。同时坚持已谈过的问题的立场，在以后的谈判中保持谨慎的态度。若能抓住对方的错误之处，就可以相应的方法予以处理，如果对方态度不错，可以更高的姿态对待；如果对方态度欠妥，则可以牙还牙。

作为谈判人员，应该重视信誉，不要只爱面子。但承认错误也需要技巧，详细地描述自己的不足只会削弱你在谈判中的地位，使对方觉得你已没有资格作他们的交易对象。正确的方法应该是实事求是地承认错误，并强调你的强项要远远多于这些弱项。对有利于你或不利于你的各有关事项应有所取舍，避重就轻。

要运用好这种技巧,必须做好事前判断,看哪些因素是对你不利的,哪些方面是对你有利的;然后再对症下药,确定你所要强调的是什么,所要避开的又是什么。只有这样,才能达到承认错误,转危为安,重振雄风的目的。

12.2.10 尽力推销自己的观点

谈判的过程,实际上就是推销自己及产品的过程。在谈判开始之前,各方均有自己的一套观点,在交锋时通过不断地释放信息,对对方施加某种影响,双方观点不断磨合,最后形成一致观点,达成协议。

在这个过程中,谁都想说服对方接受自己的观点,但并不是总能达到这个目的。有时甚至适得其反,不但没有说服别人,而且被别人说服,无可奈何地放弃自己的观点。这主要是由于你还没有掌握推销自己观点的诀窍,或者是你的观点太不切合实际了。如果是后者,则应自己反思,要综合各方面的情况,对自己的观点进行矫正。由于这种原因改变了观点,还不能算是失败;如果是前者,即观点合情合理,由于方法不对头,而败给了对方,那就有些可惜了。下面几点将告诉你如何有效地推销自己的观点。

(1) 多注重对方的发言,抓住要点。当对方表现自己的观点时,你尽量保持沉默倾听。最好能抓住关键问题,听出破绽,衡量各种机会,精确地判断对方讨价还价的地位,以便为推翻对方的观点、推销自己的观点找论据。

(2) 自己说理时,要说到点子上。正确选择谈话的场合,在说明情况时不宜太长,要有条理,突出重点,把自己充分有理的观点亮在明处,使对方难以推倒。

(3) 在对方话没说完时,不要打断对方。那样做会令对方生气,产生敌意,阻碍意见的交流。待你发表意见时,他也会刁难你。

(4) 不要太好争论。人们往往尊敬说话温和的人。态度粗野、出言不逊只能使对方产生抵触情绪而变得更加固执。这样无法改变对方意见,只会招致相反的效果。说话温和的人却可以得到对方相同的回报。

(5) 不要急于表露自己的观点。一般来说,最好先让对方表述他的观点,再发表你的意见,这样能占据主动。

(6) 避免脱离主题。为了不致离题太远,可以先讨论重要问题,把不太重要的问题先放到一边。也可暂时休会,延后讨论,调整讨论的方向。如果对方离题太远,也有必要提醒对方。

(7) 礼貌地重复对方的观点。通常人们都喜欢被人了解,当你了解对方的目的和处境后,再复述一遍。这能帮助你更加注意地听,使用他的话说出你自己的观点。

(8) 不要迎面反对对方的观点。如果你不赞成对方的某个观点,又不好正面回答,则可用一些非常概括、非常原则的话予以回答,模棱两可地从侧面给对方一点暗示。只要对方是明智之人,就可收到很好的效果。

请记住,人们大多愿意保持合作态度,不愿意彼此冲突。上述几点能帮助你朝这个方面前进,并且让对方接受你的观点。

12.2.11 寻找临界价格

在谈判中买主想知道卖主的最低出让价,卖主想知道买主的最高接受价,以便判断

出一个双方都能接受的临界价格,所以要运用一些技巧从对方口中探听出来。下面一些技巧能有效地帮助你,买主可从下列方面着手:

(1) 以假设试探。假设要购买更多或额外的东西价格是否能降低一些。

(2) 低询价试探。买主先告诉卖主他没有那么多钱来购买这幢房子,但出于好奇想知道,这幢房子现在能值多少钱。没有防备的卖主会毫无保留地说出来。卖主做梦也没想到这个人是真正存心要买这幢房子,不久买主就来和卖主议价了。

(3) 派别人试探。先让另一个人出低价来试探卖主的反应,然后真的买主才出现。

(4) 规模购买试探。对于只卖一件东西的卖主,买主可以提议成套购买。卖主会认为太荒谬,而说出许多不该说的话,从而使买主知道卖主真正愿意接受的价格。

(5) 低级购买试探。买主先提出购买品质较差的产品,再设法以低价购买品质较好的产品。

(6) 可怜试探。表现出对卖主的产品很感兴趣,但资金有限买不起。看卖主能否出个最低价。

(7) 威胁试探。告诉卖主,就是这个价,否则就算了。

(8) 让步试探。买主提议以让步来交换对方的让步,然后再以此为起点继续商谈。

(9) 合买试探。买主先问卖主两件产品多少钱,再问其中一件多少钱,然后以这个差价为基础商买第二件产品。

卖主可从如下几个方面着手:

(1) 请你考虑试探。卖主先出一个较高价,以此来观察买方的反应。

(2) 诱发试探。卖主说以前买主以这个价格成交过,买主如果说他也想以这个价格成交,卖主就心里有底了。

(3) 替代试探。卖主先提出某些没有的东西,来询问买主愿意付出的价格,然后代之以另外的东西求得高价。

(4) 告吹试探。卖主对于买主的出价表示十分惊讶,表现出显然无法做成交易的样子,然后问买主的最高出价,作为以后交易的参考。

(5) 错误试探。卖主先出低价来引起买主的兴趣,再假装发现一个错误,撤回低价。

(6) 开价试探。卖主先和买方谈好交易,经过好好考虑后再将价钱提高。

(7) 仲裁试探。以强硬办法逼买主让步,谈判破裂亦无妨,再请第三者来仲裁。

假如各种方法都用过了,还试探不出对方的真实意图,就直接询问,开门见山,互相摊牌。有时这样反而痛快,可以加速成交的进程。

CASE 案例 试探式递进谈判:挖尽客户的潜力

康德公司是一家专业生产和销售饮料的公司,公司的实力不错,目前主要销售市场是安徽,华东其他各区域也都有零散的销售。公司两年以前就进入了江苏市场,由于对所有客户采取的是“ 口价”买断的方式来经营,没有严密的分销网络,市场投入也很少,年销售额只有200 万元左右。

今年公司决定重新整合江苏市场并建立完整的分销网络,总部给江苏市场下达了 2 000

万元的销售目标。从200万元一下跳到2 000万元,使得原本觊觎江苏区域市场的众多销售经理都知难而退。康德公司区域经理梁振球在其他“封疆大吏”纷纷推脱的情况下自告奋勇走马赴任江苏区域经理。

在拟订了新的市场推广计划并确定了合理的费用预算后,如何在各县找到合适的代理商,并签订有把握的目标量就成了完成江苏市场整体目标的关键。针对不同的客户采取不同的谈判方式并能达成签订较高合同额的共识是梁经理敢于接手江苏市场的真正原因,以下是其中一个很典型的代理商合作谈判案例。

梁经理按照预先的约定拜访了兴化市(县级市)的客户之一王老板。王老板是康德的客户,以前从康德以现款买断货后就加点利润批发给终端或直接零售,去年共销售康德饮料20万元(其他品牌饮料150万元)。双方寒暄之后立刻进入了主题。梁经理首先对王老板几年来对康德的支持表示感谢,并详细介绍了公司新的发展规划以及做好江苏市场的坚定信心。王老板听到此,眼睛一亮希望能成为康德公司兴化市的代理商,于是接下来的话题就围绕目标量和厂家的条件展开了(以下仅是精选的部分谈话内容)。

梁经理:王老板,你以前仅仅是我们公司在兴化的客户之一,合同也未签,每年可以销售康德饮料20万元。假如我们正式授权你为我公司的代理商,享受代理商供货价,你可以完成多少销售额?

王老板:40万元应该没问题,只是担心市场的窜货。

梁经理:我们有统一的市场价格和管控体系,不会发生价格混乱。关键看同一地区代理商之间的默契,不能搞恶性竞争。

王老板:我希望能成为你们在兴化的独家代理商,这样市场不容易乱。

梁经理:我知道你的终端客户很多,但我们公司对独家代理商有很高的要求,像兴化市这样的市场,40万元肯定是不行的,且成为我们的独家代理商必须主推我们的产品。

王老板:那就60万元吧,我是兴化的总代理。

梁经理:你去年所有饮料销了170多万元,你认为代理康德产品还有其他哪些因素影响你的销量提升?

王老板:由于是现款从你们公司提货,所以不敢多进货,怕卖不完压仓库;但有时容易缺货,而丧失了一些机会。

梁经理:假如你不用担心库存风险,你能增加多少销售额?

王老板:七八万元应该可以。

梁经理:行,你最后一批进货所产生库存的70%由我们公司承担,但你必须承担退货的运费。你的销售目标就按70万元算。还有其他阻碍因素吗?

王老板:饮料的季节性太强,厂家经常调价,如果降价而厂家不补差价我们就会遭受损失。如果厂家能补差价,我们就无后顾之忧了。

梁经理:但你必须增加5万元销量,我承诺100%补差价。其他还有什么能增加你销量的办法?

王老板:我个人能力有限,特别是终端推广方面,如果你们能经常过来指导或帮助我进行终端客户的谈判和管理就好了。

梁经理:由于你这里是重点市场,我们今年专门派了一名业务经理负责泰州地区(含兴化市、泰兴市、泰州、靖江市、姜堰市),帮助代理商开拓和管理终端客户并做好市场推广工作。

但同样，你要增加 5 万元销售额哦！

王老板：还有什么优惠条件，都给我算了，最好供货价能再优惠一点。

梁经理：我们专门针对你这样有潜力的客户拟定了“大户奖励政策”。如果你能销售 90 万元，年终可以给你返利 5 000 元；达到 100 万元的返利 1 万元，再往上每增加 10 万元，增加返利 2 000 元，上不封顶。

最终双方以 100 万元的目标量签订了代理合同，且合同条款规定：如王老板完不成 100 万元的销售额，则只能享受 80% 的代理费(另 20% 代理差价作为年底完成目标额的返利)。显然，完成 100 万元的目标，王老板是很有把握了。

此外，虽然公司答应承担最后一批进货所产生库存的 70%，但由于王老板也要承担 30%，且还需承担运费，因此对王老板而言压力不小，不会轻易地放松库存管理。只要康德公司的业务经理做好常规的客户拜访并随时关注客户的库存与市场需求情况以适时调节，发生退货的可能性就很小，即使发生也是微乎其微。

就这样通过一系列的技巧性谈判，整个江苏区域代理商的合同目标额共计 2 300 万元，如果再加上直营的几家商场，只要在执行中不出现大的失误或异常，梁经理完成 2 000 万元的年度目标看来问题不大了。

资料来源：周春兵. www. emkt. com. cn.

12.2.12　友谊地久天长

人们总是愿意和自己信得过的人打交道。如果你有很高的声誉，就可以不需讨价还价而取得讨价还价的优势地位。那要靠什么来获得声誉呢？最好的途径就是在别人需要帮助的时候施以援手。这样可以获得用金钱买不到的忠诚的友谊。

有些谈判者总想欺骗对方，甚至对对方进行人身攻击，其目的是摧毁对方的自信，使对方处于被动挨打的地位。这些办法也许在短期内可以奏效，但不尊重他人的人也得不到他人的尊重。故意攻击对方的自尊心是很危险的，经常会招来一种暴烈的无法估量的反应，引起对方的反击报复。对于不讲道德的谈判者，不会有任何一个精神健全的人愿意与他们打交道。一次的成功会使他丧失许多将来成功的机会，得罪了对方一次可能就会永远失去这个合作伙伴。

所以正确的方法是唤起人们的友谊。如果你的个人品质被别人喜欢，将会有利于讨价还价。在两个彼此欣赏和信任的谈判专家之间传递的信号是很容易被理解的。

CASE 案例　友谊的重要性

哈利斯先生深谙友谊地久天长的道理，通过不断地帮助处于困境中的人，在当地赢得了极高的声誉。

有一位年轻人失业后自己办了一家公司，但几乎没有任何业务。正在他灰心丧气之时，他接到了哈利斯先生的电话，请他承接一项业务，并让他做好详细计划，把账单拿去。在此之前，哈利斯先生只是在公共社交场合跟他谈过话。

他把账单拿过去后，哈利斯先生简直都不看上一眼，就吩咐秘书给他开了一张支票，作为预付账款。

哈利斯先生之所以这样做,主要因为这位年轻人需要帮助。这种帮助一直延续到他不需要帮助为止。用同样的方法,哈利斯还帮助过许多处于困境中的人。这些人无不为之感动,患难之中最见忠诚,他们永远也不会忘记哈利斯先生。一旦哈利斯需要他们的帮助,他们会尽一切努力加以报答。

凭这点,哈利斯被视为当地最信得过的人。他得到最佳的质量、最好的价格、最好的交货,你根本用不着担心会由于他拖欠付款而蒙受损失。如果在交易中,你要价太高,他会满足你一次,但以后你别想再从他那里得到生意。事实上,许多人为了和他做生意,宁愿少赚些利润。

由此可见,作为一名谈判者,保持正直与爱心是多么重要。如果你希望别人关心你,那么你首先要关心他人。但愿所有的谈判人员都携起手来,共唱友谊地久天长。

思考题 QUESTIONS

1. 常见的谈判策略有哪些?
2. 吊筑高台策略和抛放低球策略的区别何在?
3. 运用红脸白脸策略应该注意什么问题??
4. 浑水摸鱼策略与故布疑阵策略有何区别?
5. 运用欲擒故纵策略应该注意什么问题?
6. 疲劳轰炸策略和走马换将策略有何区别?
7. 常见的谈判技巧主要有哪些?
8. 怎样利用漏斗方式获取更多的信息?
9. 作为买主和卖主分别应该如何寻找临界价格?

案例讨论 Case discussion

谈判实录:新任区域经理"削藩"奇谋

重庆市天然气储量巨大,燃具市场容量大,华帝在重庆的销售额上亿元,连年代、山城这些区域品牌的年销售额也近 4 000 万元,而且有近百家杂牌军也活得相当滋润。相比之下,知名品牌千喜燃具在重庆的销售却异常惨淡,每年不过区区千万元。千喜公司频频调整却不见起色,其总经理助理洪飞临危受命接管重庆市场。

洪飞知道,这个烫手的山芋不是那么好吃的。

新官上任,市场上先走一走

飞抵重庆,顾不得喝总代林老板的接风酒,洪飞便马不停蹄将整个重庆市场走了个遍。总结问题如下。

(1)近年来,千喜公司由于战略发展的需要,在重庆市场以销量为主导,操作粗放,遗留了一些历史包袱。

(2)区域销售人员不稳定,工作不务实,销售、终端等工作流于形式。销售人员的想法都是:"反正很快就会调走,何不先压货捞政绩,回头总部自然会派人来收拾残局。精耕细作,自己栽树,别人乘凉,傻瓜才干呢。"

(3)经过七换八换,优秀的经销商改做其他品牌了,留下的经销商资金和能力都比较弱。比如林老板,就是前任经理迫于无奈从下面城区的经销商中提上来的,资金、能力都有限,加上经验不足,外围市场做得很不理想。

代理商能力弱是当务之急,那么要不要拿掉林老板呢? 虽然能找到新的代理商,但此时对渠道动大手术,无疑会引起大震荡,元气大伤。

因此洪飞决定实行"分而治之"策略:将重庆外围区县市场从林老板手里剥离出来,另行寻找合适的代理商(在考察重庆外围市场时,已有两家代理商表达了接手意向),并在前期由分公司运作市场。

"削藩"触动总代利益,肯定会有抵触。如果总代捣蛋,区域销售工作就更难开展了。对于如何让林老板乖乖地交出重庆外围市场的代理权,洪飞颇伤脑筋。

调查:知根知底

林老板——林忠,男,38 岁,拥有宇宙电器公司,10 年行业经验,千喜公司老经销商,能力一般,没有长远理念,曾是当地政府某部门的核心领导,性格耿直,面子观念强,很难听从别人的建议,沟通难,合作态度不好。

万事谋定而后动,贸然行动只会打草惊蛇。洪飞利用工作交接之机,悄悄完成了以下调查:

(1) 对宇宙电器公司盘库,掌握了库存、主推机型、价格等信息,同时了解其资金流向。

(2) 调查主城区卖场,准确掌握林老板在卖场的资金代垫情况,同时对网点开发、建设以及各网点盈亏等情况也了然于胸。

(3) 走访二级经销商,了解林老板给予二级经销商的政策,掌握了区域乱价的有效证据。

(4) 通过各种渠道了解了宇宙电器公司的经营状况及其各种费用比例。

打开僵局

终于和林老板面对面坐在了一起,林老板似乎知道些什么,黑脸绷得紧紧的,阴沉得吓人。

"林总与我们公司的合作,已经 9 年了吧? 我在总部可就听说林老板的威名了,说您做事特别有魄力,有一次区域差几十万回款,都是您给垫的款呀! 够意思!"洪飞试图打破空气中剑拔弩张的气氛。(紧张的气氛往往会使谈判双方神经紧张,一旦意见不合,会在情绪上强烈反弹,容易导致谈判破裂。投对方之所好,比如恰到好处地称赞其颇为自得的事迹,可起到缓和作用。)

林老板扯着脸皮笑了一下,鼻子里冒着冷气,"洪经理也不简单嘛,来了重庆连我林某人的酒也不肯赏脸喝一杯就下市场了。也不先和我打个招呼,也好安排人接待一下嘛! 这些天日夜奔波,洪经理辛苦了吧?"(林老板话里带刺,态度极不友好,表明他对洪飞调查二级区域市场一事非常敏感。)

“呵呵,林总言重了。我不过是对重庆的现状比较着急,做事认真一点,希望可以早日扭转被动局面嘛。相信林老板也不会希望总部派来一个只会吃喝玩乐的家伙,对吧?”洪飞装作听不懂林老板的言外之意,不轻不重地反将一军。

“这个嘛,自然是这样的了,洪经理能力越强,对我们的生意当然越是有利。不知道洪经理看了市场有什么想法呢?是不是像传言的那样,要拿掉我?”林老板有些不自然,不由得欠了欠身。(被洪飞反刺了一下,林老板明显坐不住了,从其迫不及待地问的问题来看,他心里是舍不得合作破裂的。)

“撤掉你?谁说的这话?”虽然是洪飞事前故意露的口风,此刻他却装作很惊讶,“虽然林总与我们合作最近不是特别愉快,但原因是多方面的,我怎么可能不分青红皂白就撤掉你的总代资格呢?”(散布流言,虽然不大地道,但往往很管用。)

“原来没有这回事儿啊!”林老板脸上放松了一些,“我也觉得不可能,我和千喜公司都合作9年多了,功劳说大不大,可也说小不小了。呵呵,洪经理,你说说你想怎么干吧?”

“市场肯定会有一些新的调整,不过我想先听听林老板对市场的看法。”洪飞还是按兵不动。(谈判时一定要沉住气,尽量让对方先说,对方的抱怨透露出的信息往往有利于自己把握谈判尺度和节奏。)

“唉,现在是做一天亏一天啊,这样下去,这点老本迟早得亏完!核销的费用你们又迟迟不到位,资金代垫、库存也越压越多,公司这么大的盘子,每个月发工资都压得我喘不过气来。”林老板开始了长篇累牍的抱怨。

“洪经理你也知道,现在卖场越开越多,但市场就这么大的量,无非这个碗倒到那个碗。你们与各大卖场都签了大合同,非进不可,这不是无形加重了我们的费用吗?而且重庆现在这么少的量,你们的政策是规模上不去,费用就核销不了,怎么撑得下去嘛!”

“洪经理,你看一下华帝、美的,就连山城、年代这些区域性品牌,也都是广告多、促销多、赠品多。重庆是个零售市场,这些品牌在重庆市场都有特殊照顾,而你们还是全国一盘棋,政策僵化,操作单一,我们日子真是难啊!”

林老板说完有些气息不匀,重重拍了一下沙发扶手,明显激动起来。

提出方案

“听林总一说,我都觉得千喜公司一无是处了,呵呵。但是,林总你可是千喜公司的老经销了,要是做千喜一点好处没有,你还能亏着本做9年?”洪飞顺着对方的话反击一下。

“而且,林总,据我了解,华帝、美的和我们政策都是差不多的,只不过他们在重庆已经有一定规模了,因此总部给予的资源多一点。而且,人家总代自己也投了非常多的费用进行促销、推广等,比如华帝的总代刘伟。”

“你想一想,只有量上去了,总部的支持力度才会更大,营销费用才会更多,这是每个企业的通策。千喜这么大的品牌,你在重庆还没有做到刘伟的十分之一,你觉得总部可能给你大的支持吗?”洪飞最后又重重地强调了一下。(火候已到的时候要会示强,此时借用第三方力量可以有效地打击对方,并迅速打开缺口。)

林老板尴尬地笑了笑:“当然我们自身也需要做出一些改进,但这个过程需要你们的支持与合作啊!”

“林总,你与千喜公司合作了这么多年,政策可能你比我还要清楚,有些事情不是你我能改变的。所以也不要抱怨,想办法先把市场做起来,有了销量什么政策都好说。重庆市场潜力大,千喜品牌并不弱于对手,我们不说超过他们,两年内做到他们一半的销量总是可能的吧！关键就看我们有没有去做,怎么去做!”(抓住对方的要害,以自己的逻辑影响对手思维,同时语言上要善于利用激将等多种方法。)

“这么说来,洪经理是胸有成竹了？我也想看看你这新官上任的头把火要怎么烧。”

“林总,从重庆的现状看,办法有两个。一是市场交给我们来操作,宇宙公司所有人员除仓管与会计外,其他人我有人事任免权。我保证每月给你投资额 3 个点的利润。林总不是说做千喜品牌做一天亏一天吗？我就要证明做千喜品牌是不会亏的。如果公司不同意这种做法,风险我来担。二是对重庆市场‘分而治之’。外围区县市场由其他有条件的经销商来代理,以后林总你就全力提高主城区卖场的销量。”(洪飞利用“预制选择条件”给林老板设置了一个“非此即彼”的选择机关。一般在这种情况下,谈判对手往往会选择相对有利的方案。)

急转直下

“看样子是我错了！我还以为洪经理是真心实意来帮我林某人呢。你这不是明摆着削我的‘藩’,夺我的权,要架空我吗？这种‘嘴里叫哥哥,腰里掏家伙’的做法,不地道！要我选的话,我两样都不选!”林老板怒气冲冲,说话一点儿也不客气,典型的重庆人炮仗脾气。(事起突然,洪飞也想不到林老板说翻脸就翻脸,中间居然没有一点过渡！此时如果找不到有效的办法,谈判会陷入僵局甚至不欢而散,那么以后的工作可就难做了。)

“林总,你平静一下,不要认为我是来与你为难的。你细细考虑过没有:第一,现在整个重庆销售额才区区千万元,无论你和我怎样争取,都不可能在总部获得更多的政策支持;第二,随着卖场扩张,你的资金能支撑得了吗？要是资金链一断,问题可就大了;第三,现在外围市场你根本无暇顾及,市场全是在自然流通,很多二级都不愿和你合作,云阳张总、开县刘总,还有酉阳的王总冒着处罚风险到湖南去拿货,为什么？第四,今年公司对重庆战略调整,销售任务比去年翻了一番。你想一想,这么大的压力,不找别人分担一下,你能吃得下吗？能赚得到钱吗？这不是面子问题,也不是意气之争那么简单,洪某人句句真诚,林总你一定要好好掂量一下啊。”

洪飞语气诚恳,双眼注视着林老板。只见林老板脸上阴晴变幻不定,洪飞不由得心里直打鼓:如果林老板官老爷脾气发作,要拼个鱼死网破,那可如何是好？

沉默,令人难堪的沉默,一分钟,两分钟,凝固的空气几乎让洪飞失去了继续等待下去的信心。

柳暗花明

“我承认你说的有一定道理。”林老板终于说话了,“但是我为千喜公司打拼了这么多年,总代说撤就撤,别人会怎么看啊？这件事我还是觉得你做的不地道！还有,虽然任务增加了,但我觉得只要力度够、操作好,我也可以完成!”

洪飞差点儿笑出声来,原来沉默了半天还是为了面子问题,公务员出身果然“与众不同”。可以满足一下他的虚荣心,但却不能拿公司的市场来开玩笑。

"林总,其实千喜公司还要感谢你呢,当初要不是你升任总代,善于动用公共关系,在卖场也不会有今天良好的增长势头。"洪飞顿了一顿,"但是,我们都知道,林总你的优势就是在主城区卖场,重庆周边区县情况你都不熟悉,劳心劳力还没利润,何苦呢？你要不信,我给你分析一下:

(1) 资金压力与任务压力。你现在仓库压了60万元货;卖场样品铺货30万元;卖场代垫资金(进场费、网点建设费用)30万元;卖场货款(不包含特价机/半年一结)60万元;加上流动资金与运营费用20万元,总共200万元左右。

200万元资金运作市场已有些紧张,而且林总你要知道:如果不是重庆有个中转仓,首先你备货就不足;其次如果卖场隔月付款不及时,你的任务就完不成。而且,现在卖场拼命扩张,销售任务又增加了,所以不管从资金还是任务上考虑,你只做卖场都非常紧张,还有资金和精力投到外围区县吗?

(2) 我们再来算一下费用。根据千喜政策,做卖场你有20个点的费用空间,主城区以800万元销售额算,有160万元费用支撑,在这160万元费用中,你要承担以下费用。

售后3个点、进场费5个点(完成任务后各一半)、网点建设费3个点(完成任务各一半)、公关费0.5个点、人员工资(业务员提成、差旅费等)3个点、办公费用0.5个点、办公场所和仓库租金1个点、推广费用(促销员提成、赠品费用等)3个点、物流配送费1个点,这还是比较保守的计算。

由此可见,你的利润来源于千喜公司核销的进场费和网点建设费共4个点,纯利32万元左右,但这要在完成任务的前提下才能核销。据我了解,林总好像还有30万元左右进场与网点建设费,一直没有核销吧？也就是说,今年你还基本没赚到钱。"

林老板被他的分析击中了要害,听得非常认真。洪飞顿了一下,喝了点水,继续侃侃而谈。

"你在外围市场高价向下游走货,且不说这是违规操作,高价走货,下游意见大,销量肯定会下滑,市场也会越做越小。外围我们就按一年350万元销售额计算,毛利8个点,总毛利在28万元左右。

如果你放弃外围区县,表面上看损失了28万元利润,但你节省了15万元左右人员工资,而且减少了外围的物流配送,办公费用也可以减少一些。这样算来,其实并没有亏多少。

重要的是,你放弃了外围市场,任务降低了,反过来你全力做卖场,销量肯定会上升。而且大卖场肯定是我们公司重点扶持的渠道,只要完成了任务,核销费用、促销等政策肯定会向你倾斜。哪个方案你划算,林总你仔细想想吧!"(再花哨的语言技巧也比不上翔实可靠的数据分析。在谈判过程中,令对方心服口服的数据分析无疑是最强大的谈判武器。)

"想不到洪经理账算得如此清楚,细细想一下,你说的有道理,我的长处的确不在外围区县市场,我还是做主城区有优势。如果我全力做卖场,销量上升30%应该不成问题!"林老板终于同意了洪飞的观点,"想不到洪经理这么能干,只是到市场上走了几圈,就把我林某人的情况摸得一清二楚了,厉害,厉害!"

成功"削藩"

"最重要的一点是,你仍然是重庆市场的总代,外围市场的进货渠道仍然从你这里走，虽然返点低了些，但你什么都不用投入，算起来，还是非常划算。”洪飞抛出了最后一个诱饵。（在谈判进入关键时刻，可以抛出对谈判对手具有很大吸引力的最后诱饵，引导对手一锤定音。）

“真的啊？那就太好了！”林老板高兴得两眼放光，“如果这样的话，我坚决支持洪经理的方案！怕只怕洪经理和前几任经理一样，屁股还没坐热乎又调走了。”

“这次总部既然派我来重庆市场，就是铁心要把重庆市场做起来，林总，你就把心放到肚子里吧，哈哈。”

“哈哈，肚子，提到肚子，我的肚子倒叫起来了！”林老板爽朗地笑了，“走走走，洪经理，今天请你领教一下火辣辣的重庆火锅！”

经过几个小时的较量，洪飞终于成功说服林老板放弃了对重庆外围区县市场的操控权，最重要的是让林老板反生感激之情，为以后的市场合作打下了良好的基础。

资料来源：洪仕斌. 市场营销案例，2005，11.

讨论题：

本案例中，洪飞采取了何种谈判策略和谈判技巧？

第 4 篇

商务谈判实务

第13章 CHAPTER 13

合同签订及纠纷谈判

本章要点

- □ 合同的种类和形式
- □ 合同的订立
- □ 合同的一般条款

引例 脱硫改造合同纠纷

云南省小龙潭发电厂就6号机组脱硫改造项目于2002年跟丹麦史密斯穆勒公司签订了一系列脱硫改造合同。改造后检测结果显示，烟囱排放气体并未达到合同所承诺的技术指标。该电厂于2004年又与史密斯穆勒公司为此事进行交涉，要求对方进行经济赔偿。

索赔谈判前，我方在确认对方的责任方面进行了大量调研和数据收集工作。首先，咨询清华大学、北京理工大学等国内该领域的知名专家，在理论上对这一问题有了清楚的认识。其次，对改造后烟囱排放气体进行采样分析以及数据计算。最后，对比分析对方提供的石灰品质以及脱硫效率。根据调研结果，对照2002年原合同中的条款和参数，我方最终认定是史密斯穆勒公司的责任。

在索赔正式谈判中，双方在责任问题上各执一词，谈判出现了僵局。史密斯穆勒公司采取了"打擦边球"的策略，试图推脱责任，把赔偿金额压到最低。合同要求脱硫率是90%，脱硫率瞬间值达到了这一指标，甚至还高于90%。但我方要求的是长期值而不是瞬间值，对方试图以瞬间值逃脱一定责任，而我方则以平均值说明问题。我方经过长期统计，平均值仅为80%左右，远远没有达到合同要求。在脱硫剂石灰上，丹麦的国家制度规定石灰原料由国家提供，而我国则由企业自己提供。史密斯穆勒公司认为，脱硫效率低是我方未提供合适的石灰造成的,我方应负一定责任。

资料来源:http://zixun.iefang.com/news/20111111118045711534_1.html

合同是商品生产和商品交换发展到一定历史阶段的产物,合同制度是商品生产和商品交换经济关系在法律上的表现,是反映市场经济的一种法律制度。随着市场经济的发展,合同也越来越广泛地被采用。对于采用合同这一法律形式的企业来说,就面临合同签订谈判以及由此而产生的合同纠纷谈判等一系列问题,本章将就这一系列问题展开论述。

13.1 合同的种类和形式

当事人之间签订合同,是一种产生一定社会后果的法律行为;有效的法律行为必须遵循一定的原则和具备一定的条件。《中华人民共和国合同法》(以下简称《合同法》)对合同的种类、合同订立的程序以及合同的一般条款进行了规定,是商务谈判活动中必须了解的。

13.1.1 合同的种类

依据不同的标准,可以对合同进行不同的分类。在我国具有法律意义的分类有以下几种。

1. 双务合同与单务合同

双务合同是指当事人双方互负对待给付义务的合同,即一方当事人所享有的权利是另一方当事人所负有的义务,反之亦然。例如,买卖、租赁、承揽、运输等合同均为双务合同。单务合同则是合同当事人中一方负有义务,另一方不负有相对义务的合同,呈现出一方享有权利,另一方负担相应义务的架构。例如,一般的赠予合同为典型的单务合同。

2. 有偿合同与无偿合同

有偿合同是指一方通过履行合同规定的义务而给对方某种利益,对方要得到该利益必须为此支付相应代价的合同。有偿合同是商品交换最典型的法律形式,在实践中,绝大多数反映交易关系的合同都是有偿的。无偿合同是指一方付给对方某种利益,对方取得该利益时并不支付任何报酬的合同。

3. 有名合同与无名合同

有名合同,又称典型合同,是指法律上已经确认了一定的名称及规则的合同。《合同法》分则规定了买卖合同,供用电、水、气、热力合同,赠予合同,借款合同,租赁合同,融资租赁合同,承揽合同,建设工程合同,运输合同,技术合同,保管合同,仓储合同,委托合同,行纪合同,居间合同等15类有名合同。无名合同,又称非典型合同,是指法律上尚未确定一定名称与规则的合同。根据合同自愿原则,只要不违背法律的禁止性规范和社会公共利益,当事人可以自由订立无名合同。对于无名合同,《合同法》规定:"本法分则或者其他法律没有明文规定的合同,适用本法总则的规定,并可以参照本法分则或者其他法律最相类似的规定。"

4. 要式合同与不要式合同

要式合同是指依据法律规定或当事人约定必须采用书面等方式而成立或生效的合同，如《合同法》第 10 条第 2 款规定："法律、行政法规规定采用书面形式的，应当采用书面形式。"目前，非自然人之间的贷款合同、租赁期限在 6 个月以上的租赁合同、融资租赁合同、建设工程合同、技术开发合同、技术转让合同等都是法定要式合同。当事人也可以约定采用书面等方式，如合同书方式、公证方式等。不要式合同是指当事人订立的合同依法并不需要采取特定形式，当事人也未约定必须采用特定形式的合同。合同除了法律有特别规定或当事人另有约定的以外，均为不要式合同。

5. 诺成合同与实践合同

诺成合同，是指当事人一方的意思表示一旦为对方同意即成立的合同。诺成合同的特点在于当事人双方意思表示一致之时合同即告成立。绝大多数的合同都是诺成合同。实践合同则是指除了当事人双方意思表示一致之外，尚需交付标的物才能成立的合同。在这种合同中，仅凭双方当事人意思表示一致，还不能产生一定的权利与义务关系，必须在一方实际交付了标的物之后，才能产生法律效果。实践合同通常要根据法律的特别规定订立，因此实践合同是特殊合同。在学习与实践中，尤其要注意法律中关于诺成合同的规定。根据《合同法》，自然人之间的借款合同、保管合同都是实践合同，该法第 210 条、第 367 条分别规定："自然人之间的借款合同，自贷款人提供借款时生效""保管合同自保管物交付时成立，但当事人另有约定的除外。"

6. 有效合同、无效合同、可撤销合同与效力待定合同

这是按合同的效力状态不同所作的分类。有效合同是指具有充分效力、没有任何原因使之成为无效的合同。无效合同是指合同虽然已经成立，但因其违反法律、行政法规或公共利益而在法律上不产生合同的效力、对双方当事人均缺乏约束力的合同。可撤销合同是指合同本身并非无法律上的效力，但因合同具有瑕疵，有撤销权的人在一定期限内，有使合同失效、变更或继续生效的选择权的合同。在这种合同中，有撤销权的人如行使其撤销权，合同因之失效或变更。如果该人在一定期限内不行使撤销权，或者明确表示或以自己的行为放弃撤销权，则该合同继续有效。效力待定合同则是指合同虽然已经成立，但因其不完全符合有关生效要件的规定，因此尚未确定其效力能否发生的合同。按效力分类的合同，重要的问题是要正确确定各类合同的构成，以适用不同的效力规则。

有效合同必须满足下列三个条件：

(1) 合同当事人应当具有民事权利能力和民事行为能力。

(2) 订约当事人订立合同的意思表示要真实，必须出于主体的自愿，而不能是在违背其真实意思的情况下订立的。

(3) 合同不能违反法律与社会公共利益。一般的合同如符合上述条件依法成立则在成立之时生效。但是合同应办理批准、登记等手续的以及合同附约定生效条件、生效期限的则应在批准、登记时或条件成熟、期限届至时生效。

有效合同生效之后，对合同当事人就产生了法律约束力，当事人必须按合同的约定履行义务，否则可能要承担违约责任。

根据《合同法》的规定，下列合同是无效合同：

(1) 一方以欺诈、胁迫的手段订立,损害国家利益的合同;

(2) 恶意串通,损害国家、集体或第三人利益的合同;

(3) 以合法形式掩盖非法目的的合同;

(4) 损害社会公共利益的合同;

(5) 违反法律、行政法规强制性规定的合同。

值得一提的是,对于一方欺诈、胁迫另一方订立的合同,《合同法》既没有完全采用可撤销说,也没有完全认定其为无效合同,而是将其中损害国家利益的合同定为无效合同,除此之外的其他这类合同定为可撤销合同,其效力由当事人决定。无效合同有全部无效与部分无效之分,如果合同部分无效,则不影响其他部分的效力,其他部分仍然有效。无效合同自始无效,但其中独立存在的有关解决争议方法的条款仍然有效。无效合同致使当事人受损失的,适用过错责任。

可撤销的合同由《合同法》明文规定为三种:第一种是因重大误解订立的合同;第二种是在订立时显失公平的合同;第三种是以欺诈、胁迫手段或乘人之危使对方在违背真实意思的情况下订立的合同。可撤销的合同其实质是对一方当事人显失公平、违反了公平的法律原则。但是可撤销的合同不能强制撤销,其撤销权属于可能受到不公平待遇的一方当事人。当事人可以选择变更或撤销合同,由人民法院或仲裁机构作出裁决。撤销权的行使有一定期限,具有撤销权的当事人自知道或应当知道撤销事由之日起一年内没有行使撤销权或者知道撤销事由后明确表示或者以自己的行为放弃撤销权的,撤销权消灭。

效力待定合同是生效要件有瑕疵的合同,其效力须进一步确定。这类合同又可具体划分为以下三种:一是无行为能力或限制行为能力人依法不能独立订立的合同;二是行为人没有代理权,超越代理权或者代理权终止后以被代理人名义订立的合同;三是无处分权的人处分他人财产的合同。

13.1.2 合同的形式

《合同法》第10条规定:"当事人订立合同,有书面形式、口头形式和其他形式。法律、行政法规规定采用书面形式的,应当采用书面形式。当事人约定采用书面形式的,应当采用书面形式。"根据这一规定,合同形式可以分为书面形式、口头形式或其他形式。

1. 书面合同

书面合同是指当事人采用书面文字表述方式确定相互之间权利义务关系的协议。《合同法》第11条规定:"书面形式是指合同书、信件以及数据电文(包括电报、电传、传真、电子数据交换和电子邮件)等可以有形地表现所载内容的形式。"书面合同是当事人双方意思表示一致的书面记载,它通过文字条款形式体现着合同内容,完整地反映了当事人的权利义务关系。

某些书面形式的合同往往有主体和附件之分。主体是指载明合同主要条款和一般条款的合同书或者信件、电报、电传等。附件是指说明合同主要条款的图表或者文字,如与履行合同有关的可行性论证报告、操作规范以及有关图纸、表格、照片等。附件也是合同的重要组成部分。

当事人采用合同书形式订立合同的，自当事人双方签字或盖章时合同成立。当事人是法人或是其他组织的，应在合同上加盖单位公章或者合同专用章，并由法人的法定代表人、其他组织的负责人或者他们授权的其他人签字；当事人是自然人的，应由其本人或者其代理人在合同上签名。

2. 口头合同

口头合同是指当事人用口头语言为意思表示，通过对话方式确定相互之间权利义务关系的协议。口头合同包括以电话和交谈等形式订立的合同。凡是法律、行政法规没有规定采用特定形式，当事人也未作特别约定的合同，均可以采用口头形式订立。但是，由于口头形式缺乏书面文字依据，一旦出现纠纷，难于举证，不易分清责任。

3. 其他合同

其他合同是指当事人并非或者不完全以书面文字表述或者以言语对话方式为意思表示，而是通过其他方式确定相互之间权利义务关系的协议。合同的其他形式可以由法律直接规定或者由当事人约定。

13.2 合同的签订

合同签订是商务谈判中常见的一项内容，谈判者必须了解《合同法》对订立程序的规定以及对合同内容的规定，才能保证所签订的合同受到法律的保护。

13.2.1 合同订立的程序

合同订立是指当事人之间就合同的主要条款进行协商、议定，最终确定和认可其内容的过程。《合同法》第 13 条规定："当事人订立合同，采取要约、承诺方式。"因此，合同的订立包括要约和承诺两个阶段。

1. 要约

要约是指希望和他人订立合同的意思表示。要约的特征表现为以下几方面：第一，要约是以订立合同为目的的意思表示，表现为要约人主动要求与受要约人订立合同；第二，要约的内容具体确定，即要约的内容应当包括合同得以成立所必需的条款；第三，表明经受要约人承诺，要约人即受该意思表示约束，要约一经受要约人接受，合同即可成立。

根据《合同法》的规定，在要约生效前，要约人可以通过撤回的方式阻止要约生效，使尚未生效的要约不生效。撤回要约的通知应当在要约到达受要约人之前或者与要约同时到达受要约人，即撤回要约的通知应当不迟于要约到达受要约人。而且，在要约生效之后受要约人发出承诺通知之前，要约人可以通过撤销的方式使已经生效的要约不再继续生效，即撤销要约。但是，撤销要约的通知应当在受要约人发出承诺通知之前到达受要约人。需要注意的是，根据《合同法》第 19 条规定，有下列情形之一的，要约不得撤销：①要约人确定了承诺期限或者以其他形式明示要约不可撤销；②受要约人有理由认为要约是不可撤销的，并已经为履行合同做了准备工作。

此外，根据《合同法》第 20 条规定，导致要约失效的情形有：①拒绝要约的通知到达要约人;②要约人依法撤销要约;③承诺期限届满,受要约人未作出承诺;④受要约人对要约的内容作出实质性变更。

2. 承诺

承诺是受要约人同意要约的意思表示。承诺是针对要约的回应,因此,承诺的特征表现为以下几个方面:第一,承诺应由受要约人作出。第二,承诺是由受要约人向要约人作出的。第三,承诺的内容应当与要约的内容一致。受要约人对要约的内容作出实质性变更的,为新要约。有关合同标的、数量、质量、价款或者报酬、履行期限、履行地点和方式、违约责任和解决争议方法等的变更,是对要约内容的实质性变更。承诺对要约的内容作出非实质性变更的,除要约人及时表示反对或者要约表明承诺不得对要约的内容作出任何变更的以外,该承诺有效,合同的内容以承诺的内容为准。第四,作为有效承诺的要件之一,承诺应当在要约确定的期限内到达要约人。

如同要约可以撤回一样,承诺同样可以撤回。撤回承诺的通知应当在承诺通知到达要约人之前或者与承诺通知同时到达要约人。但是,承诺不得撤销。

承诺意味着受要约人同意要约的意思表示,标志着合同的成立。《合同法》第 25 条规定,承诺生效时合同成立。关于承诺生效的时间,《合同法》第 26 条规定,承诺通知到达要约人时生效。

13.2.2 合同的成立

合同成立是当事人订立合同所追求的初步目标,合同的成立即意味着当事人的意思表示已经达成了一致。《合同法》第 25 条规定"承诺生效时合同成立",因此,合同成立的时间取决于承诺生效的时间。

承诺以通知的方式作出的,承诺到达时合同成立;根据交易习惯或者要约表明可以通过行为作出承诺的,作出承诺行为时合同成立。此外,关于合同成立的时间还应注意以下两种情形:第一,当事人采用合同书形式订立合同的,自双方当事人签字或者盖章时合同成立;第二,当事人采用信件、数据电文等形式订立合同的,可以在合同成立之前要求签订确认书,签订确认书时合同成立。

必须指出的是,合同的成立仅仅是当事人的意思表示达成了一致,并不表明合同必然能够生效。只有依法成立的合同才能成为有效合同。而且,只有有效的合同才能受到法律的保护。

13.2.3 合同的一般条款

《合同法》第 12 条对合同一般包括条款作了规定。这些条款包括如下几个方面。

1. 当事人的名称或者姓名和住所

这一条款也可以称为当事人条款,为合同的履行提供方便,同时住所也是判断当事人履行情况的依据。在发生纠纷之后,当事人的住所还可以成为确定受诉法院的依据。

2. 标的

标的即合同权利义务指向的对象。标的可以是物,包括有形物和无形物。前者可以是实物或者货币。合同的标的必须准确无误,标的的名称、型号、规格、品种、等级、花色等都应当规定清楚，避免发生错误。

3. 数量

数量是标的在量的方面的具体化，是计算和衡量合同当事人权利义务的尺度。在数量条款中，应当根据标的的种类，规定计量标的的单位和方法。此外，还应当考虑可能发生的误差幅度和自然损耗程度等问题。

4. 质量

质量是标的质的规定性，是指对标的在标准和技术方面的要求。关于质量的标准，国家有许多不同的要求，当事人应当予以明确。当然，当事人也可以根据合同的目的约定特别的质量标准。在质量条款中，除应当规定检验质量的标准之外，还应当载明对产品质量负责的期限和条件、产品质量检验的时间和方法等内容。

5. 价款或者报酬

价款是指由受领标的物的当事人为取得标的物而应当向对方当事人支付的货币。报酬则是指应当向提供劳务或者完成特定工作的当事人支付的货币。在这一条款中，应当明确约定价格条件、支付金额、支付方式、计价单位等内容。此外，由于价款和报酬并不能够等同于运费、保险费、装卸费、保管费等费用，因此在合同中约定这些费用应当由哪一方当事人负担。

6. 履行期限、地点和方式

履行期限是指债务人履行合同义务和债权人接受履行的时间界限，是确定当事人是否发生迟延履行的依据。期限有期日和期间之分，履行期限可以为一个确定的日期，也可以是一个时间段。无论是期日还是期间，履行期限一定要明确具体。履行地点是债务人履行合同义务和债权人接受履行的地方。履行地点是确定验收地点以及合同标的是否交付、标的所有权是否转移、标的物意外灭失风险由哪一方承担的依据。在特殊情况下，履行地点还可能成为确定价款或者报酬的依据，例如，根据《合同法》第 62 条规定，价款或者报酬不明确的，按照订立合同时履行地的市场价格履行。此外，履行地点还可以成为确定解决合同争议法院的依据。履行方式是指债务人履行合同义务和债权人接受履行的方式，包括交货方式、验收方式、付款方式和结算方式等。

7. 违约责任

违约责任是指当事人不履行合同义务或者履行合同义务不符合约定而应当承担的民事责任。违约责任的形式多种多样，主要有继续履行、采取补救措施、赔偿损失、违约金责任等。

8. 解决争议的方法

解决争议方法的条款中，主要包括在当事人不愿和解、调解或者和解、调解不成的情况下，通过诉讼或者仲裁的方式来解决双方的争议。由于仲裁和诉讼管辖在性质上是相互排斥的，当事人或者选择诉讼方式解决争议，或者选择仲裁方式解决争议。当事人可以根据仲裁协议向仲裁机构申请仲裁。涉外合同的当事人可以根据仲裁协议向中国仲裁机构或者其他仲裁机构申请仲裁。当事人没有订立仲裁协议或者仲裁协议无效的，可以向人民法院起诉。对于发生法律效力的判决、仲裁裁决、调解书，当事人应当自觉履行；拒不履行的，对方可以请求人民法院执行。

9. 格式条款

所谓格式条款,是指当事人为了重复使用而预先拟定,并在订立合同时未与对方协商的条款。当事人采用格式条款订立合同的,提供格式条款的一方应当遵循公平原则确定当事人之间的权利和义务,并采取合理的方式提请对方注意免除或者限制其责任的条款,按照对方的要求,对该条款予以说明。格式条款具有《合同法》第52条和第53条规定情形的,或者提供格式条款一方免除其责任、加重对方责任、排除对方主要权利的,该条款无效。对格式条款的理解发生争议的,应当按照通常理解予以解释。对格式条款有两种以上解释的,应当作出不利于提供格式条款一方的解释。格式条款和非格式条款不一致的,应当采用非格式条款。

CASE 案例 合同的成功签订

日本某化学产品生产销售公司(以下称日方)与中国某进出口公司(以下称中方)在某几种化工产品上有进口合同,并有几年的交易历史。1999年,上海一家化学产品经销公司(以下称上海公司)欲与日方谈判,将原来的交易转到上海公司做。此消息传到中方,中方邀请日方到中方公司会谈。日方利用其他业务机会顺访了中方公司。

中方业务人员从日方代表(一名负责该项业务的副科长)离开日本时起就一路电话追踪,对该代表在中国其他城市办完事到中方所在地的航班了如指掌。

日方代表到中方所在城市的航班是凌晨3点以后才到,由中方业务人员开车到机场去接,安排住宿,晚上还安排去消夜。次日早上,派车接他到公司,业务部门总经理与他进行了会谈。

会谈中,部门总经理倾听了日方代表对当前与中方业务的看法,征求了日方对中方工作的意见。在证实上海公司的存在后,双方坦率地进行利弊分析。至于结论,中方谈判代表请日方自己做。中方利用上午的谈判也充分介绍了己方的工作实力和态度。

中午,部门总经理安排公司领导宴请日方代表。席间,公司领导回顾了他带队去日方公司访问的情景及此后两家公司高级领导推动双方发展合作的过程,认为几年来略有成果,但离要求还差得远。日方代表汇报了他与中方业务人员的合作情况。公司领导肯定了日方代表所做的工作,又直率地提出了上海公司的问题。日方代表说:"上午已与业务部门进行了坦率深入的讨论,双方表现了友好诚恳的态度,贵公司的人员没有压我,反而让我自己做结论。对此,我很感动。现在,我向您表态,我公司领导强调推动双方的合作,这是两家大公司之间的合作。"公司领导表示感谢日方的决定。同时,又强调:"推动和加强两家公司的合作是两家公司共同的战略利益,各级人员应积极贯彻。这次你的行为值得赞赏,我希望我的同事向你学习。"

结果,中方成功地避免了一次业务的流失。从其谈判组织看,采取的策略很明确:让对手满意。所以在接待上很周到,礼遇较高。谈判时表现了极大的理解和耐心,绝对不抱怨对方、强求对方,当然也不放松接触,从而使谈判达到预期效果。

13.3 合同纠纷的谈判

合同纠纷一般是指双方当事人在依法签订合同之后,履行合同义务的过程所产生的意见分歧或争议。

签订合同的双方当事人在执行合同的过程中发生争议的情况是常见的，即使双方在拟订合同时，尽量注意把合同条款订得周密严谨，也难以完全避免争议的发生。

13.3.1　合同纠纷产生的原因

产生合同纠纷的原因是多方面的，主要表现在以下几个方面：

(1) 由于企业转产、停产，以至撤销、合并或分立的原因，造成经济合同的不能履行或不能完全履行，而产生合同纠纷。

(2) 由于当事人相互之间或一方对他方的实际情况缺乏调查了解，盲目签订合同，结果造成与不具备合法资格的当事人，甚至与从事诈骗活动的人，或者与没有或缺乏履行能力的一方签订合同，从而导致合同纠纷的产生。

(3) 由于当事人法制观念淡薄，无视合同的严肃性，随意变更、撕毁合同而产生经济纠纷。

(4) 因标的数量短缺，质量、包装不合格而发生经济纠纷。有的合同签订草率马虎，内容过于简单，产品质量、规格等条款制订得不明确，在执行中就容易发生相互扯皮的现象，因这种情况产生的经济纠纷较多，较常见也较难解决。因此，当事人在签订合同时，应特别注意把标的质量、规格等条款订得明确、具体。

(5) 由于拒付、少付货款或劳务酬金、逾期付款、产品价格变动等原因，而发生经济纠纷。这类纠纷不少是需方收到供方提供的货后，拒付或少付货款引起的。

(6) 由于企业下属职能部门负责人或专责业务人员(如采购员、推销员)，带着企业的空白合同到处乱签合同而无法履行，从而产生的经济纠纷。

(7) 有的企业超出自己的设备能力和资金能力签订合同，以致不能按期、按质、按量交货，而导致经济纠纷。

(8) 有的企业或单位，用上压下、大欺小的手段强迫对方签订“霸王合同”“老子合同”，中小企业或集体所有制企业为了长远利益，只得违心签约，从而发生经济纠纷。

那么，签订了合同而又发生合同纠纷，应当如何处理呢？《合同法》第 48 条规定：“合同发生纠纷时，当事人应及时协商解决。协商不成时，任何一方均可向国家规定的合同管理机关申请调解或仲裁，也可以直接向人民法院起诉。”可见，对合同纠纷的处理，可以采取协商、调解、仲裁和审理四种法定方式。

CASE 案例　工程承包合同执行纠纷的谈判

某业主单位将一办公楼工程整体交由某建筑集团总承包，该建筑集团又将其中的夜景照明工程分包给某照明工程公司。分包合同约定，由总包人付给分包人工程款，工程验收由总包人进行。合同签订后，分包人完成了工作内容，但其间，材料进场均是由业主方委托的监理单位进行的，中间工程亦是如此，且工程未经过总包方最终验收。该整体工程于 2006 年 3 月完工并已交付业主使用。在分包工程进行过程中及工程完工后，总包方先后共向分包人支付过 3 次工程款(尚欠工程款 10 万元未付清，经分包人多次索要无果，但索要过程均无有效证据证明),其中最后一次付款时间是2007年3月。但这3次付款均是由第三方代为支付的,且不知何故分包人在收到款后给总包人的发票底根显示"付款人"并非总包人。2007年12月分包人给总包人去过一封催款函,有人签收,但地址并非总包人的登记注册地。

2008年8月,分包人方才找到本律师,委托本律师代理其对总包人提起诉讼。在听取了分包方当事人有关情况介绍、审阅了相关材料之后,主要发现了以上问题,这些问题中,最核心、最关键的是诉讼时效问题。在充分分析案情、给当事人明确的诉讼风险提示后,该当事人仍坚持起诉。于是接受委托,向法院提起诉讼,将总包人告上法庭,要求偿还尚欠的工程款,同时,提前做好了针对庭审中可能出现的各种情况的应对准备。

如先期所料,总包人在法庭上提出了一系列的问题,其中,对于3次付款情况就明确表示否认,提出我方已超过诉讼时效。我方遂不失时机地递交了调查取证申请,要求法院到业主方调查了解该工程完工及投入使用的时间、业主方证明我方一直以来都在向总包人主张工程款,并且业主单位还在2007年协助我方向总包人催过款等情况。法院接受了该调查取证的申请。

休庭后,根据我方当事人反映的情况,业主单位该工程的有关负责人与总包人关系密切,所以即便法院去调查取证,业主方未必能够作出对我方有利的证据。这时,我方敏锐地察觉到总包人的全权代理人有协商解决的意愿,于是抓住这一时机,运用策略,巧妙地与对方谈判,最终达成了协议,及时由法院制作调解书结案。该调解书明确,由总包人在20日内支付分包人全部工程欠款及利息,且不再向分包人主张工程管理费,诉讼费由总包人承担。如此,不仅化解了诉讼时效的风险,而且调解结案,缩短了诉讼时间,尽快取得了生效的法律文书,为早日实现债权提供了保证。

资料来源:http://www.66law.cn/goodcase/5250.aspx

13.3.2 合同纠纷的协商

所谓合同纠纷的协商,就是在合同发生纠纷时,由双方当事人在自愿、互谅的基础上,按照《合同法》以及合同条款的有关规定,直接进行磋商,通过摆事实、讲道理,取得一致意见,自行解决合同纠纷。

双方当事人在协商解决合同纠纷的过程中,应注意以下问题:

(1) 双方的态度要端正、诚恳。应本着与人为善、解决纠纷的态度协商解决,本着实事求是的精神,既不要缩小自己的责任,也不要扩大对方的责任。

(2) 通过协商达成的协议,一定要符合国家的法律、政策。否则,即使达成了协议也是无效的。为此,各个经济组织都应是执行政策、法令的模范,任何违反政策、法令的行为都是不允许的。对在合同纠纷过程中所发现的投机倒把、买空卖空、欺诈行骗等违法行为,要毫不留情,坚决揭露。

(3) 协商解决纠纷一定要坚持原则,决不允许损害国家和集体的利益,特别是不能影响国家计划的完成。

(4) 协商一定要在平等的前提下进行。签订合同的双方当事人在法律地位上都是平等的,决不允许任何一方享有特权,坚决反对以大压小、以强欺弱,对那些只要求对方履行义务,不规定自己应负责任的"霸王合同",应予抵制。

(5) 在协商解决合同纠纷中,还要防止拉关系、搞私利等不正之风。有些地方在协商解决合同纠纷中,出现慷国家之慨以饱私囊的情况。对于这种损害国家和集体利益的行为必须坚决反对,凡情节严重的,须依法惩处。

总之,合同双方当事人要在坚持友好、平等、合法原则的前提下,从有利于国家利益,有利于加强团结协作,有利于发展生产经营出发,互谅互让,协商解决合同纠纷。

13.3.3　合同纠纷的调解

所谓合同纠纷的调解,是指发生合同纠纷时,双方当事人协商不成,根据一方当事人的申请,在国家规定的合同管理机关的主持下,通过对当事人进行说服教育,促使当事人双方相互让步,并以双方当事人自愿达成协议为先决条件,达到平息争端的目的。通过调解方法使问题得到适当的解决,是合同管理机关解决合同纠纷的基本方法。

13.3.3.1　合同纠纷调解的程序

合同纠纷的调解应按以下程序进行。

1. 提出调解申请

当合同发生纠纷时,当事人任何一方都可以向对方所在地合同管理机关申请调解。先由提出调解要求的一方填写《合同纠纷调解申请书》,要求表中的原诉单位和被诉单位的名称必须与合同中的名称一致,申诉代表人必须与合同中的签约代表一致。如果签约代表更换,或委托别人代为出面参加调解,必须在申请书中注明。

2. 接受调解申请

合同管理机关收到《合同纠纷调解申请书》之后,先进行案情登记,仔细审查合同的内容和条款有无问题。同时,要做好调查研究工作,在摸清纠纷产生的原因的基础上,决定可否受理。如属于受理范围,方可受理。受理后,开出《合同纠纷调解通知书》两份,并随每份附空白《调处合同纠纷代表资格证明书》一份,分送发生纠纷的双方当事人,同时将原诉方的调解申请书抄件一并传送给被申诉方,通知其准备答辩。最后,通知双方在指定的时间和地点进行调解。

3. 进行调解

双方参加调解的代表必须持盖有本单位公章的《调处合同纠纷代表资格证明书》。如果哪方不按规定的时间到指定的地点接受调处,即算自动接受调处协议,并即予实行。

调解时,要客观、细致、实事求是地做好当事人的思想工作,弄清纠纷的原因、双方争执的焦点和各自应负的责任。调解必须双方自愿,不得强迫,使问题得到公平合理的解决。调解结束,要制作调解笔录和调解书。

4. 制作调解书

合同管理机关通过调解方式达成协议后,制作具有法律效力的文书,即调解书。调解书是按自愿、合法的原则制作的,与仲裁书具有同等的法律效力,双方当事人必须执行。

调解书应写明以下内容:当事人的名称、地址;代理人姓名、职务;纠纷的事实、责任;协议内容和费用的承担等。调解书由仲裁员署名,代理人签字,并加盖合同管理机关的印章,分发给双方。

5. 产生法律效力

调解书由双方当事人签字、合同管理机关盖章后生效,即具有法律的约束力。如果一方或双方对调解协议反悔,可以在收到调解书之日起15天内,向国家规定的管理机关申请仲裁,也可以直接向人民法院起诉。在法定期间内,若当事人收到调解书后不申请仲裁,也不起诉,当事人就应自动履行。

13.3.3.2 合同纠纷调解的方法

由于合同关系错综复杂,合同纠纷也必然会多种多样。因此,必须针对不同的情况,采取不同的调解方法。

1. 当面调解

这是一种比较常用的方法,主要用于工商合同。当面调解,就是请双方当事人开调解会,当面协商,兼听双方意见,鉴别有关依据,经过反复多次的协商调解后,在事实清楚、责任明确的基础上达成协议。

2. 现场调解

对农副产品中的鲜活品种,以及某些工业品的规格质量验收中发生的合同纠纷,召集争议双方和有关单位到现场,用合同条款和《经济合同法》的规定与实物对照的办法协商调解,这种方法解决纠纷及时准确、说服力强。

3. 异地合同,共同调解

对那些本地单位与外地企事业部门签订的合同所发生的经济纠纷,如果请外地当事人到所在地或仲裁机关会同本地当事人到外地调解,会有诸多不便。为有利于调解,对这种异地合同,可以发公函或派人请双方所在地的工商局会同当地有关主管部门共同配合调解,这样有利于问题的及时解决。由于有当地主管部门参加,协议也容易付诸执行。

4. 通过信函进行调解

对于矛盾比较单纯、是非责任比较明确、金额不大、申诉方远在省外的,可以通过信函进行调解。但事先要根据申诉书被对诉方进行调查,弄清情况,分清是非,按合同条款,取得被诉方的解决意见后,才可发函商调。这样既节省申诉方的人力、物力,也能使纠纷较快解决。

5. 分头解决和会合调解穿插进行

有的合同纠纷案件事实清楚、责任分明,但申诉一方调子很高,被诉一方则推卸责任,消极应诉。对于这种情况,一般可采取分头调解,多做双方工作,进行说服疏导与法制宣传,使双方坐下来协商。这种方法有利于缓和矛盾,促进安定团结,便于纠纷顺利解决。

6. 根据需要分别采用开会调解和开庭调解

对案情较为简单、双方态度诚恳、容易解决纠纷的,一般可采用开会的方式进行调解。如遇案情复杂,而且纠缠不休的经济纠纷案件,可采用单独开庭调解,如调解达不成协议,则做好开庭判决的准备。

13.3.4 合同纠纷的仲裁

仲裁,亦称“公断”,是指双方当事人对某一问题或事件争执不决时,由无直接利害关系的第三者做出具有约束力的裁决。

合同纠纷的仲裁，就是由国家规定的合同管理机关，根据合同当事人的申请，对合同纠纷在查清事实、分清是非的基础上，根据法律，做出仲裁，制作仲裁决定书，交双方执行。

仲裁程序是指仲裁案件自开始至终止的过程中，有关仲裁机构、仲裁庭、仲裁员、申诉人、被诉人、其他关系人以及与法院之间的相互关系和活动的规定。从实践情况来看，我国大体是按以下程序来仲裁合同纠纷的。

1. 提出仲裁申请

经济纠纷发生后，当事人应及时协商解决，或者请上级主管机关调解，协商不成时，可向仲裁机关提出仲裁申请。申请仲裁合同纠纷案件必须按规定内容填写并递交申请书及其副本，同时抄送被诉单位及其有关单位。

申请仲裁应从知道或应知道权利被侵害之日起一年内提出，超过期限的，一般不予受理。

2. 接受仲裁申请

仲裁机关在接到申请书后，在进行仲裁之前，应做好以下准备工作：审查申请手续是否完备；将仲裁申请书副本送交被申请仲裁人；限期进行答辩和提出有关证据；审查被申请仲裁人的答辩和有关证据；告知双方当事人应有的辩护和请求回避的权利。经过初步审查，认为案情重大或其他特殊理由需要由高一级仲裁机关处理的，可请求移送。

3. 进行答辩

被诉单位在接到申请书副本的 10 天内提出书面答辩。答辩内容要针对申诉方所提出的问题，并提供人证、物证及有关材料。无论申诉或答辩都必须不夸大、不缩小，坚持实事求是的原则。

4. 调查和取证

仲裁员必须认真审阅申诉和答辩书，进行调查研究，收集证据，弄清纠纷发生的时间、地点、原因、经过、结果及争执的焦点等。当事人、证人、关系人在外地，需要委托所在地管理机关代为调查的，应提出调查项目和要求，受委托的管理机关应抓紧时间，认真办理，及时回复。

仲裁机关有权调阅企业与案件有关的文件档案资料和原始凭证。需要现场勘察或对物证进行技术鉴定时，应通知有关人员到场，必要时可邀请有关单位派员协助。在处理案件时，为避免造成更严重的财产损失，仲裁机关还可根据当事人的申请做出保全措施的裁定。

5. 进行调解

仲裁机关在处理案件时，应当先行调解，调解可以由仲裁员一人主持，也可以由仲裁庭主持。调解笔录和达成的协议应由当事人和参加调解的人员签名盖章，对某些重要调解案件，根据协议可由仲裁机关制作调解书，加盖公章后发给当事人，调解书和仲裁书具有同等效力。

6. 组织仲裁

对合同纠纷如经调解无效，可由仲裁机关的该案仲裁小组进行裁决。在裁决前应将裁决时间、地点以书面通知当事人,当事人应按时参加。申请仲裁人在两次通知不到时,即视为撤诉;被申请仲裁人在两次通知不到时,可作缺席仲裁。仲裁庭应当认真听取当事人陈述和辩论,出示有关证据,然后依申诉人、被诉人的顺序征询双方最后意见,调解不成时,由仲裁庭评议后裁决,并按照规定的内容要求,制作仲裁决定书,加盖公章后通知双方当事人。

在仲裁合同纠纷案件过程中,发现需要追究刑事责任的,可由仲裁机关移交当地司法机关处理。

7. 仲裁的监督和执行

工商行政管理局的局长、副局长对已发生法律效力的裁决,发现确有错误,可以指令重新裁决。上级仲裁机关对下级仲裁机关已发生法律效力的裁决,发现确有错误,有权撤销原裁决,指令重新裁决。重新裁决时,应当另行组成仲裁庭进行。

已发生法律效力的仲裁决定,应由仲裁机关监督执行,如当事人拒不执行,应通知有关银行从当事人账户中扣留或划拨需支付的款项。

13.3.5 合同纠纷的审理

所谓合同纠纷的审理,是指经济审判机关根据当事人一方的请求,依法处理合同纠纷案件而进行的职能活动。

合同发生纠纷,无论是否经过仲裁,当事人直接向人民法院提起诉讼的,人民法院应予以受理。人民法院经济审判庭根据当事人一方的申诉,依照《中华人民共和国民事诉讼法》的规定,对合同纠纷案件经过调查研究,取得纠纷案件有关的可靠证据,在弄清事实的基础上,依法进行调解或对争议做出判决,这是人民法院按照法律规定,通过对合同纠纷案件审理的执法活动,对当事人的合法权益给予法律上的保护。

CASE 案例 达能与娃哈哈的合资纠纷谈判

2007 年 12 月 21 日 23 点,达能集团与娃哈哈集团双方同意结束对抗,回归和谈。这是继 4 月达能娃哈哈合资纠纷战争爆发以来,双方首次联合正式表态开始和谈,并且同意结束对抗。

11 月 25 日法国总统萨科奇访华带来双方政府主持和谈的信号之后,又因为双方再次高调交战,让两国政府高层和谈期望眼见破灭。双方在 21 日晚间的最后表态无疑也是给两国政府吃下了一颗定心丸。

据知情人士透露,21 日下午,商务部组织达能与娃哈哈两家企业的主要代表在北京进行谈判,经过一个下午的艰难谈判,直到晚上双方才最后达成了休战和谈的共识。

上述联合声明称,遵照中法两国政府的期望,双方同意结束对抗,回归和谈,双方同意暂时中止一切诉讼仲裁,停止一切攻击性言论,为和谈创造一个友好的氛围。双方本着平等、互利的原则,求大同、存小异,相互谅解、相互谦让,争取和谈成功。双方将为进一步发展壮大所有娃哈哈企业以及增进中法两国的友谊与中法企业之间的合作做出新的努力。

但达能方新闻发言人表示,暂时不对此决定作任何评论,而宗庆后方则一直未能联系上。

业内人士对此分析称，这是很重要的一步，但绝对不等于万事大吉，这更像政府施压的结果，最后究竟能进行到哪一步还非常难说，只能说"前途未卜"。

其实，达能一直以来都没有放弃和谈的意愿。达能联席运营官范易谋曾多次公开表示，只要和谈目标一致，双方就可以坐下来谈，他们为了推动这一目标，也已经暂停了国内六家上诉案的开庭。如果娃哈哈愿意进行实质性会谈，确保双方合资企业的未来，达能还将同意推迟其他诉讼。

但是宗庆后一直强烈坚持以"撤诉"为前提，这让达能不敢也不愿意接受此要求。

虽然达能在海外的诉讼一切进展顺利，也给宗庆后带来了很大压力，但国内的诉讼，达能却节节败退，不断败诉。双方的法律战也已经越战越酣，并且各自要求冻结了对方部分资产。

达能在美属摩萨亚群岛和英属维尔京群岛分别申请冻结了宗庆后方十余家离岸公司的资产，并且由于不断发现新的离岸公司，当地法院又不断接受了达能继续冻结新发现离岸公司资产的申请；而娃哈哈方也于 12 月 16 日举办新闻发布会称，娃哈哈集团工会已正式在山东状告达能及其两家全资子公司，法院同时也冻结了达能方面在山东潍坊的两家娃哈哈公司的全部股权资产。

除了海外诉讼，目前达能在国内多个省份起诉了娃哈哈；而娃哈哈工会也开始大举起诉达能。根据双方于 21 日晚间达成的休战意见，这些诉讼目前都将申请暂停，并且暂时不再进行新的诉讼。这些已经展开却要求暂停的诉讼将来如何收场，还待下一步具体展开和谈之后的结果而定。

资料来源：http://finance.qq.com/a/20071222/963.htm

思考题 QUESTIONS

1. 根据《合同法》的规定，合同主要有哪几类？
2. 有效合同必须满足什么条件？
3. 根据《合同法》的规定，在什么情况下签订的合同是无效合同？
4. 合同的主要形式有哪些？
5. 合同订立的程序是什么？
6. 合同的一般条款主要包括哪些？
7. 合同纠纷产生的原因主要有哪些？
8. 解决合同纠纷的途径主要有哪些？

案例讨论 Case discussion

家电企业与连锁巨头的年度合同谈判

年度合同谈判不是时时都有，仅限于特定时期。因此，对厂家而言，必须跳出平常的销售工作，在更高层面和视野看待这一问题，了解卖场年度合同谈判的背景。就卖场而言，年度合同的规划和谈判工作，是家电连锁业总部最重要的工作，因为年度合同的谈判是卖场一年可实现的销售规模和利润额的基础。

卖场年度合同谈判的背景

1. 卖场年度合同有规划

对卖场而言,家电涉及的品类很多,大体而言,区分了彩电、冰洗、空调、小家电、厨卫、数码这些大类。对不同的品类而言,依据历史销售及未来销售的预测,承担起相应的销售份额(销售量)以及与此相对应的毛利额。这是家电卖场年度合同规划的基础。在品类划分的基础上,品类负责人再将本品类承担的任务依据各品牌的历史销售状况及未来发展趋势分解到不同的品牌,从而构建起整个年度合同规划基础。

家电卖场的年度合同规划,并不仅是家电卖场单方面想对厂家施加的压力,更大程度上是市场及外部投资者(国美、苏宁都是上市公司)对家电连锁卖场复合增长率、销售任务、利润额、利润率等综合指标要求的一种转化。只不过这些指标,经过家电连锁卖场转化为对厂家的任务及政策扣点。这是一个生态链的关系。

家电厂家必须了解这一背景,了解卖场对外部承诺的销售规模和增长率,才能提前知道自己在年度合同中可能面对的谈判压力。

2. 合同签订时间有要求

家电厂家在与卖场的年度合同谈判中,最后往往就范。虽然与卖场的强势地位有关,但也与相当多的厂家对负责家电连锁年度合同谈判的相关人员设定合同谈判的最后期限,并作为工作考评的内容有直接关系。

而导致这一结果的深层次原因在于,厂家对家电卖场的态度,尽管因为条件苛刻心生怨恨,但是并没有破釜沉舟的勇气,无法坚决果断地放弃合作。因为一直以来的看法是:家电卖场的销量在厂家的销售占比不断扩大,放弃家电卖场,在目前渠道萎缩严重的情况下,就意味着厂家自身的销售量和形象受到重创。而家电卖场却不存在对某一厂家过度倚重的问题,因为没有A厂家,还有B、C、D等其他大量的厂家。在这种思想主导下,厂家在合同谈判中,心理的焦急感就暴露无遗。

殊不知,对于家电卖场而言,对不同品类的负责人和各品牌的合同谈判者,同样有硬性的时间规定,并且,在卖场高度压力的工作环境下,这种硬性的时间规定给予卖场相关合同谈判者的压力更为巨大。在规定的合同时间内如果无法签订合同,责任人要被免职或处罚。所以,对于年度合同的谈判,并不是只有厂家存在时间上的压力,对卖场而言,这种压力更为巨大,只不过厂家在卖场强势地位的光环掩盖下以及卖场谈判策略的掩护下,单方面认为这种压力只存在于厂家方面,而忽略了对手面临同样的问题。要知道,对年度合同签约时间上的硬性规定,既是卖场自身各项工作推进的安排,也是外部投资者对卖场工作的评判检验。

3. 合同政策扣点有浮动

零售业最大的特点是毛利额的易测算性。对一件商品而言,进货价是多少、销售价是多少,几乎是卖场从采购人员到终端促销员都知道的事。因此,销售毛利实现多少的第一步就体现在销售扣点,也就是合同的政策扣点上。对同品类不同的品牌而言,由于在卖场的销售量存在差别,也由于卖场对不同的品牌本身有定位的差异,有些品牌是销售冲量的,有些品牌是压榨费用和利润的,有些品牌是长期合作的战略伙伴,有些品牌是追求即时利益的。这些都导致不同品牌政策扣点上的差异。在此基础上，考虑到各品牌谈判的难易程度及卖场合同谈判人员的灵活性，在对某一品牌政策扣点规划的基础上，会有 1%～2%的浮动空间。这就是双方谈判的焦点，也是厂家在合同谈判时可以有所作为的空间。

4. 合同非主要条款有灵活性

近年，随着家电连锁卖场越开越多，家电连锁单店的销售规模持续降低成为家电连锁企业面临的越来越严峻的问题。由于销售规模小，对有些店铺而言，厂家支出的各项费用还抵不了销售所得，经营效率极其低下，这也导致有些店铺厂家不愿进场。为了改善某些卖场的进场状况，减轻下属各分部各门店面对的进场压力，在年度合同谈判中，往往对厂家的进场率有要求。这虽然是合同谈判中的非主要条款，但对厂家而言，忽略这些非主要条款，往往也会造成其中各项成本的急剧上升。在合同谈判中，合同的政策扣点由于涉及直接的利益，是谈判的难点和重点，卖场合同谈判人员缺乏灵活性。而合同的其他条款，在合同规划中，定性的多，定量的小，因此灵活性要大一些。但厂家往往关注主要条款，而非主要条款的谈判，从而导致很大的隐性损失。因此，厂家必须关注卖场合同谈判中非主要条款的内容，避免无谓的损失。

以上是家电厂家在合同谈判中必须了解的背景。另外，厂家在合同谈判中必须具备宏观的视野。首先，近年来，国家对家电的政策扶持，尤其是家电下乡政策的推出，使得未来家电消费领域更多转向二、三级市场甚至乡镇市场，而以国美、苏宁为代表的全国家电连锁企业在二、三级市场的销售网点却远不如本地的商业零售企业，尤其是以汇银为代表的这类在二、三级城市占优的家电连锁企业。国美、苏宁为首的全国家电连锁企业在家电未来发展潜力巨大的市场不占优的这种市场格局，无疑将增强厂家在合同谈判中的地位。其次，相当部分家电企业正逐渐调整营销渠道，通过扶持经销商，降低大连锁在渠道内部的销售份额和市场占比，也会增强家电企业与全国性家电连锁企业的谈判话语权。再次，随着电子商务的兴起带来的消费观念的转变，连锁业竞争格局与业态也正在发生变化，国美、苏宁等商业模式面临的挑战日益激烈。在这种更广泛的背景下，厂家必须学会利用已掌握的各种信息，如家电行业中的宏观政策、市场格局及消费趋势的转变，增强厂家未来的谈判话语权，有的放矢地在合同谈判中采取有效的策略，尽可能争取厂家的利益。

作为对国家政策支持的反应，2010 年元旦期间，全国家电零售卖场销售一片火爆。但是，这一利好对家电厂家而言，在喜悦的同时，可能也将面对年度合同谈判更大的压力。对此，企业应如何面对？

厂家：兵来将挡巧应对

尽管众多家电企业在谈判中的被动地位可能又将再次重演，可厂家并非毫无作为。

1. 以静制动，拖延时间

家电厂家在了解到家电连锁卖场对合同谈判者签约时间有明确界定的背景下，要改变厂家自身对合同谈判和签约的急迫心理，要从积极主动与卖场就合同谈判事宜进行沟通跟进，转变为以静制动。要让家电卖场的合同谈判人员在等待无果的情况下，主动与厂家约见商谈合同事宜。在此情况下，厂家自然获得了谈判的主动权。要知道，非上市的家电企业(与卖场合作的大部分家电企业均为非上市公司)所面临的压力不过是企业内部设定的销售目标压力。这种压力,相比上市公司在资本市场上的压力转化而来的公司管理及日常运作中的压力要小得多。因此,家电企业只要摆正心态,在年度合同谈判中避免急躁的心理,通常是能为自己赢得主动的。而且,时间拖得越久,往往会有一些品牌忍耐不住先行签约,签约在前往往也意味着政策扣点更接近合同规划的任务高点和毛利高点,客观上也为后来签约的品牌减轻了压力。

2. 转移压力,争取主动

对众多的家电企业而言,在合同谈判中,经常会听到卖场发出的威胁:如果不能及时签订合同,将会停止进货和停止付款。在这种被动的形势下,被迫就范就成为自然而然的事。实际上,对厂家而言,销售停顿确实是难以容忍的事,但是,一次次的妥协退让不仅会带来利益损失,更会带来后期业务操作中的处处被动。因此,厂家在与卖场打交道的过程中,必须学会转移压力,争取主动。

对卖场而言,停止进货和停止付款是胁迫厂家就范的手段。表面上看,卖场将压力转移给了厂家,其实不然。实际上,这些非常手段的运用意味着卖场需要承担由此带来的不利后果。停止进货导致的断货将直接影响各分公司销售任务的完成,甚至销售人员的月收入和职位。因此,如果某一品牌因合同谈判停断造成持续的断货,尤其是销售量大、品类销售占比很大的一些品牌,销售断货对其完成任务的影响是巨大的。在这种情况下,各分公司都会对卖场总部合同谈判部门施加巨大的压力,催促其尽快签订年度合同。

在此情况下,作为厂家,要善于把握卖场各分公司作为不同利益主体的特性,利用卖场各分公司向卖场总部合同谈判施压,改变或调整自己的被动局面。通过这种方式掌握主动,就可以压低合同政策的谈判价码。当然,这其中或许有一些销售量的损失,但是,考虑到全年合同政策可能导致的利益损失,以及以后操作中处处被胁迫的状况,这种损失是值得的。格力就是以其强硬的不屈服姿态,哪怕断货也不妥协,在卖场成就了自己的强势地位。

另外,在厂家总部与卖场总部对接时,卖场开出的一些苛刻条件甚至难以接受的一些条款,作为厂家,要敢舍敢取,宁愿作暂时的停顿,也要将压力部分转化到卖场。在合同谈判中,可以考虑通过厂家各地区的经销商或分公司与连锁卖场的各分公司进行谈判,采取分部操作的方式,利用各经销商在当地操作过程中与卖场各分部建立的相对良好关系,降低谈判成本,转化厂家的压力,争取操作上的主动。

3. 分清形势,有理有据

对家电厂家来说,在年度合同谈判中,除了要了解卖场的谈判背景外,还必须了解卖场对自身品牌的定位。由于各品牌客观上存在各自的市场定位,在多年的市场操作中,不可避免地出现强弱分化。因此,了解自身品牌在市场中的地位及占比,有针对性地扬长避短,有理有据地开展谈判,有利于改变自己的不利地位。对各品类的强势品牌而言,自己在品类销售中占比大,要利用自己的有利地位,对家电连锁卖场提出的不合理要求应坚决果断地拒绝,采取不理睬策略,甚至退场,以表明自己的决心。这一博弈过程,最终取决于意志的强弱,坚持原则。只有舍弃眼前的利益,才能获得更长久的利益。而对于非强势品牌，卖场往往会将其定位于利润和费用的来源，这客观上会造成卖场对弱势品牌的挤压。但是，由于家电连锁卖场很清楚地知道，行业品牌越少，在谈判中连锁卖场的谈判主动权也越小，因此，客观上，他们也希望在一定时间段内尽可能扶持一些弱势品牌，避免挤压过度造成厂家的崩盘。所以，对弱势企业而言，在谈判中应尽可能利用这一点，采取博取同情策略，说服卖场对自己提供阶段性支持，目的是巩固卖场自身的优势。通过这种方式进行合同谈判，避重就轻，避免全盘接受卖场提出的不合理条款，尤其是一些附加条款，如进场率等。这样，将资源集中在优势地方，避免分散力量，四处撒网。

4. 以子之矛，攻子之盾

在年度合同谈判中，家电连锁卖场往往在年度合同目标中给厂家制定过高的销售任务。造成这一现象的原因在于，除了正常的价格扣点外，连锁卖场还需要收取一定的费用。尽管商务部要求取消各项不合理收费，但是各卖场还是会变相地收取费用，且这些费用往往并不是以政策扣点的方式收取，而是以销售量乘以相应的费用点位得出一个费用总额。这些费用总额收取的基础就是年度销售任务。因此，年度销售任务的高低决定了费用高低。而这些固定的费用总额，是不以最终销售量的完成为依据的。这就形成固定成本而非变动成本，如果受市场不佳的影响，完不成规定的销售任务量，则整体费用比例就可能从合同中约定的2%或者3%被急剧放大到10%，甚至更多，使厂家在卖场的各项成本付出远高于预定计划。针对这种情况，作为厂家，可以采取以子之矛，攻子之盾的谈判策略。

连锁卖场一直居功自傲的就是庞大的销售量导致的厂家对其的依赖。在谈判中，可以将球踢给卖场，你说销售量大，销售能力强，那行，完成你自己提出的销售任务，原定2%的费用点位，可以给到3%。表面上看，厂家是提高了支付给卖场的成本，实际上，把费用从固定成本转变为可变成本，厂家在费用及成本上可控性就强得多，客观上也将销售的压力转移给了家电卖场，使其为了获得更多的收益形成从上到下的主推效果。

以上对厂家在年度合同谈判中的一些策略作了一些归纳。尽管目前在家电连锁企业的高层思想上，也希望与可持续发展的品牌结成战略合作伙伴，通过双方的合作实现共赢，但是，对于众多的品牌而言，这种橄榄枝并不是能轻易得到的。因此，在年度合同谈判中，尽可能采取有效的策略减少自己的支出，争取尽可能的利益，不失为现实中的理性选择。

资料来源：余萍. 揭秘家电企业与连锁巨头谈判之道[J]. 销售与市场(评论版)，2010(2).

讨论题：

1. 厂家在与大型零售卖场谈判中可以怎样改变自己的不利地位？

2. 大型零售卖场如何从长计议达到与厂家的互利共赢？

第 14 章 CHAPTER 14

货物买卖谈判

本章要点

- □ 货物买卖谈判的内容
- □ 货物买卖谈判的程序
- □ 货物买卖谈判的策略

引例 **成交价最高纪录**

有一次，我进入一个新的行业，到一家新的公司去工作。该公司只给我们一张价目表，如果需要让价，必须去请示销售经理。有个客户准备和我签订一个比较大的订单，因为金额较大，客户提出要优惠，并且指出我们的报价比同行高很多，于是，我就去和销售经理商量。

销售经理是一个久经沙场的家伙，他很严肃地告诉我说："咱们公司报的都是实价，从来都不让价，不过看在你是新人的份儿上，我给你 2 000 元的余地。" 2 000 元，几乎和没让价差不多！没办法，我不知道行情，认为那真的是底价，便底气十足地告诉客户我们只能让 2 000 元，并且这还是特批的。为了获得订单，我只能拼命吸引客户关注我们的优势，让其觉得选择我们的产品会比选择其他公司的产品好。

最后，我得到了订单。月底的销售会议上，销售经理笑着看着我说："王云创造了今年以来成交价最高纪录！"新人创造了如此业绩，自然非常令人瞩目，于是，会议室里立即响起了掌声，但是我的心情却很复杂。如果销售经理不跟我说那是底价，我不可能创造这个纪录。

资料来源：王云. 一分钟价格谈判：上[J]. 销售与市场·商学院，2011(8).

货物买卖谈判是最常见的一种商务谈判活动，如何更好地进行货物买卖谈判，是商务人员必须具备的知识。本章主要就货物买卖谈判的内容、程序及其策略展开论述。

14.1　货物买卖谈判的内容

无论是国内货物买卖谈判，还是国际货物买卖谈判，都包括一些相同的基本内容。只是由于国际货物买卖谈判双方一般相距遥远，谈判往往通过函电进行，而且谈判时一般还看不到全部商品，即使是交易由双方当面谈判，但有些事项仍需要通过函电联系解决，再加上各国的法律制度、币制、度量衡各不相同，贸易习惯和做法不一，交易的商品又要通过长途运输，办理运输交接等手续时必然会产生各种费用，运输过程中还可能出现各种风险甚至造成损失，而且在履行过程中还可能发生各种意外事故和产生争议，因此，在基本谈判内容项相同的前提条件下，一些谈判内容项中所涉及的东西，国际货物买卖谈判较之国内货物买卖谈判远为复杂。因而，以下我们对货物买卖谈判内容的论述，在对国际、国内货物买卖谈判的共同点做一般描述之后，要对国际货物买卖谈判的特殊内容再做进一步的论述。

14.1.1　品质条件

每一种交易的商品，都表现为一定的质量。商品质量的优劣，关系到商品的使用效能。它是决定商品价格高低的一个重要因素，同时也会影响商品的销路和信誉。因此，货物买卖谈判双方都十分重视商品的质量问题，在谈判买卖时，他们都要针对一定的商品，按质论价，并且在合同的质量条款中，订明对商品质量的具体要求，以及买卖双方对于商品质量的权利与义务。

质量条件是货物买卖合同中的一项主要条件，是卖方交货和买方验收货物的依据。卖方如果未按合同规定的质量交货，就算严重违约，买方有权拒收货物，并可向卖方提出赔偿损失的要求。

在货物买卖谈判中，表示商品质量的方法通常有以下几种。

1. 凭规格、等级或标准的买卖

在货物买卖中，有很大一部分商品是按一定的规格、等级或标准进行买卖的。凡凭规格、等级或标准成交时，卖方所交货物必须与合同规定的规格、等级或标准相符；否则，买方有权要求扣价或赔偿损失，甚至可以拒收货物。

商品的规格是指用来反映商品质量的一些主要指标，如成分、含量、纯度、性能、长短、精细等。由于凭规格买卖比较方便，对质量的表示也较准确，所以此种方式在货物买卖中应用较广。

商品的等级是指同一类商品，按其在规格上的差异，分为品质各不相同的若干等级，如大、中、小，重、中、轻，一、二、三……凭等级买卖时，如对方已熟悉每个级别的具体规定，则在品质条款中就可以只列明等级，不必再规定其具体内容。

商品的标准是指将商品的规格和等级予以标准化。各种标准按其颁发的主体不同而分为国际标准、国家标准、部颁标准和企业标准。在国内货物买卖中，各种标准都可采用；在国际货物买卖中，较多采用国际标准。为了减少争议，应当订明所采用的标准的年份和版本。

2. 凭说明书的买卖

对于机器设备、电器、仪器等产品,由于其性能和结构比较复杂,难以用几个简单指标来表示其质量的全貌,因此,必须凭详细的说明书来具体说明其性能、构造、用材和使用时的操作方法,必要时还须辅以图纸和照片等解说,按此办法成交时,称为凭说明书的买卖。

在凭说明书成交的条件下,在货物买卖合同中,除订有品质检验条款外,还订有品质保证条款和技术服务条款,明确规定卖方须在一定期限内保证其交售的产品质量符合说明书的要求,如在保证期内发现品质低于说明书规定的指标,或部件的工艺质量不良,或材料内部有隐患而产生缺陷,卖方有义务消除缺陷或更换有缺陷的商品,并须承担由此而引起的各项费用,否则,买方有权提出索赔。

3. 凭牌号或商标的买卖

在货物买卖谈判中,有些质量稳定的名牌商品适宜于采用凭牌号或商标进行买卖。凡采用凭牌号或商标进行买卖时,卖方必须在交售的商品上贴有合同规定的商标。这种表示商品质量的方法,不仅简单易行,而且便于做广告,便于消费者认牌购货。这种表示品质的方法已被广泛采用。

4. 凭样品买卖

在货物买卖谈判中,有些商品(如工艺品、服装、某些轻工业品、矿产品和土特产品)质量难以标准化、规格化,不便用科学方法来表示其品质,因此采用凭样品买卖。所谓样品,是指从一批商品中抽出来的或专门设计制造出来的,用以反映商品品质的极少数实物。凡作为衡量交货品质的样品,称为标准样品。标准样品一般由卖方提供,但也可由买方提供。不论由何方提供,只要买卖双方达成了凭约定样品交货的交易,就叫作凭样品买卖。

凭样品买卖时,在买卖合同的品质条款中应明确规定,以样品作为交货品质的唯一依据,卖方所交货物的品质不得低于样品。因此,在凭样品成交条件下,卖方必须承担交货品质与样品相符的义务;否则,买方有权提出索赔,甚至可以拒收货物,撤销合同。

5. 凭商品的产地名称买卖

某些具有地方特色的传统产品已在市场上树立了良好的声誉,在出售此类商品时,可凭商品的产地名称表明其品质。

14.1.2 数量条件

数量条件也是货物买卖谈判的主要条件之一,它是买卖双方交接货物的依据。卖方所交货物的数量如果小于或大于合同规定的数量,买方有权拒收货物。货物买卖中通常使用的计量单位包括重量、个数、长度、面积、容积和体积等。国际货物买卖采用的度量衡制度主要有公制、英制和美制三种。我国国内货物买卖采用的是公制。在国际货物买卖中,为了照顾对方,有时也可采用对方惯用的计量单位。

有些商品由于其本身的特性或运输、包装等限制,实际所交数量往往不易符合合同规定的数量。为了避免争议,买卖双方在谈判交货时,可以约定一个机动幅度,即在合同中规定短溢装条款。根据这一条款，卖方在交货时可以多交或少交一定数量，只要在合同规定的短溢幅度限制内即可，其货款按实际收货数量计价。

14.1.3　包装条件

包装条件一般应视商品的性能、特点及其所采用的运输方式而定，不同运输方式和不同商品，其包装的规定也各不相同。有些简单的包装条款，也可以同数量条款合并。有些合同对包装条款只作原则性的规定，如使用习惯包装等术语。但此类规定太笼统，往往会因理解不同而引起争议，因此应尽量避免使用。

为了便于履行合同，在包装条款中一般应对包装的方式、包装的用料和规格、每件包装的重量或数量、填充的物料和加固的设备、包装的标志、包装的供应和包装费的负担等内容做出明确具体的规定。包装的运输标志可由买方提供，如买方无特殊要求，也可不列入合同，或只订明"卖方标志"，由卖方自行设计，然后通知买方。包装的物料和费用一般包括在货价之内，不另计价，但在买方对包装材料和包装方式提出特殊要求的情况下，卖方也可要求另收包装费，并在合同中订明：包装费由买方负担。如果合同规定由买方提供包装或包装材料，则买方提供包装或包装材料的时间，以及因逾期运到而影响货物出运时双方所应负担的责任也应在合同中一并订明。

在国际货物买卖中，各国对进口包装用料、包装重量、包装标记都有不同的规定和要求，同时，各国对包装的造型、包装装潢的图形、色彩的文字说明等的喜好也有很大差异。在谈判中应充分考虑有关包装问题的法律规定和消费习惯。

14.1.4　价格条件

货物买卖双方在谈判价格条件时，可以根据不同情况，分别采用下列各种作价办法。

1. 固定价格

货物买卖谈判中，一般采用固定作价的办法。按此办法成交时，买卖双方应按约定价格交接货物和收付货款，即使约定价格与实际价格相差很大，任何一方也无权要求变更原价。

2. 暂不固定价格

买卖双方谈判交易时，若对价格变动趋势一时难以看准，可先签订活价合同，约定成交的品种、数量和交货期，价格则待以后商定，也可约定以某种标准作为确定实际价格的依据。按此作价办法成交时，买卖双方都不承担价格变动的风险。

3. 部分固定价格，部分暂不作价

在大宗交易并分期交货的情况下，买卖双方为了避免承担远期交货部分的商品价格变动的风险，可只约定近期交货部分的价格，而远期交货部分的价格则留待以后商定。

4. 暂定价格

买卖双方在对某些价格瞬息万变的商品进行交易时，可在合同中暂定价格，作为开立信用证的依据，待到交货前一定时期或装运时，商定正式价格后再进行最后清算，多退少补。

5. 滑动价格

对某些生产时间长的机器设备和原料性商品,买卖双方为了避免承担价格变动的风险,往往采用滑动价格,即在规定价格的同时,还规定价格调整条款。在此项条款中,明确规定签订合同时约定的价格为基础价格,或先按约定价格交货和付款,待交货时或交货前一定时期,再根据工资、原材料价格上涨、下落的指数加以调整,以确定最后的价格。有关调整价格的办法,应在价格条款中一并订明。

CASE 案例 生活中的谈判——购物砍价

受两位朋友之邀前往电脑城,陪同砍价的项目是某品牌笔记本电脑一台。在出发之前,我们了解到另一个朋友买了相同的一款电脑,价格是8 300元。同时,我查询了有关资料,发现该款电脑的市场价格有很多,其中最低的一家价格是7 200元。此外,我还问想买电脑的朋友S,今天是否一定要购买到笔记本电脑。朋友S说:下定决心了。

我们到了电脑城,一起去的两个朋友只是随便逛逛而已。我们逛了两家很大的电脑店铺,朋友S对电脑不大懂,只是左看看,右看看,并不知道买什么样的机子比较好。然后我建议他说,电脑款式你来选,电脑配置我们来跟你说明,最后决定权在你手里。看了很多款电脑以及询问了很多关心的问题后,我们把目标锁定在朋友S比较看好的两款笔记本电脑上。

进入砍价部分,我开始正式跟卖电脑的业务员说:很感谢你今天花了很多时间给我们作有关笔记本电脑方面的说明。现在我们看中这两款电脑,你能否给我们再详细介绍它们的区别?听他介绍完,朋友S又问了他关心的一些问题。最后,朋友S决定了所选的机子。然后,我跟业务员谈。我说:今天我陪朋友过来买电脑,是因为他们很信任我,认为我在电脑方面懂得还是比较多的。今天,我们决定把电脑买好,只要价格比较优惠的话。朋友看中了这款电脑,你看能以多大的幅度给我们优惠?他回答说:嗯!你们既然选好了这款机子,我这边报个实价给你,给你们7 900元,优惠400元。我接着问他:很感谢你,你不仅服务态度好,一直为我们挑选笔记本电脑忙前忙后。同时也感谢你给我们优惠了400元。不过我觉得还是很贵。据我了解到的情况,有其他商家比你们价格要低得多。你看看,你这边是否还能再优惠?他反问我说:那你说吧,你想多少钱买下来?出个价。我回答他:我出的价怕你一下子接受不了,这样吧,我们想知道你还能给我们一个什么样的优惠价?他说:这个价格已经是很低了,那家给你们那么便宜的话,你们为什么不到他们那儿去看看?我回答他:我们看中了你们的服务和公司的规模,要是价格能跟他们差不多的话,我们就不用跑他们那边去了,毕竟花时间和精力。他说:那你说说吧,他们给你们是多少价格?我回答他说:是跟你们有一定的差距,他们给我们的价格是6 800元。我一报价格,这位业务员就一副很吃惊的样子答:不可能的,我们这里没卖过这个价格。然后,我接着说:这样吧,我们看你今天为我们服务得这么好,也挺辛苦的,我知道这么低的价格对你来说,是很难作出决定的,你看这样,你请示一下你们经理看看?听了我说的话,他就找他们经理去了。

他们经理过来,问怎么回事。我回答说:电脑很好,你们的服务态度也很好,为我们忙前忙后的,所以我们决定今天一定要把电脑买回去!不过,现在就剩下价格没谈妥了。他说:你们想要什么价?我回答说:刚才我跟你们业务人员已经说过了,我们是了解到有一家商家可以卖到6 800元的,机子型号、配置都是一模一样的。他一听,回答说:这样,我看一下我们仓库的进库单，核实一下进货成本。5 分钟过后，他们俩回来了。经理说：这样吧，给你们 7 100 元。我迟疑了一下，说：这样吧，我们也商量一下，等会儿给你们答复。我跟朋友 S 说：我再尽力一次，看能不能谈到 7 000 元成交，要是实在不行，这个价格也可以考虑的。朋友 S 告诉我说：这个价格他比较满意。然后，我们回来说：这样吧！经理，你看，我们把零头去掉，7 000 元整，可以的话，我们马上付钱。他回答说：不行，我给的价已经到位了，不然，真的没办法。最后我说：为了感谢你们的业务人员这么专业，态度这么认真，我们决定就按照 7 100 元买了。

资料来源：杨筱姝，http://lichuanjun888.bokee.com/viewdiary.14624647.html.

在国际货物买卖中，价格不仅表明每一计量单位的货物价格是多少，还表明买卖双方在货物转移中的手续、费用、风险和责任是如何划分的，因而其远比国内货物买卖价格复杂。为了简洁明了而又完整地将价格的内容表达出来，便于交易，人们就用一个简短的概念或外文缩写字母来表示某种价格，这就是价格术语。国际货物买卖的谈判者必须了解和掌握各种价格术语。

按照《国际价格术语 1990 年解释通则》，价格术语共有 13 种，但最常用、最基本的只有 3 种，其他规格术语都是在此基础上附加了某些说明和限定。

1. F. O. B. 装运港船上交货(指定装运港)

这是国际货物买卖常用术语之一。卖方承担的基本义务是在合同规定的装运港和规定的期限内，将货物装上买方指派的船只，并及时通知买方。货物在装船时越过船舷，风险即由卖方转移至买方。买方要负责租船订舱，支付运费，并将船期、船名及时通知卖方。卖方负责办理出口手续，进口手续则由买方负责。

按 F. O. B. 价格成交，如果采用班轮运输，装船费用包括在班轮运费之中，与装船有关的各项费用自然由负责办理运输事项的买方承担。而如果采用程租船运输，按照航运条例，通常在租船合同中规定船方不负担装船费用。在这种情况下，买卖双方应在合同中明确装船、理舱、平舱费用的负担问题。为此，人们往往在 F. O. B. 之后列明各种附加条件，从而产生了 F. O. B. 的变形，具体如下。

(1) F. O. B. Liner Terms(班轮条件)，这一变形的含义是装船的有关费用按照班轮的做法办理。也就是说，卖方不负担这些费用，而由船方实际上是买方负担。

(2) F. O. B. Under Tackle(吊钩下交货)，其含义是卖方仅负责把货物交到买方指派船只的吊钩所及之处，以后的装船费用概由买方负担。

(3) F. O. B. Stowed(理仓费在内)，这一条件是指卖方要负责把货物装入船舱并负责包括理舱费在内的装船费用。

(4) F. O. B. Trimmed(平舱费在内)，其含义是卖方要负责把货物装入船舱，并为保持船身的平稳，对装入船舱的散装货物进行填平补进，上述各项费用均由卖方负担。

2. C. F. R. 成本加运费(指定目的港)

其又称运费在内价，也是国际货物买卖的常用术语之一。卖方承担的基本义务是，在合同规定的装运港和规定的期限内，将货物装上船，并及时通知买方。货物在装船时越过船舷，风险即从卖方转移至买方。以上与 F. O. B. 条件下的卖方责任相同，但在 C. F. R. 条件下，与船方订立运输契约的责任由卖方承担。卖方要负责租船订舱，支付到指定目的港的运费，包括装船费用以及定期班轮公司可能在订约时收取的卸货费用。但从装运港至目的港的货运保险仍由买方负责办理,保险费由买方自负。出口手续由卖方办理,进口手续由买方办理。

按照C.F.R.的含义,卖方负责将合同规定的货物运到指定的目的港并支付运费。但在采用程租船运输的情况下,货物运达目的港后,由谁负担卸货费用问题并无统一解释。为避免在这一问题上引起争议,可在C.F.R.术语后面加上一定的附加条件,从而产生了C.F.R.的变形,具体如下。

(1) C.F.R. Liner Terms(班轮条件),卸货费用按照班轮的做法办理,即卸货费已包括在运费之中,买方不予负担。

(2) C.F.R. Landed(着陆费在内),卖方要负担货物卸到岸上为止的卸货费用,包括可能发生的驳船费和码头捐。

(3) C.F.R. Ex Ship's Hold(船底交接),货物运抵目的港后,由买方自负费用自舱底卸货。

3. C.I.F.成本保险费(指定目的港)

采用这一价格术语时,卖方的基本义务是负责按通常条件租船订舱、支付到目的港的运费,并在规定的装运港和规定的期限内将货物装上船,装船后及时通知买方。卖方还要负责办理从装运港到目的港的海运货物保险,支付保险费。卖方仍只承担货物越过船舷以前的风险,越过船舷以后的风险由买方承担。货物装船后自装运港到目的港的运费、保险费以外的费用也要由买方承担。卖方负责办理出口手续,买方负责办理进口手续。

C.I.F.价格条件采用"象征性交货"(symbolic delivery)方式。所谓象征性交货,是指卖方按合同规定在装运港口将货物装船并提交全套合格单据,就算完成了交货义务,而无须保证到货;反之,如果卖方提交的单据不合要求,即使合格的货物安全运达,也不算完成交货。因此,采用象征性交货方式,卖方是凭单交货,买方是凭单付款。按C.I.F.条件成交,卖方所要提交的单据的名称、内容及份数都应与约定相符,否则买方有权拒收单据,拒付货款。

C.F.R.条件下为解决卸货费问题而产生的各种变形,也适用于C.I.F.条件。

14.1.5 交货条件

怎样使货物按合同规定及时完整地交付买方,这是卖方的重要责任和义务,也是双方谈判时的内容之一。交货条件的谈判主要包括以下内容。

1. 运输方式

运输方式包括水上运输(内陆水运及海洋运输)、铁路运输、公路运输、航空运输、邮政运输及联合运输等。

水上运输具有运输能力大、成本低等优点,但其时间长,受自然条件影响大,风险较大。目前,海洋运输是国际货物买卖中最主要的运输方式。铁路运输则不受气候条件的影响,可保持货运的连续性,货运过程中风险小,但成本高于水运。公路运输机动灵活,适合门对门运输,但不适合大宗货物的运输,运费亦高于水运和铁路运输。航空运输的优点是交货速度快、运输安全、不受地面条件限制,特别适用于鲜活商品和交货期短的商品，但其运价高。邮政运输的优点是手续简便，但成本高，且重量和长度均受到限制。联合运输是指至少使用两种不同的运输方式的综合货物运输，如海陆联运、陆陆联运、陆空联运和海空联运等。集装箱的发明使联合运输的货运量大大增加。在谈判货物买卖的交货条件时，必须对上述各种运输方式做出选择。

2. 交货时间

在货物买卖合同中，应明确规定具体的交货期限，合同签订后必须保证按期交货，否则对方有权撤销合同并要求赔偿损失。交货期限的规定要留有余地，不宜订得太死，以免出差错。

3. 装运地和目的地

装运地是货物起始装运的地点，目的地是货物的卸货地点。装运地应接近货源地，卸货地应接近用货部门。

4. 是否分批装运和转运

货物是否分批装运，由买卖双方根据成交数量、运输条件、备货情况、市场需要及资金周转和调拨等因素来商定。如双方商定需分批装运，应在合同中规定分批装运条款；如不同意分批装运，也应在合同中订上“不准分批装运”的限制性条款。

如果货物运输中需要在途中转换运输工具，亦需在谈判中商定，并讲明转运所需费用。

14.1.6　保险条件

在国际货物买卖的运输过程中，常常会碰到各种自然灾害和意外事故，而引起各种各样的损失。因此，交易的商品一般都需要办理运输保险，并在买卖合同中做有关规定。保险条款包括保险投保人和保险公司的确定、保险类别、保险金额和保险费的负担等内容。

1. 保险投保人和保险公司的确定

如果中方是卖方，且是按 F. O. B. 或 C. F. R. 条件成交，则由买方负责保险，中方也可代买。如果中方是卖方，且是以 C. I. F. 成交，则由中方向中国人民保险公司投保。如果中方是买方，在一般情况下多由我方自办保险。无论是哪一种情况，都必须在合同中注明。

2. 保险类别和保险费的约定

中国人民保险公司的保险类别主要分为以下几种。

(1) 平安险。其责任范围包括被保险货物在运输途中由于遭受暴风、雷电、流冰、海啸、地震、洪水等自然灾害或由于运输工具搁浅、触礁、沉没、碰撞、出轨、失火和爆炸及装卸过程中整件货物落海等意外事故造成的全部损失，以及由于上述事故引起的共同海损的牺牲、分摊和救助费用。

(2) 水渍险。其责任范围除包括上述平安险的各项责任外，还负责被保险货物由于恶劣气候、雷电、海啸、地震、洪水等自然灾害所造成的部分损失。

(3) 一切险。其责任范围除包括平安险和水渍险的所有责任外，还包括货物在运输过程中，因各种外来原因所造成的保险货物的损失。不论全部或部分损失，除对某些运输途耗的货物,经保险公司与被保险人双方约定在保险单上载明的免赔率外,保险公司都需给予赔偿。

按C.I.F.条件成交时,运输途中的风险本应由买方承担,但一般保险费则约定由卖方负担。上述三种险别保险费逐渐增高。由于C.I.F.价格中一般不包括投保战争险等特殊附加险的费用,因此,当买方要求加保战争险等特殊附加险时,其费用应由买方负担。如买卖双方约定由卖方投保战争险并由其负担保险费用,卖方为了避免承担战争险的费率上涨的风险,往往要求在合同中规定:“货物出运时,如保险公司增加投保战争险的费率,则其增加的部分保险费,应由买方负担。”

3. 保险金额

按国际贸易惯例,如果合同中未规定保险金额,习惯上按C.I.F.价格的110%投保。因为保险金额关系到卖方的费用负担和买方的切身利益,最好在合同中具体订明。

14.1.7 支付条件

货款支付关系到买卖双方的切身利益,必须在合同中予以明确。

1. 支付方式

无论是国内还是国际货物买卖,经常采用的支付方式主要有以下三种。

(1) 汇付。即买方将货款通过银行支付给卖方,而卖方自行将货运单据寄交买方的支付方式。

很明显,在汇付方式下,买方钱的支付与卖方货的交付是脱节的。对卖方来讲,有可能交付了货物而到时拿不到货款;而对买方来讲,则存在支付了货款而拿不到货物的可能。因此,对交易的双方来讲,能否做到钱货两清完全取决于相互之间的信用,在交易双方不够熟悉或交易额较大的情况下,这一方式对双方都有较大风险而难以采用。

(2) 托收。托收方式是卖方在装出货物后,开具汇票连同全套货运单据,委托本地银行通过其在买方当地的分行或代理行向买方收取货款。

托收根据交单条件的不同又可分为两种,即付款交单和承兑交单。

托收方式属于商业信用。买卖双方的钱货能否顺利交付,仍然取决于交易双方的信用,银行只是以代理人的身份行事,对付款与交货不承担责任。

采取托收方式对买方比较有利,因为可以免去申请开立信用证的手续,不必预付银行押金,减少费用支出,还有可能获得预借货物的便利。托收方式对卖方来讲则存在一定的风险,因为在货物已经发运的情况下,如果采取承兑交单,则有可能交了货物却收不到款;即使采取付款交单,虽然不存在钱货两空的风险,但若对方无理拒付,仍会增加卖方一系列的手续和费用。因此,对卖方来讲,若采用托收方式必须充分掌握交易对方的资信情况和经营作风。

(3) 信用证。信用证是银行应买方的请求和指示,向卖方开立一定金额,并在一定期限内凭规定的单据承诺付款的书面文件。

在信用证方式下,银行信用代替了交易双方的商业信用,有银行作为保证人,对卖方来讲,只要递交的货运单据符合规定,收汇就有保障;而对买方来讲,只要支付货款,就肯定能取得代表货物的货运单据,收取货物也有保障。因此,信用证方式对买卖双方来讲都是有利的。

较之商业信用，银行信用的可靠程度要大大提高，但也并非绝对可靠，因此对卖方来讲还必须对开证银行的资信进行深入的了解和调查。

2. 支付货币的选择

在国际货物买卖谈判中，选择和确定以什么样的货币作为支付货币是双方十分关注的问题。由于当今世界国际金融形势动荡起伏，汇率变化很大，支付货币如果选择不当，会直接导致交易一方的经济利益出现重大的损失。因此，双方应考虑选择确定稳定性和可兑换性较好的货币作为支付货币。一般来讲，出口时用硬货币计价是有利的，而进口时则应用软货币计价。当然，对于货币种类软、硬的判断，完全取决于谈判人员对汇率变化的预测，具有一定的风险性。

14.1.8　检验与索赔条件

1. 检验条件

检验条款的主要内容包括检验时间与地点、检验机构、检验证明、检验标准与检验方法等。在国际货物买卖中，一般以装运港检验机构出具的检验证书作为结汇的凭证，但同时规定货物到达目的港后买方有复验权。因此，合同中的检验条款还应规定复验结果有出入时的处理办法。

2. 索赔条件

在货物买卖合同执行过程中，由于种种原因往往会引起一方向另一方要求赔偿损失的情况。所谓索赔，就是合同一方向违反合同的另一方提出赔偿的要求。反之，合同另一方对合同一方的索赔进行处理则叫理赔。索赔和理赔是一个问题的两个方面。一般说来，索赔多发生在交货期、交货品质和数量等问题上，即买方向卖方提出索赔的情况较多，但如买方不按期接运货物或无理拒收货物与拒付货款，也会发生卖方向买方索赔的情况。

索赔条款的主要内容包括：索赔的期限、索赔所必须具备的证据、出证机构及解决索赔的办法等。

14.1.9　不可抗力条件

货物买卖中所说的不可抗力事故，是指合同执行过程中，不是由于合同当事人的过失，而是发生了双方当事人无法预见、无法预防、无法避免和无法控制的意外事故。为了明确责任和避免事故后引起争议，在买卖合同中一般都应订立不可抗力事故致使一方不能履行合同或不能如期履行合同时，发生事故的一方可以据此要求免除责任，而对方无权要求赔偿损失的条款。

不可抗力事故包括两种情况：一是自然原因引起的，如水灾、旱灾、风暴、冰雹、地震等自然灾害；二是社会原因引起的，如战争行为、政府禁运等。

不可抗力条款的内容主要包括：不可抗力事故的范围、处理原则和方法、不可抗力事故发生后通知对方的期限、出具证明文件的机构、不可抗力事故的后果等。

不可抗力事故发生后，一般有两种处理办法，即解除合同或延迟履行合同。究竟按何种办法处理,视事故对履行合同的影响而定。一般认为,如不可抗力事故使合同履行成为不可能,则可解除合同;如不可抗力事故只是暂时阻碍了合同的履行,则只能延迟履行合同。

14.1.10 仲裁条件

在货物买卖合同签订以后,由于种种原因影响合同的履行,从而引起争议时,可以通过友好协商、仲裁和诉讼三种方式解决。当双方同意用仲裁方式解决争端时,就必须订立仲裁条款,其内容包括:仲裁地点、仲裁机构、仲裁程序、仲裁费的负担和仲裁解决的效力等。在国际货物买卖中,一般习惯于采取仲裁的方式解决争端。

在国际货物买卖谈判中,在商订仲裁条款时,特别要注意仲裁地点的选择。这是因为,仲裁地点与所适用的法律有关,同一仲裁条件,由于仲裁地点不同,其所适用的仲裁法规不一,也就可能出现不同的仲裁结果。一般来说,在合同中应力争规定在我国仲裁,如果约定在第三国仲裁,则应选择政治上对我友好、办事公正、有业务能力的第三国仲裁机构进行仲裁。

14.2 货物买卖谈判的程序

无论是国际货物买卖谈判还是国内货物买卖谈判,无论是面对面的直接谈判方式还是以信件、函电形式进行的间接谈判方式,货物买卖谈判的程序均可抽象为询盘、发盘、还盘、接受及签订合同。

14.2.1 询盘

询盘(又称询价)是指买方或卖方为了谈判交易而面向对方提出有关交易条件的询问,其目的在于邀请对方发盘。在实际业务中,通常由买方主动向卖方询价的居多。询盘的内容繁简不一,可以只询问价格,也可以询问其他某项或若干项交易条件。

14.2.2 发盘

发盘(又称发价)是指交易的一方向另一方提出交易条件,并愿按此条件成交的一种表示,它可以采用口头或书面的方式进行。在实际业务中,通常是卖方在收到买方的询盘后向买方提出发盘,但买方主动向卖方发盘的情况也不少见。这种由买方提出的发盘,习惯上称为递盘。不论是由卖方发盘还是由买方发盘,其法律后果是一样的,即发盘一经对方无条件接受,就算达成交易,买卖合同即告成立,买卖双方即应受合同的约束。

发盘是有条件的。一个有效的发盘,一般要满足下列三个条件:

(1) 必须明确表示愿按发盘所列条件订立合同的意思;

(2) 发盘内容明确、肯定,并包括合同的主要条件,只要对方接受,就是签订合同;

(3) 发盘必须传达到受盘人才能生效。

为了避免在实际业务中产生失误,货物买卖的谈判人必须善于分辨发盘中的实盘和虚盘。

1. 实盘

实盘的主要特点是对发盘人具有约束力。实盘发出之后，在其规定的有效期内，发盘人不得随意撤回或更改其内容。实盘主要应满足下列条件：

(1) 必须明确表示发盘人愿按所提条件订立合同，不得附加任何保留条件。

(2) 必须提出完整、明确、肯定的各项主要交易条件，如品名、品质、数量、包装、价格、交货和支付等。

(3) 在发实盘时一般都应规定有效期。在此条件下，受盘人只能在有效期内接受，超过有效期，发盘人可不受发盘的约束。如果发盘中未规定有效期，则受盘人应在"合理时间"内接受，才能有效。

在实际业务中，为了进一步明确实盘的性质，有时还习惯在发盘上加上"实盘"字样，但这并不是实盘的必要条件。只要具备实盘条件，即使没有加"实盘"字样，也不影响实盘的性质。

2. 虚盘

虚盘是发盘人有保留地愿按一定条件达成交易的一种表示，它对发盘人和受盘人都没有约束力。发盘人可随时撤销或更改其内容，受盘人对虚盘即使表示接受，也得经发盘人最后确认，才算达成协议。

虚盘的主要特点是，主要交易条件不完整、不明确、不肯定，或发盘人保留对交易的最后决定权，即在发盘中附有保留条件。发虚盘的目的，主要在于试探对方有无交易的诚意，吸引对方向发盘人递盘或订货。因此，交替使用虚盘和实盘，可以起到火力侦察和推动交易的作用。

14.2.3　还盘

受盘人收到发盘后，首先要判明它是虚盘还是实盘，然后根据发盘的内容做出回答。受盘人如果完全同意发盘人提出的交易条件，即可及时向对方发出接受通知；如果不同意发盘人提出的条件，则可向对方还盘。还盘是对发盘的拒绝，它等于受盘人以发盘人的身份向原来的发盘人做出一项新的发盘。一笔交易在讨价还价的过程中，往往需要一次或多次往返的还盘。当受盘人还盘后，原发盘即告失效，取而代之的是新发盘。新发盘如被原发盘人接受，即算达成交易。

此外，如受盘人对对方的发盘虽表示"接受"，但却附加了某种条件，或在复述对方发盘内容时，对其中某些条件做了若干修改，这种做法称为有条件的接受。有条件的接受，不是真正的接受，实际上是对发盘的拒绝，仍属于还盘的一种形式，发盘人对这种有条件的接受，可以同意，也可以拒绝。

14.2.4　接受

接受是指受盘人无条件地完全同意发盘人在发盘中所提出的各项交易条件，并愿按此条件达成交易的一种肯定的表示。发盘一经受盘人在有效期内接受，即达成协议。

有效的接受必须满足下列条件：

(1) 接受只能由受盘人做出。

(2) 接受必须是无条件地完全同意发盘所提出的各项交易条件。

(3) 接受必须在发盘规定的有效期内做出,如接受的时间晚于发盘的有效期,这种迟到的接受不能算作有效接受,而只能视为一项新的发盘。

(4) 接受的传递方式必须符合发盘所提出的要求。如果发盘中对接受的传递方式未做具体规定,则受盘人一般可按发盘所采用的传递方式发出接受通知。

14.2.5 签订合同

当货物买卖双方经过交易磋商,一方的发盘或还盘为另一方有效接受后,交易谈判即告成立,双方都受约束,此时往往要签订书面合同。之所以要签订书面合同,主要是因为双方在交易谈判过程中往来的函电或口头联系有时无法详细列明一切交易条件,必须依靠书面的正式说明,以便双方共同信守。签订书面合同是交易谈判的最后环节。

货物买卖中签订的书面合同的形式主要有两种:一种是正式的合同;另一种是确认书。前者不仅将有关商品的名称、品质、数量、包装、价格、交货、支付等条款具体载明,而且将检验、索赔、不可抗力等一般性条款也具体载明,因而内容具体而完整。因此,这种合同对于明确买卖双方的权利、义务和责任以及避免争议是比较有利的,比较适合成交金额大并且交易内容比较复杂的情况。后者一般只将商品的名称、品质、数量、包装、价格、交货、支付等主要交易条款载入,而对于索赔、仲裁、不可抗力等一般交易条款通常不予载入,因而称之为简式合同,其适用于双方有着长期稳固的关系,已对一般交易条款取得共识,交易金额不大,交易内容相对比较简单的场合。

在签订合同时要注意合同内容的完整、具体明确以及合同条款之间的相互一致性。

14.3 货物买卖谈判的策略

从货物买卖谈判的整个过程看,买和卖,或采购和销售,是相同交易行为中对立的两个方面,它们是一回事。但当我们站在特定的买方和特定的卖方的角度来观察问题时,就会发现,买和卖又不是一回事了。以下我们分别从买方和卖方的角度讨论货物买卖谈判的策略。

14.3.1 买方的谈判策略

采购人的职责在于确保己方在合理的价格内取得良好的货品和服务。在货物买卖谈判中,采购一方可以通过以下办法更好地达到目的。

1. 买方必须学会货比三家,选择对己方有利的谈判对象或谈判重点

很多买主都希望卖主们的商品可以像挑选苹果般地比较选择,但他们很少如愿。卖主们的商品不只是价钱不同,连同类产品的品质、规格、包装、性能等也不一样。这么多的差异使买主无法客观进行比较,以至于最后所做出的决定总是基于少许的资料和大部分内在感受。

称职的采购人员会知道问题的所在。在采购商品数目较大时，他会以一种从事艰苦工作的态度来进行比价，会请工程和成本分析专家将资料调整成可以比较的形式。为此，他不单从每个卖方那里取得报价单，只要有可能，他还尽量设法获得其他的详细资料，然后介绍给专家们听。专家通过各种量化、打分，计算出该商品的质量价格比、性能价格比等数据，然后选定对己方采购最有利的卖主作为正式谈判对象或谈判重点。

2. 买方必须学会让卖主相互竞争

这是一个商品极其丰富的时代。就大多数商品而言，都存在许多同类产品或替代产品，任何一个卖主都很难垄断某个商品的市场。采购人员应利用这一点来引发卖主之间的竞争，以便使己方从中得到好处。即便是通过货比三家，选定了某一卖主作为正式谈判对象，也不要断了与其他卖主的联系，应以此为砝码向对方压价。

3. 掌握卖方定价依据，从而提高己方讨价还价的效率

卖方报出的价格并非不可讨价还价的不二价，而且在很多场合，其制定价格并不是依据科学计算方法，而是出于谈判策略上的考虑。因此，探究对方报价的方法很重要，可以根据这些技巧采取针锋相对的办法。比如，有的卖主勇于运用出尔反尔这一招。当其提出的价格遭到压力时，他就压低价格。这个新价格与市场相差很多，要低得多。但等到时机成熟，他又重新提高价格。如果买方洞察出对方这一花招，就不那么容易被卖方所左右了。

当然，采购人员还应了解自己公司的经营状况、己方可以做出哪些让步，并熟悉各种付款方式等，唯有如此，才能成为一名出色的采购人员。

CASE 案例　货比三家

天津某厂半导体器件生产线需改造，委托某公司（以下称甲方）协助谈判。经过与美国公司（以下称乙方）和香港公司（以下称丙方）谈判后，由于乙、丙两家态度与交易条件各异，甲方择优选了乙方为成交对象并草签了合同，双方约定待补充某些设备资料、落实进出口许可证后再正式签约。不想丙方通过工厂的上级主管单位要求甲方继续与其谈判，再给一次竞争机会。天津工厂的上级也托人把意见转到了甲方。为了尊重工厂上级主管，稳妥处理“草签合同”的法律问题，甲方将工厂代表、工厂上级主管代表、乙方代表、丙方代表同时请到公司来，分别安排在三个会议室，进行了一次“货比三家”后的再比货的谈判。

在天津工厂及其上级主管代表所在的会议室，甲方说明了现状以及“草签合同”的法律意义，并与他们达成评选乙、丙两方的标准。

在丙方所在的会议室，甲方再次解释了没有选择与其成交的原因，同时要求对方拿出最优惠的竞争条件，双方约定“这是最后机会”。

在乙方所在的会议室，甲方解释了在“草签合同”后发生的问题，行政意见与“草签合同”法律意义的统一性，以及重开谈判的合法性与必要性。同时重申甲方做事的原则，希望乙方能积极配合。开始乙方抱怨，后在甲方安抚下，知道再抱怨也没用，要想拿到交易，还需做一番努力。甲方让乙方考虑新的可能方案，自然不强迫。竞争又开始了，由乙方自主决定是否再次应战。

甲方回到丙方会议室,问丙方新的方案是否已拟出。丙方给出了一个新方案,该方案条件与乙方草签协议的条件靠近,没有明显优势。甲方当即告诉丙方:"该条件不行。若还有改善的可能,可给贵方时间再准备;若没有改善的可能,则谈判到此结束。"丙方做了一些解释,意思是该条件具有竞争性。甲方反驳了丙方观点,郑重做出竞争不力的结论,但表示可以再给一次机会。丙方看到甲方态度坚定,只好请求再给一次机会。甲方离开丙方会议室让其准备改善方案。

甲方到了工厂会议室通报了与乙方和丙方谈判的情况,并征求他们的意见。工厂和其上级代表认为甲方做得很好,也同意甲方建议,若丙方拿出的方案不优于乙方的方案5%以上,则不选择与丙方成交。

甲方回到乙方会议室,问乙方的方案准备得如何?乙方回答:"价格难以调整,但价格条件可以改善,如可以将5人的培训费免去。"甲方问乙方还有什么条件,乙方表示暂时没有。

甲方再与丙方接触,丙方此时拿出了与乙方的价格条件一样的方案。甲方对丙方追加意见:"贵方确有改善,但由于贵方是第二次谈判,要击败乙方,贵方必须有明显优势才行。凭贵方现有条件,我只能讲是'相当'"。丙方讲:"劲已使完,希望与工厂上级代表见面谈一谈。"甲方表示同意。

甲方与工厂及其上级代表交换了意见后,一致认为:若丙方力已使尽,那么其条件不具竞争力。作为策略,待甲方再与乙方谈判后,安排与丙方的见面。

甲方到乙方处,郑重地告诉乙方:"丙方已两次改善价格条件,不知贵方还有什么要说的。"这句话太中性了,一下子让乙方怔住了。乙方代表想了想说:"若丙方条件很优惠,我也只好遗憾,自愧不如。要是说我还能做什么,坦率地讲可做的不多,我方可以增加一点试车材料,也可以连续3年代销30%该生产线生产出的产品。"甲方说:"我能理解这两个条件是贵方最后的改善吗?""是的。剩下的事就由贵方做结论了。"甲方请乙方稍候,待与工厂及其上级代表商量后再告诉他结果。

工厂与其上级代表听到乙方再次改善条件,很高兴地与甲方一道先会见了丙方。对丙方积极参加竞争表示感谢,对其条件缺乏竞争力表示遗憾,对双方的友谊表示珍惜,希望今后有机会再合作。丙方见甲方、工厂上级代表对他都很尊重,只好自认竞争不力。送走了丙方后,大家一齐再见乙方。一方面对让其再次投入竞争的谈判表示抱歉;另一方面对他做出的努力表示赞赏,然后宣布了甲方最后的抉择——与乙方成交,不过今天提到的5人免费培训、增加试车材料与连续3年代销30%的产品等条件均应加到草签的合同中。

对于"货比三家"策略,甲方运用得很好。备货、运货、谈判组织以及选择等环节做得顺乎其然,毫无错位,通过再次谈判,扩大了策略战果。

14.3.2 卖方的谈判策略

与采购人员相对应,一个称职的销售人员该掌握以下这些行之有效的方法。

1. 推销是一种主动型的谈判,需要销售人员积极主动地去开发客户,而不是一味地等客上门

为此,销售人员必须制定一段时期(如1个月、1个季度或1年)的销售目标以及实现这一目标的手段。在每次走访可能买主之前,他必须先深思熟悉一番,他必须十分熟悉自己产品和企业的情况,熟悉当时的市场行情,以使自己的劝购行为具有充分的说服力。

2. 一般来说,如果销售人员拜访的客户对其推销的产品既不热心也无兴致,那么他的任务就是唤起客户的购买兴趣,刺激客户的购买欲望

客户并不总是正确的,然而销售人员并非批评家,他的目的在于推销出商品,所以在业务谈判中,与顾客争论是不明智之举。即使销售人员是争论的胜方又有什么用,他将失去一个可能的买主,意味着其推销工作的失败。积极推销并非强力推销,其关键在于疏导可能买主的购买欲望。

3. 销售人员推销最大的说服力在于其产品,因此展示商品在推销中占有很重要的地位

他可以通过当面试验的方法来制造戏剧效果,如果可能,他还会请可能买主亲自动手操作,以给可能买主最深刻的印象和最强烈的购买刺激。当然,如果某些产品体积庞大,十分笨重,不适于携带,销售人员也应该拿出一些形象化的证据来让买主信任他的产品,这些形象化的证据包括照片、模型、录像带等,同时辅之以各种书面材料。展示商品有一个颠扑不破的原则,那就是销售人员必须尊重和绝对赏识自己的商品。如果他是在推销布料,在触摸它们时就应当表现出真心欣赏其优良质地的样子;如果他是在推销服装,在堆摞大衣时他就不能随便一扔了事,任凭袖子卷着。必须保持对商品赞赏的态度,才能激发可能买主的同感。

4. 推销的潜力在于回头客,老客户不仅可能再购公司的产品,还可能为销售人员介绍新客户

因而,销售人员应充分尊重客户的利益,言而有信,搞好各种售后服务,注意发展与客户的友谊。同时,应着手建立客户档案,记载客户公司的各种情况及客户本人的兴趣、爱好、事业、家庭情况,以便以后进一步开展推销业务。

5. 推销工作需要顽强的毅力,不要怕碰钉子。再优秀的销售人员也不可能每次拜访客户都能谈成交易

一次拜访失败,应及时总结原因,看问题出在哪儿,如果有必要,应当再次甚至多次拜访。"精诚所至,金石为开",也许下一次拜访便是成功的时候。

CASE 案例　　日常购买中的谈判

1999 年 12 月,小李和爱人搬进一室一厅的房子,准备去购置基本的生活用品和厨房用具。他们决定去离家较近的上地建材城购买灶具和抽油烟机。由于以前没有逛过商场和家具城,不了解这类产品的价格,除了知道电视上经常出现的几个名牌外,小李对这方面的情况一无所知。他们的打算是先了解市场行情,经过讨价还价,购买到价廉物美、售后服务有保证的产品。

到了上地建材城,他们注意到因为不是周末,顾客不多,稀稀落落的。到了一家店铺,产品品牌名不见经传。店主是一位四十多岁的男子,很热情地向小李介绍各种型号产品的价格及性能。听了他的耐心讲解后,有一款灶具(约 300 元)和一款抽油烟机(约 420 元)让小李有些心动,但她表面上并没有露出任何购买的迹象,只是很平淡地指出:从没听说过这类牌子,不太敢相信质量和售后服务。店主表现得很诚恳,表示:"请你们绝对放心这些产品,以前的

顾客买后都用得很好,保修期一年内从没有来找过我。这个品牌的产品一直由我们代理,而且同其他大多数名牌一样,产地都是广东顺德或中山的。我这只是其中的一个销售点,维修点在昌平,那里有很多专业技术人员。再说,电视上的名牌都是靠打广告,质量和我们的产品差不多。”由于没有与其他品牌比较,小李拽了拽爱人的衣角说:“咱们还是先看看吧。”店主费了半天的口舌,有点着急,表示可以便宜点。小李指着那款抽烟机再次询问价格。店主咬了咬牙,说:“嗨,今天顾客少,我就吃点亏吧,给你们降20元,400元。”小李还是坚决地要走,店主最后喊了一声:“再降20元,380元。”至此,小李对该类产品有了初步的了解,仍须进一步调查,于是便客气地表示再看看。

走出那家店铺,他们又去了几家品牌的专场店,价格都不菲。灶具三四百元,抽油烟机也起码五百元。据介绍,果然基本上都是广东顺德产的。另外他们发现抽油烟机大多是深吸式的,而第一家是将抽油烟机放在一个玻璃罩上。经过比较后,小李认为还是第一家的性价比较高。他们商量一下,决定返回第一家店,如果质量没有什么问题,继续砍价,争取更大的降价空间。

店主一看小李俩人回来了,赶紧热情地说:“怎么样,比较后还是我的产品好吧。”小李不置可否,只是指出他的抽油烟机不如深吸式的效果好。店主不慌不忙地说:“我的抽油烟机放在玻璃罩上,排烟率可以达到95%,而深吸式最多只有65%。另外有玻璃罩后油烟也不会溅到墙上,清洗时只要用抹布喷上洗涤剂,一擦就干净。”小李站在那里,感觉了一下,摇摇头说:“带个架子做饭,有点憋。”这时,小李有意地环顾四周,看了看可以放灶具的不锈钢柜,问道:“你这个柜子多少钱?”店主一看,好像又有生意,马上介绍说:“我这个柜子卖300元,给你280元。”小李指了指柜子对爱人说:“要么我们买一套,怎么样?”爱人说:“好是好,就是不知道灶具能不能便宜点?”店主听后,想了想说:“嗨,谈了这么长时间,我也懒得讲了,你们要是买的话,灶具给你便宜10块钱,而且我这个玻璃罩单卖80元,你们要是买一套的话,我就半卖半送给你20元拿走。”小李有点犹豫,对爱人说:“对了,咱家厨房里有一个台子,小柜暂时用不到,我看我们还是单买抽油烟机和灶具吧。”然后她转身对店主说:“我们这次只要抽油烟机和灶具,小柜以后买,玻璃罩你也搭送给我们,怎么样?”店主低头考虑了一下,咬咬牙说:“好,今天生意冷清,我赔本也开开张,抽油烟机400元、灶具290元、玻璃罩20元,总共710元。”这时,小李猛然意识到抽油烟机价格又涨了,于是立刻指出:“抽油烟机不是说380元吗?”店主有点不好意思地说:“好,好,380元,总共690元。”小李说:“现在凡事都讲吉利,680元,大家又顺又发,好不好?”店主犹豫了一会儿还是答应了,但又表示从未以如此低的价格卖过货,并且希望以后到他这里买小柜。至此,小李俩人相视一笑,目的达到,谈判结束。

第二天,店主来送货时,服务态度一直很好,还不断地唠叨:“以后再买东西的话,一定要找我呀,我的产品绝对是价格低廉,质量有保证的。”后来在与朋友聊天、比较价格时,小李发现自己所购买的产品果然是价廉物美,质量很好,用了近两年没有出现过什么问题。小李也渐渐习惯了用玻璃罩,墙面一直很干净。

思考题 QUESTIONS

1. 货物买卖谈判主要涉及哪些内容?
2. 在货物买卖谈判中,表示商品质量的方法通常有哪些?

3. 货物买卖双方在谈判价格条件时,可以采用什么作价方法?

4. 货物买卖谈判的程序是什么? 各个环节分别应该注意什么问题?

5. 货物买卖谈判过程中,买方可以采用的策略有哪些?

案例讨论 Case discussion

如何博得采购经理的欢心

调查显示,卖场的炒货品类不温不火,炒货采购经理正为此着急上火。KA 经理应怎样利用这个弱点顺利进场?

林之最近既喜又忧。喜的是刚被任命为国内炒货五强、安徽炒货生产企业 Z 公司的 KA 部总监,可谓春风得意;忧的是 Z 公司以前是靠运作传统渠道起家的,运作 KA 渠道几乎没有任何经验和积累,压力颇大。

如何烧好前三把火呢? 林之选择的第一个突破点是广州。这个城市高收入、高消费,KA 卖场相对集中,如果能在广州成功突破 KA 市场,将大大有利于 Z 公司顺势开拓其他大城市的 KA 卖场。

摸清底细

在谈判前,对谈判对象进行资本、信用、经营状况、相关人员、需求等各方面的调查,做到知己知彼。

通过各种渠道,对乐多卖场(化名)的调查结果如下。

(1) 卖场总部在广州,在全国有 94 家店,其中华南区 39 家店、广州 17 家店,进场以整个华南区为单位。

(2) 乐多卖场财务状况和业内声誉均良好,无重大经济纠纷。

(3) 负责华南区炒货类进场的采购负责人白野,河北人,刚刚 30 岁,为人直爽。林之还了解到,白野与林之的朋友范总曾在康师傅共事多年,感情深厚。

(4) 卖场已经有 8 个同类产品上架,包括炒货知名品牌"洽洽"。但由于缺乏重大活动支持,卖场炒货区销量一直上不去,人气不旺。白野一直急于找一个合适的产品提高炒货的业绩。

(5) 乐多卖场采购总监(负责整个华南地区店)是最终决策人,他很器重白野,一般情况下都会采纳其意见。

制定策略

在查清卖场的背景等情况之后,如果确定进入该卖场,必须全面摸排将要进行的谈判项目,并找到自己的谈判底线。根据分析所得,再综合双方利益需求,初步确立谈判策略。当然,首先要确定自己的供货价底线,这是重中之重。

1. 供货价格

Z 公司规定,对所有收取通道费用的 KA 卖场,其相对出厂价的顺加利润都应为 25%左右,最低不能低于 20%。而分销商的这个比率为 5%,BCD 类店为 15%。卖场之所以高出这么多,是因为其进场费、条码费、店庆费等费用名目繁多,至少要花掉公司

10%～15%的利润,因此必须顺加20%以上才有利润保证。

2. 谈判策略

前期调查表明,白野正想找一个合适的产品来提高整个炒货品类的人气,而林之可以乘虚而入。在充分了解卖场的各项费用要求及进场条件后,林之逐项分析了卖场的交易条件,结合炒货品类需要提高人气的需求,制定了以“大促销提升卖场人气”为主题的卖场促销方案,初步确定了谈判策略和谈判项目的目标。(产品进入新市场不可能不打广告、不做推广,关键是怎样让费用花得物有所值。与其让卖场一项一项地来收取费用,不如变被动为主动,利用大幅度促销提高卖场人气,博得其欢心,为以后的合作打开方便之门,同时也可以提高产品的品牌形象和知名度。)

抛出诱饵

采购室里。

林之:“您好,白经理吧,我是Z公司KA部总监林之。”

白经理:“您好,范总给我打过电话了,请坐。”(事前林之让范总给白经理打电话引见了一下。这可以大大降低谈判双方的隔阂,为见面谈判打下好的基础。)

林之:“白经理很年轻呀,听口音,北方人?”(适当的赞语给谈判对象以成就感,拉近彼此的距离,为接下来的谈话营造轻松的气氛。)

白经理:“哪里,我是河北人。”

林之:“哦,半个老乡哟,我是河南人。”(拉老乡,套近乎,打开话题,是惯用沟通技巧。)

“这是我们的材料,您过目一下。”林之提交公司介绍、公司相关资料、产品报价、市场状况调查……

“我们卖场已经有3个你们安徽的品牌了。说实在话,你们品牌的影响力不如洽洽,所以我们暂时不考虑其他炒货的进场。”白野翻阅着材料,表情严肃地说。

洽洽在全国,尤其在南方的影响力确实比Z公司大得多,但Z公司也属于全国前三甲的知名品牌。白野居然不给进场的机会,也驳了多年好友范总的面子,这出乎林之的预料。(细想一下,白野其实是耍了一个花枪。如果真的不打算引进新品,则根本不可能坐在一起谈判,挑剔的态度不过是为了争取更优厚的条件而已。)

林之:“白经理,据我所知,洽洽在贵卖场去年的销售额不过80万元,贵公司没有拿到一分钱扣点吧!”(卖场在示强的时候,你一味地示弱就可能丧失进场的机会,此时需要借用第三方力量打击对方。)

“不过今年他们的销售计划是150万元,按照他们品牌的影响力,我想没有问题。”白野语调缓和了一些。(白经理对洽洽还是寄予厚望,这个时候就需要强调Z公司的优势,转移白野的注意力了。)

林之:“洽洽今年要全线作战,它要想在广州的卖场大规模投入会力不从心!我们的产品在北方市场已占据绝对的统治地位,完全可以腾出足够的人力和财力开拓南方市场。同时,进军广东卖场是我公司今年的战略决策,公司必然会有较大的市场投入,这一点与洽洽相比是具有很大优势的。”(说明竞争的状况和公司的策略,必要时揭一点自己的底牌,可以提高卖场对自己的兴趣。)

白经理:“洽洽在卖场的知名度可是大家有目共睹的,你们的品牌力有很大差距呀!”(白野既然强调差距,说明卖场对引进新品还是有兴趣的。)

“目前我们在广东卖场的品牌力,和洽洽确实有一点差距,但是我们可以通过一些互动性的促销活动,很快提高销量,当然这也能提升卖场的人气,这也是您所希望的吧?”林之呵呵笑着说。(在谈判对象来兴趣的时候,可以把诱饵抛出一部分,吸引对方把谈判进行下去。)

白经理不由自主地调整了一下坐姿:“哦? 你有何高见? 说来听听!”(其实这一直是白经理的一个心病,从惊讶的语气中,可以知道白经理还是很渴望将炒货产品销量尽快做上去的。)

林之:“这是我们的活动方案概要,您看一下,根据我们的促销方案,如果得到很好的执行,贵卖场的人气可以得到很大程度的提升。”(白野看上去听得很专心,脸上露出期待的神情。林之心里很清楚,只要对方按着自己设定的这条路走下去,进场的可能性就会大大增加。)

白野浏览活动方案,表情温和了很多:“这个活动方案的可行性还是不错的,不过你的要求太高呀!”

“哪里,我们也在为咱们卖场做免费宣传啊! 具体细节我们可以再谈嘛!”林之面带笑容。

大约 30 分钟过去了,林之话语顿了一下:“白经理,你看这样好不好,这次时间很紧张,我们下次约个时间详细谈一下! 相关资料我就放你这里,欢迎多提宝贵意见!”(在适当时机以退为进并约定下次见面时间,不但给对方留下良好印象,同时也能让自己进退自如,把握谈判节奏。)

白经理看了看表:“也好,我马上还有一个谈判,那就下周一上午九点半左右,如何?”

“好的,下周一,不见不散!”

短兵相接:采购正面打压供货价格

周一,白经理办公室。

“白经理,非常高兴再次见到你!”林之满脸堆笑。虽然双方都客气地寒暄着,但空气中的紧张气氛仍然浓得化不开。

“林经理,方案我仔细研究了,要求太高呀! 你我分歧不小,怕是难以达成共识了!”白经理表情严肃,率先发难。(分歧肯定会有,但要说无法达成共识,鬼才相信呢! 采购人员又不是傻子,要是没有兴趣,才没工夫陪你玩呢。在谈判对手意图先发制人时,不如先向旁轻轻一闪,听对手如何说,再对症下药。)

“白经理,有分歧是正常的嘛。既然今天我们再次坐在了这里,证明大家都是有诚意的。您觉得我们在哪些方面存在分歧呢?”林之不紧不慢地说。(谈判中让对手先出招,在了解了双方的分歧及对手的底线以后,找出对方招数中的空隙,适时调整自己的谈判策略及让步条件,后发制人。)

“你们的价格太高,至少需要下调 5%,另外我们的陈列面很紧张,所以最多只能上两个规格!”白经理咄咄逼人。(一般厂家直供卖场的价格比传统流通渠道高 10%左右,这已是公开的秘密。如果按照白经理的要求再压价 5%,则最后毛利只有不到 20%,这在公司的KA供价底线之下了。这样的话,以后的促销活动空间很小,非常被动。另外,规格数量与产品销量存在一定正比关系,只上两个规格万万不可,不但单规格费用太高,也不容易上销量,按照当初的计划,至少应该进场四个规格。)

"我们的报价是全国卖场统一价,和贵卖场北方区的进场价格也是一致的;另外我们的产品和洽洽相比,价格也很有竞争力。从产品规格上说,我们100克包装是洽洽所没有的,不但能丰富卖场产品,带来销量,另外作为促销捆绑也非常合适。"林之振振有词。(用横向、纵向多个角度比较分析的方法,来凸显自己产品、价格的优势,打动对方。)

"你们的品牌优势在北方,在南方的品牌力明显比洽洽弱很多,这也是不争的事实!"白经理音调高了起来。

KA经理花开两枝

林之见起了争执,赶紧将话题引向白经理感兴趣的卖场促销上:"白经理,我们先谈谈促销计划,价格问题我们一会儿再商量,您看行不行?促销做不好,价格再低也无济于事啊,对吧?"(在谈判时,如果双方因某一问题起了争执,应该保留争议内容,立刻转向对方感兴趣的话题。过多的争执徒劳无益,反而容易让谈判对手丧失兴趣,甚至恼羞成怒,从而导致谈判破灭。)

林之:"我们考虑中秋、国庆双节开展100克捆绑383克和300克的促销活动,时间两周,这是促销案,请看。"

林之提交促销案:"促销展前一天,我们将在《羊城晚报》上刊登活动消息,并附上贵卖场连锁17家店的地址及电话;另外,我们还将在你们17家店上近20名导购员,把促销活动推向高潮。"(既然要进场,该花的钱总是要花的,与其让卖场一样一样收取,不如变被动为主动,以促销活动为诱饵。)

白经理仔细地翻阅着促销案:"林经理真是厉害啊。好吧,我同意上架四个规格,不过按照我们的要求,规格变更(替换、增加或减少)是要罚款5 000元的。"(由于市场需要,厂家变更规格是常有的事情。卖场的条款显然是苛刻了。狡猾的白经理夸奖是假,罚款是真。)

"规格变更也会给我们厂家带来很多麻烦,但由于市场需要,不免会涉及此类问题,当然会在一定程度上给卖场带来不便,不过我们可以通过补交新规格条码费的形式予以补偿,你看如何?"林之显得很诚恳。(林之首先分析变更规格的原因,同时站在卖场的角度上思考问题,最终提出自己的解决方案,这样更容易被卖场接受。)

有进有退化解前期争议

"林经理真是谈判高手!这么实在,那就按你说的办!"白经理顿了一下,语气突变:"有关进场费以及扣点等问题,我们的差距不小,贵公司的诚意显然不够,我们南方区目前有39家店,规定的进场费才15万元,单店的进店费已经很低了!"(39家店,进场费15万元,单店进场费约3 800元,低于公司标准4 000元/店,可以接受。林之心里清楚,谈进场费本身不是目的,而是为下面的店、节庆费用以及扣点的谈判赢得主动。)

"但据我所知,洽洽进店费不过10万元。"林之盯着白野,目光锐利。(利用手中掌握的信息忽然向对手发难,可以打乱对手的预定思路,取得谈判优势。)

"谁说的?哪有的事情!"白经理显得有些慌乱,顿了一下道,"那也是两年前的事情了，那时我们南方区不过 25 家店，根本没有办法比较的。”(从表情上看，白经理对林之的调查工作进行得如此详细周到有些吃惊。)

林之：“我们的产品进贵卖场北方区 28 家店不过花费 5 万元。”(横向比较，旨在说明公司产品的行业地位，暗示对方不要轻视。)

白经理：“说实在话，由于消费水平不同，我们南方区的进店费用普遍要高于北方区，这是上层的意思，我只能遵照执行。林经理，你看这样可好：进场费 15 万元就不要再讨论了，条码费、店庆费、节庆费用以及新店开业、老店翻新费用按照贵公司要求，不过扣点不能少了！”(在进场费上斤斤计较，林之正是希望换来白经理的置换方案。不过砝码少了一点，扣点还得想办法降下来。)

“按照白经理的方案，我们公司可就赔大了！”林之作吐血状。(对自己满意的方案，也不可流露出见猎心喜的神情，想办法得到对方更多的让步才是上策。)

白经理：“林经理，这个方案对你们已经非常有利了，扣点是没有协商的余地了，否则我们就没有合作的基础了！”白经理很严肃，看样子没有协商的余地了。(扣点直接关系到产品的毛利率，目前双方要求的扣点条件差距是 4.5%，而供货价格要求的差距近 5%。林之考虑两者取其一，达到最佳的置换方案。)

林之：“白经理，谢谢您的支持，不过我们投入也是要考虑回报的嘛！按照年销 200 万元的乐观估计，目前的价格和扣点，我们至少要赔 10 万元，这不符合我们双赢的目的，亏本买卖也不能保证我们长久的良好合作。考虑到南方卖场的实际情况，按我们原来的报价再下浮 3%，但是扣点最多只能 3.5%。”林之据理力争。(不做赔本的生意，这是大家都知道的道理，数据是最能说明问题的方法。用前面没有解决的争议问题——采购要求供货价格下调 5%——做适当让步，从而达成共识，是一种有策略的妥协。)

“这个问题我需要请示一下老总，你稍等一下。”白经理外出。(林之松了一口气，身体不由向后靠在沙发上。据他的经验判断，进场已经搞定了，剩下的都是次要问题了。)

不一会儿，白经理回来了：“林经理真是谈判高手！老总原则上同意你的意见，但要求进场的促销活动加强互动性！”

“这次的进场互动性促销活动，在媒体上我们投入了大量的费用，对贵卖场也进行了很好的宣传，另外为感谢贵卖场的支持，公司活动期间产品销售收入全部归卖场，不过我们要求贵卖场提供一期免费的端架、地堆、DM。”林之抛出最后的诱饵。(做堆头、特价促销，厂家一般会向卖场提出免费地堆、端架的要求。至于活动期间的产品销售收入，林之作了一个粗略计算，大约 5 万元，光明正大地送给卖场，有利于和卖场处理好关系，为以后的工作带来方便。)

白经理：“这个没有问题！”白经理脸上露出了罕见的笑容。“现在还有一些问题，就是临期货物的处理、保底销量以及最低送货量的问题。”白经理补充道。(白经理心里当然清楚，销售收入归卖场是一个非常有利的条款，剩下的两个条款已经没有实质性的争议了。)

林之：“临期货物我们可以通过捆绑和地堆的形式处理；保底销量我希望卖场给我们一个月的适应期；最低送货量 200 箱其实要求不高，贵卖场广州市区目前有 17 家店，平均每店进货量不到 12 箱，并且 2%的配送费用是由贵卖场收取的，何乐而不为呢？”

"林经理明细账算得如此清楚呀！那恭敬不如从命,就这么定了!"白经理满脸堆笑。

"感谢白经理的关照,合作愉快!"林之边笑着,边和白经理大力握手。

谈判结果

通过谈判,节省了条码费7.8万元(一次性费用),节省的年度固定费用超过0.5万元,总体节省费用超过20万元,并且争取了相对较好的陈列面,便于终端生动化的开展,为今后的销售打下了良好基础。

案例来源:胡以国,载 www.emkt.com.cn(中国营销传播网).

讨论题:

1. 案例中货物买卖双方在谈判价格条件时,采取了什么作价方法?有什么优点?
2. 货物买卖谈判过程中,买方采用的策略有哪些?

第15章 CHAPTER 15

合资合作谈判

本章要点

- □ 中外合资经营企业设立的谈判
- □ 中外合作经营企业设立的谈判
- □ 中方对外投资设立企业的谈判
- □ 国际劳务合作业务的谈判
- □ 对外工程承包业务的谈判

引例 **中美公司的合资谈判**

中国上海工业仪表公司和美国福克斯波罗公司经过两年的谈判，于1982年4月12日签订了为期20年的合资协议，成立了上海福克斯波罗有限公司(SPCL)。该企业是美国和中国最早成立的高新技术转让合资企业之一。

这场谈判双方实力与地位的差距是悬殊的。美国福克斯波罗公司创建于1908年，到1985年已经是在各种型号与不同复杂程度的气动和电子操纵仪器以及计算机控制系统方面领先的全球供应商。1984年公司销售额超过5亿美元，在世界生产过程——控制设备市场拥有最大份额。而20世纪80年代初期的中国在高新技术机械产品领域尚处在落后状态。而且，由于这一谈判涉及极为敏感的高技术转让，美国出口管理部门严格限制福克斯波罗公司向中国转让的产品和技术的种类。因此，对于中方谈判者来说，谈判对手的实力是强大的，谈判中所存在的阻力与障碍又将使谈判的进行困难重重，要想取得谈判的成功是非常不容易的。为此，中方谈判者在充分了解对手和分析对手需要的基础上，首先由中国国家仪表和自动化局与美方进行初步接触并向美方发出邀请，请他们组成代表团到中国进行实地考察。在考察过程中，中方巧妙地利用各种方式向美方展示了中国机械和汽车产品领域的光辉前景，力求使美方确信，双方如果合作成功,将使福克斯波罗公司顺利占据世界上最后一个且是最大一个在电子操纵设备和计算机控制系统等业务方面尚未被开发的市场,而这正是福克斯波罗公司所迫切需要的。紧接着,中方为了表示合作的诚意,为美方特意选择了一个最佳的合资伙伴——上海仪表工业公司。这使美方既省去了进行选择的费用,又深感满意。随着谈判进入实质性磋商阶段,中方又抛出一个"香饵":根据中国法律,合资公司将享受最优惠的税收减免待遇。通过这一系列行动,使中方逐渐扭转谈判中的被动局面,得到了"大鱼":通过成立合资公司,中方获得了先进的过程——控制仪器生产技术。

在双方刚刚接触的时候,赫尼威尔(Honeywell)、费舍(Fisher)控制公司以及其他同行业的跨国公司也正在虎视眈眈地盯着中国市场。中方之所以选择福克斯波罗公司,一方面当然是由于该公司在技术方面的领先地位和丰富的专业化管理经验,另一方面是由于该公司运用了相应的策略。它首先让中方确信,美方将保证使合资企业获得最先进的数字技术(这是中方所梦寐以求的);其次美方向合资企业提供的"学习产品"(即最初转让的产品)是投入应用仅 9 年且仍旧处于更新换代中的先进产品——电子模拟生产线 200 型。正是这些满足了中方的需要,才使福克斯波罗公司最终甩开了其他竞争对手,获得了中国大陆这一富有潜力的巨大市场。

资料来源:上海福克斯波罗有限公司(SPCL)的合资谈判,http://wenku.baidu.com/view/288f299d51e79b89680226f8.html.

对外开放是我国长期的基本国策,是我国现代化建设的重要的战略措施。吸引外国投资者来华举办中外合资经营企业、合作经营企业,对外投资在国外设立企业,以及国际间的劳务合作和工程承包等,是我国对外开放政策的重要组成部分。因此,如何更好地进行合资合作业务的谈判,是一项关系国计民生的大事。

15.1 中外合资经营企业设立的谈判

根据我国《中外合资经营企业法》的规定,中外合资经营企业是指经过中国政府批准,在中国境内建立的、取得中国法人地位的一种国际性的联合经营的企业,它是由中外各方在商定的期限内共同投资、共同经营,受中国法律管辖的有限责任公司。设立合资经营企业的谈判是一项极为艰巨的工作,为了做好这件工作,需要对中外合资经营企业设立谈判的有关问题有较深入的了解。

15.1.1 合资经营企业谈判项目的选择和评估

合资经营企业谈判项目的选择与评估,往往是和一个合资经营企业能否成功紧密相连的。不论是由我方主动选择的要与国外投资者合资经营的项目,还是外方投资者提出供我方选择的项目,都存在一个如何选择和评估的问题。

选择和评估一个合资经营谈判项目,应注意以下几点。

1. 是否与市场需求和国民经济发展战略相适应

合资经营企业在项目配套、资金和物资原料及能源的供应等方面需要得到中国的资源支持,这必然要求我方考虑到我国的资源状况及其发展可能,与我国国民经济发展战略相适应。同时,还要考虑到合资经营企业的产品或服务项目在现今和以后相当长时间内是否符合市场需求和国民经济发展战略。

2. 是否有良好的经济效益

经济效益的好坏是评价合资经营企业成功与否的关键。对于这一点,必须作详尽的可行性研究。归纳起来,应着重注意以下几条原则:

(1) 是否能对现有的企业进行较快的技术改造和更新;

(2) 是否有利于提高生产技术或产品的质量和产量;

(3) 是否有广阔的市场潜力;

(4) 是否有利于降低产品原材料的消耗和生产成本;

(5) 是否有利于提高企业的管理水平;

(6) 是否符合投资少、见效快的原则;

(7) 是否有利于增加出口创汇。

3. 是否有局部利益和全局利益相矛盾的情况

目前,我国为了更好地实行对外开放、对内搞活,正逐步扩大地方和企业的自主权。因此,各地方在选择合资经营项目时,应处理好局部与全局的关系。如果一个项目在地方上、局部上是可行的,可是对于全局却不利,则不应予以考虑。

15.1.2 合资经营谈判对象的确定

中方在选定谈判项目后,在选择谈判对象时,不能局限于个别地区和国家,应根据情况尽可能同时与几个可能成为合资对象的外国投资者接触,认真分析每个外商的优势、劣势和合作诚意,均衡各种条件,反复衡量对比,从中选择最有利的合资对象。

合适的合资对象应具备以下条件。

1. 必须是具有某一国家国籍的合法公民或法人

如果是自然人,必须是具有公民资格的人,具有履行民事义务的能力,最好还是某方面的行家、专家或企业家;如果是公司、企业,不仅要求是在政府登记注册的,有资产、营业机构、确切的公司名称,而且最好是有信誉、久负盛名、在国内外有广泛联系和产销渠道的公司。

2. 必须确实拥有对外投资的能力

外国投资者用来向外投资的资金不都是自己固有的资金,在其投资额中有相当一部分是贷款来的,有的甚至全部是贷款,一般说来,这样的合资对象也可看作是合格的,是拥有资本能力的人,因为在国外,银行肯于贷款的人,被看作是具有投资能力的人。

3. 应是在技术上或其他某些方面比中方强的同行

也就是说,选择可帮助合资企业的经营和发展的实业家、制造厂商或同行业跨国公司进行合资。应具备的条件是:拥有技术以及生产制造工厂和科学技术研究机构;有经营管理经验,特别是在国外投资进行生产的经验;在国际上有畅通的销售网及销售机构,经济信息灵通;资本雄厚,企业与金融界联系密切,有可靠的资金来源;信誉好,在经营作风、经营历史方面赢得了良好的信誉。

15.1.3 编制合资项目建议书和可行性研究报告

根据我国《中外合资经营企业法实施条例》和国家的有关规定，中外合资经营企业的建立，需要编制项目建议书和可行性研究报告，经过政府有关部门批准后，方可进行实质性的谈判。

1. 项目建议书

项目建议书是由中方合资者编制，向有关部门呈报准备同海外合资者举办中外合资经营企业的立项申请报告。中方合资者根据国家的经济发展长远规划及行业和地区的规划、技术经济政策和产业政策，结合资源情况、建设布局等条件，在调查研究的基础上，提出与海外企业共同进行某项建设的建议书，其中写出对项目的大致设想，初步分析项目建设的必要性以及技术、财务和经济上的可行性。

项目建议书的主要内容包括：项目的合资对象及其资信情况、合资目的、经营范围、生产规模、投资总额、投资比例构成及方式、要引进的先进技术和设备、产品技术水平、原材料、燃料和动力来源、产品需求情况、销售市场及经济技术效果等。

项目建议书编制后，经有关部门批准，合资各方才能正式谈判，开展以可行性研究为中心的各项工作。项目建议书是开展可行性研究工作的依据。

2. 可行性研究报告

项目建议书经过批准后，合资双方共同进行可行性研究或委托设计部门或经济技术咨询机构编制可行性研究报告，并由合资各方共同签署。可行性研究报告是在项目建议书的基础上，通过国内外经济技术调查、市场调查，与外国合资者谈判及必要的辅助研究，论证投资项目在技术、商务和经济上基本可行，经过多方面比较，推荐出来的最佳方案。

可行性研究报告主要包括基本概况、项目方案、市场销售及工厂生产能力、原材料及其投入、职工及其构成、总投资费用、资金的概算和筹集、生产成本的测算、外汇平衡状况、财务状况和效益、国民经济分析以及最后的结论等内容。

15.1.4 合资经营企业设立的谈判内容

大中型合资经营企业设立项目，通常在项目建议书报批之前即开始对外接触，项目建议书批准之后可以正式对外谈判，可行性研究报告批准后才可签约。

建立中外合资经营企业的谈判，主要涉及以下内容，对于不同的谈判内容，有不同的谈判策略。

15.1.4.1 投资总额和注册资本

设立合资经营企业，使之达到一定的生产规模，所需要投入的基本建设资金和流动资金的总和，称为投资总额。所谓注册资本则是指合资经营企业注册登记时投资各方认缴注册的法定资本，它是合资各方的共同出资总额。

注册资本可以与投资总额相等，也可以少于投资总额。如果合营各方出资总额为注册资本，合资经营企业不借款，注册资本便等于投资总额。但一般而言，在注册资本之外，合资经营企业还会从外界借入一部分资金来投资，因而注册资本在一般情况下小于投资总额。借入资金在企业投产后还本付息。

由于银行贷款利率一般较企业投资收益率低，从经营效益看，借贷资金所占比例越大，企业经济效益就越高。在投资总额中，借贷资金比例大、注册资本比例小的另一好处是合营各方承担的经济风险相对减少。这是因为合资经营企业是有限责任公司，合资各方对合资企业的责任仅以其各自认缴的出资额为限。正因为如此，合资各方都力求将注册资本的比例压得越小越好。

但是，注册资本过小，对稳定债权债务关系、维护正常经济秩序是不利的，一旦发生较大亏损，企业缺乏足够的稳定性和应变能力。外方出资额少，削弱了利用外资的作用，亦使外方对企业的发展和成败缺少关注，很多合资经营企业的借贷资金甚至均向中国银行借入，由我方主管部门出具担保，我方承担贷款最终偿还责任，风险过大。再则，借贷资金比重大，税前利息支出相应增大，会影响税收。

为了防止外方不及时认缴注册资本等问题的发生，中方除了要在验资等环节上严格把关外，在谈判及合同中，应订明具体出资期限及违约处罚方法。为此，双方必须首先向中国银行存入一笔履约保证金。如果某一方违约，该笔保证金即作为对另一方的损失赔偿费；如果没有违约情况，这笔资金则将作为最后一笔投入的资本。

15.1.4.2　出资比例

发展中国家对外资股份在合资经营企业中的比例均有限制性规定，有的国家对不同行业分别规定外资的最高限额，一般均不得超过 49%，目的是使企业不致受外资控制。我国只规定外资股份不得低于 25%，对上限未作规定，这是为了最大限度地利用外资。

合资经营企业中外资比例究竟多少为宜，主要取决于下列因素，中方谈判者应认真分析这些因素。

1. 资本的回收速度

一般而言，那些投资多、建设周期长、资本回收慢的项目，合营各方都不大愿意出资占大头。中方应尽可能让外方投资的比例大一些，以解决中方合资者资金不足的问题。

2. 产品的竞争能力、销向及利润率

产品若以内销为主，而且企业的利润率高，中方合资者应争取占较大比例；而对于产品以外销为主，在国际市场竞争能力较强的项目，可以允许外方的投资比例略大一些。

3. 外汇平衡能力

我国政府要求合资经营企业自己做到外汇平衡，外方投资最终要以外汇收回，外方分得的利润也主要以外汇汇出，因此，创汇能力差的企业，外方投资的比例不宜过大。

4. 是否有利于利用外方的先进管理经验

外方的投资比例过小，将会影响外方对合资企业经济利益的关心，也不利于中方合营者向外方学习先进的管理经验。因此，凡是技术、管理水平要求高，或新兴技术和知识密集型项目，如港口、电话、仪器、化工等行业，外商的投资比例应该大些。

5. 企业领导班子的组成

1989 年，全国人民代表大会对《中外合资经营企业法》作了修改，取消了只能由中方合营者委派合资企业董事长的限制，而改由中外合营者根据出资比例商定。有些外方为了取得董事长的委派权，力争出资比例略高于中方，因而出现了一些中外双方出资比例为 49∶51 的合资经营企业。

15.1.4.3 出资方式

出资方式是指合资各方投入合资经营企业的资本的具体表现形态。我国《中外合资经营企业法》第 5 条规定:"合营企业各方可以现金、实物、工业产权等进行投资。"同条又规定:"中国合营者的投资可包括为合营企业经营期间提供的场地使用权。如果场地使用权未作为中国合营者投资的一部分,合营企业应向中国政府缴纳使用费。"

1. 现金投资

投入现金是投资的普遍形式,现金应是注册资本的重要组成部分。合资企业为了进行土建、购买实物、支付职工工资和经营管理费用等,需要一定的货币资金。合资双方投资的现金额通常取决于投入的实物、工业产权及贷款之外还需要多少资金来满足建厂的开支和生产的费用,取决于东道国政府规定的现金认缴额。

以中外举办合资经营企业的经验来看,合资企业筹建时,应筹足必要的货币资金,资金的投放应由各投资方认定,尽量少用借款和社会集资形式,以减少企业的利息负担。在现金投资问题上,根据我国的实际情况,应该使外方投入的外汇现金尽量多些。为此,要通过谈判协商,争取外方在投入外汇现金上有一个恰当的比例。

2. 实物投资

合资经营企业的实物投资包括厂房、建筑物、设施设备、原材料、元器件、仓库、运输工具以及可以作为投资的其他生产资料。我国合资法实施细则对外国合资者出资的机器设备或其他物料,有如下规定:

(1) 这些实物必须是合资企业生产所必不可少的;

(2) 所出的物资原则上须是我国不能生产的,对于那些国内虽能生产但价格过高或者是在技术性能方面不符合要求,在时间上不能保证供应的必备物资,也可以引进;

(3) 实物作价不得高于当时国际市场上同类物资价格。

合资者以实物方式出资,最复杂的是实物作价问题。我国规定,以建筑物、厂房、机器设备或其他物料作为出资的,其作价应由合资各方按照公平合理的原则协商确定,或聘请合资各方拥推的第三者评定。

3. 工业产权投资

工业产权一般包括发明专利、新型产品式样和商标所有权等。为了引进国外先进技术,我国积极鼓励外商以工业产权形式出资,并且制定了有关法律和政策,保护外商的专有利益。但是,外国合资者以工业产权出资时,必须提交工业产权或专有技术的有关资料,包括专利证书或商标注册证书的复印件,说明该产权的有效状况及其技术特征、实用价值、作价的计算根据,同时提交与中国合资者签订的作价协议等有关文件。

我国《中外合资经营企业法实施条例》明确规定了外国合资者以工业产权或专有技术出资的限定条件:

(1) 提供的工业产权或专有技术必须是能生产我国急需的新产品或作为出口外销的产品;

(2) 必须能显著改进我国现有产品性能、质量,提高生产效率;

(3) 必须能显著节约原材料、燃料和动力。

4. 场地使用权投资

在中国，土地为国家所有，中国合营者不具有土地所有权，不能以土地所有权投资，只能以土地使用权作为投资，而场地使用费的金额应由国家确定，由合资经营企业向中国政府缴纳。为了避免中外合资企业浪费用地，同时为了有利于鼓励外商投资、有利于中方以场地投资入股，中国场地使用费一般采取略低于国际地租的标准。

由于合资企业利润率较高，而我国银行利率较低，将场地使用权折合股份投资，显然对我国合资者在分配利润上是有利的。因而，在已建立和签订协议的合资企业中，一部分采取将场地使用权入股的方式，而另一部分是采用由合资企业按年向我国政府交纳场地使用费的方式。场地使用费交纳的标准是由各省市根据该场地的用途、地理条件、企业拆迁安置费和合资企业对场地基础设施的要求等因素，由所在地的省、直辖市、自治区人民政府合理拟定，报国家有关主管部门审查批准。场地使用费一般以面积计算，从用地时间开始逐年交纳。合资经营企业对场地有使用权，但无所有权，不得转让、出卖或抵押。

15.1.4.4　物资采购

《中外合资经营企业法实施条例》规定：合资经营企业所需的机器设备、原材料、燃料、配套件、运输工具和办公用品等，有权自行决定在中国购买或向国外购买，但在同等条件下，应尽量先在中国购买。

合资经营企业对其所需的物资有权决定在国际市场购买，这是根据合资经营企业的特点而规定的。因为合资经营企业一般采用先进技术设备和科学管理方法进行生产，这就需要引进国外先进的生产流水线、机器设备等，以收事半功倍之效。而由于合资经营企业的外国合营者可以用其机器设备或其他物料、工业产权或专有技术作价出资，这也为引进国外先进装备提供了方便。为了促进合资经营企业的产品外销，有时也有必要购买国外的原材料、配套件，以生产出适销对路的产品销售到国外。

合资经营企业对其所需的物资，在同等条件下应尽量先在中国购买。所谓同等条件，主要是国内外市场上物资的数量、质量、品种、规格、供货时间及供应价格相同。此时，尽量先在国内市场上购买，不但维护了我国的经济利益，而且由于供货路线近、运费省、运时短、损耗少、保险费用低，对合资经营企业的经济效益有极大好处。

15.1.4.5　产品销售

合资经营企业的产品销售问题，主要是确定内外销比例。在谈判合资经营合同时应依据以下条件确定内外销比例。

1. 企业的外汇平衡

企业必须有相当部分产品外销，以换取外汇，支付包括外国合资者利润在内的企业一切外汇支出。

2. 市场需求程度

如果企业产品在国际市场颇受欢迎，外销比例就应较高；如果企业产品在国内尚缺乏或需要进口，就可以内销为主。

3. 企业的利润期望

如果企业产品外销售价较高，可以外销为主。

4. 产品的加工深度

原材料、初级加工产品的产值低，利润薄，应以内销为主；深度加工成品，可以外销为主。

15.1.4.6 外汇平衡

外汇平衡与物资采购、产品销售密切相关。要解决外汇不能平衡的问题，途径主要有两个：一是迅速提高合资产品原材料、零部件的国产化水平，使合资企业的物资采购主要在中国国内进行，以节省外汇支出；二是合资产品尽可能地外销，以扩大外汇来源。在与外商进行谈判时，中方要力求使外商理解这一点，并使其承担相应的义务和责任。

15.1.4.7 企业的组织机构

合资经营企业的组织机构可以分为三个层次。

1. 董事会

中外合资经营企业实行董事会领导下的总经理负责制，董事会是合资企业的最高权力机构。董事长中外方人员均可担任，由出资的比例决定。董事会的职权一般包括：

(1) 决定年度生产计划、发展计划；

(2) 批准年度财务预算、利润分配方案、借款限额；

(3) 批准总经理提出的年度经营报告；

(4) 通过企业的重要规章制度；

(5) 决定企业的结业或与另一经济组织的合并；

(6) 决定企业的增资与资本转让；

(7) 任免总经理、副总经理、总工程师、总会计师等高级职员及决定注册会计师的聘请；

(8) 决定企业的组织机构，增设或撤销职能部门及分支机构；

(9) 负责企业结业时的清理；

(10) 决定企业劳动合同和修改职工的工资福利制度；

(11) 决定对企业章程的修改；

(12) 其他应由董事会决定的事宜。

董事会对重大问题采取协商一致的原则，须经全体董事协商一致才能作出决定。此类大事包括章程的修改、企业的终止和解散等。

2. 总经理

合资经营企业设总经理一名，其职责是执行董事会决议，组织和领导企业的日常经营管理工作。总经理既可由中方担任，亦可由外方担任。总经理的职责是：

(1) 执行合营企业合同、章程及董事会决议；

(2) 任免各职能部门负责人；

(3) 制订企业各部门的经营管理制度，对各部门布置、指导、监督和检查工作；

(4) 向董事会提出年度业务报告；

(5) 对董事会规定限额内的资金借贷作出决定；

(6) 经董事会授权，代表企业签署各类契约文件；

(7) 主持企业业务会议，对会议决议负责执行；

(8) 对限额内资产作出购置或处置的决定；

(9) 对职工有任命、调动、升迁、奖惩、辞退权；

(10) 其他董事会职权以外的企业各项事务。

3. 企业各业务职能部门

财务、人事、生产、技术、采购、销售、总务、公关等部门服从总经理的指挥，分别承担各自的职责。从以往的实践看，中方偏重于控制企业的人事、生产部门，而较忽视财务、采购、销售部门，在今后的合资谈判中应注意纠正。

15.1.4.8 劳动管理

合资项目中劳动管理条款的谈判主要在于确定合资经营企业中职工的雇用、辞退、工资、劳动保险、生活福利及奖惩等事项。

15.1.4.9 合资经营的期限

对外商来说，合资经营期限的确定主要取决于投资利润率的高低与回收期的长短。如果投资利润率较低、投资回收期限较长，那么为了使自己的投资与利润得到充分的补偿，外商一般要求较长的合营期限，特别是外商提供了先进技术、投入资金较多的项目更是如此。反之，如果投资利润率高、投资回收期短，外商则比较容易接受较短的合营期限。

对中方而言，除了要考虑外商的合理要求之外，还要根据自己对外商转让的技术及管理经验的吸收掌握的速度与程度来决定合营期限。

15.1.4.10 其他方面

我国在外汇、税务、财务、审计和保险等方面都制定了相应的具体政策、法令和制度，中外双方必须遵照执行。

CASE 案例　合资经营谈判中的法律条款

1983 年，一项投资总额为 500 万美元的合资谈判在一家中国制药公司和一家美国公司之间展开。此次谈判对中美双方的公司都关系重大，因此双方都摆出了强大的谈判阵容。在正式谈判开始前，双方先就谈判的日程和内容进行磋商，并确定以哪一方的文本草案作为正式谈判的文本依据。中方法律顾问在仔细阅读了美方的谈判草案后提出，应当以中方的文本为谈判的基本草案。为此，谈判一开始，美方代表就提出："为什么要用你们的草案文本而不用我公司的？"

中方律师就这个问题答道："通过比较两个文本可以看出，贵公司的文本有些地方含糊不清，而且有很多地方有悖于我国的法律。这些问题我方的文本中是没有的。首先，签订合资合同必须先明确当事人，也就是我们是和谁合作。而在你方的文本中，有时是贵公司，有时是另一公司，那么到底由谁来承担本合同的权利、义务和责任呢？其次，《中华人民共和国中外合资经营企业法》第 4 条规定，合资企业的形式为有限责任公司。有限责任公司是不能发行股票的，而贵公司在草案中提出要求发行股票并且可转让股票，这种要求有违我国的法律规定。再次,贵方要以工业产权进行投资,这是可以的。但是按照《合资企业法》第5条的规定,它的价格要由各方评议确定。现在贵公司的合同稿中却单方面地规定了价格和计价方法,这也是不合适的。况且,如果以工业产权作为投资,那么这一过程中的技术指导、技术咨询和检查都是投资方的固有责任,不能另行计价。类似这样的问题,在贵方提出的文本中有29处之多,所以我们认为,以贵方的文本作为谈判的基础文本是不妥的。"

美方代表听到回答后低头去看文本,过了片刻后抬起头,带着一丝微笑说:"因为没有参加前一阶段的双方接触,加上对中国法律了解不够,所以拟定的草案文本的确有不合适的地方。那么就以你们的草案作为谈判的基础文本吧。"

双方经过5天的磋商,结束了第一轮会谈,紧接着又开始了解决实质性问题的第二轮谈判。第二轮会谈的焦点之一是出资方式与作价问题。

美方代表首先提出:"我方要以专利、专有技术和商标等工业产权作为合资企业的出资方式。这是合乎中国的《合资企业法》的。我们的商标在国际上享有信誉,而且这个商标已经在中国注册,受到中国法律的保护,使用时必须付费。"

中方的主谈——制药公司的副总经理思考了一下没有立即回答。他认为,如果美方以工业产权作为投资的一部分,那么美方就可以少出一大笔钱,而且每年还要照样分红。这样的话中方的损失就太大了。他看看中方的律师,请他来回答这个涉及法律内容的问题。

中方律师沉思片刻后回答道:"美方商标已经在中国依法注册,当然应当受到保护。但是这一点和本合同无关,因为双方经理已经商定,合资企业产品的45%由美方负责出口外销,55%由中方负责内销,内销产品不用美方商标。至于外销部分用什么商标是美方的事。如果美方为了自己销售方便,外销部分采用自己的商标,则不应让合资企业付费。关于专利问题,贵方的大部分专利都已经过期了,至于专有技术的补偿,我们可以在技术合同中进行研究。"

美方代表听后勉强点点头,对此没再说什么。他接着又提出另外一个问题。他认为美方无法保证合资企业技术的先进性,因为使企业达到国际标准的因素是多方面的,美方无法单方面控制。美方代表提出,这个条款是否可以订为"美方努力确保技术的先进性和达到国际标准"。中方律师认为,如果中方同意此点,则这个条款就将成为一项不可靠的弹性条款了,况且如果美方不提供先进技术而导致企业达不到标准,美方还可以借此条款将责任推卸给中方。

因此,中方律师提出,技术的先进性还是要确保的,但建议可以分成两个问题来规定:第一,美方应该保证所提供的设计和技术的先进性,根据《合资企业法》,这是合作的前提;第二,双方尽最大努力来保证企业最后达到国际标准。美方代表考虑了一下后表示同意。

双方接下来又对仲裁机构的选择进行了讨论。中方律师问,美方为什么将中方原定的斯德哥尔摩商会改为国际商会?美方代表解释说,国际商会是世界上著名的仲裁机构,它在德国、法国及其他很多地方都设有分支机构,因此选择国际商会更为合适。然而中方认为,国际商会虽然是世界上著名的仲裁机构,但是中国与该机构还未建立关系,因而由它仲裁是不合适的。美方代表提出,不选择斯德哥尔摩商会是因为它只审理国内经济纠纷。中方律师将一本英文版的《瑞典的仲裁》递过去,指出该文本是斯德哥尔摩商会编写的,其中明确说明了他们也仲裁国际间商业、企业的经济纠纷。美方代表接过书粗略地看了看,说:"对不起,我没有国际仲裁的经验,只是在美国国内处理过一起资产的仲裁。"之后他表示可以接受中方所提的仲裁机构,但需要回国确认一下。

在之后的谈判中，中美双方的代表逐条、逐句、逐字地辩论，争论非常激烈。经过旷日持久的马拉松式的协商、较量和激烈的讨价还价，双方都作出了一些让步，终于在一年以后完成谈判。双方同意先合资建立一个投资额为500万美元的制药公司，再尽快合资续建一个原料厂，双方合作期延续到21世纪初。

15.2　中外合作经营企业设立的谈判

中外合作经营企业是由中国合作者和外国合作者依照《中外合作经营企业法》的规定共同组成的经济实体。

15.2.1　中外合作经营企业的特点

中外合作经营企业的特点一般用“契约式”来概括，这一用词是针对将中外合资经营企业称为“股权式”而提出来的。合作企业的“契约式”与合资企业的“股权式”的明显区别在于合资企业的责任和权利是以各方的股权比例确定的，即各股东首先按出资额确定自己在企业的股权比例，然后按股权比例确定各自的权益和责任；企业终止时，股东按股权来分配剩余财产或承担债务责任；而“契约式”的合作企业则可以不确定股权比例，各方的股权和责任以及企业停止时的财产归属都在合作合同中事先订明。

具体而言，中外合作经营企业具有如下特点。

(1) 合作企业双方签订的合作合同规定了双方的权利和义务，成为双方处理各项关系的主要法律依据。合同经主管部门批准后生效，具有法律效力。

(2) 合作企业各方的投资，除现金外，其他投入均可不作价，不以货币形式表示，亦不折成投资比例。因此双方在收益分配、风险承担、资产处理等方面，也不受投资比例的约束，而由双方协商决定处理办法，载入合作合同。

(3) 合作企业各方的投资被视为合作条件，所以外方投入的现金一般不计利息；中方提供的场地和厂房一般也不计使用费。

(4) 合作企业外方投入的资金，在合作经营期间，允许提前收回，而不影响企业的正常经营。关于外资回收的办法，经合作双方协商同意后写入合同。

(5) 合作企业的收益分配有两种方式：一种是产品分成，各方分到产品后自行处理；另一种是利润分成，其既可采用固定比例，也可采用变动的比例。

(6) 合作企业的经营期满后，由于外方投资者已先期回收其投资，且有利润分成，故企业的固定资产一般归中方合作者所有，不需要再进行资产的分配。如合同规定仍需要清算分配，也是可以的。

(7) 合作企业的经营管理一般由双方共同参加，但经双方同意，也可由一方或委托第三方代为经营管理。

(8) 合作企业的经营风险和债务的承担，在合同中要有明确的规定，双方根据其所提供的合作条件和意愿协商确定。

15.2.2　中外合作经营企业设立谈判的内容

中外合作经营企业设立谈判的程序和中外合资企业设立谈判的程序大致相同，这里就不再赘述。以下主要就其设立谈判内容的独特之处展开论述。合作企业设立谈判的内容如下。

1. 投资方式与合作条件

合作企业中投资方式与合作条件是两个相互联系的概念。投资方式指的是合作双方的投资,包括现金、实物和权益,是以什么形式投入,以货币形式,还是以投入物的原来形式投入而不折算成现金。合资企业的投入方式是将投入物都折算成现金,并按股份计算出各方的投资比例;合作企业的投入方式则不然,合作双方各自以提供投入物作为与对方合作的条件,不折算成现金,亦不按股份计算投资比例。

合作经营的一个特点是中方不出或少出现金,让外方出现金或负责筹措借贷资金。现金出资与否,均应在利润分配上做出反映。外商投入的资金,不但要回收本金、利息,还要分得一部分利润。此外,投资回收的快慢、承担风险的大小,也要在合作条件上加以认真考虑。

合作企业中中方以土地使用权作为合作条件参加合作经营。土地使用权作为中方在合作企业中的合作条件,无须以货币形式表示,中方从合作企业分得的利润支付土地使用费。厂房、机器设备等作为合作条件亦无须以货币形式表示。

在合作生产制造项目中,外方以技术作为合作条件时,一般不存在技术转让和支付技术转让费的问题,因此合作合同中亦没有关于技术转让费的条款。

2. 投资回收

合作企业的各方投资可以在合作经营期限内提前回收,这是合作企业的基本特点之一,也体现了合作经营方式的灵活性和增加投资安全感的作用,对投资者有较大的吸引力。因为外国投资者在企业开始经营的初期即能从企业实际收入中回收其投资,从而减少其承担的风险。外方回收投资一般回收其投资利息,利润也只有在投资回收后才能分配。因此,外方仍要承担一定的风险。此外,即使本利兼收,也不能免除其对合作期间可能发生的亏损和债务承担责任。这需要在合作合同中作出规定。

3. 收益分配

收益分配方法主要有如下两种。

(1) 利润分配方法。合作企业的合作条件多种多样,因此,利润分配方法也极不一致。对此中央和地方的法规也没有作具体规定。通常是在外方投资总额回收之前,外方的分成比例要高于中方,外商投资一旦回收完毕,中方的分成即开始提高。

利润分配比例如何定得公平合理,要考虑众多因素,如外方投资总额的多少、承担投资风险的大小、投资回收期的长短和回收方式、外方提供的技术水平的高低、产品外销比例的大小等。双方利润分配的原则是:风险承担与分配比例应成正比关系。

(2) 产品分成方法。合作双方合作开发矿产、石油等时,多采用产品分成方法。

除以上收益分配方式外,还有其他一些方式,经合作各方商定后,只要不损害国家利益,将具体办法在合同中写明,经政府主管单位批准后也可以采用。

4. 组织形式

中外合作经营企业的组织形式分两种,即设立合作经营法人的经济实体和不设立合作经营法人的经济实体。

中外合作经营企业方式灵活多样，如合作生产工业产品、合作经营饭店、合作建造住宅、合作养殖水产品、合作开采矿产品、合作勘探开采石油等。因合作项目不同、投资多少不同、经营业务繁简不同、合作期长短不同，机构设置也有所不同。小企业的合同当事人就是投资者，有履行合同的自主权，可以不再设置合一的权力机构；大企业的投资多、业务繁杂、合作期长，须建立合营法人实体取得法人资格，应有合一的组织管理机构。

设立合作经营法人经济实体的企业，在中国工商行政管理部门注册登记，成为独立的中国法人。这个法人与中外双方各自的公司在财产、组织机构、经营管理、财务收支等方面全部脱离开。企业由合作各方组成董事会，各方股东通过董事会行使对合作经营企业的控制权。董事会下设总经理，领导企业的日常经营活动。

不设立合作经营法人经济实体的企业，组织形式比较灵活，不需要组织合一的组织机构。它们的特点是：合作经营企业的组织机构与合作各方原来的公司紧密联系在一起，由合作各方派代表组织联合管理机构，其职责是协调中外双方在执行合作合同中出现的问题，监督各方以各自的法人身份履行自己在合同中承担的义务，解决履行合同中出现的问题。

5. 亏损及债务的分担

在实践中，许多合作合同未订立或对亏损及债务条款订得不够详细和明确，外方一旦收回了投资，一走了之，债务就全部落在中方身上。因而，谈判中必须详细、明确地订立亏损及债务条款，规定一方回收投资后，它的责任还应以原投资额为限承担债务。为了保证收回投资的一方能履行其责任，合同中还应规定：由其提供经第三方签署的保证书，保证收回投资一方在合作期限内履约的责任。

6. 物资采购及产品销售

合作企业原材料、元器件、设备的购买，应充分考虑我国进口替代的原则和各项规定，尽量先在国内采购，以节省外汇。同时，对进口设备的先进性和适用性要订明各项标准。

关于产品外销问题，不能只订一般性条款而没有保证措施。这样外商可能会利用中方信息不灵的弱点，借口国际市场的变化，要求降价外销，使中方蒙受损失。因此，合同中应具体载明外方负责销售的数额，还要将产品外销计划、外销责任和企业外汇平衡责任联系起来，从根本上保证外销计划的落实。

7. 合作期限、合作企业的终止和财产归属

(1) 合作期限。合作期限依项目不同而定。合作建造、合作开发项目的期限较长，一般在 20 年以上；其他生产或服务项目的期限较短，一般在 10 年以下。决定期限的标准，在于准确估算外方投资回收需要的年限和利润分成的比例。

(2) 合作企业的终止。除合同中规定的合作期满和出现双方同意终止的情况，合同自动终止外，出现下述情况之一时，即使合同中未予以规定，合同也应终止：①企业严重亏损，无力继续经营；②一方不履行合同，致使企业无法继续经营；③自然灾害、战争等不可抗力造成无法继续经营；④既未达到该企业的经营目的，又无发展前途。

(3) 终止后财产的处理。合作企业财产的处理办法应在合同中加以规定。大多数合作合同中规定："合作期满时，在合作企业正常经营的情况下，全部财产不再另行作价，归

中方所有。"正常经营情况下全部财产的内涵应在合同中订明,以免日后发生争议。

CASE 案例 合作经营谈判

美国某涂料公司与中国某集团公司欲合作在中国生产、销售美方专利产品。双方就如何合作的问题进行了谈判。

美方:"合作对双方均有意义,但我方有三个条件:一是技术入股不能少于35%;二是必须占大股;三是现金投入不超过50万美元。若贵方同意,3个月内可以签署合作协议。"

中方:"技术入股应说明所含内容,才可以评价占股比例。谁占大股应取决于谁出现金多。如我方负责流动资金的解决,那么我方应有资金的安全措施。"

美方:"技术股含了生产技术和我方在中国市场的推销成果。建厂资金和生产销售用流动资金至少为300万美元。我公司只能提供50万美元现金。其他需由贵方解决。"

中方:"如果现金需要量大,且均需由我方负担,那么贵方又如何能成为大股东呢?如果由我方去筹措,将来公司如何管理呢?"

美方:"公司管理权必须由我方负责。"

由于双方基本点分歧太大,第一次未能谈成,双方约定各自思考后再找时机谈。6个月之后,双方约定到中国谈。因为经过调查,美方认为中国市场很有前景。

中方:"贵方的项目进展如何?与我方合作态度有否变化?"

美方:"我们一直在工作,销售已有初步成绩。当然还只是开始。合作态度没有变,所以才愿意与您在中国见面。不过,我们也结识了一些新朋友,而且有的对合作生产我公司产品也有兴趣,提出了很有吸引力的合作条件。"

中方:"我们已讨论过一轮双方合作的方案,不知贵公司有什么新想法?"

美方:"上次谈判中,我方提出的条件还未得到贵方反馈的意见,我还是想先听听贵方意见。"

中方:"技术入股可以考虑,但市场应包括贵方整个中国的销售网,具体比例也随之变化。我方多出现金也可以考虑,但没有控制权,让我方不放心。"

美方:"贵方没有具体方案吗?"

中方:"技术股应在25%以内,销售网络包括贵公司整个中国市场,双方各500万股份,我方可以多出现金。"

美方(语气坚定):"有人同意我方占股65%,其中技术股占35%,现金50万美元。他们还可以担保借贷流动资金,不干预我方管理。我为什么要放弃这个条件而同意贵方的条件?"

中方:"根据贵方昨天在宴会上的介绍,这是个上市的股份公司,它在未来的上市经营会有什么风险?会如何影响贵方新公司的经营?现在是不干预您的管理,当企业开始盈利时,又会如何?这些不确定因素,您有把握吗?"(中方口气也强硬了,语中不乏反驳之意)

美方:"这些问题,我方也在考虑。所以才愿意与您再谈。不过条件是可以谈判的。我方提出要求,再听贵方意见嘛。"

中方:"技术股可以提到27.5%,但市场问题,贵方应予以考虑。贵方可以占大股55%,但这与注册资本有关,与生产规模有关。"

美方:"贵方的新方案有意思,我会与公司主管人员讨论,尽快回复贵方。"

上述谈判中，双方均运用了“绝活”。美方以设问方式表达了“不会放弃已得到的好条件”的绝对立场，而中方也以提问形式表述了“美方的所谓的好条件只是虚幻的东西，美方要倒霉的”，表达了坚决否定态度。前者达到了让中方让步的目的，后者达到了让美方认真与其谈判的目的。

15.3　中方对外投资设立企业的谈判

中国企业为了求得自身的发展，不仅可以采用引进来的方式，引进外资在国内设立合资、合作企业，还可以采用“打出去”的方式，对外投资在境外设立企业。

15.3.1　对外投资设立企业的谈判内容

就谈判内容而言，对外投资设立企业谈判的内容项与引进外资设立中外合资经营企业的内容项大致相同，只是由于中方在谈判中地位的不同，在一些谈判项下具体的内容有所变化。

1. 投资规模

从我国企业现状来看，对外投资的规模不宜过大，以中小企业规模为宜。

如果在发展中国家投资，中小规模的企业投资小、见效快、经营灵活，能够适合发展中国家的市场规模的要求，同时，也比较适合我国资金不足、经营管理水平不高的现实。此外，投资规模不大，无力左右东道国的政治经济生活，可以避免东道国采取国有化政策或其他限制措施的风险。

如果在发达国家投资，中方更不能一下子投入大量的资本，其原因是中方受资金不足、经营管理水平不高、缺乏国际化经营经验的限制，投资规模过大，市场风险也会相应增大。比较稳妥的做法是，在经过一段时间的经营以后，如果情形看好，可以逐步增加投资。

2. 投资比例

在投资比例的确定上，必须考虑我方投资的目的、东道国的投资环境及中外双方的实力对比等因素。

对于以开发海外资源为目的的投资项目，除非东道国的投资环境非常优越，否则宜选择半数以下的少数股权。这是因为投入自然资源开发的资本转移或转向比较困难，且投资回收期大，因而风险较大，一旦投资环境有变，将损失巨大。

对于以开拓海外市场为目的的投资项目，宜拥有多数股权，以便控制企业的生产经营活动，使产品绕过贸易壁垒，能够进入当地市场。

对于以跟踪或引进先进技术为目的的投资，则以半数或略过半数的参股为宜。因为在西方发达国家，一般对尖端技术的转让，不仅企业控制得很严，而且政府还参加限制和干预。我国在西方发达国家的技术市场上常常受到种种的限制，因此，控股比例太高，反而会影响和阻碍中方跟踪与引进先进技术。

从投资环境来看，如果东道国政局稳定、政策连续性较强，而且在政治上对我方比较友好，中方企业又有足够的实力，那么可以考虑占有多数股权；反之，则宜占少数股权。

3. 出资方式

在发达国家投资,中方出资方式主要是货币出资;在发展中国家投资,中方出资方式主要包括货币出资、实物出资和工业产权出资。

15.3.2 对外投资设立企业的谈判应注意的问题

对中方来讲,对外投资设立企业的谈判应注意以下问题。

(1) 中方对外投资设立企业的谈判不仅涉及与国外合资者的谈判,而且涉及与企业所在地的东道国政府的谈判。在这种一对二的谈判中,中方不仅要搞好场内正式谈判,还要善于搞好公共关系。尤其是在发展中国家投资,政府一般对企业经济活动干预较多,利用外资政策中的规定、限制较多,作为外来投资者的中方应当注意搞好与当地政府与公众的关系,这对谈判筹建企业及以后的生产经营均有好处。

(2) 需特别注意对东道国投资环境进行分析和评价。在中国境内设立企业,由于对国内投资环境比较了解,不需要在这方面花多大的精力。而对外投资则必须考虑诸如东道国政治风险、国有化风险等影响投资安全性的因素,而不能仅仅考虑合资者的资信审查情况。

(3) 收购海外现有企业的股份,特别是那些经营不善、将要破产的企业的股份,往往是进行投资的一项捷径。因为这样做一方面可以以较低的代价利用原有设施,减少创业所需资本;另一方面尽量保留使用企业原有人员,可以尽快地形成生产能力。否则,一味想着新建企业,可能会事倍功半。

CASE 案例　露露在俄罗斯

1992年,承德露露还只是一家小企业。经中国进出口公司联系,决定和俄罗斯一家饮料公司合资在俄罗斯成立露露的俄罗斯分公司。

合作的初步构想是:露露为技术提供方,俄方提供土地、厂房及运作和销售环节中所需俄方人员。俄方合作者对露露的一整套生产工艺包括严格的多重消毒环节很满意。

中方露露也派人赶在谈判日之前去俄罗斯考察了俄方提供的地皮。

前序工作一切进行完毕,中国机械进出口公司带领俄方来到承德,开始谈判。

饮料的生产流水线复杂,需要相当大的厂房。俄方提供的两块地皮:一处位于郊区,靠近俄罗斯人周末必去的别墅地,面积足够大,价格也便宜;另一处则在繁华的市区。虽然是市民们的主要生活消费地区,场地面积却小很多,建立生产线以后几乎没有办公室的空间,而且地价相对贵得多。

谈判桌上,俄方想尽办法说服露露选择郊区位置。但是考虑到市民们一周内只有一两天在别墅度过,非常不利于打开饮料市场。虽然办公室会非常狭小,可露露决定坚持选择市区的位置,谈判陷入了僵局。

谈判第三天,中国机械进出口公司提出了一个方案:先在市区建厂,迈出有利的第一步。等到3年之后成本收回,由中国机械进出口公司出面为露露集团联系在郊区建一个分厂,实现生产在郊区,经营、销售在市区的最终目标。俄方、中方对此方案均表示认可,谈判成功了。作为中国第一家打入俄罗斯市场的饮料企业,露露的跨国发展是成功的一例。

在此例子中，中方提出的方案是将双方的场地要求分开考虑。中方的场地要求在于打开市场，俄方的场地要求在于长远的大发展，因此提出了不同阶段场地选择的发展计划，双方在此点上相互支持，满足了双方的要求。

15.4　国际劳务合作业务的谈判

劳务合作是指一国(或地区)的企业向另一国家(或地区)提供工程设计、施工、安装、测量、翻译、检验、运输、通信、培训、医疗、管理、会计服务以及参与工农业生产劳动等工作，以获取盈利的一种经济合作方式。其中，涉及两国或多国的劳务合作称为国际劳务合作，地区之间的合作则称为地区间劳务合作。随着科学技术的发展，劳务合作的服务内容也不断扩大，数据处理、电子计算机程序编制、技术咨询、市场预测、银行信贷、信息传递、国际旅游以及保险业务等也被包括在其中，属于新兴的劳务合作内容。

劳务合作在经济生活中的确是十分重要的组成部分，特别是国际劳务输出这种国际劳务合作形式，对世界经济的发展起着举足轻重的作用。因此，对于劳务合同的内容及谈判策略的把握就显得格外重要。

15.4.1　劳务合同的主要内容

在对外提供劳务和承包的活动中，聘请方和受聘方的权利和义务要通过双方洽商的劳务合同来确定。劳务合同就是确立雇主与劳务人员之间的法律关系以及双方一切权利和义务的重要文件。劳务合同与其他经济合同一样，一般分序文、条款和结尾三个部分。序文中写明签订合同双方的名称和法定地址。劳务合同中，通常将雇主称为甲方，将提供劳务一方称为乙方。劳务合同的条款，一般是通过甲乙双方谈判商定的。对劳务人员的聘用期限、工资标准、生活待遇、劳动保护、卫生保健、工作日和休假制度，都应做出详细、明确的规定，列入专门条款。此外，有关劳务人员的纳税、社会保险、医疗、病假、工伤、损害赔偿以及一般经济合同中所共有的不可抗力、仲裁、违约处罚、解除合同和履约担保等问题也都属于合同条款的内容。劳务合同的结尾一般写明签订合同的地点和日期，并注明用何种文字写成，如果用两种以上文字写成，则应说明每种文本的法律效力。

劳务合同签字之后，即发生法律效力。为了保证劳务合同的执行，甲方应在劳务合同签订之后一个月内，或在劳务人员启程之前 20 天内，向乙方支付一笔费用，供劳务人员安置家庭和准备行装，故称动员费。动员费的多少，一般由甲乙双方根据情况具体商定。如无动员费，甲方临时改变执行合同，会给乙方造成损失。即使由于种种原因，甲方不能支付动员费，劳务合同中也应规定甲方支付一定数目的劳务预付款，作为劳务人员的准备费用。预付款的数额一般相当于劳务人员两个月的基本工资。

劳务合同中应明确规定劳务人员的启程日期。劳务人员的工资通常从启程之日算起。劳务人员去劳务输入国的旅费，通常由雇主支付。

15.4.2　劳务合同谈判的重点及策略

国外承包商对签订劳务合同有极深入的研究和丰富的经验，他们对劳务市场行情了如指掌,因此接受聘请派出劳务的一方也要深入细致地研究劳务合同条款中的有关重点问题,以便在合同谈判中做到知己知彼、游刃有余,签订一项有利于自己的合同。

1. 明确双方的责任范围

在劳务合同中应首先明确双方的职务范围和所承担的责任,职责分明有利于劳务合作的顺利进行。

2. 关于派出人员的问题

派出什么样的劳务人员出国是提供劳务一方能否顺利完成任务的根本问题。派出人员的素质好坏、技术水平高低、工作能力大小、工作态度优劣是决定完成任务的关键。劳务合同对参加劳务人员的工种、数量、技术条件、工作期限均有详细规定。受聘方派出的劳务人员必须符合商定的工种并能胜任本职工作,能遵守所在国的法律制度,尊重当地人的宗教及风俗习惯等。

3. 劳务人员的工资待遇问题

工资条款是劳务合同中劳务价格的主要标志。按照国际惯例,劳务报酬包括的内容除了劳务人员的基本工资及食宿标准外,还包括劳务人员往返工地现场的国际旅费、应聘期间应缴纳的税款、医疗费用、人身保险费、上下班交通费、劳防用品费和手续费等。有的劳务合同中规定劳务总报酬中还包括劳务人员动员费、征募费、饯行费、审查资格费、取得护照及签证费、安置家属费和服装费等,总之劳务人员受聘期间在国外劳务所需的一切费用,原则上都由聘请方承担。

劳务工资的计价货币,可采用国际上通用的可兑换货币,也可采用该项目所在国或地区的货币,也有以当地货币与可兑换货币按一定比例同时使用的。因此,采用何种货币、当地货币与可兑换货币的比例如何,都应由双方协商确定后在劳务合同中写明。在这一问题上,受聘方应注意研究所在地货币在国际上的信誉并注意其发展趋势,以避免由于其突然贬值而使己方蒙受损失。为此,在签订劳务合同时,应附加一条“保值条款”,即说明遇物价涨落或外汇升贬值等分别超过一定百分比时,应对工资标准做相应的调整。

劳务人员在工作期间,凡因不可抗力所造成的停工,业主应照发工资。业主长期聘用的劳务人员,在劳务期满一年之后,按照国际劳务市场上的惯例,其基本工资应有所增长。因此,在签订劳务合同时应规定合理的工资增长率。劳务合同中还应明确规定每月发放工资的具体日期,到期如不支付,应按迟付天数的多少,罚付拖延利息,以保护劳务人员的正当收入。

4. 关于劳务人员的工作时间问题

目前,世界上最长的工作日一般都不超过 8 小时。劳务人员的工作日一般指白天正常的工作时间。按照国际上的习惯做法,中班和夜班应享受中班和夜班补贴。劳务人员的节假日包括每周休息一天的公休日及聘请方所在国的法定节日,必要时还可谈判争取包括受聘方所属国的法定节假日在内。此外按国际惯例,劳务人员每工作满 11 个月享受 20 天到一个月的回国带薪休假,其往返旅费和假期工资由聘请方负担。若劳务人员不回国休假而就地休假,业主应支付一定数额的国际旅费补贴。如果劳务人员在休假期间继续工作,业主除应照发工资外,还应支付节假日加班费。

此外，劳务人员患病时，除可享受免费医疗外，还可凭医生证明休病假。一般规定，一年不超过若干天，在此期限内，业主按惯例应照付工资。劳务人员如果发生工伤，也可凭医生证明休假，假期工资由业主照付。

5. 关于劳动保护与医疗保险的问题

劳务人员由于从事各种不同职业的劳动或服务，劳动保护的种类也有一定的区别。在劳动合同中，通常应根据劳务人员所从事劳动或工作的特点，确定劳保用品的种类、标准和数量，及时向劳务人员发放。

此外，业主还应负责劳务人员人身意外险的投保，受聘劳务人员也有权要求业主履行其职责。其保险费用应由聘请方负担，直至受聘人员完成合同任务离境回国为止。保险单位可以是聘请方所在国的保险公司，也可以投保于国际保险公司。如果委托受聘方代为投保于受聘方所在国的保险公司，则保险费由受聘方向聘请方收取。

6. 关于合同履行中发生不可抗力的问题

人力不可抗拒事故，是国际劳务合作中所面临的特别风险。为了尽量避免或减少当事人在遇到这些风险时所蒙受的重大损失，在劳务合同中对不可抗力因素都有专门条款，规定受聘方可以向聘请方索要某些合理的补偿费用。因此，受聘方在与聘请方商定合同条款时，双方应明确规定不可抗力因素的范围。

发生不可抗力事故，一般会导致两种后果：延缓合同的履行；终止合同。无论延缓还是终止合同，受聘方对此均不承担责任，并有权在规定期限之内对不可抗力事故所造成的损失，向聘请方提出索赔的证据和要求。

在发生不可抗力事故时，受聘方可以抓住索赔时机，减轻承担的风险和经济损失；同时，也可权衡利弊，灵活运用索赔的权利。

7. 对外工程承包中的索赔问题

实施国际承包工程，甲乙双方都不能违约，否则不但影响工程正常实施，而且会给对方造成损失。承包人违约，拖延竣工日期，合同规定有专门罚款；业主违约，承包人则有权要求业主赔偿损失，简称索赔。

在国际承包工程中，经常发生索赔的问题。因此，无论总包、转包或分包合同中，都有专门的索赔条款。承包人可以利用索赔的规定，维护自己的利益。如果承包人不能灵活运用索赔的权利索获应得的款项，不但难以盈利，而且可能亏本，甚至引起破产。

向业主提出索赔，最好通过监理工程师或中间人做好调解工作。承包人要注意索赔期限的规定。总之，劳务合作中的索赔是一门很有艺术的学问，承包商应有意识地注意索赔理由的产生，抓住机遇，在“有理、有利、有节”的原则指导下，向业主索赔。

8. 关于合同履行中争端和纠纷的解决

业主和承包人在履行合同的过程中，由于一方违约或双方对合同条款的不同解释，时常会发生争端或纠纷。遇到这种情况一般采取调解和仲裁两种方法。双方在签订合同时，应明确做出关于争端的调解与仲裁的规定。

承包人和业主在发生争议时，首先应进行友好磋商，达成和解。在难以达成谅解时，双方可以请求监理工程师出面调解。监理工程师的调解一般没有法律约束力，如有一方不满意这种调解，可在规定期限内要求仲裁。

仲裁不同于协调或调解。仲裁是指在双方的争端发展到无法协商和调解的地步时,通过仲裁机构而采取的一种法律程序,由仲裁机构对双方的争端做出裁决。

进行仲裁一般有两种形式:一种是由临时机构仲裁,即双方各指定一名有权威的人士作为仲裁员,再由双方的仲裁员选定一名首席仲裁员,三名仲裁员共同审理案件,以少数服从多数原则做出裁决;另一种形式是由常设仲裁机构裁决。目前世界上常设的国际商事仲裁机构有:瑞典斯德哥尔摩商会仲裁院、瑞士苏黎世商委会仲裁院以及日、英、意、美、印等地仲裁机构。中国对外经济贸易仲裁委员会也是国际上公认的有较大影响的常设仲裁机构。

国际上公开招标的工程,招标文件中通常对仲裁地点、机构、裁决效力等都有明确规定。

15.5 对外工程承包业务的谈判

对外工程承包业务是国际劳务合作中的高级形式,无论在业务范围、技术要求、组织管理以及承担的责任、风险等方面都比单纯提供劳务复杂得多。这种对外工程大致可分为劳动密集型的土木建筑工程和技术密集型的制造工程两大类。前者以承包基建工程为主,如建造厂房、桥梁、码头、仓库等;后者是指建设以输出成套设备,甚至包括高、精、尖技术设备在内的工程项目,如建造核电站、现代化大型钢铁企业、石油化工企业等。

15.5.1 对外工程承包业务的程序

对外工程承包业务的程序,一般包括项目发包、投标、议标、签订合同、组织实施、竣工验收及付款结算等程序。

1. 工程的发包

工程的发包是指急需进行某项工程的一方,通过一定的方式,把对有关项目的情况和要求通报给愿意承包该项工程的单位。国际上对工程项目的发包通常采取两种方式:一是委托;二是招标。

委托是国际上常用的一种发包方式。委托分为政府间接委托、政府直接委托以及政府或个人委托三种形式。

工程项目通过委托方式发包,往往取决于两国政府间政治和经济关系的状况。较多的或成功的项目发包,在一定程度上反映了两国政府及民间关系的融洽。

业主把拟建工程项目的工程规模、施工规范、材料规格、设备要求、完工期限等通过多种宣传媒介和途径向外界公布,邀请承包单位来索取标书和参加投标,这个过程称为招标。当前,国际招标活动分为公开招标和秘密招标两种。不论是公开招标还是秘密招标,招标人都要求投标人提供银行出具的投标保函,以担保投标人参加正式投标活动,直到中标签约。招标是业主利用承包商之间的竞争,选择对自己最为合适的承包人。世界银行贷款的项目,往往规定必须通过招标方式发包。

2. 投标

承包人向业主提出投标申请并通过资格预审获得招标书以后,按照招标人所提的要求和条件，对工程项目进行分析估算，编制投标书（有些项目还要在编制投标书前进行现场考察），然后按照业主所要求的时间和地点将标书递交或寄送招标人或其指定的接收人，这个过程就是投标。投标是国际承包工程程序中最重要的环节，每一个承包者要想在激烈的国际工程承包市场中争取得标，必须十分重视投标活动。

3. 议标

议标阶段包括开标、评标、中标三方面的内容。

（1）开标。开标是当业主收到各承包人的投标文件后，在指定的地点和时间，邀集参与投标的所有承包人或公司代表，当众启封各个投标书并宣读内容。在正常情况下，投标书一旦启封，投标者不得对自己的投标内容进行实质性修改。不明确的条款，承包人可作补充性说明。

（2）评标。对于较重要的大型工程项目，业主可组织评标委员会，由该委员会对所有的投标文件逐个进行全面的比较和证审，并对所有投标单位或公司的能力、资信、技术水平、人员配备、质量保证、交付日期以及所报出的标价等各个方面，进行综合考虑，权衡利弊和优缺点，评选出符合投标书要求的价格和条件最理想的承包公司。

（3）中标。中标人有时并不一定是报价最低的承包者。业主往往从工程项目的质量出发，事先聘请有关专门人员进行测算，掌握一个可行的标准价格，这个内部确定的价格应该是绝密的。越接近该标准价格的方案，其中标的可能性就越大。在决定中标人以后，发包者或业主将向得标者发出中标通知书，约定时间正式签订合同。

4. 签订承包合同

对外工程承包是国际劳务合作的一种形式。因而，对外工程承包合同除了具备国际劳务合同的基本特征之外，还具有自身的一些特点。对这些特点了解掌握得越充分，就越能在合同谈判签订过程中把握主动，趋利避害。

承包合同是业主和承包人为了确定各自的权利和义务而订立的共同遵守的法律条文。具体合同条款应根据不同工程项目的性质和内容来酌情拟定，通常应注意关于转让和分包的条款、工程期限及变更的条款、支付条款、保险条款、施工工艺与技术要求、索赔条款以及违约条款等。

5. 组织工程实施

承包合同经双方协商签订后，承包商应立即抓紧施工的准备工作，即领取预付款项、购买有关材料和设备、组织施工人员、编制工程进度表并着手勘查现场。业主应主动协助承包商办理移交工地的手续。一般在工地移交完成后开始计算工期。同时，在施工过程中，承包商必须定期向业主提交施工情况报告。工程完工后，经业主验收合格，发给合格证书，承包任务即告完成。

6. 竣工付款及维修期满付款

按照国际惯例，在签署承包合同后若干天内，业主要预付给承包人相当于工程合同价一定比例的款项，作为施工准备之用，以后按月根据施工进度将工程进度款付给承包商。所付款项中按一定比例扣还工程预付款和一定比例的保留金作为工程维修用。工程竣工后，业主要把承包人以前缴纳的履行保证金全部退还承包人，同时把每月扣下的保留金总额的 50％付给承包人，另外的 50％保留金要等维修期满后，证明承包人已履行完毕一切义务，由业主退还承包人。

15.5.2 对外工程承包的投标策略

投标是国际承包市场上获得工程项目所普遍采用的一种方式。当前，在国际承包市场上，竞争日趋激烈。每一个对外工程承包企业要想在如此激烈的承包市场上占有一席之地，除了应具有相当的技术及施工水平之外，还必须讲究投标策略，重视投标过程的关键环节，做大量富有成效的具体工作。这些工作主要包括如下内容。

1. 对投标项目进行可行性研究并做出正确的抉择

一个对外工程承包公司，其事业成败的首要因素就是要研究、分析并判断是否应该参与某项工程的投标。要不要投标，必须进行可行性研究，才能做出正确的抉择。可行性研究的主要内容包括以下几个方面。

(1) 对于发包国家的政治、经济和自然情况要有一个较为清醒的估计。这个国家有无安定的政治环境，我国与发包国家的政府关系如何，该国家的经济发展是否稳定，外汇管制情况，财政及国际收支状况如何，对工程项目的开放程度、经济立法是否完善等。总之，要认真分析有无重大风险及创造利润的可能性，这是首先要考虑的问题。

(2) 建设资金来源是否可靠。要弄清楚发包单位建设项目的资金来源如何，是本国自行筹集还是吸收外资或是国际金融组织的贷款项目，或者是两者兼而有之；资金是否已全部落实或已部分解决，其余是靠投标人的信贷还是全部资金靠延期付款来解决等。如果资金来源是靠投标人的信贷或延期付款，则对发包单位的资信情况如何，承包公司为此将垫付多少资金、自己的财务状况能否解决，发包公司如何偿还这部分资金等问题，都要进行分析研究。

(3) 对外承包公司要对自身情况有准确的把握。首先，应考虑技术上能否胜任投标项目的要求。为此，必须弄清该项目的技术及有关设备的先进程度，并考虑本公司在这方面的技术水平，尤其对技术密集型的重点项目，更要慎重考虑。一般的原则是"量力而行"，即承包项目的技术要求一定要在承包公司自身技术力量能胜任的范围之内。否则，要想找到在承包技术上超过自身能力的项目，就必须找到合适的合伙者，采取联合投标和承包。此外，即使倾一承包公司全部技术力量能够胜任某项工程，也必须考虑这样"孤注一掷"是否值得，也就是说，仅为获此一项工程而将本公司其他项目在技术方面的要求置之不顾，在经济、信誉等方面风险是否太大。其次，承包企业在具体承包条件上应结合本身的优势和劣势，进行全面分析，如发包方提出的条件是否苛刻，施工难易的程度如何，该项目拿到手的可能性大小，估计有哪些竞争对手，对手的情况如何，承包此项目估计要花多少费用，预计的利润率大小，从工作量和时间来看是否来得及按时投标，等等。总之，要结合自身的优势和劣势，结合项目要求分析各种有利条件和不利条件。在此基础上，承包公司才能做出比较有利的选择。

可行性研究工作是很重要很具体的一步，必须通过各种渠道收集到有关该项目的尽可能详细的资料，并进行细致深入的分析研究，使得投标与否这一重要抉择来源于科学的基础。

2. 做好投标前的准备工作

如果在认真的可行性研究的基础上，承包公司决定参加招标项目的投标，则必须做好以下投标前的准备工作。

(1) 力争获得投标资格。这是参加投标活动的第一关。招标人首先考虑的是投标人的施工能力、技术水平、工程质量、资信状况以及过去参加承包工程的经验和声誉等是否能满足本项目的要求。按照国际上的一般做法,凡参加投标的承包商,都要先通过投标资格预审,预审不合格者无权参加投标。

(2) 办理好注册登记。承包人到国外承包建设工程,应按照东道国法令,在该国政府有关部门进行注册登记,取得在该国经营承包业务的合法身份。

(3) 物色好代理人选。凡在国外进行承包业务活动的承包商,要想取得投标资格,必须借助代理人在当地的地位、背景、能力、关系来解决自己所不能解决的问题。因为有些国家规定,投标的外国公司必须使用东道国的代理人,否则不允许投标。

代理人可以是个人,也可以是一个公司或集团。代理人的代理范围,承包人可以根据不同情况在代理协议中具体商定。投标代理人一旦与承包商签订代理协议,就应当为提高承包商的项目中标率而发挥重要作用。它是承包公司在项目当地的"耳目",及时提供信息及咨询是其首要任务。代理人要提供当地有关法律、法令等规定,介绍工程发包背景和竞争对象的情况,协助承包商摸业主的标底、摸竞争对象的报价底,帮助承包商通过资格预审并及时获得招标文件,介绍当地的市场情况,提供必要的资料及信息,为承包商提供咨询服务,供承包商正确制定工程投标报价参考等。这是投标代理人应发挥的主要作用。

3. 认真研究招标文件

承包公司取得投标资格后,即应向业主购买招标文件。全面地理解、研究、消化和掌握招标文件中的各种要求和规定,是搞好投标工作的基础。招标文件的研究,主要是针对招标文件中提出的有关条件、条款和各项技术经济指标,结合自己的能力、水平和生产管理经验,全面认真地衡量:能否顺利完成承包任务?有多少现有的力量可以动员?有哪些能够挖掘的潜力?尤其是对于期限的要求,必须在倒推匡算的基础上,充分利用网络优化技术,制订切实可行的计划。

4. 开展必要的调查研究

投标报价是一个实盘,而且是一个长期有效的实盘,承包商一旦中标,签订合同,就要按此报价组织施工。因此,承包商在决定标价前,要弄清楚承包项目所在地的建设条件,有关政策法令、税收规定,核对工程量,确定最优施工方法,计算材料、人工和机械设备成本,确定各种管理费用。这一切都要进行必要的调查研究,收集大量的国内外资料。只有掌握了各类物资材料、机器设备的国际市场价格水平,估计其价格调整趋势,了解竞争对手的情况,才能精确计算出有关项目的成本。

5. 做好报价工作

报价也称作标,是在认真分析收集到的资料的基础上,按标书所列项目,填上单价、分项价和总价。投标工作做得好坏是决定对外承包企业事业成败的关键因素,而报价又是投标工作的核心,所以必须予以充分重视。投标报价过高,虽能增加利润,但中标的概率会相应减少;反之,投标报价偏低,即使能够夺标,也将得不偿失。因此,承包者一定要慎重报价,并按相应的步骤进行。作为一项复杂而繁重的工作,报价的步骤及应注意的事项如下。

(1) 熟悉标书内容,对其各项具体规定和投标、开标、定标、保证金、拖延罚款等都应搞清楚,需要时,还必须对工程所在现场进行考察。

(2) 审阅设计图纸和技术说明,按标单中所列工程量列出单价、分项价和总价(按标书要求货币计价)。

(3) 对完成工程所需人工、机械、设备和材料等直接费用进行核算。然后,将管理费、利润和竣工后的维修费以及税收、保险、银行贷款和不可预见费等间接费用推算在各分项工程单价内。

(4) 工程量一般以完工后的实际工程量计算,因此在报价时,对标书中工程量可能增减的部分,单价应报得策略一些。

(5) 标书中所报价格一般为工程竣工后的付款价格,如果施工时间过长,则在报价时应充分考虑物价、工资、汇率变动等因素。

(6) 准备为完成工程所需机械、设备和材料的来源、加工方法,以及施工人员组成和施工方法等说明性质的材料。

(7) 做出施工进度表。

(8) 报价时还可向招标机构递交新的供选择的投标书,但须附有详细设计图纸和说明,并论证其优点。

(9) 标书中的监理工程费,在实际使用中,不足部分由承包人贴补,多余部分业主扣留,因此承包商对此项报价应力求准确。

从计价方式上看,对外承包工程中常见的有以下三种。

(1) 固定总价。这是一种由承包商包干到底的定价方式,即在建设过程中,工料费及其他费用上涨变化的风险概由承包商负责,除非合同中列入一项增价条款,规定在某些特殊情况下,允许对合同价格进行自动调整,否则合同总价是不允许调整的。这种计价方式比较受业主欢迎,而对承包商不利,因此在一般情况下承包商应避开这种计价方式。

(2) 固定单价。确定单位工程量的价格作为固定单位,同时核算出一个工程量估算值和工程总价的估算值。在实际施工时,如果实际工程量超过估算额度,超过部分的造价由业主负担;如果低于估算额,业主仍按估算价支付。

(3) 成本加酬金。这种标价方式实际上是施工成本与付给承包商给定的酬金之和,也即成本费用按实际花费全部由业主支付,并给承包商一定数额或百分比的管理费和利润。这样业主要承担在建设过程中各种费用上涨的风险,对承包商有利。因此在这种方式下,业主在施工中通常会加强对承包商的监督,力争减少浪费,以降低工程造价。有时业主会根据承包商的实际施工表现,给予承包商一定奖励。

在编制投标报价时,应结合本单位的实际情况以及业主的要求,选择一种比较有利的定价方式。

6. 编制投标文件,按时报送

投标活动的最后一道环节,是认真编制或填写投标文件,按招标的具体要求和期限,及时送达招标人手中。投标文件应将项目名称、工程进度、技术标准、完工日期、验收方式、保证条件和最终报价等详细列出。必要时还应将需要进一步说明的问题、简图或初步计划等作为附加文件一并送上。

至此，投标者还应在递送投标文件的同时，缴纳一定金额的投标保证金(或由银行出具保证函)，以表明投标者合作的决心。如果投标人中途反悔或在得标后拒不签订合同，招标人有权没收其投标保证金。如果招标人决定他人中标并与之签订合同，则未中标的投标人所缴的投标保证金应予全部退还。

思考题 QUESTIONS

1. 合资经营企业设立谈判的内容有哪些？
2. 合资经营企业的组织机构可以划分为哪几个层次？
3. 中外合作经营企业设立谈判的内容有哪些？
4. 中外合作经营企业的特点包括哪些？
5. 对外投资设立企业谈判的内容有哪些？
6. 对外投资设立企业谈判应注意的问题有哪些？
7. 国际劳务合作合同的主要内容有哪些？
8. 劳务合同谈判时有哪些重点问题需要把握？
9. 对外工程承包业务的程序是什么？
10. 对外工程承包的投标工作主要包括哪些内容？

案例讨论 Case discussion

上海齿科与拜耳的合资谈判

谈判的中方是上海齿科材料厂。当时上海齿科材料厂的齿科产品占国内产量的70%，为国内同行业中的佼佼者。该厂与德国合资兴建有限公司一事一经立项，即预先做好了充分的准备工作。首先，上海齿科材料厂在1985年4月派人赴德国实地考察，进行可行性研究，了解有关信息、资料，考虑谈判方案的选择与比较，分析可能影响谈判的各种主客观因素，并在对项目进行综合评判的基础上，与德方共同编制了可行性研究报告。回国后，该厂又专门挑选和组织了一个包括从上级部门请来参与谈判的参谋和从律师事务所聘来的项目法律顾问的谈判班子，为该项目的谈判奠定了一个良好的基础。该项目谈判的另一方是德国拜耳公司。该公司系当时德国第三大公司，在世界上设有100多个分公司，其医药产品行销全世界，年销售额为600亿马克。在谈判之前，德方对国际国内的市场做了充分的调查了解，进行了全面深入的可行性研究。他们还特别对中方的合作伙伴做了详细的分析、了解，全面掌握了与谈判有关的各种信息和资料，并在此基础上组织了一个精干的谈判班子，该班子由公司董事长兼首席法律顾问充当主谈人。

同年9月，中德合资兴建拜耳—上海齿科有限公司谈判在中国举行，前后举行了十轮谈判，一直到第二年的8月12日谈判成功，历时近一年时间，终于达成了双方都较满意的协议。

在谈判的开局阶段,德方采用了先声夺人的策略,力图抢占谈判优势。他们凭借拜耳这一威名赫赫的国际性大公司的实力、技术和经验等方面的专长来影响中方的谈判心理,希望中方依赖他们。而中方与对方一交手就意识到,必须扬己所长、避己所短,才能抵制对方的“优势战”。因此,中方发挥东道主的优势,强调在中国兴建合资企业受中国行政管辖和法律制约,只有充分尊重中方的意见,才有利于谈判。中方用无可回避的事实有力地打消了德方试图在谈判中发挥主导作用的心理,从谈判开始阶段的技术角度考虑,双方率先打“优势战”,抢占制高点是正常的。因为有经验的谈判者在谈判开局时,总想掩饰己方的需求,夸大对方的需求;贬低对方的实力,夸大己方的实力;强调己方的优点,夸大对方的弱点,以图制造对方有求于己方的气氛。谁能成功地完成这一步,谁就掌握了谈判的主动权。当双方进行了初步较量之后,能否从各自释放的能量中产生一种合力,拨正谈判之舟的舵轮,开始在合作基础上的对等谈判,是衡量谈判开局阶段成功的关键。

谈判开局阶段双方的努力是否成功,要看谈判者在起始阶段能否把握好竞争与合作的分寸,能否扬长避短、进取有度。无论哪一方在谈判开局时努力不足或工作失误,都会使谈判的舵轮偏向,进而导致谈判磋商阶段的失利。从中德合资企业谈判的开局阶段来看,双方势均力敌,旗鼓相当,创造了谈判开局阶段的均势,矫正了谈判之舟的船头。由于双方的共同努力,在谈判的开局阶段形成了一种合力,把谈判推向了友好协商的阶段。在这一谈判阶段,中德双方采用了分合兼用的工作方法,时而召开全体会议进行总体讨论,调整工作进度,时而分技术、财务、法律三个组进行专项研究,具体谈判。双方各自对保密与泄情的信息不断进行分析综合,评估调整。

谈判进入磋商阶段后,由于该阶段是谈判过程中最复杂、最具体的讨价还价阶段,会出现许许多多烦琐而又与双方利益密切相关的问题,因此需要谈判双方既斗争又妥协,既竞争又合作,有理有节,进退有度。在中德谈判的过程中,同样出现了许许多多的问题,但双方本着上述精神和态度,克服了一个又一个困难,最后握手成交。

在中德合资谈判中,首先遇到的就是合资企业名称问题。德方建议定名为拜耳齿科中国有限公司,但遭到中方的反对。因为这个名称实际上否定了双方平等谈判的主体资格,变成了总公司与分公司的隶属关系。按 1985 年 6 月 17 日公布的《企业名称登记办法》的规定: 国名不能放在企业名称中。据此,中方提出了上海拜耳齿科有限公司的名称。由于中方根据充分,有力地支持了己方的立场,德方不得不做出让步。

德方在同意我方所提议的名称的前提下,要求将“拜耳”与“上海”两个名词对换,把“拜耳”放在“上海”之前。德方的理由有三个: ①拜耳是世界性大公司,在国际上享有盛名; ②拜耳的声誉有利于合资企业经销产品; ③拜耳在合资企业的股份多于中方。由于德方的建议有理有据,在情在理,中方也无法拒绝,但中方又提议在“拜耳”和“上海”之间加一道横线,就成为“拜耳—上海齿科有限公司”。这一名称使双方都感到满意。这一问题的谈判成功,有力地证明了谈判双方都是胜利者的观点。

随后在谈判过程中,又遇到了德方独占出口权问题。关于产品的销售问题,在该项目的可行性研究中曾有两处提到: 一是“外商负责包销出口 25%,其余 75%在国内销售”;二是“合资公司出口渠道为拜耳、合资公司和中国外贸公司”。双方在这一表述的理解上产生了分歧。这种理解上的分歧，构成了谈判的严重阻碍。德方对此两点表述的理解是：许可产品(用外方技术生产的产品)只能由拜耳独家出口 25%，一点也不能多，而其他的两个渠道是为出口合资企业的其他产品预留的。而中方的理解是：许可产品的 25%由拜耳出口，其余 75%许可产品中的一部分，有可能的话，用另外两渠道出口。双方争执的焦点在于对许可产品，中方和合资企业有无出口权。德方担心扩大出口数量和多开出口渠道，会打破自己的价格体系，挤掉自己的国际市场份额，因此反对中方和合资企业出口。

中方同样基于自己的利益而不愿意放弃出口权，双方为此互不相让，僵持不下，谈判陷入危难局面。此时，正值第三轮谈判的最后一天，德方要求终止分组讨论，由双方主谈人召集全体会议，就此问题展开专题辩论，但双方仍互不让步，于是德方宣布终止谈判，以示在此问题上决不让步，导致谈判破裂。当然德方中止谈判不过是个手段，无非是想以此来向中方施加压力，迫使中方做出让步。当时，中方对谈判破裂的性质认识不清，一时陷于忧心忡忡的境地。中方谈判代表团为此集思广益，研究对策。经过认真分析，大家认识到，该项目投资大，且拜耳是家享有盛名的大公司，其目光是长远的。他们此次来中国谈判，事先做过充分的可行性调查研究。该项目作为问路之石，旨在打开中国市场。

在中国，上海齿科材料厂是最合适的合作伙伴，因为它无论从技术到产品都是国内第一流的，如果德方在中国第一个合作项目失败，再想在中国投资合办企业就难了，为此，德方是不会轻易放弃此项谈判的，他们终止谈判不过是个手段而已。中方谈判班子的正确分析，为正确的决策提供了依据。因此中方不再担心谈判失败，而是顺风推舟，故意不予理睬。此时，谈判从形式上看似已破裂，但实际上双方都在静静等待对方的让步，此时，对谈判双方的毅力、耐性和自信心而言，都是一个考验。

一般而言，谁先妥协，谁就要付出代价。几天之后，德方因对该项目的依赖性和寄予的希望较大，终于沉不住气了，主动发来电传，再次陈述他们的理由：①包销 25%的许可产品已经承担了很大风险；②如再出口其余的 75%，就等于自己投资培植一个与自己争夺市场的对手，这绝非拜耳合资办企业的初衷；③合资企业出口会破坏拜耳的价格体系，如独立经营 75%的其余产品再出口，就超出了中方要求获得技术和利润的目标，而拜耳也无法实现分享市场、获取利润的目标。中方接到电传后，仔细研究了德方的陈述，觉得不无道理，但己方又不肯让步。

为此，中方采取了新的对策，假手"第三人"的权威性来迫使对方让步。为此，在谈判重新开始后，中方请来上海外经贸委负责联系此项目的同志一起参与谈判。中方的这一做法有两个目的：一是希望他起到缓冲作用；二是希望以审批机构代表意见的权威性，促使对方让步。在此次谈判中，中方也陈述了坚持扩大出口的三项理由：①合资企业为独立法人，享有独立经营权；②国际市场潜力巨大，合资企业可与拜耳共同战胜竞争对手；③合资企业增加出口，有助于外汇平衡，有利于企业长期生存。外经贸委的同志此时如同一个仲裁者，听取了中德双方陈述的理由后，巧妙地提出了一个意见：请德方把所占领的国际市场区域做出图示。这下可把德方难住了，因为德方产品销售不可能覆盖全球。但他们毕竟是身经百战的谈判老手，立即转守为攻，笼统地坚持拜耳在全世界都有销售点，回避接触实际问题。然而，细心人看得出，德方那决不让步的防线已被打开了缺口。

中方乘机提出,如果合资企业直接收到国外订单应该如何处理?为此双方经过进一步的讨价还价之后,最终在这一问题上都做出了妥协,达成了合资企业在不破坏拜耳的国际价格体系的前提下,可对外来订单有条件履行合同的方案。这个条件主要是:如果合资企业接到合同地域外塑料牙的订单,其价格和拜耳国际价格表相同,只要在收到合资企业通知后的14个工作日内,拜耳未以书面通知合资公司、拜耳或者拜耳指定的第三者将接受这些订单,合资公司就有权履行这些订单。对所有通过合资公司而由拜耳履行的订单,拜耳应支付给合资公司1%的佣金。如果拜耳将订单转给合资公司,并由合资公司履行,合资公司也应支付拜耳同样的佣金。这个双方妥协的方案,实际上既保护了德方一定的利益,也否定了外商独占出口权。

就在合同文本的谈判就要接近尾声时,德方再次就合同中规定的解散条款提出异议,德方坚持要在合同中规定:当中国法律有新的规定,且德方判断它对外商不利时,可以申请合资企业解散。中方显然对此不能接受,经多次争执,结果德方同意删除该条款,但要规定:"本合同经审批机构批准后,即使中国法律有新的规定,本合同仍按其合同条款执行。"这一条意味着中国新的立法对合资企业无管辖权,中方开始不同意,谈判再度搁浅。为促成谈判,中方谈判班子再三进行研究,认为德方已在一些条款上做了让步,中方在此问题上不顾外商利益,采取僵化立场,不利于争取谈判的成功。为此,谈判项目法律顾问改变思考问题的僵化方式,提出了一个新的又顺理成章的解释:①相信中国对外开放的道路会越走越宽;②《涉外经济合同法》第40条明确规定:对已经批准的合同,即使有新的立法,仍可按原合同执行。这个解释,作为一个不拘泥于原则和深具务实精神的生动例证,正是中方这一关键性让步,使谈判迈过了最后一道难关。

中德这次谈判,经过双方求同存异、友好协商,使谈判之舟顺利地抵达了成功的彼岸,进入了谈判的终局阶段。这个阶段的主要工作就是要对已经成立的谈判的有关文件,进行逐条逐字的修正完善,斟酌定稿;相互校对章程、协议、合同等文字文本的意思是否一致,等等。中德双方对这一阶段的工作做得十分认真细致。而且,谈判终局阶段的文字工作做得越是仔细,就越能反映履约的诚意。

纵观这次谈判的全过程,其成功的经验,首先表现在中德双方在谈判准备阶段,即进行了严密的可行性研究,组织了一个精干的谈判班子;而在谈判的开局阶段,双方恰当地掌握了竞争与合作的分寸,使谈判一直在"平等互利"的轨道上正常运行;在谈判的磋商阶段,双方既相互竞争,又相互妥协,在每个关系到双方利害的问题上,都成功地找到了使各方都满意的方案。尽管其间曾不止一次地出现过僵局甚至假性败局。最后,在谈判的终局阶段,双方毫不马虎,做好各种文字工作,为双方在合作期间避免纠纷,顺利履约,把好了最后一道关。

讨论题:

1. 该项合资谈判涉及哪些主要内容?
2. 该合资谈判成功的关键有哪些方面?

第16章 CHAPTER 16

商务代理谈判

本章要点

- □ 商务代理的概念
- □ 商务代理的特点
- □ 商务代理的类别
- □ 商务代理的作用
- □ 商务代理谈判前的准备
- □ 商务代理谈判的内容和策略

引例　康德公司与代理商的谈判

康德公司是一家专业生产和销售饮料的公司,公司的实力也不错,目前主要销售市场是安徽,华东其他各区域也都有零散的销售。公司两年前就进入了江苏市场,今年决定重新整合江苏市场并建立完整的分销网络。区域经理梁振球自告奋勇走马赴任江苏区域经理。

在拟订了新的市场推广计划并确定了合理的费用预算后,梁经理开始在各县寻找合适的代理商并与其签订有把握的目标量。

梁经理按照预先的约定拜访了兴化市的客户之一王老板。王老板以前从康德以现款买到货后加点利润就批发给终端或直接零售,去年共销售康德饮料20万元(其他品牌饮料150万元)。双方寒暄之后立刻进入了主题。梁经理首先对王老板几年来对康德的支持表示感谢,并详细介绍了公司新的发展规划以及做好江苏市场的信心。王老板听到此,眼睛一亮,希望能成为康德公司兴化市的代理商,于是接下来的话题就围绕目标量和厂家的条件展开了。

梁经理:王老板,你以前仅仅是我们公司在兴化的客户之一,合同也未签,每年可以销售康德饮料20万元。假如我们正式授权你为我公司的代理商,享受代理商供货价,你可以完成多少销售额?

王老板:40 万元应该没问题,只是担心市场的窜货。

梁经理:我们有统一的市场价格和管控体系,不会发生价格混乱。关键看同一地区代理商之间的默契,不能搞恶性竞争。

王老板:我希望能成为你们在兴化的独家代理商,这样市场不容易乱。

梁经理:我知道你的终端客户很多,但我们公司对独家代理商有很高的要求,像兴化市这样的市场,40 万元肯定是不行的。而且成为我们的独家代理商必须主推我们的产品。

王老板:那就 50 万元吧,我是兴化的总代理。

梁经理:你去年所有饮料销了 170 多万元,你认为代理康德产品还有其他哪些因素影响你的销量提升?

王老板:由于是现款从你们公司提货,所以不敢多进货,怕卖不完压仓库;但有时容易缺货,从而丧失了一些机会。

梁经理:假如你不用担心库存风险,你能增加多少销售额?

王老板:七八万元应该可以。

梁经理:行,你最后一批进货所产生库存的 70%由我们公司承担,但你必须承担退货的运费。你的销售目标就按 70 万元算。还有其他阻碍因素吗?

王老板:饮料的季节性太强,厂家经常调价,如果降价而厂家不补差价我们将遭受损失。如果厂家能补差价,我们就无后顾之忧了。

梁经理:但你必须增加 5 万元销售额,我承诺 100%补差价。其他还有什么能增加你销量的办法?

王老板:我个人能力有限,特别是终端推广方面,如果你们能经常过来指导或帮助我进行终端客户的谈判和管理就好了。

梁经理:由于你这里是重点市场,我们今年专门派了一名业务经理负责泰州地区(含兴化市、泰兴市、泰州、靖江市、姜堰市),以帮助代理商开拓和管理终端客户并做好市场推广工作。但同样,你要增加 5 万元销售额哦!

王老板:还有什么优惠条件,都给我算了,最好供货价能再优惠一点。

梁经理:我们专门针对你这样有潜力的客户拟定了“大户奖励政策”。如果你能销售 90 万元,年终可以给你返利 5 000 元;达到 100 万元的返利 1 万元,再往上每增加 10 万元,增加返利 2 000 元,上不封顶。

最终双方以 100 万元的目标量签订了代理合同,且合同条款规定:王老板如果完不成 100 万元的销售额,则只能享受 80%的代理费(另 20%代理差价作为年底完成目标额的返利)。显然,完成 100 万元的目标,王老板是很有把握了。

案例分析:在本案例中双方就很多方面进行了利益的交换,如厂家做出让步,答应补差价,同时要以对方的让步(增加 5 万元销售额)为前提。通过这种让步的相互挂钩,使本方的利益与对方的利益联系起来,达到互惠互利。

案例来源:商务谈判教学案例,http://www.3g518.com/mb/183/183664/pro_135334.htm.

商务代理在世界上已有几百年的发展历史,从销售代理到采购代理、保险代理、广告代理、运输代理、仓储代理等，形成了包罗万象、规模庞大的代理业体系。商务代理是市场经济发展、市场竞争加剧的产物，在我国改革之后开始兴起并得到了一定程度的发展。商务代理内容丰富、含义复杂，其业务谈判内容广泛而复杂，企业的经营管理业务人员应掌握和深刻理解商务代理业务谈判知识。

16.1　商务代理概述

商务代理就是代理人受企业的委托，在一定的区域和处所内，在一定的代理权限制下，以企业的名义代替企业行使经济行为（包括销售商品及其他行为），其法律后果直接归属于企业。

16.1.1　商务代理的特点

商务代理必须具有以下特点：

(1) 商务代理人必须受企业委托，即被代理人必须是工商企业；

(2) 代理商必须以企业的名义进行活动；

(3) 代理商代理委托方进行的是商务活动，不能超出这一范围，例如诉讼代理不在商务代理之列；

(4) 委托企业（即被代理人）必须向代理商支付报酬。

16.1.2　商务代理的类别

商务代理的主要分类方法有两种：一是根据委托人给予代理人的权限，分为独家代理、一般代理和总代理等；二是根据代理的业务内容，分为商品代理、保险代理、广告代理、运输代理、投标代理、证券代理和旅行代理等。现将各种主要类型的代理说明如下。

1. 独家代理

独家代理是指委托人给予代理商在国外一定地区和一定期限内排他的独家代理权，委托人不得另外再指定其他的代理商，但是独家代理商也受到某些限制，如不得再代理同类的业务（即防止同业竞争条款）等。

销售独家代理是独家代理中的主要类型，即代理商在一定地区和一定期限内享有代销某种商品的专营权利。只要在指定地区和一定期限内做成该种商品的交易，除了双方另有约定外，无论由代理商与买主达成交易，或者由委托人直接成交，代理商都有按成交金额提取佣金的权利。代理商不承担执行合同义务和经营的风险。独家代理关系的建立是由委托人与独家代理商签订协议来实现的。

2. 一般代理

一般代理是指不享有排他的独家代理权的代理。委托人在同一地区和一定时期内可以委托几家代理商代理其经营业务。委托人可在代理区域内直接招揽顾客，由企业和顾客直接交易，而且不给代理商任何佣金。一般代理仅为委托人在当地招揽生意，或根据委托人的要求与卖主谈判生意，由委托人签订买卖合同，代理商按成交金额收取佣金。

对委托人来说，一般代理具有机动灵活、进退自如的好处，既在特定区域里有代理人代理,又保留了与其他买主进行直接交易的权利。

对代理人来说,一般代理的经营积极性和责任感不如独家代理。各个代理商唯恐自己所作的努力为他人所分享,因此不愿全力推销,在广告、企业形象的树立等各代理商共同受益的项目上不愿花费精力与金钱,从而往往有相互扯皮现象发生。

3. 总代理

总代理是指代理商在指定的地区和一定期限内除了享有独家代理的权利外,还代委托人进行全面的业务活动,如谈判交易、签订买卖合同、履行合同、处理货物等。此外,总代理人往往有权代表委托人办理其他一些非商业性的事务。因此,总代理人实际上是委托人在指定地区的全权代理,其权限很大。

4. 商品代理

商品代理是最常见的代理类型,可细分为采购代理与销售代理。销售代理就是代理商品的销售业务。

销售代理按代理商是否有独家代理权分为独家代理与一般代理;按代理商与厂家的交易方式分为佣金代理与买断代理。

佣金代理方式是指代理商的收入主要是佣金收入,代理商的价格决策权受到一定限制。佣金代理方式又分为代理关系的佣金代理方式和买卖关系的佣金代理方式。

代理关系的佣金代理方式是法律意义上纯粹的代理关系。销售代理商仅为国外厂商在当地推销其产品,并在厂商授权下,以厂商的名义与当地顾客签订买卖合约。产品的价格完全由厂家指定,代理商销售产品后,向厂家索取佣金作为报酬。在交易过程中,代理商不以自己的名义进货,即不从厂商购买产品,只是起媒介交易作用。

买卖关系的佣金代理方式是指代理商根据厂商制定的价格范围(有一个上、下浮动率),加上自己的佣金费用作为产品售价,向顾客推销产品,与客户订好买卖合同后,该代理商向厂商订货,并以自己的名义进口代理产品。待收到客户货款后,代理商从货款中扣除佣金汇给厂家。由于买卖关系的佣金代理商是以自己的名义进口货物,因此它与厂家的关系实际上是买卖关系,而非代理关系。买断代理商与厂家是一种完全的"买断关系"。他们先自己支付货币向厂家进货,然后销售。买断代理商所承担的风险更高,他们对产品的销售价格拥有完全决定权,其收入来自买卖的差价,而不是佣金。从严格的法律意义来说,买断代理商不是真正意义上的代理商,倒与经销商颇有相似之处。主要差异是买断代理商与原厂家的代理合同中,常规定代理商有广告宣传义务,而经销合同中,经销商没有广告宣传的义务。

这里需要特别强调销售代理与经纪人的区别,因为在实际经济生活中,人们容易混淆这两者。

经纪人是以合法身份在市场上为买卖双方充当中介并收取佣金的商人。它与销售代理商有如下区别:

(1) 服务对象不同。经纪人与销售代理商都是服务性的辅助人,但经纪人的服务对象很广,广为一般人服务,而销货代理商则只为一定的商业主体进行与销售有关的服务。

(2) 行为名义不同。经纪人虽然为委托人进行买卖交易活动,但都以自己的名义进行,其法律效果归于经纪人自己。销售代理商则是以被代理人的名义代理其联系订单及做其他与销售有关的工作，代理过程中发生的法律权利与责任皆归被代理人所有。

(3) 享有的权利不同。由于经纪人只是以自己的名义替交易双方媒介交易，他不应代理任何一方，因此经纪人一般没有代为订约的权利。销售代理人是以被代理人的名义行事，一般是缔约代理商，拥有代替被代理人订合同的权利。

(4) 服务的范围不同。销售代理商服务的范围仅限于销售代理及与销售代理有关的一些服务。而经纪人的服务范围要比销售代理更为广泛，已渗透到商品交易、期货交易、股市交易及房地产交易等诸多行业。

(5) 与委托人关系的持续性不同。销售代理商必须是独立商业主体，它有固定的场所、独立的关系，它与被代理方的关系是长久持续的。经纪人则限于特定市场，为一般商号或临时为一定商号做媒介，经纪人与委托人的关系较为短暂。

5. 保险代理

保险代理是受保险人的委托，以保险方名义代为订立或媒介订立保险合同的代理业务。

6. 广告代理

广告代理是以顾客的名义，为顾客计划、制造、制作以及安排广告的商务代理活动。

7. 运输代理

运输代理是以运输公司的名义，代理运输公司招揽货物和乘客以供运输公司运送。

8. 投标代理

投标代理是以厂商的名义代理厂商参与国内外招标活动的商务代理行为。

9. 证券代理

证券代理是指代理商接受证券发行公司的委托，代替该发行公司办理一切证券发行业务。

10. 旅行代理

旅行代理是以旅客的名义为旅客办理一切旅行手续的代理业务，包括代订旅馆、代购机票等。

16.1.3 商务代理的作用

商务代理的作用主要体现在以下几个方面。

1. 实行商务代理有助于降低经营费用

2. 实行商务代理有助于回避经营风险

从理论上讲，代理制授权不授责，即代理方有权代表委托方进行经营活动，而代理方产生的权益和责任都归委托方所有。但委托方可以通过代理合同条款来规避经营风险。

3. 实行商务代理有助于弥补经营者能力的不足

企业将一部分经营活动独立出去，交给代理商完成，有助于企业集中精力搞好主要经营活动，又可利用代理商的特长，弥补企业在这些方面的缺陷。

4. 实行商务代理有助于塑造与维护企业的形象

5. 实行商务代理，有利于企业开拓国际市场

代理商熟悉所在国的市场情况和法律、法规，能够帮助异国企业解决国际市场营销

问题。

商务代理的种类很多,不同的种类具有不同的谈判内容和策略。这里只举出我国商务代理业务中最主要、最为普遍的销售代理的业务谈判的前期准备、内容和策略。我们可以触类旁通,对各类商务代理业务谈判的主要内容和策略均有所理解。

16.2 销售代理谈判前的准备

16.2.1 选择合适的代理方式

1. 独家代理与一般代理的选择

独家代理的优点有以下方面:

(1) 厂家可以获得代理商的充分合作,立场容易统一,双方都易获得对方的支持。独家代理中,企业在某一市场区域只有一家代理商,因而对代理商的业务状况与要求更为重视;而对代理商而言,本市场上的全部经营业务由其代理,责任明确,因而双方相互支持,共同努力将经营工作做好。

(2) 独家代理商更愿意做各种促销工作。在一般代理条件下,一家代理商采取的促销手段往往使其他代理商也受益,因而代理商不愿采取积极的促销手段。而在独家代理条件下,由于某市场的经营业务由一家代理商代理,在该市场进行促销工作的成果全归自己所有,因此乐于开展促销工作。

(3) 独家代理条件下,厂家对代理商更易于管理。在独家代理下,一个市场区域只有一家代理商,因而从发货到费用、佣金控制,再到视察代理商的工作都较为方便。

独家代理条件下,企业易受代理商的要挟,这是独家代理的主要缺点。

一般代理的优点有以下方面:

(1) 一般代理方式下,代理商之间相互牵制,厂家居于主动地位;

(2) 一般代理方式下,厂家拥有更为宽广的营销网络;

(3) 一般代理方式在法律上更易于为某些国家所接受,因为这些国家认为独家代理方式违背了自由贸易流通原则。

一般代理方式的缺点是容易造成代理商之间的恶性竞争。这种恶性竞争表现为价格竞争,彼此竞相降价,导致代理商利润微薄,缺乏销售兴趣或为节约成本而不进行售后服务,使产品形象受损,这样对厂家和代理商均不利。因而,厂家一般在采用一般代理方式时应规定:若已有一客户与某一代理商进行业务谈判,则其他代理商应放弃与其联系。

此外,一般代理方式常造成代理商之间权责不明、士气不高。

选择独家代理方式或一般代理方式的策略如下:

(1) 依产品生命周期选择。处于导入期或成长期的产品,由于厂家要求代理商对顾客提供使用指导、技术支持、售后维修等服务,因而一般选择独家代理方式。而产品处于成熟期或衰退期前期时,价格、交货时间的重要性增加,厂家可考虑一般代理方式。

(2) 依市场潜力选择。市场潜力大时选择一般代理方式;市场潜力小时选择独家代理方式,以减少佣金支出,且代理效率更高,从而避免了恶性竞争。

(3) 依企业产品差异大小选择。当厂家的产品类型的区分十分明显时,厂家可作更细的市场细分，针对不同市场授予不同代理商独家代理权，以掌握不同特性的顾客。

若厂家的产品之间并无明显的区分，而市场容量较大，则适宜采用多家代理方式。因为这时厂家若还采取依产品授予独家代理权的方式，则各家代理商会陷入争夺顾客的竞争，导致独家代理名存实亡。

(4) 依据现有代理商的能力选择。如果选择独家代理方式，代理商应当有较强的经营能力、较宽的营销网络并且应当有较为雄厚的实力，否则便会阻碍厂家营销目标的实现。

总之，在实际代理业务中，采取独家代理还是多家代理除了参照上述策略外，还得依据实际情况灵活决定。

2. 佣金代理与买断代理的选择

比较而言，佣金代理方式有下列利弊：

(1) 厂家更容易控制代理商。佣金代理商一般资金力量不强，而且代理合同对佣金代理商的约束更严，在进货方式、价格、费用、成本核算等方面受厂家控制。在产品到达消费者手中之前，产品的所有权一直归厂家所有。这样厂家更有能力控制代理商。

(2) 产品价格更为统一。佣金代理商对价格无决定权，价格决策归属于厂家，因而厂家可以制定较为统一而完整的价格体系，使企业价格策略与总体营销目标相符合。

(3) 产品价格低，竞争力更强。佣金代理下，由于代理商收入主要是佣金，即使是买卖关系的佣金代理商，其收入也只是佣金加上售价超过最低价格的那部分销售收入。因此，产品的销售费用低，销售价格也就相应不高，产品竞争力强。

(4) 对代理商而言，进行佣金代理的资金较少。对佣金代理商而言，最重要的是要有销售网络，资金重要性不高。因为这种情形下的代理商的营运周转资本只要能满足货运、报关、仓储、顾客信用方面发货的费用所需的资金量即可。对买卖关系的佣金代理商而言，所需的资本周转金需依付款条件而定。若是代理商收到款项后付款给原厂，则代理商无须多少资金，垫付费用发生所需的资金即可；当代理商收到客户的订单，再向原厂订货时，若原厂对代理商发货后要求代理商寄回货款的日期早于客户将货款归还给代理商的日期，则代理商要在中间垫付购货款。但总体而言，代理商所需的资金较少。

买断代理方式有以下利弊：

(1) 买断代理商资金雄厚，销售能力一般更强，销售网一般比较宽广。

(2) 厂家承担的风险较小。产品一旦由厂家卖给买断代理商，其后的风险概由买断代理商负责。只有当代理商以到岸价格(CIF)条款与厂家签订合同时，厂家才对货运中意外事故承担连带责任风险。

(3) 产品价格无法统一。这是买断代理方式下的重大缺陷。由于买断代理方式下代理商与厂家是买卖关系，因而产品价格决定权归属于买断代理商，厂家无价格策略可言。只有品牌知名度高、实力雄厚、在业务谈判中处于强势的企业可以与买断代理商签订由厂家来控制买断代理商售价的协议。

(4) 买断代理商的经营收入一般高于佣金代理商的收入。买断代理商的收入主要为买卖差价收入，收入较高，这与其在买卖中承担较多的职责与风险是成正比的。

选择佣金代理方式还是买断代理方式的策略如下：

(1) 如果产品处于导入期或成长期,应该选择佣金代理方式。因为此时厂家急需寻找代理商以打开市场;而买断代理商此时一般不愿承担买卖中的风险。买断代理多适用于成熟期产品或名牌产品。

(2) 在采用买断代理方式时,必须注重买断代理商的能力,要求买断代理商有雄厚的资本、较大的影响和良好的商誉。

(3) 厂家若重视统一价格策略,应采取佣金代理方式。低价竞争导向强的产品采用佣金代理方式也更佳。高价反而畅销的产品,则可考虑采用买断代理方式。

(4) 企业若想避免风险应采用买断代理方式;若由于产品处于弱势(如新产品)不能逃避营销风险,则只能采取佣金代理方式。

3. 混合式代理方式的选择

混合式代理方式是企业设计营销渠道时,将销售代理与其他营销渠道结合起来使用,主要有以下几种方式。

(1) 代理商与厂家互为代理。这种代理是指两个厂家互为代理商,帮助对方开拓自己所在国的市场。这种方式需要满足以下条件:两个厂家的产品性质应当相同或者相近;互为代理的两个厂家应当规模相近、声誉相当;互为代理中,两个厂家所拥有的权利与所承担的义务必须对等。互为代理方式的优点是双方都不用给代理商支付佣金,就可以将产品打入市场,同时两个厂家又各自利用了自己在本国多余的或是闲置的营销机构、人员和资金。

(2) 经销与代理混合使用。这种混合代理方式有总代理下设经销商和总经销商下设代理商两种情况。前一种情况下厂家与中间商是代理关系,而后一种情况下厂家与中间商实际为买卖关系。前一种情况厂家承担的风险更大一些。

厂家选择上述两种方式的哪一种,取决于下列因素。

首先,要厂家目标。厂家若以迅速打开国外市场为目标,则宜选择总代理下设经销商的方式。在这种方式下,与厂家直接联系的是总代理商,不承担买卖风险,比总经销商更能代表企业利益,可以集中精力打开市场;厂家若以减少风险为营销目标,则可选择总经销商下设代理商的方式,厂家货物一到达总经销商处,便能从总经销商那里收到货款,而不像前者要通过总代理商向经销商收款,款项才转到厂家。

其次,要看目标市场的中间商的能力以及中间商与厂家的关系。在厂家不充分信任中间商之前,厂家只愿给中间商以总经销权,总经销商下再设代理商。

最后,在实务中,总代理商与总经销商并存的情况也是存在的。这是由于有部分公司在取得国外厂家代理权后,往往不愿花费大量配销成本,担当"买断代理商",而仅担任"佣金代理商"抽取佣金,将营销业务另找一家在当地拥有大量配销网的批发商担任总经销商,从而产生了总代理商与总经销商并存的现象。

(3) 分支机构指导下的代理方式。这种方式是指厂家一方面设立分支机构对代理商进行指导与监督;另一方面分支机构又不具体从事销售事务,销售事务由代理商进行。

企业在下列条件下可采用这种方式:产品技术复杂或是新产品,代理商需要专门的技能指导;多家代理商并存时,为了协调代理关系,也可设置分支机构;为了加强对代理商的控制,也可采取分支机构指导下的代理商方式。

16.2.2　选择合适的代理商

1. 代理商的寻找

寻找代理商有直接信函询问和公开广告征询两种方式。

直接信函询问首先应收集潜在代理商的名单,可以通过以下方式:

(1) 驻外贸易协会和商会及其出版物;

(2) 由本国驻国外商务人员推荐;

(3) 商业银行;

(4) 出口服务企业,如货运公司、海运保险公司等;

(5) 贸易刊物;

(6) 制造相关产品但不与本企业竞争的企业;

(7) 商展。

得到名单后,企业以书信形式直接联系,征询代理商。这种联系方式的优点是能够更深入地了解代理商的情况,让潜在代理商更能感到企业的诚意与重视。缺点是征询工作比较烦琐,联系面也不如广告征询方式广。

通过广告征询代理商是指通过报纸、杂志、电视、广播的广告来征求代理商,广告的内容包括产品的介绍、合作的意愿以及公司的地址与联系方式等。

广告征询的花费相对较高,自已鉴定所花费的时间与精力投入也不小,但联系面广,厂家有一定的主动权。

2. 代理商的评估和确定

评估、确定代理商时,要调查清楚对方的背景。有些企业名声不大,选择代理商时往往急于求成,匆匆授予代埋权。代理商对厂家也热情不高,常采用削价等方法,结果常使厂家获利甚微。同时,也不一定非找规模大的代理商,大代理商规模虽大,却不一定对每一产品项目的代理都在行,且往往同时代理许多厂家,不一定为小企业开拓市场尽全力。有时,小代理商对某一项目、产品的了解更为清楚,业务能力更强。

代理商的评估和确定应从以下标准来看。

(1) 代理商的信誉。由于企业与代理商的关系是一种信任关系,因而即使代理商的业务能力很强,在市场上地位优越,若信誉欠佳,则业务能力越强的代理商,商业欺诈的能力越强,在营销、汇款汇回、维护企业形象上会给企业带来不利。因此,信誉应是首要考虑的标准。

(2) 代理商的营业规模。包括下列内容:潜在代理商的员工总人数、营业部门人数;代理商的长期发展趋势;所属的经销商数目;成立的时间及发展的历史;目前的营业额及营业区域;由外界经销商经手的营业额;代理商是否扩充营业区域,在哪些区域扩展和如何扩展。

(3) 代理商的经营项目。厂家选取的代理商一般经营的应是与厂家同行业的项目或类似的项日。代理商以前经营的产品、项目决定其现有的营销网络。此外,所选代理商的经营项目不宜过多。代理过多项目的代理商必定精力分散,从而影响业绩。

(4) 代理商的营销网络。在消费品市场应选择与零售组织关系良好的代理商;在产业市场应选择与其他批发商关系良好的代理商。

(5) 代理商的业务发展计划。应选择业务发展计划安排周详的代理商。代理商应制订详尽的市场分析与营销计划,对产品项目的前景做出正确预测,拟订有效的营销计划。企业以此来评估代理商对项目的信心、对顾客服务的态度、对竞争对手的活动的警觉性,以及对当地市场的接近程度及发展能力。

(6) 代理商的业务发展能力。包括下列内容:代理商专用仓库的容量、使用情况、库存管理办法;对推销人员的奖励措施;完备的人员培训制度;售后服务;为企业提供重要的市场情报;促销产品、项目的传播媒体和手段等。

(7) 代理商的财务能力。包括代理商有多少流动资金和固定资金,自有资金所占的比重是多少,代理商的年盈利额和利润率及资金周转速度等。当企业使用买断代理方式,或企业本身的出口量相当大时,要求代理商有足够的资金来支付预付货款,垫付运费、广告费、售后服务费等。企业开拓市场、树立产品知名度也需要代理商帮助投入大量的资金。

(8) 代理商的国籍和营业地址。有些国家的法令限制代理商的国籍,在这些国家寻找代理商开展营销活动时应注意这一点,即不要违反这些国家的法令。

代理商的营业地址必须合适,且最好位于商业中心和交通运输便利的地方,这样厂家的商品能以最低的成本配销至国内外的市场。

(9) 代理商的政治、社会影响力。代理商的政治、社会力量雄厚,往往可以通过游说活动和组织"院外集团"来左右政府的进出口政策和产业政策。当政府采购在经营业务中占有相当分量时,代理商的政治、社会力量直接影响营销业务。

(10) 同行业的代理商关系。商业活动中的关系对代理商和企业都是重要的。同行业关系不好,必然影响代理商的代理业务。若大多数同行业的代理商对该代理商不满,或评价过低,则足以说明该代理商存在不足之处。

(11) 代理商的代理动机。代理商的代理动机,往往影响代理商日后长期的行动。一般来说,代理商具有下列动机时,从长期行动来说,对厂家是有利的:①代理商品是针对不同的细分市场,与代理商现有产品不冲突。②弥补产品线的不足。通过代理对本厂产品来说是互补性的产品,来带动本厂产品销售。代理商的这种动机,与厂家形成了互惠互利、共同发展的关系。③代理产品项目与代理商现有的营销网络完全相容,可以利用自己的多余的营销能力。

16.3 销售代理谈判的内容和策略

下面就销售代理谈判的主要内容及相应的策略进行具体阐述。

16.3.1 确定合同的名称

进行销售代理业务谈判的最终目的是要签订销售代理合同。因此,在业务谈判中应当明确合同名称,是销售代理合同还是经销合同,还要明确是独家代理合同还是非独家代理合同。另外要说明代理商是否有代表委托方(企业)订立合同的权利。

16.3.2　确定合同生效日期、当事人、合同订立地以及订立合同的理由、经过和目的等

通常代理合同当双方在同一地方进行业务谈判后即签订，一般都附有成立日期。但若在异地签署，由于签署日期不同，应以双方当事人签署完成且双方当事人的意思表示都生效之日为合同正式生效之日。此外，还要注意进行业务谈判、订立代理合同的人是否有代理法人签合同的代表权，以及订约权限的大小和范围。

16.3.3　代理商的选任与受任问题

委托人与代理商的关系是主从关系，委托人的授权必须经过代理商的接受，代理关系才宣告成立。因此，一方面要委托人选任代理商；另一方面也要代理商受任代理事务，代理关系才会有效。

在业务谈判中必须明确规定授权代理商的代理内容。

16.3.4　代理商的义务问题

代理商应服从卖方的指示，及时向被代理人报告代理工作的进展和完成情况；代理商应亲自完成代理工作；代理商不得以被代理人的名义与自己或自己同时代理的其他人签订合同；代理商不得与第三人勾结，损害被代理人的利益；代理商不得进行违法活动；代理商不得代理他人进行非法活动，也不得利用被代理人的身份自己从事非法活动。这些均为我国法律所明确规定，在谈判中，当事人双方必须明确，做到守法开展业务。此外，还应明确不服从指示和越权的责任。

16.3.5　代理区域

代理区域是针对独家代理而言的，它规定了某市场区域内，独家代理商有独占进货、代理销售的权利。

一般的代理区域以地域划分，也有以产品或特殊消费者群划分的。在谈判中，除了规定代理区域外，还应规定禁止委托人直接或间接将代理产品售往代理区域以及禁止代理商在代理区域内代理、经销其他与本代理产品有竞争性质的产品。

16.3.6　代理商品

应在谈判中阐明代理商品的种类、名称、规格以及代理商品项目的增减条件和办法等。

另外，应约定新产品是否包括在代理项目内，若新产品不是过去产品的改良品或替代品或是对原业务内容部分的修正，则除约定代理商有权代理本人所有产品或业务外，应规定代理商对该新产品无代理权，反之代理商对新产品有代理权。如果代理商代理的原有产品因新产品推出而大受影响，代理商也应拥有对新产品的代理权。

16.3.7　代理商品的价格和最低代理销售额

为了防止代理商变相加价牟取暴利或者低价竞销，厂家应在业务谈判中规定价格浮

动范围和基准。对于售价高于价格基准部分的收入由谁享有也应做出规定。

在独家代理方式下有时也可规定最低代理销售额以激发代理商的积极性,但由于不可抗力或委托方无法供应而导致代理商未达到最低商品销售额的,责任不由代理商承担。

16.3.8 订单的处理

在代理商没有缔约权时,委托人可规定代理商接到订单时应迅速转交给委托人,委托人在15天内决定是否接受订单(逾期视为委托人拒绝了订单),委托人应将接受或拒绝订单的有关事宜及时通知代理商。

在代理商有缔约权时,应规定报价事项、售价高于约定价格的收入部分的分配办法以及成交后代理商应迅速将自己与顾客缔结的合同内容通知委托方的最长期限。

16.3.9 佣金与代理费用

代理佣金是代理商代理厂家销售产品而从厂家获得的劳务报酬。

佣金一般按交易金额计算,也有以成交数量计算的。我国一般以发票金额为基数计算佣金。在业务谈判中首先应规定代理佣金率,然后计算佣金,并决定佣金是逐笔结算还是定期结算。

佣金的计算公式为

$$含佣价=\frac{净价}{1-佣金率}$$

$$佣金=含佣价\times佣金率$$

代理费用分为两大类:一类是代理商为厂商或客户垫付的费用,从厂商处收回;另一类是代理商自己经营代理业务中的费用,由代理商自己承担。前一类包括运输费、保险费、仓储费和售后服务费,其收回方式由双方在业务谈判中商定;后一类包括代理中发生的固定费用(如营业场所租金、照明费、电话费、办公设备费)和变动费用(如营业人员的工资等)。有的费用由代理商与厂家共同承担,如广告费、产品的交易会费用等。

16.3.10 商情报告

代理商应向委托人报告其活动情形与市场情况。为了保持密切的代理关系,委托人也有将其产销计划及市场动态随时向代理商提供的必要。此外,若委托人在价格、交货、付款或其他有关销售方面需变动条件,也应随时通知代理商,并规定这种变化从何时生效。报告时期原则上应是随时报告,当事务不多时,委托人也可规定代理商定期报告。

16.3.11 知识产权的保护和保密与禁止受贿

谈判中应明确规定保护商标、专利等知识产权。代理人不得把代理过程中得到的保密资料向第三者泄露,不得利用其代理人身份谋取非法利益和接受贿赂;一切代理交易要保持正确的账目。

16.3.12 仲裁及违约赔偿责任

双方在谈判中规定对可能发生的争端所采取的仲裁方式；规定违约的具体内容及由于违约造成的经济损失的相应经济赔偿的办法。

思考题 QUESTIONS

1. 什么是商务代理？商务代理的特点是什么？
2. 商务代理分为哪些类别？
3. 商务代理的作用是什么？
4. 在销售代理中，独家代理和一般代理的优缺点分别是什么？
5. 在销售代理中，佣金代理和买断代理的利弊分别是什么？
6. 在销售代理中，混合式代理方式主要有哪些？
7. 评估和确定销售代理商的标准是什么？
8. 销售代理谈判的主要内容有哪些？

案例讨论 Case discussion

大区经理的代理业务谈判

A 公司大区经理李东接到福建市场老林的要货电话，说要订一大批货。如果是平时，李东肯定会迫不及待地告诉他账号和订货方式，但现在李东却怎么也高兴不起来，因为有这样一段插曲……

出师不利，处处受制

对专做汽车防盗产品的 A 公司来说，如果能顺利拿下福建市场，其战旗也就顺利地插遍了江南。这一棋子能否最终落定，公司上下都在关注，因为这决定了在即将到来的新的一年中，公司举旗北进的战略步骤能否按计划推进。

A 公司的大区经理李东来到福建市场，第一个拜访的就是永连公司。

永连公司老板老林和李东是老熟人了，老林在福建市场是元老级的经销商。近两年来，他的两个主要竞争对手抽出资金去炒房产，生意逐步滑落，老林却把大量的精力和资金花在渠道深耕和上游产品的优化上面，生意越做越红火，于是成就了今天老林在福建的老大地位。

听完李东对产品、市场策略和支持的介绍后，老林有强烈的合作意愿，并做东请客。李东本以为很快就能让老林乖乖地掏钱了，最后得到的话却是："我这里品牌多，对我支持也很大，我不想得罪其他厂家，与他们竞争和冲突的产品我不做，你手头上的 U1 和 U2 这两款产品很有特色，我就只做这两款吧。"

李东也知道，在这个市场中老林一支独大，如果他做自己的产品，能很快起量。但是，这两年老林被厂家宠得有点骄横，养成了客大欺主的习惯，好多厂家都抱怨老林是越来越不讲道理了,要费用和支持的胃口越来越大,克扣厂家广告费等市场小动作更是家常便饭。由于销量有保证,厂家多数是睁只眼闭只眼。

李东推测:老林是在试探我的底线!

既然这样,那就开门见山地谈吧:"林总,我们也是多年朋友了,我也不想绕弯子,你也看到了产品的特点,你还想让我们怎么来配合你?"

……

一番博弈之后,老林最终做出了让步:两款特色产品现金拿货,其余产品铺货月结。

这样的要求依然相当苛刻。李东不敢做主,于是马上电话请示销售总监。销售总监提出两点意见:第一,认同李东的推测,老林是有合作意愿的,所以我们必须坚守"要做就必须全做"的底线;第二,抽出点时间,再去联系一下福州和闽南地区的其他代理商,名为给老林一点考虑时间,实为施加压力。

退而求其次,稳扎稳打

经过一再筛选,福州没有合适的候选,于是李东将目光聚焦在了闽南,因为尽管闽北的福州一直是汽车用品市场的批发集散地,当地的商家可以辐射到整个福建省,但是最近几年闽南(厦门、漳州、泉州为主)的经济发展迅速,车辆保有量明显增加,闽南的零售市场呈现欣欣向荣的局面,有三四家公司在闽南市场已经有了相当大的影响力。而且,由于销售量的加大,闽南的商家早已经不满足于扮演受批发商制约的零售商的角色,渴望直接与厂家合作,赚取更多的利润。

李东找到厦门、漳州和泉州最大的商家精诚公司。精诚公司在闽南开有六家大型汽车用品连锁店,还向十多家汽车4S店供应着多半产品。李东与精诚公司的谈判非常顺利,精诚公司很有把握地承诺:接下A公司的全线产品。

李东分析:老林是大批发,主要靠产品力,有绝对优势的产品能很快流进渠道并出货,但是没有优势的产品就会半死不活,所以他只卖自己十多款产品中的两款优势产品,销售量肯定受限。而由精诚公司来代理全线产品,对终端精耕细作,销售量不会比老林差。

于是,李东根据精诚公司的短板和市场状况,帮助其制订了三大步跨越计划:第一步,精诚公司将产品迅速在自己终端中全面铺开;第二步,加大批发业务团队建设,利用两款绝对优势产品带动其余产品快速渗透到闽南市场;第三步,在福州建立办事处,推广A公司的产品,进而辐射整个福建市场。

这一设想大受精诚老板的赞许。他以前就是福州的一个小批发商,由于受到当地大批发商(包括老林)的排挤和竞争,所以才到泉州"卧薪尝胆",自建零售店。如今,刚好可以借A产品了却心愿:"杀"回福州,重拾批发渠道,夺回自己的根据地。

代理商之间发生冲突

精诚公司集中了大部分人力、物力和财力,在短短三个月时间内,将市场做得红红火火。

A产品在闽南市场很畅销的信息很快传到了老林的耳朵里,老林主动而且不止一次地拨通了李东的电话。

第一次接到老林的电话,李东很开心。一方面,福建的龙头老大终于低下了高贵的头;另一方面,李东在打着这样一个算盘:如果老林现在又想重新合作,那么就让他从精诚公司拿货,而且只做闽北市场,这时只要将批发和零售价格控制好,整个福建市场就会加速启动起来了,这要比帮助精诚公司重新攻打福州市场容易得多,而且到时候总代与二批之间也能相互推动和牵制。

于是,李东明确告诉老林,精诚公司已经签订了福建省的独家总代理,你要想代理,只能从精诚公司拿货。老林根本就不吃这一套。他认为:各有各的网络,互不干涉,也不会扰乱市场秩序,所以坚决要从公司出货。他同时扬言,如果李东不给货,同样可以从其他渠道拿到货。

老林"说得到做得到"是当地出了名的。老林曾经为了与一个经销商抢产品代理,倚仗在同行内人脉关系广的优势,从不同地方窜货(反窜货的管理难度很大),以搭配捆绑的方式,不赚钱就出货,把市场做乱了,逼得厂家找上门来谈代理权。老林一旦采取窜货方式来做市场,就肯定不会按规矩出牌。而如果市场被做乱、产品没利润,到时候不但精诚公司不会再主推 A 产品,而且就算让老林接手,已成夹生饭的市场也很难恢复原貌。

可是,撕毁与精诚公司的合同,强行调整市场,结果注定是结束与精诚公司的合作。李东实在舍不得这么有潜力的客户,更重要的是,老林的销售量不一定能做得更好,而死在老林手里的产品也不在少数。

李东心里真没底!

资料来源:陆和平.一个忽视渠道规划带来的大难题[EB/OL]. http://www.emkt.com.cn/article/311/31139.html.

讨论题:

1. 请评价 A 公司大区经理李东在代理商选择上的谈判策略。

2. 如果你是 A 公司大区经理李东,接下来该如何与永连公司老板老林谈判?

附录一：谈判能力测验

一、预测能力的测试

(1) 是否掌握所谈项目的市场行情？

① 已系统了解。② 较详细了解。③ 基本了解。④ 部分了解。⑤ 不很了解。

(2) 是否就市场行情做出明确判断？

① 已做定量判断。② 已做定性判断。③ 大致做出判断。④ 做出部分判断。⑤ 尚未做出判断。

(3) 是否在谈判前进行过详细的讨论？

① 细致讨论。② 全部讨论过。③ 基本讨论过。④ 部分讨论过。⑤ 未讨论。

(4) 是否做好谈判的一切准备工作？

① 充分做好。② 基本做好。③ 部分做好。④ 尚未做好。⑤ 无准备。

(5) 对谈判结局是否有信心？

① 非常乐观。② 比较有把握。③ 基本有数。④ 有些担心。⑤ 心中无数。

二、组织能力的测试

(6) 是否善于领导谈判小组？

① 非常善于。② 较善于。③ 一般。④ 不太会。⑤ 很糟糕。

(7) 是否善于动用手中的权力？

① 尽量运用。② 恰当运用。③ 不喜欢运用。④ 有时运用。⑤ 讨厌运用。

(8) 谈判经验是否丰富？

① 很有经验。② 较丰富。③ 一般。④ 有某方面的经验。⑤ 无经验。

(9) 是否善于使用专家？

① 很会使用。② 较会使用。③ 能够使用。④ 有时使用。⑤ 不使用。

(10) 是否善于处理难题？

① 很善于。② 较有办法。③ 能对付。④ 往往不能。⑤ 很不会。

三、分析能力的测试

(11) 是否善于认真仔细地思考？

① 很善于。② 比较善于。③ 一般。④ 不很善于。⑤ 不善于。

(12) 是否善于抓住问题的本质？

① 常常能够。② 大部分能够。③ 一般能够。④ 有时能够。⑤ 不善于。

(13) 是否常常轻信对方的谈话？

① 不信。② 基本不信。③ 听而有疑。④ 大致相信。⑤ 很相信。

(14) 是否善于详细调查对方所说的情况？

① 详细调查。② 基本调查。③ 做一定调查。④ 有时不调查。⑤ 不加调查。

(15) 是否能倾听对方的谈话？

① 很能够。② 能够。③ 有时能够。④ 一般不能。⑤ 完全不能。

(16) 是否能听取多方面的意见？

① 很能听取。② 能听取。③ 基本能够。④ 有时能够。⑤ 往往不能。

(17) 是否善于判断商情？

① 非常善于。② 较善于。③ 一般。④ 不太善于。⑤ 很不善于。

(18) 是否善于做价格比较？

① 精于算账。② 会算账。③ 一般。④ 有时能。⑤ 不会。

(19) 是否善于了解对方的权限？

① 很善于。② 能够。③ 有些方法。④ 不太善于。⑤ 不会。

(20) 如何看待商业中的竞争？

① 积极竞争。② 愿意参加竞争。③ 可以接受。④ 担心。⑤ 害怕。

(21) 如何看待买卖活动中的风险？

① 能够接受较大风险。② 不怕风险。③ 有也无妨。④ 怕受风险。⑤ 束手无策。

四、表达能力的测试

(22) 能否准确表达意思？

① 相当准确。② 比较准确。③ 一般可以。④ 有时不能。⑤ 往往不能。

(23) 能否简练地表达意思？

① 很善于。② 能够。③ 有时能够。④ 往往不能。⑤ 啰啰唆唆。

(24) 是否善于试探性的发言？

① 很会。② 能够。③ 有时能。④ 不善于。⑤ 根本不会。

(25) 谈话是否幽默？

① 十分幽默。② 有幽默感。③ 有时。④ 较拘谨。⑤ 很呆板。

五、控制能力的测试

(26) 能否容忍对方含糊其辞？

① 一点不能。② 常常不能。③ 基本不能。④ 有时能。⑤ 无所谓。

(27) 能否听取反对的意见？

① 先听、再做分析。② 能冷静地听。③ 一般不听取。④ 往往不听。⑤ 完全不听。

(28) 是否容易感情冲动？

① 不冲动。② 一般不易冲动。③ 能控制。④ 有时冲动。⑤ 很易冲动。

(29) 是否易于流露真情？

① 不会。② 基本不会。③ 时藏时露。④ 有时。⑤ 容易流露。

(30) 是否过分固执？

① 比较灵活。② 留有一定余地。③ 一般。④ 有些固执。⑤ 过于固执。

(31) 能否控制让步的速度？

① 很能控制。② 较能控制。③ 能够控制。④ 有时不能。⑤ 完全不能。

(32) 是否善于缓和僵局?

① 很有办法。② 较有办法。③ 一般。④ 不善于。⑤ 完全不会。

六、气质的测试

(33) 是否信心十足?

① 十足。② 有信心。③ 一般。④ 有时无。⑤ 无信心。

(34) 能否排除干扰?

① 善于。② 能够。③ 不怕。④ 容易被扰。⑤ 为其左右。

(35) 是否勇于竞争?

① 勇于。② 接受竞争。③ 一般。④ 回避。⑤ 害怕。

(36) 是否尊重自我?

① 非常自尊。② 能正确认识自己。③ 保持自尊。④ 不太自重。⑤ 无意识。

(37) 是否受人尊敬?

① 有威信。② 被重视。③ 一般。④ 有时。⑤ 很少。

(38) 对人是否具有吸引力?

① 非常有。② 比较有。③ 一般。④ 不太有。⑤ 没有。

(39) 是否讨人喜欢?

① 非常。② 比较。③ 一般会。④ 有时。⑤ 基本不会。

(40) 是否不畏强者?

① 丝毫无惧。② 基本不怕。③ 有时不怕。④ 有些害怕。⑤ 常常屈服。

(41) 是否有忍耐力?

① 非常能够。② 比较有忍耐力。③ 一般。④ 往往没有。⑤ 很缺乏。

(42) 是否具有权威?

① 很有。② 有。③ 一般。④ 很少。⑤ 完全没有。

七、敏感的测试

(43) 对别人的动机是否敏感?

① 十分敏感。② 比较敏感。③ 一般。④ 不太敏感。⑤ 很不敏感。

(44) 对别人的暗示是否敏感?

① 十分敏感。② 比较敏感。③ 一般。④ 不太敏感。⑤ 很不敏感。

(45) 对别人的行为是否敏感?

① 十分敏感。② 比较敏感。③ 一般。④ 不太敏感。⑤ 很不敏感。

八、进取的测试

(46) 喜欢什么样的目标?

① 很难达到的。② 较能达到的。③ 可以达到的。④ 容易达到的。⑤ 很容易的。

(47) 是否坚持目标?

① 坚定不移。② 比较坚定。③ 能坚持。④ 有时动摇。⑤ 左右摇摆。

(48) 是否满足?

① 永不满足现状。② 常常不满足。③ 有时不满足。④ 容易满足。⑤ 很容易满足。

(49) 是否不守旧？

① 完全不守旧。② 不守旧。③ 一般。④ 有些守旧。⑤ 很守旧。

(50) 是否有创见？

① 很有创见。② 比较有。③ 一般。④ 基本没有。⑤ 完全没有。

九、道德的测试

(51) 是否使用威胁等不正当手段？

① 完全不用。② 不使用。③ 一般不会用。④ 有时用。⑤ 惯用。

(52) 是否正直？

① 十分正直。② 比较正直。③ 一般。④ 无所谓。⑤ 不正直。

(53) 是否能容忍欺诈？

① 绝对不容忍。② 不容忍。③ 一般不容忍。④ 容忍。⑤ 使用欺诈。

十、情绪的测试

(54) 精神状况如何？

① 良好。② 比较好。③ 可以。④ 较差。⑤ 很差。

(55) 希望什么结局？

① 对自己有利的成交。② 对双方都有利的成交。③ 即使不成，也不破面子。④ 仅对对方有利的也成交。⑤ 无所谓。

(56) 是否同情对手？

① 完全不。② 有时同情。③ 有理智。④ 同情。⑤ 无原则地同情。

(57) 是否愿意和对手有正当的私人交往？

① 很愿意。② 愿意。③ 可有可无。④ 一般不。⑤ 完全不。

(58) 能否拉下情面？

① 能。② 有时能。③ 一般。④ 往往不能。⑤ 完全不能。

(59) 在可能的限度内要价是否狠心？

① 十分狠心。② 比较狠心。③ 一般。④ 并不狠心。⑤ 一点不狠。

(60) 是否有安全感？

① 非常安全。② 比较安全。③ 一般。④ 不太安全。⑤ 很不安全。

评分标准及自检

题号＼答案	①	②	③	④	⑤	得　分
(1)	10	8	6	2	−4	
(2)	10	8	6	0	−4	
(3)	10	8	6	0	−2	
(4)	10	8	6	−2	−4	
(5)	10	8	6	0	−2	
(6)	10	8	6	0	−2	
(7)	6	10	4	8	−2	

续表

题号 \ 答案	①	②	③	④	⑤	得　分
(8)	10	8	6	0	−2	
(9)	10	8	6	0	−2	
(10)	10	8	6	0	−2	
(11)	10	8	6	−2	−4	
(12)	10	8	6	2	−4	
(13)	4	8	10	2	−2	
(14)	10	8	6	−2	−4	
(15)	10	8	6	2	−2	
(16)	10	8	6	0	−2	
(17)	10	8	6	−2	−4	
(18)	10	8	6	0	−10	
(19)	10	8	6	0	−2	
(20)	10	8	6	−2	−4	
(21)	10	8	6	−2	−4	
(22)	10	8	6	0	−2	
(23)	10	8	6	0	−2	
(24)	10	8	6	0	−2	
(25)	10	8	6	0	−2	
(26)	6	10	8	2	0	
(27)	10	8	6	0	−2	
(28)	10	8	6	0	−4	
(29)	10	8	6	0	−2	
(30)	8	10	6	0	−2	
(31)	10	8	6	2	−2	
(32)	10	8	6	0	−2	
(33)	10	8	6	0	−2	
(34)	10	8	6	0	−2	
(35)	10	8	6	0	−4	
(36)	6	10	8	−2	0	
(37)	10	8	6	4	0	
(38)	10	8	6	1	−2	
(39)	10	8	6	1	−2	
(40)	10	8	6	0	−2	
(41)	10	8	6	0	−2	
(42)	10	8	6	2	0	
(43)	10	8	6	0	−2	

续表

题号＼答案	①	②	③	④	⑤	得　分
(44)	10	8	6	0	−2	
(45)	10	8	6	0	−2	
(46)	8	10	6	4	0	
(47)	10	8	6	0	−2	
(48)	10	8	6	0	−2	
(49)	10	8	6	0	−2	
(50)	10	8	6	0	−2	
(51)	10	8	4	0	−2	
(52)	10	8	6	0	−2	
(53)	10	8	6	0	−2	
(54)	10	8	6	0	−2	
(55)	8	10	6	−2	0	
(56)	6	8	10	4	0	
(57)	10	8	6	4	2	
(58)	10	8	6	4	2	
(59)	10	8	6	2	−2	
(60)	10	8	6	0	−2	

得出自评分的总和之后，即为谈判能力的总评价。

自评分总分最高为600分，为“最优秀”者。

自评分总分在480分以上，为“优秀”者。

自评分总分在360～480分之间，为“良好”者。

自评分总分在240～360分之间，为“及格”者。

自评分总分在240分以下，为“不及格”者。

需要强调的是，以上测试方法只是对谈判能力的一个大致估计。但如果能够在间隔一段时间就进行一次自测的话，对提高谈判能力无疑是有好处的。

附录二：国际货物买卖谈判协议参考格式

国际货物买卖合同(1)

出 口 合 同

合同号：

签约日期：

签约地：

卖方：A 公司

地址：

电话：

传真：

电传：

买方：B 公司

地址：

电话：

传真：

电传：

双方同意按照下列条款由卖方出售，买方购进下列货物：

(1) 货物名称、规格：

(2) 数量：

(3) 单价：

(4) 总值：

[上述(2)、(3)、(4)条合计]

(5) 交货条件：FOB/CFR/CIF，________，________。

除非另有规定，“FOB”、“CFR”和“CIF”均应依照国际商会制定的《国际贸易术语解释通则》(INCOTERMS 1990)办理。

(6) 货物生产标准：

(7) 包装：

(8) 唛头：

(9) 装运期限：

(10) 装运港口：

(11) 目的港口：

(12) 保险：

当交货条件为 FOB 或 CFR 时，应由买方负责投保。

当交货条件为 CIF 时，应由卖方按发票金额 110% 投保 ________ 险；附加险：________。

(13) 支付条款：

13.1 信用证(L/C)支付方式

买方应在装运期前/合同生效后________日，在________银行以电传/电信方式开立以卖方为受益人的不可撤销的议付信用证。信用证应在装船完毕后________日内在受益人所在地到期。

13.2 托收(D/P 或 D/A)支付

货物发运后，卖方出具以买方为付款人的付款跟单汇票，按即期付款交单(D/P)方式，通过卖方银行及________银行向买方转交单证，换取货物。

货物发运后，卖方出具以买方为付款人的承兑跟单汇票，汇票付款期限为________后________日，按即期承兑交单(D/A 日)方式，通过卖方银行及________银行，经买方承兑后，向买方转交单证。买方按汇票期限到期支付货款。

(14) 单证：

卖方应向议付银行提交下列单证：

(a) 标明通知收货人/受货代理人的全套清洁的、已装船的、空白抬头、空白背书并注明运费已付/到付的海运提单；

(b) 商业发票________份；

(c) 在 CIF 条件下的保险单/保险凭证；

(d) 装箱单一式________份；

(e) 品质证明书；

(f) 原产地证明书。

(15) 装运条件：

15.1 在 FOB 条件下，由买方负责按照合同规定的交货日期洽定舱位。卖方应在合同规定的装船期前________日将合同号、货物名称、数量、金额、箱数、总重量、总体积及货物在装运港备妥待运的日期以电传/传真通知买方。买方应在装船期前________日通知卖方船名、预计装船日期、合同号，以便卖方安排装运。如果有必要改变装运船只或者其到达日期，买方或其运输代理应及时通知卖方。如果船只不能在买方通知的船期后________日内到达装运港，买方应承担从第________日起发生的货物仓储保管费用。

15.2 在 FOR、CFR 和 CIF 条件下，卖方在货物装船完毕后应立即以电传/传真向买方及买方指定的代理人发出装船通知。装船通知应包括合同号、货物名称、数量、毛重、包装尺码、发票金额、提单号码、起航期和预计到达目的港的日期。

15.3 允许/不允许部分装运或转运。

15.4 卖方有权在________%数量内溢装或短装。

(16) 质量/数量不符和索赔条款

在货物运抵目的港后，一旦发现货物的质量、数量或重量与合同规定的不符，买方可以凭借双方同意的检验组织所出具的检验证书，向卖方索赔。但是，应由保险公司或航运公司负责的损失除外。有关质量不符的索赔应由买方在货物到港后 30 天内提出；有关数量或重量不符的索赔应在货物到港后 15 天内提出。卖方应在收到索赔要求后 30

天内回复买方。

(17) 不可抗力

卖方对由于下列原因而导致不能或暂时不能履行全部或部分合同义务的,不负责任:水灾、火灾、地震、干旱、战争或其他任何在签约时卖方不能预料、无法控制且不能避免和克服的事件。但卖方应尽快将所发生的事件通知对方,并应在事件发生后15天内将有关机构出具的不可抗力事件的证明寄交对方。如果不可抗力事件的影响超过120天,双方应协商合同继续履行或终止履行的事宜。

(18) 仲裁

因履行本合同所发生的一切争议,双方应友好协商解决,如协商仍不能解决争议,则应将争议提交中国国际经济贸易仲裁委员会(北京),依据其仲裁规则仲裁。仲裁裁决是终局的,对双方都有拘束力。仲裁费应由败诉一方承担,但仲裁委员会另有裁定的除外。在仲裁期间,除仲裁部分之外的其他合同条款应继续执行。

(19) 特殊条款

本合同由双方代表签字后生效,一式两份,双方各执一份。

卖方:A公司	买方:B公司
授权代表:(签字)	授权代表:(签字)

国际货物买卖合同(2)

进 口 合 同

合同号:

签约日期:

签约地:

买方:A公司

地址:

电话:

传真:

电传:

卖方:B公司

地址:

电话:

传真:

电传:

双方同意按照下列条款由卖方出售,买方购进下列货物:

(1) 货物名称、规格:

(2) 数量:

(3) 单价:

(4) 总值:

[上述(2)、(3)、(4)条合计]

(5) 交货条件：FOB/CFR/CIF，________，________。

除非另有规定，“FOB”“CFR”和“CIF”均应依照国际商会制定的《国际贸易术语解释通则(INCOTERMS 1990)办理。

(6) 原产地国别：

(7) 包装及标准：

货物应具有防潮、防锈蚀、防震并适合远洋运输的包装，由于货物包装不良而造成的货物残损、灭失应由卖方负责。卖方应在每个包装箱上用不褪色的颜色标明尺码、包装箱号码、毛重、净重及“此端向上”“防潮”“小心轻放”等标记。

(8) 唛头：

(9) 装运期限：

(10) 装运港口：

(11) 目的港口：

(12) 保险：

当交货条件为FOB或CFR时，应由买方负责投保；交货条件为CIF时，应由卖方按发票金额110%投保________险；附加险：________。

(13) 支付条款：

13.1　信用证(L/C)支付方式

买方应在装运期前________日，向中国银行申请以电传/电信方式开立以卖方为受益人的不可撤销的议付信用证。信用证应在装船完毕后________日内在受益人所在地到期。

13.2　托收(D/P或D/A)支付

货物发运后，卖方出具以买方为付款人的付款跟单汇票，按即期付款交单(D/P)方式，通过卖方银行及________银行向买方转交单证，换取货物。货物发运后，卖方出具以买方为付款人的承兑跟单汇票，汇票付款期限为________后________，按即期承兑交单(D/A 日)方式，通过卖方银行及________银行，经买方承兑后，向买方转交单证，买方按汇票期限到期支付货款。

13.3　汇付(T/T或M/T)

买方在收到卖方依本合同第×条规定提交的海运单据后7日内，以电汇/信汇方式支付货款。

(14) 单证：

卖方应向议付银行提交下列单证：

(a) 标明通知收货人/受货代理人的全套清洁的、已装船的、空白抬头、空白背书并注明运费已付/到付的海运提单；

(b) 商业发票________份；

(c) 在CIF条件下的保险单/保险凭证________份；

(d) 品质证明书；

(e) 装箱单/重量单/数量单一式________份；

(f) 原产地证明;

(g) 发货通知书。

(15) 装运条件:

15.1 在CIF和CFR条件下,卖方应在装运前10天以电报或传真将船名、国籍和船龄通知买方。经买方确认后卖方才可装运。买方应在接到通知后5个工作日内予以确认,否则视为已被确认。

15.2 在FOB条件下,由买方负责按照合同规定的交货日期洽定舱位。卖方应在合同规定的装船期前______将合同号、货物名称、数量、金额、箱数、总重量、总体积及货物在装运港备妥待运的日期以电传/传真通知买方。买方应在装船日期前10日通知卖方船名、预计装船日期、合同号,以便卖方安排装运。如果有必要改变装运船只或者到达日期,买方或其运输代理应及时通知卖方。如果船只不能在买方通知的船期后______日内到达装运港,买方应承担从第______日起发生的货物仓储保管费用。

如果买方船只按时到达装运港,而卖方不能按规定的时间备妥货物以待装船,则由此而产生的空舱费及滞期费应由卖方负担。

15.3 在FOB、CIF和CFR条件下,卖方在货物装船完毕后应立即以电传、传真向买方及买方指定的代理人发出装船通知。装船通知应包括合同号、货物名称、数量、净重、毛重、包装尺码、发票金额、提单号码、起航期和预计到达目的港的日期,如货物系危险品或易燃品,也应注明违规品。

15.4 在运载船只起航之后______个工作日内,卖方应将本合同第14条中列举的单证的副本(各一份)航空邮寄给买方。

15.5 可以/不得转船。

15.6 可以/不得分运。

15.7 卖方有权在______%数量内溢装或短装。

(16) 检验和索赔条款

16.1 在货物运抵最终目的地、目的港后,买方有权向货物检验机构申请对货物进行检验。检验机构为中华人民共和国______进出口商品检验局。

16.2 买方在货物到达最终目的地、目的港卸货完毕之日起90日内,如发现货物的质量、规格、数量、重量、包装、安全或卫生条件与合同规定的不符,应在上述期限内向卖方发出索赔通知,并凭借上款规定的检验机构所出具的检验证书向卖方索赔。除由保险公司或航运公司应承担的责任外,卖方须就该索赔要求进行赔偿。

16.3 卖方应在收到于上述期限内由检验机构出具的检验证书以及索赔要求之后15日内回复买方。

16.4 买方有权就第(16)条和第(17)条所述货物缺陷所造成的损失向卖方要求索赔。

(17) 品质保证

卖方保证其所提供的全部货物均符合本合同的规定,并且是全新和未使用过的。货物的质量保证期为自货物到达目的地之日、目的港卸货完毕之日起12个月。在质量保证期内,凡因设计、制造工艺和所用材料而产生的缺陷,卖方应自负费用进行修理或更换货物的部件。

(18) 不可抗力

任何一方对由于下列原因而导致不能或暂时不能履行全部或部分合同义务的，不负责任：水灾、火灾、地震、干旱、战争或其他任何在签约时不能预料、无法控制且不能避免和克服的事件。但受不可抗力影响的一方，应尽快将所发生的事件通知对方，并应在事件发生后 15 天内将有关机构出具的不可抗力事件的证明寄交对方。如果不可抗力事件的影响超过 120 天，双方应协商合同继续履行或终止履行的事宜。

(19) 仲裁

因履行本合同所发生的一切争议，双方应友好协商解决。如协商仍不能解决争议，则应将争议提交中国国际经济贸易仲裁委员会(北京)，依据其仲裁规则仲裁。仲裁裁决是终局的，对双方都有拘束力。仲裁费应由败诉一方承担，但仲裁委员会另有裁定的除外。在仲裁期间，除仲裁部分之外的其他合同条款应继续履行。

(20) 特殊条款

本合同由双方代表签字后生效，一式两份，双方各执一份。

买方：A 公司　　　　卖方：B 公司

授权代表：(签字)　　　　授权代表：(签字)

参考文献

1. 李先国,杨晶. 销售管理[M]. 第4版. 北京:中国人民大学出版社,2016.
2. 李先国,杨晶. 市场营销学[M]. 第2版. 北京:中国财政经济出版社,2015.
3. 李先国,杨晶. 分销渠道管理[M]. 第2版. 北京:清华大学出版社,2014.
4. [美]利·L. 汤普森. 商务谈判[M]. 第5版. 北京:中国人民大学出版社,2013.
5. [美]曼纽尔·G. 贝拉斯克斯. 商业伦理:概念与案例[M]. 第7版. 北京:中国人民大学出版社,2013.
6. [美]菲利普·科特勒,凯文·莱恩·凯勒. 营销管理[M]. 第14版·全球版. 北京:中国人民大学出版社,2012.
7. 李先国. 市场营销学[M]. 大连:东北财经大学出版社,2011.
8. [美]利·L. 汤普森. 汤普森谈判学[M]. 第4版. 北京:清华大学出版社,2010.
9. 杨晶. 现代商务谈判[M]. 北京:中国人民大学出版社,2009.
10. 李先国. 现代推销理论与实务[M]. 北京:首都经济贸易大学出版社,2008.
11. [美]巴布科克等. 谈判力——职场女性最需要开发的生存潜能[M]. 北京:中信出版社,2007.
12. 井润田,席酉民. 国际商务谈判[M]. 北京:机械工业出版社,2006.
13. 潘肖珏,谢承志. 商务谈判与沟通技巧[M]. 第2版. 上海:复旦大学出版社,2006.
14. [美]卡里. 国际商务谈判:影印版[M]. 上海:上海外语教育出版社,2004.
15. 韩玉珍. 国际商务谈判实务[M]. 北京:北京大学出版社,2003.
16. 章瑞华,徐志华,黄华新. 现代谈判学[M]. 杭州:浙江大学出版社,2002.
17. [美]罗杰·道森. 有效谈判秘诀[M]. 唐华,译. 北京:华夏出版社,2001.
18. 甘华鸣,许立东. 谈判[M]. 北京:中国国际广播出版社,2001.
19. 刘必荣. 谈判圣经[M]. 北京:中国社会出版社,1999.
20. 孙庆和. 实用商务谈判大全[M]. 北京:企业管理出版社,1999.
21. 李先国,杨晶. 商务谈判理论与实务[M]. 北京:中国建材工业出版社,1996.
22. [美] 罗杰·费希尔,威廉·尤里等. 理性谈判制胜术[M]. 李小刚,等,译. 成都:四川人民出版社,1995.
23. [美] 罗杰·费希尔,威廉·尤里. 谈判成功之道. 北京:中国对外经济贸易出版社,1989.
24. [英]P. D. V. 马什. 贸易谈判技巧[M]. 上海:上海翻译出版公司,1988.
25. [美]约翰·温克勒. 讨价还价技巧[M]. 北京:机械工业出版社,1988.
26. [美]杰勒德·I. 尼尔伦伯格. 谈判的艺术[M]. 上海:上海翻译出版公司,1987.

教学支持说明

▶▶ 课件申请

尊敬的老师：

您好！感谢您选用清华大学出版社的教材！为更好地服务教学，我们为采用本书作为教材的老师提供教学辅助资源。鉴于部分资源仅提供给授课教师使用，请您直接手机扫描下方二维码实时申请教学资源。

任课教师扫描二维码
可获取教学辅助资源

▶▶ 样书申请

为方便教师选用教材，我们为您提供免费赠送样书服务。授课教师扫描下方二维码即可获取清华大学出版社教材电子书目。在线填写个人信息，经审核认证后即可获取所选教材。我们会第一时间为您寄送样书。

任课教师扫描二维码
可获取教材电子书目

清华大学出版社

E-mail: tupfuwu@163.com
电话：8610-62770175-4506/4340
地址：北京市海淀区双清路学研大厦B座509室
网址：http://www.tup.com.cn/
传真：8610-62775511
邮编：100084